民国年度出版时评史料辑编 第二卷

吴永贵 张学科 编

華中師範大學出版社

新出图证(鄂)字10号

图书在版编目(CIP)数据

民国年度出版时评史料辑编.第二卷/吴永贵,张学科编.—武汉:华中师范大学出版社,2019.6

ISBN 978-7-5622-8360-7

Ⅰ.①民… Ⅱ.①吴… ②张… Ⅲ.①时事评论—史料—汇编—中国—民国 Ⅳ.①D609.9

中国版本图书馆CIP数据核字(2018)第217182号

民国年度出版时评史料辑编 第二卷

责任编辑:熊 然　　责任校对:罗 艺

封面制作:罗明波

编辑室:学术出版中心　　电话:027-67863220

出版发行:华中师范大学出版社

社址:湖北省武汉市洪山区珞喻路152号

电话:027-67863040(发行部) 027-67861321(邮购)

传真:027-67863291

网址:http://press.ccnu.edu.com　　电子信箱:press@mail.ccnu.edu.cn

印刷:武汉中科兴业印务有限公司　　督印:王兴平

开本:710mm×1000mm 1/16　　印张:35

版次:2019年6月第1版　　印次:2019年6月第1次印刷

字数:520千字　　定价:157.00元

欢迎上网查询、购书

目　录

1928年

1929年

1930年

1931年

1928 年

最近上海的出版界

士　骥

最近二年来，果如我的一位朋友所预料，上海成为全国出版物的中心了。从前有一批成见很深的人，一定以为像上海那样物质文明的“俗地”，是不会产生什么文化的。固然，出版的多少，也未必一定能成为文化程度的高低的绳准，可是我们张开眼睛向全中国一看，则今日的上海，的确已有渐在成为全国的文化中心的倾向了。

我们略加调查，则可知存在于上海的大小书坊，已有十念个，这是略略注意到上海的出版物的人都知道的，也用不着我到这里来开细账。至于出版物的大部分，是文艺作品或翻译，而占文艺作品及翻译的第一位销路的，是另碎的杂感文。稍稍有一些名声的人呢，当然可以随便把自己的作品，最好是短的作品编为什么集什么集，自有一班唯利是图的书贾来为你出版。

其次占上海出版界的一大部势力的，是以革命文学相号召的小文艺杂志，或是月刊，或是半月刊，或是周刊，都以马克思主义为基础而主张左倾的文艺。在北京的人，有人说，是永远不会想到革命文学的，到了上海，一则因在租界上出版可以自由一些，并得到外来的思想也快一些，所以随了日本最近三四年来各大杂志的提倡马克思主义的无产阶级文艺，由创造社的一呼，革命文学（即无产文学）乃矗然露其头角。

有人说，上海的出版书坊及书肆虽如此之多，但可以一读的书物却一本也找不出。这“可以一读”四字的意义，当然因人而异，但“可以一读”的起码条件，应得是“不错误，非骂人”。然而上海出版物的大部分，却是“随随便便”与“马马虎虎”。出版物所以弄到今日的不振状态，其大部分的责任应得由唯利是图的书贾去负。有人说，现在上海出版书肆如此之多，你只要有好的作品，决不愁没有印刷的地方。其实这句也是片面的，名声大了而没有作品的人，自有一批书贾老班来和苍蝇一般的钉在你的头上。没有名声而有一二部自己愿意出版原稿的小卒呢，书店老班就先得来考查你的原稿的内容能否赚钱。因之，要想靠文字作生活的人，非得做骂人的文字或短杂感不可了。

没有严正的批评而只有谩骂，也是出版物不振的一大原因。现在我们假若执住一个注意文艺出版物的人而问他道："现在中国上海的文坛究竟怎样？"他一定回答你道："鲁迅和创造社真是战的热闹啊。"此外一定得不到什么回答，难道上海的文坛除鲁迅与二三个人的笔墨官司外，便一无所有了吗？这真不得使人听了伤心。

可是要作严正的批评，是一件十分不易之事。一则没有这种人才；二则在骂人充满的今日文坛上，也不会有人出来肯做如此工作。最近读山口慎一所编之《江南》第九号，内载《中国的文艺杂志》及《中国的文艺家们》两调查，觉得其中有一段谈到中国现下的杂志的性质的，尚有意思，兹抄译如下：

"在上海的代表的文艺杂志《创造月刊》、《北新》、《新月》三种，都是相当的杂志，都是重要的意义，且都可说是有倾向的。比方的说起来，则最近的《创造月刊》像日本从前的《文艺战线》，《北新》像《早稻田文学》，《新月》像《三田文学》。《创造月刊》已从新浪漫主义变到战斗的方向去了，《新月》是北京大学系统的人物所办的，是略有艺术至上的气味的杂志，《北新》呢，则很有自然主义的倾向，其次是《小说月刊》，虽是大杂志，但内容似乎近于文艺入门杂志。"

这比拟的不能说完全对，是事实，如《北新》的非纯文艺杂志等，可是他的三种区分，却很有一些意思。在思想上说起来，当然《创造》社一派站在最前线，《北新》中间，《新月》是最保守的了，鲜明的旗帜的极点，原也不能说是坏事，不是它的弊害在于无理的彼此谩骂。所以我的结论是，中国文坛，或上海文坛，现今最急的要务，是快些有人出来作严正的批评，立即灭去有骂人性质的口腔，使我们读者对于任何一派都能了解它，同情它。

（载《申报》1928 年 6 月 15 日）

小书店的发展与后期文化运动

汪荫桐

最近的一年，上海的出版界忽然显出一种活泼的气象，间接促成这个现象的虽然另有其原因，但直接却不能不归功于新近产生的几家小书店。就中尤其值得我们注意的，大概要首推北新、开明、新月、光华……这几家。

他们这几家，在最近的一两年，出了好几百种关于文艺的书籍，支持了几种颇有价值的定期刊物，虽说仍有不能尽如人意的地方，但他们的努力已经是难能可贵。

他们这几家有几种好处很值得我们称许的：

一、出版迅速。出版迅速对于一个国家文化的促进很有许多好处，尤其是对于我们这种文化已经落伍的国家。普通的旧书店，往往一种稿子非一两年不能出版，甚至著作者除掉在交稿时得着几文钱的稿费以外，他那费尽心血的一部著作便已被宣告了无期徒刑，永远没有重见天日的一日。现在这几家小书店，规模都还很小，他们营业的目标都很集中，既不印行中小学教科书，也不出版大部头的国故书，所以他们全副的力量都可以从印行新书上完全表现。现在一部十万字左右的稿子，他们至多只要三四个月便可印出，这实在对于文化运动有很大的帮助，对于著作者更可以给一种无形的鼓舞。

二、装订封面的改良。这些小书店开办的时期都还不很长，他们没有那种历史的因袭观念，对于装订、封面、排版种种方面，都能尽量地采用新法。现在这班新派画家所画的封面，比较那种四根直线抬着几个铅字的固然高明得多，就比较旧书店里的那班画匠们的手笔也有天壤之别。至于他们的装订能够打破旧套，采用不裁不截的“毛装”，封面的底面能衬以带有美术意味的花纸，正书前后能多加几张“空白”，这比较日本新出书籍的装订已没有多少逊色。听说同一著作者的著作，在旧书店发行，一年中只能销两千部的，在这几家新书店可销到四千部，封面装订的改良，便是这个事实的最大原因之一。现在的中国人比较十年二十年前已大大的不同，他们对于各方面的要求都渐趋复杂，认一本书的封面装订是一件小事，不必讲究，这是很错误的。

三、印行的版数以外标明册数。这个法子在欧洲，在日本也还是很新，并且没有十分普遍。我们的几家小书店居然已经有部分的采用，这实在是可喜的现象。因为一本书如果只标出第几版，不标出印了多少册，这完全是一个闷葫芦，我们仅根据了版数的报告去窥测读书界的情形，探讨思想界的消息，这可以完全的陷于不正确。因为普通所谓一版，少可以少到几百部，多可以多到几千部，譬如胡适之的《中国哲学史大纲》，我们知道商务印了多少版，但不知道究竟印了多少册；最近看见一本刘伯明译的《思维术》，知道已经到了第十版，但不知道中华究竟销了多少部；至于已经标明了册数的书籍，如鲁迅的《呐喊》、《彷徨》、《野草》之类，我们一打开便知道《呐喊》已印了两万多部，《彷徨》印了一万多部，《野草》也快要到一万，一个时代有权威的书，假如我们同时能找到二三十部，一一统计其读者，一时代学术界的情形，便可以得着一个大致的观察，这是一件何等愉快的事呢？我很希望这几家新书店尽量的推行这种办法，几家大书店也能够毅然仿行（这一层我明知道没有多少希望）。至于对于著作者，一部书销一万册，或只销一册，可以同时无害其为有同等价值的名著。一部著作，在一个有眼睛的批评家的眼中，决不会因销数的多少便移动它价值的标准的。所以标明册数只于社会有益，并于著作者无损，于出版家更可以说是毫无害处。

四、定期刊物按期出版。定期刊物不能按期出版，这是中国出版界一个最糟的现象。现在还只阳历四月，上海虹口一带的日本书店早已到了许多五月份的刊物，但我们还看不见今年二月份的《东方》。不要说别的，只看这一点，便可知道日本出版界是何等的生气，中国方面是何等的死气沉沉！现在这几家新书店的定期刊物大致都还能够按期印出，很可乐观。不过假如他们想给予中国人以一种更新的刺戟，最好是学日本人的期前发行，中国什么事都不如人，我们唯有努力学别人的一法。

上面的几点，都是很显然的进步现象。此外如他们所印的书，因各家的种类不同，不像教科书、国故书有同业直接竞争的关系，所以他们能够彼此交换的代售，我们只要跑到任何一家，差不多一切小书店的新出版物都可以同时购得，这也是出版界和衷合作的一种好气象。假如他们能够本着这种合作的精神，集资筹备一所内容完备的印刷所，或者委托某一家已有基础的小印刷所使它加以扩充，我想在印刷方面当能得着一个更大的进步。

此外还有一点也是我所希望于这几家新书店的，便是除文艺一类的书籍而外，最好能够印一点初步的科学书。这种书自然不及文艺书好销，但为矫正青年读书界的偏枯计，为完成后期文化运动的使命计，这一层仍然不能不顾及，并且只要取材精审，一本科学书的生命或者比较一种次等的文艺书还要长，所以说印科学书一定要赔本，我看不见得。至于张竞生所著一类的性书、乱标乱点的国故书、八股试帖式的时务策论书，能够不印，总以不印为是。

总而言之，我们觉得“后期文化运动”一定有一个伟大的发展就在最近的将来，我很希望这几家新生的书店能够在人材、经济方面确定他们的基础，以完成他们应尽而能尽的责任，获取他们可得而必得的荣誉。

（载《长夜》1928 年第 3 期）

书店流行的一观察

岂　凡

自从交易所流行之后，电影公司、点心店，近来是赛狗场和跳舞场，相接前仆后继地起来。目下却似乎又入了书店的流行中了。这半年中新开的书店、出版社之类真不少。就我们所知道的也有一二十家之多。假使把这现象可以当做中国文化的跃进看，那是真个可喜之至了。不过我却不能这样想，因为文化的进展假使是可以有这样的飞跃，那么前年上海开着四十几个大学时，当得已经是文化十分发达，而书店可以早早就十分增加的了，何必迟至今日呢？

在中国读书识字的人，自然比一二十年以前多了些，所以商务印书馆以五千元起家，现在已成了这样大的一个公司。但是这不能是一时之间突然增加起来的，现在书店突然增加的结果，出版物也增加，而读书者的数，若增加率远不能及，那么这许多出版物的销行，是很可以担心的。所以我觉得这中间就免不出有剧烈的竞争，而新旧开张的许多书店当中，免不出有许多是要闭门的。至于在这竞争中占胜的，自然可以发一点财，但这当是多数中的少数。

我们不能以为只要出版的书，内容上实质里比别的好，或者比别的有价值，就能在竞争场中制胜的。其中还有是否适当于时势的好尚这一点，有很大的力量影响到销路，从而影响到书店的运命。流行是一种盲目的东西，如同早一年或半年，关于两性的书籍很流行的，现在却已是强弩之末了。所以若存心去追逐流行，是往往免不出要失败的。开书坊的想要成功，决不能不有一点眼光，要看取大众的心向，而造成一时风云，才是有希望的。

这不过是经营上的一种策略，而实力更加不可不留意的。在现下的商业竞争中，总是资本大的制胜。开书店的竞争也不能逃出这个范围，若是资本大，可以有大本钱去宣传，那么即使出版的书是并不十分好，而由宣传的力量，可以推广销路，比之在小资本店中出版的好书，会有更加大的销行。如同世界书局的一时获得相当的成功，全是广告的力量。这也是因为社会上大多数人是没有鉴裁的能力，而广告及别种的宣传，是可以一时获得相当成功的。

这些是和我所要说的题目无关，但我以为对于经营书店的人，却是一种有益的暗示，所以随便写了一点。因为现在开书店的人，对于这些地方，好像分毫也不曾注意到的那样，似乎他们只要有书出来，就会有人来买，就可以维持下去的。这也不能怪他们，因为他们的大多数是对于经营商业，一点也不知道，而是所谓智识阶级中的人，而且其中混有几个是动动笔写写文章的人，每家书店都是一样的。并且出版的书，大都就是以这几个人做基本的。我们只要稍一留心，看看新开各书店所登的广告，就可以明白这一种情形的。

因为明了了这样的事实，我对于书店的发生，就有了一种解释。新书店出版各书，大都是关于文艺的，所以有所谓文人夹杂在中间，是无可掩饰的事实，至于出版些投机的党化书籍，或社会经济之类，原是间或有之，至于科学更加是自然科学一方面，真是寥若晨星了。我说这开书店和文人的出世的野心有关的，简直可以说，想由开书店出书本，去在社会中取得一个文人的位置。

近来的中国文坛，很少新人的出现，实在是情势上不许新人的出现，几处出版新书的小书店，为顾虑经营上的关系，决不肯替一个本来毫无名声的小卒出版一本书，是当然的事情。已经有了一点根基的书店，大体都有它关系的文人，已经没有余力再可以替新文人尽力了。所以新人们无论如何努力，总是受了旧文人和出版业的压抑，不能抬头。而且在文坛里又分了什么什么派别，尽力于排击异已，有了派流的色彩的人，只汲汲于援引臭味相投的党徒，以造成一个势力。于是真的努力的人更加没有出头的机会了，因为发表的机关，往往是被一部一派的人所独占，而不容有傍的人插进来之故。

在这地方，更有一件大不平的事情，是现在出版的东西中，有许多简直是很不该出版的东西。在作品或著作的内容和实质，是一毫也没有价值，不过因为著作者和书店有些关系之故，就堂堂出来了。而且出来之后，因为中国的读者本来大多不生眼睛，而一方又没有批评家来指摘领导，有许多不成样子的书，都意外地博得社会上的好评，这实在是可以令人愤慨的。实在中国人是没有真正的批评精神，又在盲从之外，喜欢瞎妄地赞人，以装出自己的有识见。于是在这群盲的世中，造成了盲目的舆论。真的有一点价值的反被埋没，而毫无意思的东西却被抬了起来的，实是数见不鲜的例。

在这样一种情形之下，新文人的想图谋奋起是当然的。这杀开一条血道的方法，是去自己纠合同志开设书店，就可以自由发表。自己想印的东西，立刻可以贡献到社会上来——这是顶直截爽快的方法。书店的风起云涌地产生，是大都有这一种背景的。这是对于旧文坛的抗争，是新人努力的一表现。

但是开书店是一种商业，商业的竞争逃不出是经济的竞争，本来新文人的心中的目标不是在这地方的，他们只要在文坛上获得一个地位；但是采取了开书店的手段之后，战斗的方向却转换过了，这一点恐怕是出于他们意料之外的吧。大多数若是没有充分的实力，便要中途失败，这一点实在是很可惜的。因为开书店的业务上的关系，分了他们制作上的勇猛精进的努力，是不可计算的无形损失。因为书店的失败而失脚，更加是一种悲惨的败绩。真实是文艺上的能力不到而失败，那是一无话说的，因为书店的经济力而失败，而连累到文人的出头的机会，是很悲惨的一件事情。

但是书店的竞争还是经济力的竞争。

造成书店流行发生的另一原因，是在所谓智识阶级中的失业者的增加。这是毫无疑义的，在现在中国的社会中，那些年年从大学、高等学校、中学校毕业出来的人们，不能有什么职业给他们的。所以每一个时期的争权夺利的大战争以后，总新产生出许多失业者来。这些所谓智识阶级的失业者，是文不能算命相面，武不能挑水拉车，于是乎与新文人携手而从事于这开书店的新职业，这比之作别的事情，照他们想来总是比较容易些。

实际关于开书店的容易不容易，全无经验的我，是不配讲的，不过依照中国现在的读者来计算，那么书店和出版物的增加总是太快速了些，以致使我结出了一个大多数有倒闭的危险的结论。其实顶好原要有这一种奇迹，使读者突然增加，各书店都能大大发财维持下去扩张起来，那不但是中华文化之光，而且在我个人也是欣欢中国文化发达的快速的。但是能有这样好的事情么？

在这世上，不公平的事情原不会有绝迹之日的，但是努力于开书店去求得在文坛上出头的机会却实在是可怜的，使得人不能不如此做的一种社会情形，更加是可恨的了。我是恨这一种情形，但又不能不替新开的许多书店危险。

并且我要进一步说，这一种方法是太早一点。在想求出头的新文人，对于自己的作品有没有反省过一次的，是否十分有了自信而来求发表的，这因为我看了几本新书店里出版的书，实在不能不疑心。假使稍有一点谦逊之心的人，自己反省之后，再潜心努力是当然的。并不这样，却要借书店的力——就是经济力——去获得文坛上的位置，那种心情是不可以称赞的。但在已经有借了书店而发表未必见得好的东西，却获得了地位的人的今日，我也不想苛酷地责备别人家了。

（载《一般》1928年第6卷第2期）

谈书店

于　翁

书店，这是最近上海滩上很时髦的商铺，他们底老板，大都是文坛健将和出版界里的人物。我这里所谈的书店，差不多是纯文艺的书店，他底历史还短，而四马路上商报馆斜对过的光华书局，可算做他们底老大哥了。

光华书局。光华成立于十四年秋，是张静庐和沈松泉合办的，当时在《宁波周报》馆楼上，开场发行着《洪水》，更出了几种文学丛书，便渐渐地发达起来而迁居于九华堂了。九华堂是药铺，即现在该局的原址。从前静庐等常在九华堂打牌，后来索性请堂主收了药铺，让给他们开书店了。静庐早在文坛露角，松泉曾创野鸥社，在《天韵日报》附刊《野鸥》署名苏约，善短篇。现在光华所出的《死灰》小说集中稿子，大半在《野鸥》里载过。当时我也在《天韵》里混着，苏约算优美的作家，没有人注意小报文字罢了。现在光华书局出版的东西，很多了，销路也广，在许多同性质的书店里，自然是老大哥了。

创造社出版部。创造社重兴于十四年秋季，当时出版品，多由光华书局发行，次年春自设书店式的出版部于宝山路三德里。经理似的伙计们周全平、叶灵凤辈工作颇力，生意兴隆，门庭如市。五块钱的小股东又招了八百多人，它的脚力自然很大了。后来因内部某种关系，全平北去，灵凤另飞，沦落生涯的郁达夫老先生如今也脱离了。现迁移北四川路营业，因出版的丛书已多而很受现代青年欢迎，营业仍佳。

开明书店。开明是敝同乡章锡琛先生手创的，一年来开明出版的东西，花色很多，有直追光华之势。最近自迁移望平街后，更形发达，据闻已从事扩充中，要集五万块钱的资本呢。

北新书局。北新在北京已有多年的历史，系北大教授李小峰等开设。李前系《晨报》要将，与周氏兄弟辈很要好，所以发行的书报，销路很旺。在上海的是分局，与开明同时开办，最近也从宝山路迁到四马路来了。

美的书店。我们到四马路时，不是常见那小小的美的书店么？玻璃门的旁边，站着两个美的店员，见顾客则含笑相迎，进去的青年们自然不好意思空手回出了。该书店近亦拟扩充，因稿件缺乏，日前不是大登申报《征求浪漫派文学稿件》吗，我们且看他来日的浪漫书籍吧。

新月书店。新月是大名鼎鼎的胡适之、徐志摩这般文人合办。本在法国公园旁边，虽然出版的书籍犹少，可是营业的前途却很盛了。该书店不愿久居僻处，已莺迁乔木，到望平街晶报馆这边来重立门户了。

现代书局。现代是商报馆洪经理及其文友出资开设，请张静庐经理之，张亦股东之一（据说资本定四千元，现集半数），又是办书店的老手，前途可嘉。（按：1月31日《申报》载现代书局来函，纠正某些失实。函如下：敬启者：昨阅贵报本埠增刊所载于翁《谈书店》一稿，关于敝局一节，与事实不符。查敝局为洪雪帆君（洪君非商报经理）等合股创办，额定资本一万元，已收足五千元，于去年七月间开办，洪雪帆君为总经理，张静庐君为经理。张君于本年元月份起已辞去经理之职，相应函请更正为荷。）

真善美书店。这一爿是文坛宿将曾孟朴（东亚病夫）父子开办的，在静安寺路设肆营业，已出《真善美》半月刊，重编《孽海花》等。

（载《申报》1928年1月30日）

另一种革命

乐群书店同人

1. 出版家压迫著作家

中国的著作家就是成了名，他终究还是穷的，他的生活还只是勉强够肉体营养的供给。他们的报酬什九被书贾吞了去，不过吃到一些书贾唾余的一部份而已。他会把著作家绞脑苦思写出来的稿子压起两三年，在你梦想不到的时候又把稿子登了出来。

一班更奸恶的书贾，没有道德的书贾，他知道著作家是穷的多，他会把银子来要挟你做他所要做的作品。这非但消没了著作家的个性，连著作家的人格也带累了堕落下去。

他们会把著作家弄成一个沐猴而冠的傀儡，他们要造谣，著作家便要绞脑汁造像真的一样的谣言；他们要攻击毁谤骂那一个人，著作家便要去搜集材料去攻击谤骂那一个人，而著作家呢，究会被他们压迫得动都不敢动。

他们为着自己要赚钱，把书价定得非常之高，使书的销路减少；一方面又极力减小著作家的报酬，使著作家的生产力消退。有时候还会暗中用诡计，剥削著作家，毒害著作家。

这酸鼻的惨史，我们实在不忍多述，我们只希望我们的著作家要自己独立，自己印卖自己的作品，不要再屈伏在书贾的脚下！

2. 成名作家压迫未成名作家

成名作家的压迫未成名作家，实在也不亚于出版家的压迫著作家！他们和军阀一样各有各的地盘，谁想去分润一点是做不到的。他们压迫未成名作家大概有三种方式：

一、把作品丢在字纸篓里。

二、加以不正当的恶评。

三、克扣新进作家的报酬。

他们并且门阀深严，无论你如何的努力，只要他们决计拒绝你，你便连在他们的门口张望一下也做不到。

你想一个新进作家整日整夜的写，流着不少的血与汗，结果总是有去无回，这是何等丧气的事情？

你再想一个新进作家，很努力了相当的年月，本来是将近成熟了。然而偏遇着了难堪的失望的恶评，这是何等恢心的事情？

再想一想一个新进作家，正希望着得到作品的报酬，来维持生活，好继续努力下去。而在这时候，他的报酬竟被吃人的魔王，成名作家克扣了去，使他不得不抛弃了他的天才去从事别的工作以维持生活，这一下他的著作的机会便再也难于遇到了。

为了以上的种种，我们打起了下面的旗子：

1. 著作家革命！

2. 新进作家革命！

还有下列的口号：

1. 打倒障害文化的书贾！

2. 澄清黑暗的出版界！

3. 著作家联合起来！

4. 新进作家联合起来！

（载《乐群》1928 年第 1 卷第 1 期）

咒诅现今的出版界

——只限于文艺一部分

季　直

我很知道在现今这畸形的社会里，没有“袁头”，什么都谈不到，教育只是富人们的“文凭出售所”，书籍——文艺的书籍——只是公子哥儿们的茶余酒后的消遣品，那容我们这般穷措大来欣赏呢？无奈，无奈老天不睁眼，偏偏给了我一副耽嗜文艺的赋性。这来，我曾几次经过书局的门口，五光十色，文艺的刊册，终久使我眼馋，有时我想一鼓作气跑进去买他一两本回来，饱饱我的眼福，但是一想到“袁头问题”，就不禁打个寒噤，连忙退回。啊！啊！奢侈品的文艺刊册哟！我只有咒骂了。

不怨我诅咒。的确现在出版的东西，这价委实太昂贵了，一本薄薄不满百个Page的小册，一本不够两个钟头披阅的小册，这价起码便是三四毛，而且还是不折不扣呢！它所以这样昂贵也有个原因：老板恣意的赚钱不用说，纸张的优美、装订的精丽，更是形成昂贵的主因。你瞧吧！现今的出版物，也不管他的内容是怎样的浅薄与无聊，纸张不用说大概都是道林纸、洋宣纸、连史纸；装订更是格外的讲究，不切的毛边、三色版的封面，还要叫名人给作呢？（是陶元庆？叶灵凤？……）讲到这里，我忆起几部装置奇特的书籍来。一是刘半农博士的《续扬鞭集》，吓！好极了！他的装订。粉白的连史纸的每页中间，还夹着一层什么纸儿，真是别开生面装置，不过我们这般穷光蛋、贱骨头，根本和他是没缘的呀！再几本便是创造社本版的诗集，像王独清的《死前》与郭沫若的《瓶》等，用坚硬的图画纸排印薄薄的几页，定价倒要三四毛大洋！还亏他们以无产阶级文学标榜吃①！

书价的奇贵，是装订的美丽形成的，所以现在我代表一般穷光蛋向书局的老板先生们呼吁下，请印书的时候分成两种，因为我们这般穷措大是不需要这些精美的点缀品呀！报纸即可，装订要简单要好。

写到这里，忆起十六日本栏内凝霞君对于文坛健将郁达夫的名著《迷羊》变为《恋爱之花》，有所疑问，其实这种骗人的伎俩，他们早已惯用不止一次了：一篇作品，刊登了杂志，又选入了单行本，又收集在全集里，横竖是这末两篇作品，来回的翻印，因而作者多抽些版税，书局多赚几块洋钱罢了！有人说：“买一本《创造月刊》合订本，则创造社的书籍就可不买了。”我想这总算切肤之谈吧！?

九，十八，深夜。

（载《大公报》1928年9月26日）

① “吃”字疑为衍文。

本埠之旧西书业

倪重威

本埠商业之盛，甲于全国，而买卖旧货之业，亦占其中一大位置，如福建路之旧衣铺，北京路之旧木器铺，营业之盛，至堪惊人。另有经营西文旧书者，专事买卖已旧西书，取价廉而手续简，最受学者欢迎，生涯既盛，营者纷起，骎骎乎自成一业矣。本埠该业，大小共有二十余铺，然散处各地，寻觅不易，学者憾之。记者旅学上海有年，于该业情形，粗有所知。爰就见闻所及，走笔记之，以备全沪各校同学之参考。

购用旧货之经济合算，固昭然事业，然市侩鬼计多端，购者一不小心，即有受欺之虞，往往物件已损，经售者之纷饰装璜，便整齐可观，不难使人坠其术中，或则以假乱真，或则以贱报贵，欲求不受其欺，则在购者之细心辨察矣。购旧西书者，最宜注意二点：（一）版数是否最新；（二）页数是否无阙。

书之是否缺页，须俟数计全书页数后，方能断定。宏帙巨册，数计一过，诚非易事。余常用中国纸铺检点纸数之法，每十页或二十页一数，尚属简便可行。原版旧书之销路畅达者，往往三年一改订，五年一易版，虽曰校正内容，实亦具有几分推广销数之作用。新版既出，旧款自归淘汰，旧书铺中，最多此种残品，购者最宜注意。

旧书铺中最多之书，厥为学校课本，其次则宗教法律诸煌煌巨著。若各家名作，及专科用，则惟诸大铺中，稍有收藏，其他各铺之破书堆中，有时亦能检得一二，细心人往往于无意中得之也。各铺索价，高下不一。通常意见之书，如课本字典之类，恒以书身之新旧，与销路之广狭为标准，大概照原价打二三折至六七折不等。若稍有价值之罕见书本，则售者居为奇货，有时索价过于原价之数，可恨亦复可笑，深望该业中人有以改良之也。该业大小共有二十余家，其分布之区域，不出北四川路、城隍庙及西门三处，北四川路各铺，庋藏最富，城隍庙则选书最精，西门则取值最低。兹分述之如下：

北四川路共有旧西书铺五家，在虬江路口者三：曰爱古、曰受古、曰光华，均规模宏大，藏书丰富。惟以地处西人制域，所集多宗教法律诸巨著，学校课本，不过附属品耳。中以爱古为最老，继之者受古（易爱为受，形意均似，亦店号史中一段绝妙资料也）。光华则系旧有某铺改组而成者，为后起之秀。此外二铺，均在西宝兴路内，地位较小，藏书较少。

城隍庙内，共有铺二摊三，铺号葆光及饱墨斋，均在庙之后部，惟一在九曲桥以北，一则在九曲桥之西耳。葆光主人仇某，曾毕业民立中学，英文具有根底，经营该铺，已十余年，为本埠旧西书业之巨擘，其所藏之富而精，实非他家所能望其项背，惟鉴别既精，定值亦殊不低耳。饱墨斋主售学校课本，以地处偏僻，生涯不盛。摊户三处，均设于香雪堂外大石桥堍。庙门东首李鼎和笔庄门口，另有饱墨斋主人之弟所设一摊，索值较低。

西门共有五六铺，均专售学校课本，中以明明、大华二家为最大，取值实较他处为廉，学生顾者最多。此外中英图书馆、苏斋书店等铺，均兼售中文旧书，西籍其少。

除上列各处，外爱而近路山西路口，亦有一摊，南阳桥江北大世界后，亦有一摊，地小书少，等诸自郐以下矣。

（载《申报》1928年7月14日）

从写稿到出书

水　仙

一、序说

我们拿到一本书在手，第一给我们感觉到的，便是封面的艺术，与乎装订的精美与否，随后便是排印的精良与否，等到一页一页地翻读起来，我们又会发觉有些地方是鲁鱼亥豕，错栽误植，有些地方是遗漏脱落，两见重出，绝少一本完全没有错误的书。那些印刷精良而错误较少的书，我们自然是满意地赞美着，而对于印刷坏而错误多的书本呢，我们便不免要诅咒着排字人，诅咒着校对者，而且还要诅咒着著作人，诅咒着出版者了。

我们以我们的宝贵的血汗换来的钱去买一本书，而结果不能使我们满意，我们是不期然地要呼出“上当”来的。

然而我们如果想一想成书的颇不容易，要写稿，要排版，要校对，要制版，要印刷，要装订，要发行……如是地麻烦，我们或者会予以谅解的吧？

我现在便要来略说一说从写稿到出书。

二、写稿

“写稿”是成书的第一步的工作，也就是最难的一件工作。一本书的内容，要有新鲜的发见，要有独特的见解，要有美妙的辞藻，要有……著书立说，煞费苦心；它的完成，往往是穷年累月，耗费了十年二十年三十年……甚至于一生的光阴，只为了一部著作，也有至人已死去而著作尚未完成的。著作之难，于此可见！贤明如孔二先生，尚且是“述而不作”，那末，写稿这一件工作，的确不是人人所能够经营的了。

我每怪异着如今的世代，书店愈多，著作也就愈多，甚至每一个书店老板都在兴着“山阴道上”之慨。这种现象，要不是现代作家（？）在弁髦学术，粗制烂造，那末，便是中国学术（？）真是在蓬勃的时候了。这个问题是一个整个的问题，应当另为一文来说，本文只想说到成书的历程，用不着说到内容与价值，因此，不说那些累赘的话了。

三、排版

稿子已经写好了，接着便来了一个如何“排版”的问题——若不是自费出版的书，这其间自然先要履行那种把“稿子送到书店，由书店决定要否出版”的手续了，在没有“发排”以前，第一先要决定的，便是书本的大小和排列的格式，往往一本书因为版本和格式与内容之不相称而失却一般读者的欢迎的。版本和格式决定了，就得把原稿的每章每节的应排的“字体”与“字型”一一标明，当用黑体的则标明“黑体”，当用一号或二号或三号或四号或五号或六号字型的，则标明“一号”、“二号”、“三号”、“四号”、“五号”、“六号”——如果原稿中杂着西文的，则西文的字型与字体也当一一标明，不可稍有疏漏——然后发排，否则校对时便要增加很多的麻烦了。

发排，自己有印刷所的，当然不发生问题，然而资本薄弱的小书店，自己没有印刷所，于此便有了问题了。一部稿子是已经决定发排了，版本和格式也已定妥了，字体与字型也已标出了，但发给谁家印刷局排版呢，这不得不要大费踌躇了。资本少而规模小的印刷局，他们的机器不灵巧，工人不熟练，材料不全备……是断乎不能承排书版的；那些规模大而设备全的印刷局，又多半自己有着它的主人公——书局，专门排印它自己的书，你莫想安插进去。即使他们慨然承排了你的书物，不是一搁一年半载，不为排版，便是随随便便、模模糊糊，大拆你烂污，于是只好注意到不大不小、似全备非全备的中等印刷局了。然而，这件事是越发感到困难了。像这样的印刷局，因为规模小、设备不全的缘故，每有字型的大小与字脚的高低不一律，字盘的铅字与材料的花样不全齐，常常是有了这个没有那个，有了那样没有这样，排起书版来，常常是因了一个字乃至一个符号而延搁到好几天的。而且，营业的目的为赚钱，无论那一个印刷局都欢喜排那外来的零件杂稿，以及所谓的“野鸡生意”，因为那些能够多赚些钱；而排那书店发去的书版，虽然是所谓“长生意”，但到底因为赚不了多少钱，不大欢迎，只在外来生意清淡的时候替你排排，生意一忙，立刻便把你搁起来了。

讲到排版，着实有些烦难呢！你如果有些闲工夫欢喜研究研究，那末，我领你到排字房里去看：这边是一座一座的字架像军队的行伍似的一行一行的排列着，架上分别排列着一盘一盘的一号、二号、三号、四号、五号、六号的铅字，每一号铅字放在一座字架上乃至二座、三座、四座……字架上。它的排列法，大部分依照字典的部首而略加变化，没有熟练的经验的人是不容易找到所要的字的所在的。那边是一盘一盘的标点呀，符号呀，空铅呀，以及铅条呀，什么呀之类，要是不懂它的用途的人见了，一定会奇怪得莫明其妙的。

排版的工作，第一步是撮毛坯（检字），那就是先由一部分工人分担着将原稿上所需用的字一个一个从字盘里撮合拢来，依着预定的每行的字数，一行一行地排列在字匣里，遇到所要的字恰巧架上没有的时候，便用空铅隔离起来，或者把别一个字颠倒排着，以待校改。毛坯撮好了以后，然后依原稿逐句逐句地拼起版来。所谓“拼版”也者，就是依着原稿，把标点符号加排进去，而用铅条把它嵌宽起来，嵌到所要的版口与行数为止。拼版完竣，于是上架打样，可以开始校对了。

四、校对

校对这件工作，看去容易而其实颇难——实际上没有一件事不是这样情形的——如果有人说校对容易的话，那个人完全是外行，请他去做起来，就会“看人挑担不费力，自上肩膀嘴要歪”了。

原来校对这件事，虽不是下贱的工作，却不算尊贵的职业。因此，在现代，往往是这样的情形：有校对能力的他不屑做校对者，而想做校对者的却又缺乏那种能力。因为校对的确是一件十分麻烦而令人苦闷的工作，它会缠得你头昏脑闷，它会弄到你手肿眼花……而所得的报酬呢，至多也只等于一个普通的书记——他在人们眼中的地位，或许比书记还不如呢——因此，校对界愈被形成一种畸形的现象。

不说闲话，且来谈一谈校对的手续：

一种稿子经过了排字工人的创作，变成了一盘一盘的活字书版，这些书版一块一块地搬上打样架子，一张一张地印出样子来，那些样子大都是用油光纸印成的，那便是所谓“校样”，那便是校对先生持以为生的基本。于是附上原稿，送到校对先生面前。

校对先生接到了一束校样和原稿的时候，即便展开了校样，并列着原稿，开始校对起来。那校对的手续分为初校、二校、三校……普通至三次而止。在初校的时候，便是校对先生最感麻烦最觉苦痛的时候，他要对着校样，找着原稿，一个字一个字地对着校将下去，有错字时注出来，有脱漏时添进去。而那些校样，因为是打样架上印出来的缘故，常常是模糊不清，校对者要费尽目力和心力才能辨认出来，而且满纸“丁子”(即倒排的字坯)，触处错字，校对者当此，真是“哑子吃黄连，说不尽的苦”——有些印刷局里有拔“丁子”的校对者的，他所送出来校样，是好看些了，不过那位拔“丁子”的校对先生也就苦透苦透！

初校校完了以后，送回印刷局，让排字工人依着所校出来的错误改正去。一一照样改正了以后再打样子，再送给校对者，再校二校。

在二校的时候，比初校时容易些了，虽然或者校样上依旧还留着“丁子”和错字，却到底没有初校时那样一团糟了。但是，有时因为校对先生的不熟谙校对术，以致所用的方法、符号等等，不尽为工人所懂得，于是你校你的，他改他的，这样地“各自为政”起来，往往你校的他没有改，而他改的却不是你校的，于是在二校的时候便要麻烦了，也许比初校时还要麻烦些。这虽然是校对者和改版者都要负些相当的责任，然而校对者的不谙校对术以及校对符号等等的不统一，实是造成这种错误的大原因——关于这层，我预备写一部《校对术》来做个贡献和帮助，这里不多说了。

二校校完了以后，仍旧送回印刷局，再由工人从事改正，再打样子，再送交校对者，开始三校。

校得精细改得认真一些的校样，到三校的时候，差不多已经没有错处，就可以签字付印了。但也许在二校的时候一时失眼，没有精细地全都注意到，而不免仍还有些错误，于是三校的工作是格外难做。而三校的责任也就格外重大。

至于排列的格式、行字的多少、版口的大小……那是在初校的时候就应该注意到，等到三校签字的时候，已是嫌迟了。

五、制型

在一宗校样经过了初校、二校、三校……乃至签字了以后，在这时候，校对者和排字工人对于这本书已经尽完了责任，释去了重负，可以休息一回或是去继续着第二批的工作了。承接着这本书的出世的工作要让给印刷工人了。但在签字以后，印刷以前，还有一部很重要的工作是必需做的，那便是制型。

一大批的活字书版要一块一块地移到印刷架上，上版开印，实是一件比较困难的事，而且活字上架印刷，一来是需费时日，排字房里要感到周转不灵；二来是活字被压，字面模糊，用不多久，那些铅字等于废铅，须回炉重铸，损失颇巨；三来呢，你费了很多排工，化了不少印费，而用活字来印刷，字版不能保存，到再版的时候必需重排，再费排工，太不经济——于是，制型的工作是必须而且重要了！有计算的出版家都是愿意制型以后再付印的。

制型是怎么一回事？

□法以排就的活字书版，不即付印，先送交制型工人，用一种巧妙的方法制成纸型。这种纸型便是用纸来糊成的一张一张的固定书版。活字书版变成了纸型以后，那些铅字便可拆散还原，备用。纸型不比铅字，它是薄薄的、轻轻的，容易保存。随便什么时候要用着它了，便随时拿它出来"浇铅版"，所浇出来的铅版便是固形的书版，就可如活字书版一样地上架印刷了。一副纸型通常可以浇用到十次以上，坏些的也足有五六次可用，这样便足省却五六次乃至十余次的排工了——这是出版家最经济的办法。

纸型制好了，铅版浇好了，于是上架印刷。

六、印刷

印刷是成书的十分重要的工作，若不经过印刷的手续，那末一张一张的白纸是不会成为书本的。而印刷颇不容易！我们拿到手中的书已是一页一页订得整齐切得光洁的称心适意的书本的了，而在印刷的时候却并不这样一页一页地印，它是一车一车地印——就是用整张大纸来印——书本有大小：八开的、十六开的、二十开的、二十三开的、二十五开的、三十二开的、三十六开的、四十开的、四十六开的、五十开的、六十开的、六十四开的，甚而至于一百二十八开的。每一种开数，它的排版方法各别，却都要排得容易开、容易摺、容易订，使各方面都不感困难，真是颇费心机的事。而且要对得整齐、排得美丽、印得清楚，这是印刷术上重要的条件。

还有，纸张和印刷也大有关系，光的好印些，毛的难印些，厚薄适度的好印些，过厚太薄的难印些；而且，各种纸有各种纸的性质，坚、松、韧、脆，各各不同，而受墨性也迥然各异。印刷工人先要识得纸性，然后才能少感困难，易于蒇事——关于纸张，我预备另为一文来谈谈，兹不赘。

一部书印好了以后，才后发交制本所制本——装订。

七、装订

装订作——制本所——是专门装订各种各式书本的，它们是做着成书的最后一步的工作。

一宗书版印成了以后，由他们去车了它来，用切纸机将书版一版一版的切开来，才后分交工人一帖一帖地摺将起来，摺好了发交排书台排本，一本一本的书坯排好了，才后开始装订。

订的方法有几种：一种是“穿线”，是用线界在每一帖的中摺处，此即所谓线装书；一种是“打眼”，又称“平订”，就是把书本摺齐了，像小学教员替小学生订作文簿、书法簿似的，在书脊近处打三个眼，用线穿实，一种是铁丝订，就是用铁丝来代线，前两种形式都可订，惟只能订薄本，厚了是不行的。还有一种是机器订，就是用机器来代人工。“穿线”、“平订”都可，惟只能用线而不能用铁丝——其实铁丝也是用机器订的。订的方法大概是上述这几种，各有它的用途和长处，而也各有它的短处。大概线装宜于页数多而纸张厚的书；平订宜于较薄的书；而铁丝订只宜于单帖的书——铁丝订出书虽快，但容易锈坏书本，所以除了薄本的定期刊物外，书本是不大用得着它的。

装订的形式也有几种：一种是西洋装，多半是布面的；一种是东洋装，多半是平脊的；还有是法国装和中国装，法国装是毛边的，中国装是线订的。这几种形式，也是各有它的长处和短处。

书的“心子”订好了，才后一本本地装上封面——那封面在未装之先，已有着很麻烦的手续，布面的要烫金，纸面的要印色。如今的世代，崇好装饰，一张封面的完成颇为费事——非法国式的还要将书边切光，才后一包包地包将起来，送交发行者。

八、发行

本文说到这里，已经是说完了从写稿到出书的程序，我们已经知道成书之难了。然而书是印成了，装出了，但用什么方法呈献到读者之前呢？于是有赖乎发行的事务了。

发行的事务颇不容易，那是一种颇关重要的企业，没有经商的学识和经验的人是断乎难能胜任的。

发行，一定要找到一地点适宜的发行所，要装饰门面，要把所有的书物陈列起来，任顾主自由选择。外埠的顾主来函购书时要代为包裹邮寄，如是种种，不胜其烦！而且，所遭逢到的不幸和损失也颇惊人：如书物印得太多而销路却不见旺盛哪，多页或缺页哪，因陈列而晦色了哪，以及虫伤鼠破哪……总计一年的损失，大有可观——几乎每一个书店都是这种情形。

为了文化——好容易，够苦的了！

九、结尾

诸君！诸君！当你读完了这篇文字的时候，你所得到的感想是什么？在我想，你一定会这样说："呵，这样烦难，一向我错怪了人了，以后我要予以同情的原谅。"不错，出版界给予读书界的贡献浩繁博大，我们不但应该予以同情的原谅，而且还该挚诚的感谢——但世风不古，于今尤甚，那些滑头书贾、流氓文人却专门印出些不堪卒读的书物朦混读者、欺骗读者。如果我们一概予以同情的原谅，那我们未免太受亏累，而且也太显示得我们读书界缺乏鉴别力了。如何能不被欺朦而不虚耗金钱呢？是在读者的审慎的选择和严正的批评了。

累赘了许多题外的话，罪过！

（载《开明》1928 年第 1 卷第 3、第 6 期）

书贩之忏悔语

闻　铃

吾所识有某书贩者，固亦世家子，且曾受中等教育两年，近则沦为书贩，专以贩卖不正当之书籍为生矣。予尝自其手中得《笏山记》小说钞本二册，因系多年求之不得之物，与值稍丰。某贩遂甚喜予。偶于市上相逢，某贩向予述其堕落之经过，语刺刺不已，记之亦讽俗之一道也。某贩之言曰："吾自出学校，家人坚欲我至一□南货店为学徒，吾不愿，则送我至伯父处，请伯父为我择一职业。伯父嗜鸦片。吾遂为'烟担帚'者朞年（他人吸烟，己卧其旁，为之装烟奉茶，殷勤自效者，俗呼为烟担帚）。吾颇安之。伯父以吾趋承婉便，亦乐于留吾。惟吾父则大不悦，寓书责伯父。时某处图书馆初成立，需低级职员数人，伯父乃介我往。馆长命我助管检书事，事甚烦琐，而月薪只十二金。吾任事后，稍染烟酒等恶癖，苦所入之少，因与同馆者共同舞弊，以馆中书籍潜出租与人，原书标价一元，租金小洋一角，生涯颇不恶。又馆中例有添置书籍费，月约三四百金。吾与馆中同事，乃排日至市上各旧书摊中巡视，见有稍新之书，即出贱值得之，归以原价报销，仅此一项收入，吾曾于两月中得羡余三十余元，后为馆长察觉。同时吾以负债过多，为逋主所逼迫，私窃馆中书籍，去其封面（以封面盖有图书馆戳记也），售与旧书摊主，得数十元，遂遁归。困居数月，百计求得钱之方，至向各书局索书目，积至数十册，以每斤二百文之价，售之肉铺。吾彼时之穷窘，可想见也。后幸遇一旧友，假我少资，令为书贩，日获微利，尚足糊口，而吾意终不足。有同业某甲告吾曰：'君劳劳竟日，仅获此微利，有何趣味？现有某种书籍，需人代销，君如愿经售，可得重利。'吾姑允之。购视则皆旧式性书，内容秽亵不堪，板本及字皆甚小，然利息颇厚，平均每元可批六七部。每部售价，如遇求者，且可超过一元。吾代售月许，卒被警局查出，拘予去，罚洋十元，所存书悉销毁。本钱既罄，生活大难。此类性书之制造所，复以重利陷予，于是吾更不得不秘密为之代销。吾固知此种书足为社会之害，顾舍此别无生计，则亦惟有卑贱自甘也。”

（载《申报》1928年1月30日）

鄂省淫书淫画之末日

瘦 影

性学澎湃，不知贻误几多青年子弟，顷有鄂省来者，详述鄂省最近严禁淫书淫画之经过情形，颇可一记，因记之以告沪人。

风行一时之淫书淫画：自沪上提倡性学后，此风已渐及鄂省，且变本而加厉。市上之贩卖淫书淫画者，接踵而起，利息之厚，无与伦比。其中内容，皆极淫秽，而书中之画，亦无不为赤裸裸之曲线美也。街头巷尾，向人求售淫书淫画者，比比皆是，青年子弟，几人手一编矣。

起因：鄂省有S大学者，颇著声望，校中学生，均系富家子弟。一日，有学生王姓者，忽至舍监室报告失窃，共被窃去百元左右，请舍监严密检查，舍监以事关校誉，立禀校长。结果不动声色，于学生上课时举行大检查，讵窃赃未获，反于学生床头及箱箧中，发现无数之淫书淫画，校长及舍监大为惊异，以犯者过半，不暇处罚。于是一面向众学生力陈其弊害，将淫书淫画，付之一炬；一面向市党部呈请严禁贩卖淫书淫画者，并于报章上痛诋淫书淫画之误人子弟，洋洋数千言，于是他校亦有同情者，起而响应，一致请官厅严行禁止，以挽颓风。现当局已准如所请矣。

游行演说：市党部公安局既发严禁之通令，然平日贩卖者多，势难挨户检查，于是有游行演讲之举。先期有各大学各中学等之校长，召集多人，组织游行演讲团，后加入者愈众，竟达数万。游行时各执白纸标语，并高呼口号，如“打倒性书籍”、“火烧春宫”、“淫书淫画是杀青年的利器”、“捉拿贩卖淫书淫画者”、“严办贩卖淫书淫画者”，游行时并向热闹地点演说，痛陈淫书淫画之为祸，甚于洪水猛兽，慷慨激昂，声泪俱下，闻者莫不动容。

盛极一时之游艺大会：更有某校校长学生等，发起一游艺大会，先期发出传单，借某校场为会场，届期来观者络绎而至，以后更愈来愈多，拥挤至无立足地。场中广发传单，大抵为关于淫书淫画之弊害，表演节目，亦无非注意于此点，更以新剧为最能感化观者，是会也，可谓盛极一时矣。

白无常游街示众：事后数日，有某警于某街拘获一贩卖淫书淫画者，带至区中，区中闻讯，大怒，以其实为害群之马，处以重罚；并身穿白衣，戴高帽，游街示众；且于身上满贴标语，曰“他是我们青年的仇敌”，“害青年们的即是他”等等。游街时观众异常愤怒，有击以拳者，有蹴以足者，甚有投以石者，亦可谓深恶而痛疾之矣。

（载《申报》“自由谈”副刊1928年3月2日）

出版界中两件值得注意的事

——反革命的《新路》和被迫停刊的《幻洲》

1. 在《新路》的发刊辞当中，虽然东拉西凑说了不少无统系的陪衬话，但是画龙点睛的一句，要算是“反对只图破坏之革命”。

虽然他们提出很好听的“反对以党治国”，实底子是反对以党革命。因为反对以党革命，所以在革命未完成的时候，先要反对以党治军和党化教育。就是他们没有常识，也不至连“同时不能有二党以上的革命”的原则都不知道吧？他们只是不要革命所以才不主张一党革命！

他们那种似是而非的论调，我也不能介绍得许多。但是最谬误的，便是把目前一切的罪恶归到革命的身上去，他们没想到——也许想到而故意要掩耳盗铃地欺骗民众——这并不是革命本身的罪恶，却是革命的错误表现。明明中山先生主张建设的革命，主张和平奋斗救中国，他们却要因错误的表现，“因噎废食”地反对一切的革命！

照他们的态度看来起，总不出是一个国家主义派和资本主义派的联合反革命战线，我只在此地提出请大众注意。

2.《幻洲》居然因政治上的压迫停刊了！《幻洲》的态度怎样，我们不必去仔细说它，不过总不能归到反革命一路上去吧？“言论自由”，在这军事期中，不能完全的得到，我们还可以原谅。不过不属于反革命的刊物，总不应该横加摧残吧？倘使讥讽几个要人就算反革命，那末这“国民革命”这四个字怎讲？和英雄革命的区别在什么地方？

所以对于《幻洲》的停刊，我们不能不表示反对的意思。我们希望当局不要把真正的舆论驱逐到北京和东三省去！

（载《新评论》1928 年第 7 期）

书本的装饰

百　合

凡是我们的周围的东西，小而至于一只火柴匣，大而至于一座建筑，都需要一种装饰。譬如某小姐的搽粉，画眉，染嘴唇以及穿短袖的旗袍，着长统的丝袜等等，并非不是装饰；又譬如某先生的留须，戴平光的眼镜，御嵌宝石的指环，实在也是一种装饰。同时书本，是我们的读物，所以书本的封面也须装饰。我们对于光在白纸上题几个王羲之体或柳公权体的书本的封面，既已觉得不美，而用几根呆板的曲线或直线拦隔着几个方正的宋体字的封面，也已唱出必须改善的口号，那末，我们应当如何的去设法把它弄成能够合于我们的美的观念呢？这里唯一的方法就是“装饰”。

“装饰”在小姐们，则用粉、雪花膏、胭脂之类。在书本便不能适用这些。然而也不能适用于建筑上的或衣服器皿上的那些；而它有它的独特的方法：就是书面图案。

书面图案在过去的读物的面上是很少看见的，而是由各个努力于追随时代的新书店新近所采取的。他们对于这件事做得非常认真，并未当作雕虫小技般的看待，所以他们的成绩很可值得我们的赞叹的。

以我所知，如开明以及北新、光华、新月、金屋、创造社、现代诸书店，他们所出的书的封面，都各有他们的特色。开明与北新最富于图案趣味，因为他们的作者一为钱君匋，一为陶元庆，这二人特别对于图案有深长的研究，一面又竭力主张以图案作为一切事物的装饰，而排斥以自然画作为一切事物的装饰的论调，所以这二人所计划的书面类皆是装饰图案，不与其余的人同调。光华、新月、金屋、创造社、现代诸书店的封面较远于图案，而近于漫画，他们则另有一种风味，自然不与开明、北新相混的。

书本的封面一美观，对于销路上有不少的帮助，以我所知，甚至有因封面的美观而买书的。封面的装饰既美，就是在读者的案头陈列时也觉得有一种新鲜的趣味的。

新近开明又采用一种新式的硬布面，这种布是不曾经过一次小粉的浆制的，所以着水也不会变色，没有亮光，很是朴素，除烫金烫粉外还能印画，这实在也是书本的装饰的一种新开的门径。

以上说得太多了，对于主旨或尚未阐明，实在觉得抱歉，有机会我们不妨另图再谈吧。

（载《开明》1928 年第 1 卷第 1 期）

一个用书架者的偏见

冷　眼

一、希望不要印账簿式三十二开的书

外国人总比我们中国人聪明，书摆在书架子上都是直放的，我们喜欢看哪一本，只要一抽就是。中国书可就麻烦了，习惯上线装书都是横放的。我要想在其中抽出一本来，一抽就倒了。

话说得远了，还是收回来罢。我学着外国人的法子，书都是直放的——自然，这并不只我一个，谁都是把洋装书直放的。但其中有一种三十二开账簿式的书，如俞平伯的《冬夜》、《西还》，易家钺的《西子湖边》，朱乐人等的《黄花》，CF女士的《浪花》，陈学昭的《烟霞伴侣》等等，我真没有法子想。这一类的书多到数百种倒也不要紧，又只有一二十种（甚至于还不到），为了没有法子放，我只好藏到箱子里去了。

我揣度着出版家的意思，也许因为印诗集（虽然陈、易的著作不是诗集）好省一点纸张。倘若只为了这个原因，我想横排就可以解决的。如果是为了美观，也不见得怎样好看。

再版的《浪花》已经竖了过来，印三十二开普通的直式了。我希望别的几本书也照样改一改。

二、希望不要印线装书

这件事曾经起过小小的涟漪。似乎《幻洲》上常骂刘半农、徐志摩等的线装书。但他们的理由是责备作家复古，留恋国粹，而我这头脑简单的人却仍只是与希望不要印账簿式三十二开的书的理由一样，为了书架上不好摆。所以刘、徐两作家的诗虽然有许多首是爱读的，也不得不屈尊锁在箱子里。

现在线装书似乎不大有了，《志摩的诗》、《晨曦之前》都由线装改而为洋装了。但文化书社新出的张寿林校辑的《雪压轩集》还是用的线装。

三、希望不要卖毛边书

我的脾气有时是板方的。毛边的法国式的装订我就不喜欢。喜欢毛边书的人举了一个重大的理由，说是看龌龊了好切。这句话用之内地有代切讲义的地方或者花几个铜板就可以办得到。但也就很不容易了。我在绍兴拿了几本毛边书请纸店代切，那时是年关将近的时候，他们很忙，问了十几家，都遭他们拒绝了。后来到了上海请一家装订作代切，你猜他问我讨多少钱，他要四角大洋！我的天哪，我那本书也不过四角大洋呀！自己买切纸的大刀和木板，一来没有这样许多钱，二来文弱的人也没有这样大的力气。

最古怪的，有些书上端是切光的，下端是毛的，弄得我放在书架上只好倒放了。

（载《开明》1928年第1卷第5期）

从开学想到课本问题

秋 笙

每学期的开始，选择相当课本，是教务上一件很重要的事情。现在多数教会学校对于政府所规定的课程标准，都很忠实地遵守。且觉得国内的各大书局所出版的教科书，比较基督教界自编的旧有教材，更为完美适用。所以现在的趋势，都舍弃后者而采用前者的了。这是势所必然的，也是应该如此的。因为在最初的时候，国内出版事业，尚甚幼稚，基督教教育界为应付自己的急切需要，以及提倡新式教材起见，不得不惨淡经营，自起炉灶，编印种种课本。不过时至今日，情景与前大异，国内出版事业，已达蓬蓬勃勃的气象，各种教科书的质量，也与日俱进。虽与理想的境界相去尚远，但我们终觉得采用它们的书籍，比较我们自己编印的满意得多，经济得多了。

从上面看来，基督教学校内普通的课本问题，似已不解决而自解决了。目前我们所最感困难的，即宗教课本的问题。且自从选修制度施行以来，宗教课本的选择，更觉较前困难。各校当局都觉得非有优美的课本、良好的教员，不足以引起学生选修宗教课的兴趣，培养学生的高尚人格。所以各校都急切地向各方征求适当的宗教课本，如同闹着教材饥荒般的！我们要解决这个问题，不得不依靠自己，因为这是我们基督教教育界的特殊工作，非一般普通的出版界所能为力的。但我以为要解决这个问题，必须由三方面互相合作去着手。所谓三方面者即：

第一，国内基督教教育界人士对于宗教教育富有兴趣和经验者，须努力地从事著作。现在所需要的不是一种翻译，乃是一种创作的教材；不是一种仅含事实的课本，乃是一种适应学生的宗教生活，而能影响他们的思想和行为者。不错，这种课本不是一人一时所能编成的，但每人若能尽力贡献一种或一部分的教材，则集腋成裘，众擎易举矣。

第二，各校对于各种教材，当以实验的眼光去使用。因为教材的改进，其重大的责任，一半是在著作者，一半是在教授者。教授者若能把他在课室中试用某种教材的经验，详细地、忠恳地报告于著作者，或登载于基督教的刊物内，或报告于某种中心机关，则改进的希望即大有把握矣。

第三，基督教的出版界，对于印制和推销的方法，都当亟谋改良。宗教的课本，其形式、纸张、排印等等，至少当与其他的课本相等。其推销方面，不但当利用广告，使各校尽知，并应力求发行的迅速，使各校感受便利。基督教的出版界，近来对于这两方面，虽大有进步，但觉得仍有改进的余地。如某种课本虽早登预告，但在开校后的数星期，尚未出版和接洽推销的办法，以致适欲采用者，大感不便。这实是一件不幸的事情！

要之，以上的三方面，对于解决基督教学校的宗教课本问题，都有密切的关系。三者非由互相通力合作，恐前途难发曙光。还冀国内诸热心于宗教教育的人士，团结起来，共谋改进！

（载《中华基督教教育季刊》1928 年第 4 卷第 3 期）

由燕大学生生活说到课本问题

赵恩源

“燕大学生生活真是贵族极了，最好将他改为贵族学院。”

“穷学生自然念不起燕大，阔学生也得念穷了！”

也许有人不承认这是全体学生的意见和情形，然而每次同学谈到我们学校生活时，总有这种论调的流露，故此燕大至少也有这种无味的阔象，有点儿贵族阶级的臭味！

我们来此的最大目的是：求知识，学生活。若是为享幸福而来，你尽可在家过快活的日子，讨个老婆，抱个孩儿，好在白驹易逝，青春几何，这样一来，管保有人说你会及时行乐，岂不自在得多？

然而我们拿了父兄血汗赚来的钱念书——自然也有例外——同时尚有很多不能得此机会的人，那么我们就应当格外克勤克俭，既无法生产，而只终日消耗的人，为社会计，为家庭计，也要格外勤俭才对。

也许奢靡已经成了风气，青年人谁不愿意表现自己的高尚阔绰？于是，此种情形便每况愈下，不可抑止了。青年心理如此，岂可太加刻责？然而负有指导责任的学校当局，又怎样呢？个人都有生活上的自由，阔上天去，没人敢加干涉，不过盼望你们对于学生的经济，稍存些责任心才好。

对于学校建筑设施，虽然有多处，未能到好处，然与校当局似无瓜葛。至于他们的行政，直接影响学生经济的，便是课本与学宿费的问题。

为要求得知识，我们无任欢迎新的广博的教科书，多花上几个钱，有何关系？不过照现在的教科书看来，总要受下面的批评：

（一）课本多从国外运来，为他国人士所著，书中比喻都为国外情形，读者有格格不能入之困难。

（二）西书价格甚贵，且近几年来，金价日长，银价日落，买本西书动以十数元至数十元计算，学生之经济担负太重。

我今年选了经济第十一、十二，买了一本《经济学原理》。那本书大致倒还不错，不过书中常常引用美国银行及商业为比喻，这叫我十分的不舒服，那本书的价值对于我也只有限了。再从另一方面说呢，那本书却要中国大洋十三元，在我的眼光看来，这实在是笔大宗款项，我当时狠费了一股气力，才能够抓这本书到手。

我非根本反对用西书。我的意思以为应该在可能范围之内应用他种方法替代课本。当然在自然科学方面，国内翻译名词未能统一，而所有的翻译本完善者真是稀若凤毛麟角，若不借用西书，那末将有无书可读之虞。但是在社会科学方面，这种情形并不如自然科学之严重。我也承认社会科学中如社会学者，汉文课本比较缺少一点。至于其他学科如历史、政治等，虽然我不晓得是否有完善的中文本，但这些都可以用外国材料编成汉文讲义。我听说学校方面久蓄有由重英而重汉的意思，这个见解是狠对的。不过，我以为这种事情与其期以将来，不若从现在起，一步一步的慢慢的实行。实行的步骤，我以为可先从社会科学入手，如果课本能够改为汉文，至少可以有下列几个优点：

（一）费用较廉，减少学生经济担负。

（二）用中国语读中国书而能得西洋材料，事半功倍。

（三）于是所谓"洋翰林"、"洋秀才"之流，在中国渐有减少之希望。

（四）教会学校才能脚踏实地的中国化。

一个教会学校的学生在现在中国社会里，实在面目上真有点不光荣。社会仿佛对教会学生是实行封锁或隔绝的样子。我们将这些事情仔细思量一下，当然社会之盲目批评是免不了，可是这些盲目批评决不无风而起浪，定然生有所因。在教会学校中的确有些学校，手段是欠高明。五卅惨案后上海某教会大学解散，弄得遍地都造成一种"教会学校是帝国主义侵略的机关"的声浪，平心说起来，这终不免有点太过。然而教会学校过去所犯的错误是狠严重，也是不可讳言的。所以燕京大学实负有纠正过去一切教会学校的错误的责任。那末燕大非得先去勇敢的试验，使之进而为纯粹的中国化不可。在课本方面的改善不过许多应改善的事业中的一端，许多应改革事业的第一步。

这不是一个狠小的问题。其实对我国教育界有莫大的影响，还望学校将这种事情多多考虑一下。

（载《燕大月刊副镌》1928 年第 6 卷第 2 期）

乡村小学农业教材的问题

乡村小学增加农业课程以后，小学教师感觉的第一个难点和我们急应尽先解决的问题就是农业教材的搜集。因为吾国乡村小学教师，大多数没有受过相当的教育训练和充分的教学研究。各教科是材料同时依赖书坊编订的教科书和教授法，为他们教授儿童的工具和指南针，而农业教科书和教授法绝少编订的成本，至于散见于自然和常识教科书里的农业课文，不足以充农业课程的教材。高级农业课本和农业专书内的材料亦不能供作小学教材的应用。这样看来，乡村小学教师对于农业课程既无现成的教授工具和指南针，又无可取的教授材料和方法。所以他们对这种问题一定觉得是绝大的难题，但是按照农业课程的性质和教材，贵能实用的原则，乡村小学的农业教材殊不必依赖编订的教科书，也无须专靠农业课本，因为实用的农业教材要适合当地的情形和需要。农业的教授材料乡村里触目皆是。编定的教科书不能适合各地的乡村情形，农书内的材料不若乡村间的丰富完备。所以乡村小学的农业教材，当教师的殊不必过觉困难，实际上也无须深求远探，只要用就地取材的办法，学校在什么地方就从那个地方收集教材。这样的教材不仅是实行了乡村化的乡村教育，而且可以说是地方化的农业教材，自能适合乡村的环境和实地的应用。儿童对于这样的教材，因为是他们日常生活中的事物，多数是他们已有的经验，自易发生兴趣，不难了解记忆。一方面整理他们的旧经验，以便了解和辨别其意义；一方面扩充他们的新经验，以输入切于实用的知识，这岂不是很便当很好的乡村小学农业教材么？

（载《金陵大学农林科农林丛刊》1928 年第 41 期）

小学校应否采用白话课本

沧　波

溯自学制变更以来，前昔一般学校所采用之课本，亦随之起一大革新，即由文言渐变而为明浅之白话是也。一时潮流所趋，殆有风起云涌之势。教育界陡然放一异彩，然自课本改换以来，是否得有较善的效果？对于将来有无何影响？目下似无人提及之。窃不自揣，敢就愚见所及，谨述如下。是否有当，尚望贤达之士，有以教正。

教育之事，贵在能适应环境，改造环境，故教育须适合时地，并非可以陈陈相因者。顾事每有反乎常例，随潮所至或反而生弊者，今学校之采用白话课本即其例也。

在学制未变更以前，国内各校所采用之课本，悉系文言课本。自学制变更以来，则悉换为白话课本。文言、白话，原可不拘，要在学者善能使用之而已。顾自采用白话课本之后，类多不能得良好之果，在旧制未变更时，国文一科之成绩，斐然成章者殆不少；而自学制变更以来，学生所作之文，类多白不成白，文不成文，此观闽南一带小学校可知也。此何故乎？

今之倡言小学校必采用白话课本者，谓白话较易施教，而收效亦较易。此说诚未可厚非。然亦有未敢苟同者。盖天下事，本无所谓难易，小学校既有相当年限——在今四二制共六年——在此期限以内，要在学者、教者双方之得其法否为断。苟得其法，白话易收效，文言又何独不然；苟不得其法，非独文言难以收效，即白话亦断无特易收效之理。窃以小学教育为一切教育之本，今以白话为小学生入门之阶，及至中学，始授以文言，本末倒置，莫此为甚！余曾见有先学文言后学白话，而白话能得良好之果者有之。第未闻有先学白话后学文言，而文言能得良好之果者。此仅关于作文一方面而言，关于阅览一方面——吾们知白话文之文法的组织，与文言文实各异其趣，因之素习白话者，欲一浏览古籍，殆有查数百部字典辞书，亦莫得明其妙之所在！由是观之，所有我国各地图书馆之古籍，殆可成为废纸。而国故不绝自绝矣！“斯又何解于西人之保存彼国之古籍耶！”（引胡步曾语）近人胡适倡言发誓不作文言，然不作文言可，不读文言之书则不可，敢问先生若非国故甚有研究，何有大著《中国哲学史大纲》出世，又何有《红楼梦》等考证之作？又近人顾颉刚苟非国故甚有研究，又何有《古史辩》之出世？鄙意以为，苟以国故为无整理之必要，则白话课本各校不妨仍旧采用，如其以为有整理之必要，则必以文言授之。庶乎将来不致全无人可以整理国故（读者不要误会，鄙意并不是说个个小学生都是预备要整理国故的，整理国故自然是特种学者的事情，不过若长此以往，全以白话授诸一般小学生，则来日阅读古籍之人必日少一日而至于失传。若然，则古籍之保存何用？不如付之一炬之为愈也！此鄙意之所以主张小学校之应采用文言课本，非谓读文言之书，即想欲整理国故之谓也)。而有不愿从事整理国故者，对于我国历代之史的特色以及历代之学术思想等，亦不难于一般旧籍窥悉矣。

一九二八·六·四于松山。

(载《天马》1928年第25期)

选择小学教材的我见

逸 霄

民国成立，科举废止，学校代兴，教育比起从前似乎好过几倍。可是详细调查起来，我们教育几年当中，虽许多教育者耗尽脑力，费尽心血，于教育极力的提倡和改革，其实仍是糟糕不振，不见有多大的功效。这原因大部分可说是教材未能完善和教师的不良所致。现今各书局里虽出版了许多小学的课本，然其能完善适用于全国各地的小学者殊不多见。

各种课本的缺点实在很多，现在我把普通的几种缺点分述之。

、零星琐碎，彼此不能联络：教材若零星琐碎，彼此不能联络，那便不适宜于儿童的阅读。因为儿童的智识简单，而教材忽此忽彼，不相联络，儿童读之往往昏乱不明。如现今通行的某种国文教科书第三册第一二三课是“造屋”、第四课是“羊”、第五课是“手足”，各课都是零星琐碎，不相联络，这样的教材怎不令儿童莫名其妙?

二、干燥无味：儿童读书要有兴趣，他才肯读，故教材应以有趣为主。记某种国文教科书里有一课题为“秤”(?)的，说甚么秤为称物之用，几两为几斤……这类东西若儿童亲自□□便容易明了，然拿到课本上来给儿童读，便如对牛弹琴，感觉干燥无味了。

三、不合实际生活：教材应适合于实际生活，否则儿童便不能发生兴趣去读了。但现今的某种教科书里竟插着一课“咨文”，这种文字是对政界的官长们说话的，完全不与儿童的实际生活发生关系，儿童读之怎不生厌？

现今教材的缺点已在上面说个大概了。现在讲到这层，恐怕阅者必发生疑，问驳道："现在商务印书馆和中华书局里出版了好多的教科书，都是对于教育甚有研究的人编的，难道不适用吗？何须容你来标准？"这话我是承认的，编者对于教育当然是很有研究的，他的学问当然是胜过我们好几千万倍的，但是他所编出来的教科书不一定都是能适用的。为什么？因为编者地方和学者的地方情形不能相同，所以适用于此地，未必能适用于彼地。这一点，请阅者诸君要晓得，不要以为对于教育有研究的人，他所编出来的教科书便都是好的，都能适用的。我希望学校应当多备几种参考书给教师选择，与本地情形适合者则选而教之，不合者则舍弃不教，不必按照课上的次序完全教完，不多说了，现在我来把选择小学教材的标准略说一下：

一、要适合于社会的需要的。教材要和人类生活有密切的关系。但各人所处的环境、情形不同，生活不一，此需要亦异。例如商业之区就是应注意关于商业一类的教材；农村之区就应当注意关于农业一类的教材……使其有实际的智识和能力，能适用于社会。

二、要适合儿童的程序的。教材应适合于儿童发育的程序。因为儿童发育的程序是按次递进，年各不同。故教材须由浅入深，引人入胜。按儿童发育的程序约可分为三期（一岁至十二岁），各期经验的组织和想象的途径都先后不同，彼此互异。故教材应本着发育的程序去选择才可。

三、要适合儿童的程度。教材应与儿童的程度相合才行。教材若太深，则儿童如鸭听雷；若太浅，则不能引起其兴味而学习，二者都能失去教育的效率。故选择教材应先考验儿童有何种程度而后进行。

四、要适合于儿童的兴味，使其易于了解的。我们知道了儿童读书是为兴味而读书的，非为读书而读书的，且兴味能使其易于明了，印象易深。故教材须以兴味多、干燥少为宜。

五、要适合时令的。教材合于时令，儿童可随时亲身观察实况，易于明了，且能发生浓厚的兴味。若把春季始业的教材教给秋季始业的儿童，那儿童读了便感乏趣了。还有一层我要对诸位再说，适合时令不是把春季始业的教材教给春季始业的儿童便算是适合，此外教师还要时时注意到如天空自然现象——日月食、雷、虹等，发现以后，教师即可提出而教之，不必泥于教科书先后的次序。

以上五项是普通选材的原理。至于各科选材的标准要详细，请参考《各科教学法》，兹不赘述。

这篇小小的东西是我忽然想到而作的，不对的地方谅必很多，希望阅者诸君指正。更希望阅者重作一篇较为详细的讨论，以供献热心教育者的参考。

集师立言楼上。

（载《海灯学刊》1928 年第 3 期）

中等动物学教科书之新趋势

陈兼善

中等学校的动物学教科书，我曾仔细调查过，不外三种格式。一种如《动物新论》（原著者日本箕作佳吉），是注重于通论的；一种如丁文江之《动物学教科书》，是注重于分类之系统的；还有一种如宋崇羲之《初中动物学教科书》，仅举若干模式动物以概括一切。其实五六十年来所谓动物学教科书的编制法，无论东西中外，都逃不了这三种格式。

一、注重于一般原理的如：

Hertwig：*A mammal of Zoology*（*Translated by Kingsley*）

Brooks：*Foundations of Zoology*

二、注重于分类系统的如：

Hegner：*College Zoology*

Thomson：*Outline of Zoology*

Parker & Haswell：*Text-Book of Zoology*（2*vols*）

三、注重于模式动物的如：

Davenport：*Introduction to Zoology*

Jordan & Heath：*Animal Forms*

然而在现在看起来，这三种编制法都有他的短处。注重于通论的，只讲些细胞、组织、发生、生殖、遗传、进化等原理，不是失之过深，便是失之过浅。失之过深便不易讲解，失之过浅又害得读者摸不着头脑。动物学的根本原理要是仔细讲起来，区区教科书的篇幅是无从摆布的。况且如发生、遗传等法则，假使没有详细的实验，凭你读破万卷书，到头来还是莫明其妙。所以这一类教科书尽有，而实际采用的却是少之又少。

注重于分类系统的，算是动物学教科书的正统。我们在学校里读的动物学就是这一类货色。我素来厌恶这种家谱式的动物学，不但记不住，就会记住了，又有什么用处呢？分类方式，学者间既无一致之见解，而动物种类又实在多得不可胜记。随便编本教科书，既限于篇幅，复艰于选剔。其结果不是挂一漏万便是贻笑大方。不过从来教动物学的，大抵只学过几纲几目那一套，况且如形态、生理各方面的根本原理，又如是这般的难懂，如是这般的难教，何如墨守旧法，讲讲螳螂几条腿、乌贼几只手。学生懂不懂却不要提起，这样教法，教员总可以告无罪于天下了。其中有几个鸡群之鹤，为引起学生兴味起见，添讲些雌雄淘汰、物竞天择、用进废退等把戏，那就算改良新法、精益求精了。

第三种列举模式动物的办法，连我自己也曾这样编过一部教科书，是给初中学生们用的，据说颇有人相信这部书，真是丢脸之至。本来这是赫胥黎（Huxley）的主张，举其一，以例其余，在大学中如此教法，颇能收事半功倍之效。譬如拿 Crayfish 作模式动物，一般无脊椎动物的构造，就可以从此晓得个大概了。又如拿 Frog 作模式动物，一般有脊椎动物的构造，也可以从此晓得个大概了。不过可以充此模式动物的东西，却是异常的难找，第一必需是习见的动物，第二这动物底内外部的构造必须极少变化的（例如寄生动物就不能算是模式动物）。我们叙述这一种动物，无论解剖、生理、发生等，都得有详细的正确的记载，不然约略的提到几句，依然不能使学者有个正确的观念。所以在中等学校中，这个办法是断然的行不通的。我编的那部书，有许多是模仿小学校中自然研究（Nature study）这一科的编制法，现在仔细考究起来，实在太不适宜于中等学校之用了。

植物学教科书比较上好多了，有许多可以实验的材料，而且也并不以分类为主体。不过自从中学有所谓三三制以来，初中的植物学教科书也就有列举模式植物的编制法，这又是小学校的自然研究这一科的办法，在中等学校到底是不大适宜的。

何以许多动物学教科书就没有一本合乎理想的，这倒也不能怪编书的人，实在因为动物学本身并没有发达到这个程度。原来动物学有形态学（Morphology）和生理学（Physiology）两方面，形态学是早就发达了，生理学却是近十几年来因物理、化学等学科之帮忙才有长足进步的。形态学之发达，先是分类，其次是解剖、组织和细胞，其关系如下图：

Individual（个体 & species 与种）…………… Classification（分类）
Organ（器官）…………………………………… Anatomy（解剖学）
Tissue（组织）………………………………… Histology（组织学）
Cell（细胞）…………………………………… Cytology（细胞学）

至于拿整个的动物来研究他种种生理的机能，这是近几年来才引起学者间研究之兴趣的。将来可以发达到什么程度，虽也无从预测，不过近来学者间之兴趣，确已倾注于这一方面了。我们主张动物学教科书包含形态学和生理学各方面的材料，决不是趋时，也不是立异，实在因为动物学的内容是如此的。中等学校一切科目都以浅近普遍为标准，唯独动物学偏重于分类，真是莫大的缺点。

我们理想的中等动物学教科书，第一，要便于教授；第二，要便于学习；第三，要简明；第四，要正确。所谓便于教授，在无教员经验者视之，或者以为是废话。可是一般教员对于教科书之便于教授与否，都有个公平的评判。举个极端的例来说罢。薛德焴等译的那部《生物学》（日本丘浅次郎原著），虽然材料很多，但是文字过于明白晓畅，如其拿来做教科书用，那就无从教起。因为学生们尽可以一目了然了。又如陈桢编的《普通生物学》，论页数并不见多，而内容却过于繁多，教员要想逐节逐句给学生讲得明明白白，决没有这么多的时间的。总之，一本教科书的分量过多，解释过详，取材过遍……都是不适宜于教授的。

便于教授的书大概也便于学习。不过还有两层，在教员方面虽则无关重轻，在学生方面却有莫大的便利：（一）是节目分明；（二）有实验指导。国内关于动物学教科书，节目分明的所在多有，惟于实验指导一项多付缺如。我记得从前在中学时代学化学，用王兼善的本子，关于各种实验有明白的指导，学习时颇为便利。欧美学者所编的生物学教科书一般多另外附有实验指导一本，如 Bigelow M A：*Applied Biology*；Gruenbery B C：*Elementary Biology*，Shull A F：*Principles of Animal Biology* 等都有供学生用的实验指导书。我国中等学校博物教授，本无所谓实验，即有亦不过杀个把兔子、螃蟹而已，而且教员也没有编个详细的实验指导给学生参考过。这在现在要新编教科书的人，非特别注意不可。

至于简明正确，那时一般编书的先生们都承认都懂得的，我也不必详细的说了。

五年前我曾经在《教育杂志》第十六卷第三号发表过一篇《高级中学生物学课程之研究及其教授法》。在那篇文章内，我对于动物生物学课程底内容略据 Hamaker：*The Principles of Biology*（此书似乎有人译出来了）规定如下：

动物之体形于运动之关系——动物体形之相称——体形之大小及各器官之分化——高等动物与下等动物（以上可并为第一章，名曰动物学通论）

植物性器官：消化器官、循环器官、呼吸器官、排泄器官、生殖器官（以上第二章，曰动物界中之植物性器官）

动物性器官：运动器官、感觉器官、神经系（以上第三章，曰动物界中之动物性器官）

器官之相似与相同——痕迹器官——器官之愈合（fusion）——人为分类法及自然分类法（以上第四章，曰动物之分类总论）

动物与环境之关系：有生的环境——无生的环境——花与昆虫之关系——动植两界中物质之循环——互竞与互助（以上第五章，曰生态概论）

昆虫之变态（任举一例）——蟹之发生——蛙之发生——发生原理（以上第六章，曰动物之发生）

哺乳动物与人类所以占优胜之原因（以上第七章）

动物与人生（以上第八章）

附编一 动物分类大纲

附编二 普通动物检索表

此外关于细胞遗传进化等，该课程纲要中另立为第三编：曰生物学之一般原理。

我这一个课程纲要，是五年前的东西，其中关于生理学和实验方法（虽则我在那篇文章中也曾举了好多个例子）未免有许多忽略之处。这几年来读书教授的结果，深深感到这一个重大的缺点，非补充修正不可。还有一层，那时候正闹什么三三制，中等学校的课程都得分为初中和高中两截。这几年来，闹得遍地烽火，教育制度早就没有人提起了。初中高中分为两截，虽则也有许多地方是这样行着，但依然旧制四年的却也不少。我在本篇谈中等学校动物学教授的新趋势，原因是为的我新近看了两本英文的动物学教科书，他们的编制法很合乎我们的理想。而所用的材料又很新颖，虽则这两本并不是中等学校的教科书，我却十分相信可以给中等学校教员们参考用的。不过适用于初中抑高中抑旧制中学，我也不耐烦去讨论它了，混而言之曰中等学校罢。

我要介绍的两本书是：

Wieman H L：*General Zoology*（1925）

Dakin W J：*The Elements of General Zoology*（1927）

Wieman H L 为 Cincinnati 大学之动物学教授，其所著《动物学》（*General Zoology*）为 McGraw-Hill 动物科学丛书之一。初版发行于一九二五年，再版发行于一九二七年。其目录如下：

第一章 动物学之研究

目的与范围——形态学——生理学——生物学的观点——原形质说——细胞说——进化论——分类学——参考书

第二章 适应

适应之性质起源及重要——武器——防卫的类似——拟态——警戒色——标识 假装——动物之联结——团体生活（Communalism）——伴食（Commensalism）——共栖（Symbiosis）——寄生——再生——

免疫——御冬（Hibernation）——光线——湿气——压力——种族之维持——不适宜之性质——参考书

第三章 器官学

单细胞动物之机构——后生动物之机构——组织——器官——参考书

第四章 皮肤骨骼与筋肉

无脊椎动物与有脊椎动物之皮肤——骨骼——头骨——脊柱——脊索——肋骨——胸骨——附属肢之骨骼——关节——筋肉——骨骼筋——心脏筋——平滑筋——参考书

第五章 消化器

胃水管腔（Gastrovascular cavity）——完全之消化管——体腔（Coelom）——齿——舌——口部腺体——咽头——食道——胃——肠——肝——膵

第六章 呼吸器

鳃——氧管系——肺——呼吸道——呼吸之运动

第七章 循环器

开放型（Lacunar type）——闭锁型——沙鱼——蛙——哺乳类——血液——淋巴——血淋巴腺（Hemolymph Gland）——脾脏

第八章 排泄器

焰细胞（Flame cell）——肾管（Nephridia）——马尔卑克氏管（Malpighian tube）——肾脏——输尿管——膀胱

第九章 生殖器

生殖腺——无配生殖——有配生殖——雌雄同体——两性生殖——子宫内发育（Intrauterine development）——生殖之一般情形

第十章 神经系统与感觉器

纽龙（Neuron）——散漫神经系——原始神经节型——神经节型——管状型（Tubular type）——脑——脊髓——脑神经——脊髓神经——交感神经系——感觉器——触觉器——味觉器——嗅觉器——视觉器——听觉器——平衡器——神经系之机能的重要关系

第十一章 化谢作用

能力之消失——物质之消失——食物——维他命（Vitamin）——食物之能力的价值——发酵——触媒作用（Catalysia）——消化发酵素——蛋白质脂肪及炭水化合物之消化——细菌的消化——吸收——呼吸——血液中之养气——血液中之二养化炭气——排泄——代谢作用为一种化学的作用——参考书

第十二章　内分泌

肝脏——膵脏——甲状腺——副肾腺——粘液腺（Pituitary Gland）——胸腺——生殖器——一般的关系——参考书

第十三章　细胞分裂

核动分裂——无丝分裂——参考书

第十四章　生殖细胞发生史

卵之发生——精虫之发生——染色体——减数分裂——性染色体——Anasa之减数分裂——性之决定——性之交蕃

第十五章　个体发生史

生殖细胞——受精——精虫之闯入——分裂——胚叶——神经管（Neural tube）——中胚叶——后期发生——高等之体制——生物发生之法则——相同——参考书

第十六章　进化之证据

形态学——发生学——生理学——古生物学——马之进化——动物地理学——人之进化——史前人类——进化论之价值——参考书

第十七章　进化之学说

拉马克——达尔文——自然淘汰——生存竞争——变异——种之起源——突然变异说——纯系说——参考书

第十八章　遗传

遗传之染色体说——生殖质与身体质——遗传中之细胞质——后天性质之遗传——外界的原因对于生殖质之直接作用——平行感应——生殖物之行迹——曼兑尔主义——单位性质——优性——眼色——性之遗传——伴性之遗传——交错（Crossing Over）——染色体图释——果质蝇杂交试验之价值——人种改良学——精神能力之遗传——精神之缺陷——癫痫——疾病——环境——精神测验——人种改良学之目的——参

考书

第十九章 动物界之一般的研究

意义——原声动物——后生动物——海绵动物——腔肠动物——栉状水母类——扁形动物——圆形动物——轮虫类——拟软体动物——棘皮动物——环虫类——节足动物——软体动物——脊索动物——人——参考书

Dakin W J为利物浦大学（University of Liverpool）动物学教授，其所著书内牛津大学图书公司出版。Dakin于序言中曾语“以前的初级动物学，太偏在构造一方面的研究，而关于这些构造底功用很少去注意它，这实在是不幸的事情。这样办法底结果是很不完全的，而且不能接触到生命底真实。在本书中打算至少要分平的注意到功用一方面，同时研究和构造的密切关系”。——这就是特要郑重发表这篇文章的基本意见了。本书要目如下：

第一章 绪论

第二章 原生动物门概说

变形虫（培养、一般特征、营养、呼吸、排泄、实验法、变形虫对于刺激之反应、被囊性与生殖、提要）——草履虫（产地与培养法，一般记载，草履虫之实验，光线的、化学的、温度的、养气的、电气的反应及Trichocysts，生殖、提要及纤毛虫与人生之关系）——美眼虫（产地与培养法、一般记载实验法、提要）——单室簇虫（Monocystis之产地与培养法，一般记载，生殖）——结论

后生动物概说

第三章 动物体之构成与食物

生活原形质——维他命——水——无机盐类——脂肪、碳水化合物与蛋白质——碳水化合物（实验）——脂肪（乳化之实验、脂肪之溶解性与皂质之形成）——蛋白质（胶质、蛋白质之分类，蛋白质底几个试验）

第四章 营养

动物食物之来源——哺乳动物之营养——实验法——胃之消化——胃之吸收——胃消化之实验——肠之消化与吸收——膣脏之作用——肠消化之实验——肝脏——尿之造成

第五章 营养（续）——各种动物之捕获食物与消化

羊——蛙——鱼——鱼之消化——硬骨鱼——虾——虾之消化——甲壳类之消化实验——水蚤——水蚤生活时蠕动收缩（Peristalsis）——蜚蠊、口器——蜚蠊之食物——蜚蠊之消化管——蜚蠊之消化法——蜜蜂——蜜蜂之食物——马蝇——马蝇之食物习惯——绦虫与蛔虫——绦虫与蛔虫之抗发酵（Anti-ferments）物质——水螅——水螅之掠取食物——水螅之消化

第六章 呼吸与呼吸器官（以下各章细目从略，因由上述数章可推知其编制大要也）

第七章 运输系统（血液及其循环）

第八章 血液（循环系统中之液体）

第九章 温度与动物生活

第十章 动物之骨骼

第十一章 动物之运动（筋肉之活动）

第十二章 细胞与组织学通论

第十三章 神经系统与感觉器官

第十四章 感觉器官

第十五章 排泄

第十六章 多细胞动物之生长与生殖

第十七章 动物之发生及生命史（Life history）

第十八章 动物所集居之淡水池

第十九章 共栖、伴食与寄生

第二十章 寄生物之生殖与生命史——疾病

第二十一章 动物之进化与遗传

第二十二章 实验室工作之一般指导

以上所举的两本书，我并不希望有人把他翻译出来做教科书，我郑重介绍的意思，只想说明现在动物学教科书有这样一个趋势罢了。以前的教科书能够照这样编法的，在我所晓得的范围以内，似乎没有过。Wieman 的书，我还嫌他生理学方面的材料太少，又没有讲到实验的方法（也许他将来另编一本实验教程罢）。Dakin 的书，真能合乎我们的

理想。他每讲一种生理作用，例如呼吸、排泄之类，必先简单的讲过一个通论，其次举几种动物历述其器官之构造与生理，最后又附有各种实验的方法，凡所叙述，均为新颖之材料。因为他注意于生理，所以和中等学校之人体生理卫生学及物理学化学等极有联络（从前的动物学教科书似乎和其他学科毫无联络，只成为一个零星杂乱的鱼肉肆而已），于教授上便利甚多。最后一章所介绍的实验室工作之一般指导，尤其简明而合用。他全书各章中零零碎碎的也附有若干实验法，但关于生理实验方面较多，而形态方面较少，所以最后的一章前半是显微镜实验的方法，后半是几种模式动物的解剖。学生们依此工作，形态学方面的智识，也就可以知道个大概了。所遗憾者，此书于分类学完全略而不提，我觉得在中等学校中是不大妥当的。

我很希望有人斟酌（不是直译）Dakin 和 Weiman 两位的著作，用中国的材料（在可能范围内），编一部中等学校适用的教科书。至于分类方面的材料，我觉得 Pratt H S 的 *A Manual of The Common Invertebrate Animals*（1923）（昆虫类略）和 *A Manual of The Vertebrate Animals of United States*（1923）（鸟类略）这两本书很可以做个参考。Sowerby C 的 *A Naturalist's Note Book in China*（1925）也可以查阅查阅。中国材料散见于各种杂志的，要想一时搜集起来，着实是件难事，好在中等学校教科书所需要的材料并不多，拿这几本书做个蓝本，虽未能尽善尽美，也就算得一个动物学教科书上一个小小的革命了。

于广州中山大学动物学实验室。

（载《教育杂志》1928 年第 20 卷第 1 期）

1929 年

上海新书业的危机

霆　声

自从光华书局、创造社出版部、北新书局先后在南北成立，立下了新书业的基础。目下，新书业的现象，在表面看，诚然是显出了空前的蓬勃的盛况。但是，我们平心静气地仔细把内容来分析一下时，那我们不得不叹息上海的新书业又走上了他们所曾努力推翻的书贾者们的覆辙。

暂时，我们不愿过分披露新书业的过错，现在所想提出来的，只不过是其中的两点，而这两点，便可以说是新书业的生命的寿夭的关键。

第一，我们要问一问现在的读者是否能从书店的广告中找到他读了而不后悔的出版物。

第二，我们要问一问现在的作者是否能从书店的盈余中找到他自己应得的报酬。

自然，我这样问，并不就是说现在的新书业完全在欺骗读者，在剥削作者。有不少新书店都是揹了这两个口号而成立的。但是我们不能不过分小心地在事实已有预兆的时候就喊出，让大家有个准备。

可怕的是资本势力侵入了新书店。最近有好几个书店，他们的创办人，我们从任何方面看，都不会看出他们会有对“新文化”的一丝丝同情，然而他们集了十万元、五万元，在“书店街”开了华丽的店面，在日报上占了巨幅的广告……他们究竟是为什么？

他们是把这种“负有改进社会的使命”的新书事业看成“一本万利”的药房了。他们利用读者渴求新书的心理，先用重价收买一些既成作家的作品，来作他们的幌子，然后便似是而非地出些各式各种的新书，他们的资本大，不怕垫款，各地推销处便触目皆是他们的出版物了。

因为这样畸形的书店发展起来，虽然不愿同化的书店也不得不改变他的营业方针：他们不得不把新作家的报酬减低去拉拢成名作家的作品；他们不得不减低折扣去应付各地的推销处；他们不得不装潢门面来吸引顾客；他们不得不多支广告费来宣传他们的出品；而他们更不得[1]提高书价以抵偿这些额外的营业损失。

同时，产品过剩的结果，便又引起类似竞卖的减价和赠品的竞争，这原是书价过高，类似的出版太滥的必然结果，而这结果只是减少了读者平时的购买兴趣，只使产品格外过剩。所以：

印刷所的经理在叹息收不着账；

读者在叹息买不到好书，而可买的书价太贵；

作者在叹息工作与报酬的永不平衡；

书店老板一面算着红利，一面计划着怎样吸收现款。

而书、纸和油墨的结晶品，拥挤地在堆栈和分销处的书架上默默无言。

这种现象实在是"新书业"重蹈覆辙的预兆，这种现象是从前以作者或读者为本位的新书店里所找不出的。

这是新书业的危机，现在我们要试试看，怎样可以打破这种危机，而重行走到读者和作者直接联络的大道上。

（载《出版月刊》1929年第2期）

无名作家与上海出版界

梅　子

我先想好了这样一个题目，才到我们无名作家群中去找材料。自然，里面的话有些是要得罪我们的出版界的老板呢。好在，上海的出版界底老板们脸皮都是十分厚的，得罪了他们脸也不会红啊。如此说来，不是说来也没有意思吗？但是，黑幕是终得要揭开啊！

I　从商务印书馆说起

商务印书馆，在起先也是一个小玩意儿书店，到现在来是书店中最

---

① "得"字后疑缺"不"字。

大的书店了。他们的编辑方面（尤其是关于文学方面）是被文学研究会包办了的。而文学研究会在那样大的书店里到是出了几册书，但在影响上说是很微小的。缘因呢：（一）不容纳外面的投稿。（二）地盘观念。因此造成文艺界的部落行动。而在此窄小之观念中，说对文艺界有贡献当然是不可能了。

Ⅱ 摆绅士太太架子的开明书店

开明书店的主办人都是文学研究会的人。他们所以要脱离商务印书馆说是看不来，说是太压迫他们了。他们奋勇地出来另开书店，不受其剥削，其态度很令人佩！那时呢，他们还不过是些无名的作家呢。他们到底是有志之士，而开明之进展蒸蒸日上。仿佛也就是因了蒸蒸日上的缘故吧，他们是摆起架子来了。我认为这是“绅士太太”的！

先不烦在此解释下“绅士太太”的意义吧（此用语我曾于成都《庸报》、上海《文坛通讯》上用过）。他们既然受压迫于前，应该知道一点——了解一点无名作家。然而，他们不呢，不是名人（其实前头还是无名作家来过的啊！）介绍，如果你这作者是无名作者，内容万分地完善美好，他是不要的。这种态度只能说是绅士太太的态度，他若是绅士，或者稍为都好点，这正是表示小气呢。

我想举一个例。

周作人（现在的名人也）介绍了几部无名作家的稿子，开明书店因稿多没有要（周名人自己的当然要都要不赢啊）。后来周作人写信质问老板曰：我介绍的稿你都不要吗？后来这部稿收下了，现已出版（不愿替此书登广告，故不录其名），才写信给周作人，那知道周作人说我不知道（作者的通信处由周作人转）。如果打起我们四川人的土话来说：多么方人啊！

至于这书内容呢，是很坏的！自然，我得在此申明：并不是说无名作家的东西通统都是好的，自然也有坏的，不过，我们得向他下攻击的：他是一个无名作家，有部完善的稿子，没有名人介绍，是不要的。又，有一个无名作家，有部内容很坏的稿子，有名人介绍，他就要了！

这叫做什么呢？不是绅士太太的味儿吗？

Ⅲ　创造社的先生们一脚踏着偶像，背上也背着偶像

本来，现在再来骂创造社，未免罪过：（一）有人骂过了。（二）他们的创造社已被封了。（三）创造社的人如野鸡般分散各处。骂之，未免太不道德。不过，我要向他下攻击的是他们现在的态度。他们对于无名作家完全是持的压迫态度。以写女人为生活的张资平开张了一个乐群书店，印的书是他一个人的（我从未在创造社任何人办的刊物上投过稿，与张资平素不相识。据说，他最近在《乐群月刊》上说，有人因为投稿不登等等才骂他，这不过是仿照郁达夫在《大众文艺》第某期上的手段而已，卑鄙之极）。

更滑稽的是张资平把稿子印了数次单行本后，再出全集了。这种现象难道是应该吗？有了那样多的纸，不该拿来揩屁股（我们四川人揩屁股要纸，不知外省人如何？）张资平如果是为了＄，那顶好去开一个兑换银钱的商店。

Ⅳ　野鸡书店与名人

上海有野鸡，因之就有许多野鸡事业，旅馆有野鸡旅馆……而书店之有野鸡书店，那是毫不奇怪的。

他们，野鸡书店的经理怪可怜的，他们又出不起钱买稿子，但印书又想印名人的，而名人要的是＄。他们就像四马路的野鸡那般去拉（其实，这种书店大都在四马路一带，无怪乎野鸡化），但结果是胡里胡涂，偷偷地翻印一些名人的著作。无名的作家的稿子他还是摆出绅士太太的态度去看。但我到底怀疑，那编辑那经理究竟把别人的书上的名字认错了没有。

（注）此文暂止于此，下次再见。这事实本人来负责。

一九二九，十二，三雨晨于上海。

（载《群众月刊》1929年第6期）

著作界的吸血鬼

毅　纯

中国大部分的民众都困苦呻吟于重重压迫之下，这是显然的事实。穷苦的小工有工头剥削他们的枯瘠的肉与血；薄饷的兵士有官长中饱他们的食粮；颠连无告的女子有虔婆把她们贩卖，总之，中国的社会无论何时都笼罩着黑沉沉的烟雾。

显明的榨取与剥削是大家知道的，不料近一年以来，忽然有一种"新兴"的榨取者出现，他们为恶的程度，比贩卖人口更可怕，比地狱里的 Satan 更狞恶。事实是这样的——

一个学生来告诉我，说在"法租界"那边有一位"名人"（至少也被人目为志士的），组织了一个什么会，会里的分子是懂得外国语言的学生（有的是白昼在课堂上听讲了一篇外国语的文章或小说，到了晚上便算是懂得的，这一种更为会里特别欢迎）。这些学生在名义上是入会研究，实际上就等于把身子卖给鸨母一样（请恕我用这样不敬的比喻呀！因为我实在没有言语可以形容这种榨取者的万恶了！）。入会的学生全是家境不充裕的，一入了会，榨取者就拿书来叫他们翻译，平均的酬报是每千字奉送七八角钱，被榨取的人白昼没有空闲，常是熬着夜替他做苦工，到了稿子译好（或是一巨册的书，或是一篇论文），交到榨取者的手里，他便写上自己的名字，算是他的工作，再把稿子卖给几家大书店。因为他是一位所谓"有名"的人，次则也有熟人可托，稿子售出，他至少可以得到三块钱一千字的稿费。于是他虽睡在床上不动，也可以白白的赚一笔钱。据说一时不能售脱的稿子，便把它储藏起来，因为他还有别的收入，这种利息是要慢慢的赚的，所以他的抽斗里还有"存货"呢。

大约现在是"读书人过剩"、"著作者过剩"的时代罢。这些提着笔的小苦力们的弱点，是被吸血鬼看得极准确的。将来总有更进步的一天，会有人把这些苦工们募集起来，开一个文字工场，从事于"大量生产”的。做总经理、协理、董事的人好借此发财，而吾华的文化也得以促进，我预祝吸血鬼们的前途无量。

（载《文学周报》1929 年第 8 卷第 9—13 期）

青年著作界的悲哀文学

补 庵

我是少年失学的人，虽然亦一样的读书识字，可惜把黄金时代的脑力都耗在如今用不上的书上（这亦不必后悔，世界上不论那一宗事，都是过去便没用。而当时又不能不作的，现在急急所求的，再过几十年，当然亦用不着了。你能够离开现在，便去作十年二十年以后的新东西吗？所以现在的亦不必自满，过去的亦不必自伤，时代是不能预支的。而况还有最后的大限，归根不还是用不着吗？）。

只是我的求学欲却不因老而自阻，如花似锦的新东西引诱着我向前。曾听说哥仑比亚大学有七十多岁的老学生，还有八十多岁的老太婆。尝不自量，亦打算找个学校，再去作老学生。我并不希望什么，不过是要安慰我内心的矛盾。我的个体生活，自己会安顿了，而内心生活，常常发见矛盾现象，总想找一条出路。但是像哥仑比亚那样的学校，我是没分的。国内的大学，又没有招收这鬓毛已斑老学生之例，尝托办大学的朋友想作个旁听生，朋友都说是笑话，只得罢了。没有法子，惟有在出版物上间接的自己找寻罢。这些年委实下了不少的工夫，凡是新知识阶级的著作品，除去专门学科外，但是我能看懂的，尽量的胡乱翻阅，有时亦得到一点点安慰。因为程度太低，高深些的作品又看不懂，又没有老师，仅可作个初级的函授学生。下面所写，便是这些年函授生课程上得来的一小部分感想。不过我是木板书毒受之已深的人，不论什么东西，都要对照一下，而且阅世亦有点经验，亦得对照一番，所以和青年受学的毕竟不同，因为先已积存了许多旧东西，占了先入权，这是没法子的。因此不能像青年人进步的快，而且澈底。本不应写出来，为自己放松苦闷起见，亦就顾不得许多了。

我先声明，我所见着的，不见得便是当代第一流的作品，亦不见得能代表青年著作的重心。一则我看见的很少，二则过深的我又不懂。只是杂志报章、旬刊、月刊，一切非专门的随意作品，尤其是文学而以□所能解的为限。最容易感觉的是充分流露在表面的悲哀和失望。不论男作家、女作家、少年和中年作家，十之七八是为悲哀失望而作，这亦是"自古有之"。古人就说过"文人少达而多穷"，又说"文穷而后工"，其实是有自然因果的，并不是文人必须先穷，更不是不穷的就绝对不会作文人。因为不穷的虽工，大概都顾不得再作文人，所以文就成为穷人的专利品。其中并不希奇，古来如此，今日亦然。倒不能用这一点作标准，认为新文学是以悲哀作原料，但是为什么他占最大的成分，乃是不能不注意的。（未完）

（载《广智馆星期报》1929年广字21）

青年著作界的悲哀文学（续）

补　庵

青年的苦闷，都是一脑子新生活，而一身旧生活，环境在四面八方压迫着，跳不出去。而脑子又时时想着越狱，可是偶然有一两个，幸而脱开枷锁越出来，终久仍被捉回去。成了社会的罪犯还不算，从此自己的勇气降低，于是乎生出矛盾之苦，又没法子解除。久而久之，失望了，悲哀了，长呻一声，向大众诉一诉罢。乃意想不到的，同时便得了许多同情的回响。因为文字这件东西，虽然从物质上看，不过是白纸印上黑道儿，任何化验，亦验不出他有什么生命素，然而他确乎有一种魔力，能够引起阅者的感情。若是关于知识的作品，或者还干燥些，独有悲哀作品，差不多是用一部分真感情写来的，惟感情能引感情，再有同一身世的，便自然而然吸引起来，起了交感作用。我尝用同时出版的几种刊物，选择了三十种文学作品，亦有剧本小说在内。除过一篇《结婚以后》是写快乐的，其余都是写悲哀，尤其是女性的作者，悲哀更是唯一的生命，可以说是占百分之九十六以上，而且《结婚以后》的作者，我虽不知他的性别，但是太不忠实。大概是理想的乌托邦，再不然便是剧本稿子，因为现在的中国，不会有那样事实，以文格论，亦最低劣，不及其他作品的生动活泼。本来这一宗文学，不易见好，不然为什么要说“欢愉之言难工”哩。具体的说，尤其是恋爱问题，直没有一篇，不是失败者带伤以后的呻吟。我曾见着一种追悼某女士的纪念刊，凡属女性，多半是借他人灵堂，挥自己的伤心之泪。这都是先觉的、勇敢的、求战胜的，而竟个个失败了。因为他们绝不承认时代和环境的权威，在脑子里早已构成一副美满甜蜜的新生活，不顾一切，求其实现，先立于必胜的地位，横冲直撞，煞是勇敢。无奈一个整个的社会，不是几位先觉能独自超出的。第一件这非把衣食住弄妥，才能安顿的肉体，是一时亦离不开他的。他会以逸待劳的应付你，教你早晚要屈服在他的权威之下，自承是被征服者。纸上写的算什么，实地练习在眼中的事实，很多很多了。这些战士们所得到的安慰，只有那美满甜蜜之梦，一睁眼便随处都是敌人，便随处都是梦境的反应。人是不能永远做梦的，只要你感到悲哀，就是自承失败的降表。降表可以不写的，悲哀可是包围得水泄不通，所以青年文学里，无意中都充满了。（未完）

（载《广智馆星期报》1929 年广字 22）

青年著作界的悲哀文学（再续）

补　庵

大凡入了梦境的，只好不要梦醒，更不要睁眼多看，看见家庭了，又看见国家了，又看见什么政治了、国际了，再推广又见着宇宙了、人生了，没一样不是梦境的反应。抵抗罢，失败是在那里含着笑靥等你；驯服罢，又忘不掉那胜利之梦。于是乎在这抵抗不能，驯服不可的中间，不约而同的成功了许许多多的悲哀文学，一一表现在青年刊物之中，供人领略，这是感到的第一件。

二十九篇悲哀文字分类如下：

对于学校失望的　二

对于家庭失望的　一

对于政治社会失望的　五

写战争悲哀的　四

写恋爱悲哀的　五

写身世悲哀的　八

厌世思想　三

滑稽的悲哀　一

大概不能认为这是一种很好的气象罢，固然其中亦有为文学传染的流行病而作，不能据为事实。在从前亦有“舍弟江南没，家兄塞北亡”的笑话，但是最少亦有一半是真的。青年是新社会头一排的战士，先有一半人，浸润在悲哀的麻醉液里面，能够说不是著作界应当注意的一件大事吗？我对于这一类的作品，固然表真挚的同情，只是太普遍了，终令人感到不快，想着把这文学上清一色的苦闷空气通破个小孔，因而想到下面的结论和方法，是我个人的观察，对不对且把他亦写出来。

我固然亦是卖文匠出身，但是久已不卖这一类的文字（因为还有一点自知之明，并不是发了财）。都因为被这般可爱可敬的小朋友，你亦哭我亦哭，大哭特哭，哭的我心酸了，所以不自量的写了许多话，并且决意发表了他。

被悲哀缚住的青年朋友们，你们感到压迫了、苦闷了，看见一切的宇宙人生了。

你们咒诅生活，痛恨人类，甚而至于厌世自杀。你们固然都是勇敢的先觉、新知识的前锋，打算救这个救那个，可亦得先谋自救，自救莫急于解除悲哀。或者你们亦有一点不大注意的地方，却在极平凡、极庸常之中，要知道一个人生在现在的世界，尤其是生在中国，正当着旧生活已竟腐烂崩坏，新生活又隐隐绰绰地在半空中透出一点幻影，最是不易安顿的时候，而且好的旧生活，是完全崩坏了。所有的恶势力，可是十二分蔓延，这是每一种制度改革的定例，不然为什么必需革命哩。我不曾“追随总理多年”，更不曾“有大勋劳于党国”。根本上生平就没有加入过那一党，自然不配在今日革命成功之下来谈革命。我以为革命固然是为制造将来的美满，而最快亦在不远的将来。至于革命本身，乃是忍痛忍苦的，没有一点甜蜜。假如口里大喊着革命，同时身上就要享受甜蜜，那是不会有的。

（载《广智馆星期报》1929年广字23）

我的意见之片片

——关于书的艺术

荫　槐

废话于前

春台先生说：“粗米饭虽然可以充饥，究竟白米饭绝不因此而没人顾问。”而且，须用种讲究的有味儿的菜过下去。“读书与吃饭一样，用秃笔淡墨写在破烂的茅纸上的书，虽然也可看，究竟，我们爱看而且应该看的书，不是这种，而是用艺术印刷，用艺术装订的书。”是的，我断言，我们是再也不会喜欢“秃笔淡墨写在破烂的茅纸上的书”——如若有，那么他不是书呆子，就是没见过现代的书——并且连现在大东、世界……出版的，也只觉得下贱，俗不堪耐——姑不管内容了；就是海上霸王的商务出的老牌子书也觉得不大满意。

固然，我们不应当专事外表。但我觉得，外表讲究的书，内包一定完美，（！）而那模仿、假装的，我们一定看得出。

近四五年，自北新、开明以迄创造社出版部、光华、新月相继开店以来，事事落后的中国的出版事业，日见进步而大放异彩了。因为这些书店，大都是读书人自己办的，所以他们负有传布文化的责任。规模虽小而甚努力——其中尤以开明为最，这是大家都承认的——将来的希望无穷尽也。

废话到底是废话，不可多说，且转入本题来谈“书的艺术”的正式意见。

一、印刷

一本书的印刷是至关重要的，文字标点要清楚齐整，没有错误。空边行间，都要排布得美好。

蟹行横印，是很自然的，恰如我们的眼球的活动，而且行子较短，便于阅读。然我国人是看惯了竖行的乌龟爬法，所以现在的书多半依旧直行。我以为诗歌、戏剧和西文间杂的最好横行。游记、随笔、小品、译作亦宜。并且，希望以后作家、出版家著书印书，统以横行为原则！

在每段的首一字，如西文的加大，易醒眉目，国内的诗作有这么刊的，但散文方面，尚未见有。《女子的性冲动》是蟹行而用四五号字分别互排，这种办法，最①实行于韵文著作。

《扬鞭集》、《漱玉词》以及《海音短歌丛书》，是用色字——蓝的或绿的——印的，特别清新，发生亲和力。印诗集、诗的散文作品、女性作品、儿童读物最好这们②，并可用以暗示诗的风韵，诱起读者的怡情而乐意去读。

二、本样及装订

书本的大小，我们常见的：字典小而厚，诗集多小本，杂志、地图、伟大著作多系大本，最普通的是三十二开。这都没有定准，诗集大如《圣母像前》——再版改小了的，杂志小如《开明》，地图又有袖珍本……不能拘泥的。不过总要与书稿的多少、内容和性质相协调，匀称就好了。

装订方面，我觉得总是毛边好——其好处，综合大家说的有：一、边沿不现污痕；二、读久污坏，把边切去，一如新书；三、随看随裁，可以一读一回味；四、用作赠品，表示未曾用过的敬意。但我之所以觉得

① 此处疑有阙文。
② 疑有误，原文如此。

只以为这样好些、美些，喜爱毛边如像我们爱女性的发的蓬松，而不喜欢光滑滑地一个样。虽也有讨厌毛边的，只好去由他——我们尊重他的个性。我相信这是很少数。

再三十二开账簿式的书，如《冬夜》、《西子湖边》，冷眼君也如厌毛边一样地觉得不好，“为了没法子放”、“希望不要印”，这真是他的偏见；我则以为不要紧，这种本子别饶趣致。偶有几本叠置在案头不好吗？

假如线订书用国纸——普通用日本宣纸——印标点古诗词如《樵歌》等，倒现得国香国色，并且，那样轻轻一本，也是特别处。这不限定就是复古、该骂的。冷眼君，请莫总顶着你那个宝书架，推翻一切新装订！

其他像《圣母像前》横而阔，用彩线加钉；《死前》、《落叶》、《飞絮》四十六开小本；《木犀》、《灰色的鸟》狭而长，面张包边，上沿切齐涂浓色；《塔，不平衡的偶力》精装白软书面——这种种本样和装订，都各有各的美，各有各的好处。

三、图画

一个女孩子的娇媚的面庞，谁个不爱呢？当我们未认识她的其他一切时，最初印象到脑海里来的怕就是这副可爱的脸儿吧。她的天真或娴静，快乐或悲哀是不是都表现着在吗？一册书的封面也一样在象征她的内容。譬如本刊《艺术专号》，当我刚打开寄套，一见着那个清淡幽雅的书皮，我就爱的把它吻了，这不是爱那个半裸体少女，而是爱那个半裸体少女所暗示的更大的。我每回要翻开读时，它总先诱发我的心沉静下来。大家不以为封面仅是装璜得书本更好看些呢！《妇女杂志》不也有个《美术专号》？那红红绿绿的封面画中不也是一个少女？而我们只觉得丑恶庸俗哩！

所以封面很为重要。近年国内新出版物，颇多讲究的，一般的封面画，大都是陶元庆、司徒乔、严霞凤、陈之佛、丰子恺和钱君匋诸家的手笔。但有些那深一块、浅一块，用线和形组成的，真使我们只觉得光怪陆离而莫明其妙！这固由于我们的赏鉴力太薄弱，但他们的主观未免过于发达到了极顶，而消减其普遍性变为神秘的了。

其次，插图确能添加读者兴致不少。《梦里的微笑》、《死前》、《寸草心》、《烟霞伴侣》、《北京乎》、《山野掇拾》、《大西洋之滨》、《君山》……都是有插图的，有插图的书，我越爱它！还有扉画、题画，也为书的美装之要点，如《子恺画集》、《一般》、《小说月报》都有这种创格。

补白于后

人总是有种自己表现的欲望的，我读了《开明》上许多不曾相识的何方朋友以读者资格说了各种各样的话，我也不自禁地写了这些——这些乱七糟八、左扯扯右拉拉的胡话，真是罪过！

这里应补几句：文中例举书名，都是我所读过或熟知的。最近开明及他局又新出了许多美装的好书，僻处湖滨的我，惜未得见，故不拿来作例。

在这最后，不再噜苏了！

（载《开明》1929 年第 1 卷第 11 期）

一二三书店

夏斧心

近来穷极了，从废止朝食，又有停止晚膳的趋势。所以无论动静起卧，总在想发财。发财之道，固然以绑票为最妙，但其奈没有手枪何？古人说过“逐什一之利”，在赚钱的事业当中，要算是最合法而且清高的，那么我何不来做点买卖。然则又做啥买卖呢？自顾一介书生，不如来开个小小书店。眼看着那些同老婆在房门口摆书摊儿的，现在都成了大资本家了。我何不也试它一试。

要开书店，第一是要取个好名儿。那些“利顺”、“德和”……的字眼是不妥当的。因为开书店是“办文化事业”，那能带那些“市侩习气”呢？这店名是非典雅别致不可。仔细一想，有了！就叫“一二三书店”罢。

用数目字来做招牌是个很时髦而且俏皮的办法，既易惹人注意，又能令人牢记，可算是两全其美了。大凡好的办法，决难让一个人专利，所以这个办法也是不出例外地时运亨通，风行于东西两半球，先是发明于外洋，后来也传入中土。所以随处可以遇到，我面前现在放着的香烟便是五五五，北京首次雇用女店员的商店便是一五一，此外再如八零八鞋店，四五六咖啡店，六零六、九一四等等圣药，数不胜数。凡此等等，其中虽有幸与不幸，发财倒霉的，均不算例外，要之都曾极一时之红。所以如今取这个一二三的名儿，总不算很坏。

书店取名一二三，还有许多别的道理。其中一个是取其数量是递进的，希望将来生意兴隆，利市百倍。有一个理由是我这个书店打算仿照一五一百货店初开张时的办法，即是打算固定书的价目。一五一者本来是指每件货价非一毛，则五毛，非五毛，则一块。我现在也想出版书籍，每册价钱，非一毛，则两毛，非两毛，则三毛。古语说得好，“识时势者为俊杰”。大凡干一件事业，一定要看清时代潮流。当今之世，在我们贵国要想开书店，非照我的主张不可。因为在这国家多难、四方困穷的年头，一般少爷小姐，看电影上馆子尚成困难，那里还有闲钱来买书。一本书定价到大洋一元之多，真是荒谬绝伦，而岂有此理。倘使定价不出三毛，倒还勉强过得去，因为买糖果脂粉的余资，还可以来得及买一两本消遣。至于除了少爷小姐是读书人，此外还有谁要买书呢？就此奉告海内外诸大著述家，切不可做长而太专的文章，没有人有精力来看那些东西。

定价在三毛以下，以近来外国纸价钱之高，书本则难免小而且薄，其实这也是无妨于事的。因为轻巧便于携带，可以养成手不释卷的精神。好学之士，多买几本，谈起来，是藏书若干册，大可以表白他之学问渊博，岂不甚妙。

我这书店的第二个出色之点，是书籍装订之改良。装订是近代的一个大问题，有许多博学多闻之士，曾痛加讨论过。比如说线装书都应该一把火烧了，或拿去“塞茅坑”，所以现在的书都洋装了，夫然后我们的思想才不落在西洋之后，再如切边与不切边问题，也闹了很久，正如妇女的头发之变成鸟窠，不切边似乎也打倒了切边。然而这都已成了过去，我所侧重的是封面问题。我的朋友直心太郎（并非东洋人）常向我赞叹近来新书封面之进步。你若走过书店的门口，看看那五颜六色的花纹，由不得你不注意。国内有很多画家，就是替人画封面出名的。本来著作家和画家都是艺术家，是应该彼此帮忙的。封面画家和广告画家常可一人兼任，因为这两种才具本是二而一，一而二者也。近年来这种画家的身价比一般画家超出许多倍。他们是有用的人才，就看普通学校里要请图画教员，多半是愿意出高价请这种人，那是自然的道理。不过以后书来得多了，恐怕这些人有些供不应求，为保全我这书店不至坍台计，我想出一条妙策。我想与其请他们去涂些红红绿绿，不如去买旧秽布，包在书上，下面一样地可以署着某某作封面。一来是废物利用，二来是准可将得“藏书家”的欢迎。这又是个一举两得的策略。

再则每书有几个封面，可以随时佩更，书名亦不妨多取几个，可以任凭购者随其爱好而选择那中意的，好在封面既可挪动；他不妨同时买许多不同名儿不同图案的封面去。

（载《天津益世报副刊》1929 年第 29 期）

破书摊

汉　韦

逛破书摊亦平生嗜好之一。破书摊有席地者，有支矮木板而横陈者，凡海王村、小市及其他街市空阔处随地可见，而东四、西单各牌楼马路左右亦有之，新旧中西纷然并设。析其大类则：（一）残缺不完者；（二）时代落伍者；（三）零碎小册。第一类可作补充之用。余有《老残游记》共四册而遗其一，欲重购则甚不经济，后即于地摊上补足之。此种残书与“破烂古董摊”相等（即破铜、碎铁、瓦罐、药瓶之古董摊），旨在废物利用，又如正式军队有缺额时，则收编溃军，重整壁垒亦一道也。第三类为惯作潮流先驱者所厌，而与予之喜作历史研究者则为有缘。每于故纸堆中得奇趣，即知识上亦多创获，此诚可为知者道，难为俗人言也。有出版时大书店定价一二元，而破书摊只售五六枚者。其零星小册率为某人行状、某人诗稿之类，予以十枚购得《清代大婚礼》一巨册，以二十枚购《上海时报二十年纪念册》，图画、风景、名流题序，燦然大备。《旧国风报》、《庸言报》每册四枚六枚不等。《甲寅杂志》则每册一个大子，予向未寓目，今始见领略。老虎总长之高著，新文化家以开倒车讥之，其实即就复古而论，外行话已不一而足，所摹古文更幼稚至不成句，老虎之号，不如改作野猫尚为近似也。

破书摊之书，大半作估纸买来，只须有人过问，当然有赚无赔。书摊老板则按其纸之新旧重轻定价之高下，盖尤是估纸营业法也。亦有极旧之书，向无过问者，偶有问津，则彼已心知相需甚殷，于价目故为坚执，若奇货可居，然亦不过二三十枚之关系，其最公平而诚实者于书面标明价目，二枚者西，四枚者东，八枚六枚，依次陈列，类聚群分，言不二价。然不多见，以其便于购者，而不利于居奇也。

殿试策十种，木刻极精，每种亦只十枚。昔清光绪帝曾问师傅孙家鼐，会试中式即称进士，何以殿试策又自称举人，孙不能答。不知会试所以贡举，会试中式只为贡士，言贡献于帝廷之举人也。殿试后赐一甲三人进士及第（即状元、榜眼、探花），二甲皆为进士，三甲皆为同进士。若会试中式而称进士，乃俗称非正例也。然清室诸帝于大臣子弟亦往往有“赏给进士准一体殿试”之谕，乃皇帝之随便说话，实不成话。同治癸亥状元翁曾源以钦赐举人，又钦赐进士准殿试。其殿试策不敢循例写“应殿试举人”，又不便写“应殿试进士”。乃写“应殿试贡士”，然彼之得应殿试，实不由于贡士。此殿试中怪现象也。

（载《图画周刊》1929 年复第 10 期）

硬性读物与软性读物

编　者

无论是一位以物理算学等科目做家常便饭的工程师，在他书房里闲散随意翻阅的时候，倘若书桌上同时放了两本书，一本是关于工程学的艰深物理学，或是艰深的算学，还有一本却是轻松很有趣的笔记或小说，他大概要伸过手去先拿后一种来看。前一种可以说是硬性读物，后一种可以说是软性读物。

在学校里的学生，有的在教科书下面偷放着《三国志》或《西游记》偷看，上面的可以说是硬性读物，下面的可以说是软性读物。

在板着面孔的教师前，或严厉得像“阎王”的老子前，受一顿冰冷的教训，使人索然无味；在欣悦和爱的好朋友前，谈谈一件有趣的新闻，便使人心旷神怡，前一种好像是读硬性读物的味道，后一种是好像读软性读物的味道。

硬性读物每偏于专门性；软性读物则每偏于普遍性，两者都是社会上不可少的精神滋养料。我们所希望的是：硬性读物能尽量的软一些，软性读物能纯正而导人趋于身心愉快、德慧日增的境域。

本刊内容可以说是软性读物，希望能做到读者诸君的一位欣悦和爱的好朋友——但却不愿做“群居终日，言不及义”的损友，是要黾勉淬砺，做一个纯洁清正、常在进步途上的益友。

在下常觉自慰的，是区区做了诸位的这个“好朋友”的“保姆”，是受有全权，得用独往独来、公正无私的独立精神放手办去，稿件的选择取舍，绝对不受任何人的牵制，本刊向采“尽我心力”的态度，日在努力求进之中，固绝无自满之时，而这种“独往独来、公正无私的精神”也是要继续保持下去的。以后我们还想常有“介绍好读物”的文字发表，但大概仍以有趣味有价值的软性读物为主，而且也要用上面所提出的“独往独来、公正无私的精神”来介绍。换句话说，我们只认得好读物而不认得人；要使因我们介绍而去购阅的读者不至上当，不至失望。我们绝对不受任何私人或书业机关的嘱托，绝对不讲情面，绝对不避嫌怨，只以读物本身为唯一的对象，根据独立观察所得，全为读者着想，介绍我们认为确是好的，确是有趣味有价值的读物，我们深信只有这样严正的介绍，才有价值，才有信用。无可介绍的时候，我们就不介绍，因为我们向来不愿做勉强敷衍的文字以虚耗读者宝贵的时间。

附言：这个题目是吾友恽震先生建议的，有一部分意思还是和他讨论得来的，我应该谢谢他。

（载《生活》1929 年第 4 卷第 37 期）

民众读物之研究

陆松荫

训政伊始，百端待理，必先有优良之国民，而后能谋政治之改进。故民众教育实为当今唯一急务。惟欲求民众教育之普及，民众读物实为重要工具。无相当读物足供民众之需求，而欲图民众教育之发展，必不可得。是以近年以来，坊间出版之民众读物，渐见增多，未始非过渡期间一良好现象。然其中完善者固多，而因陋就简枯燥无味者，亦不在少数。此无他，对于民众读物应具之特点，及其材料之选择，形式之大小，未尝加以深切之研究故也。兹将现在国内民众读物之缺点，略述如下：

一、内容枯燥，缺乏兴味。

二、文词粗鄙，时涉淫秽。

三、词句支离，别字杂出。

四、印刷不良，有损目力。

五、事实陈旧，不合潮流。

六、纸张恶劣，不太美观。

七、大小不合，不便携带。

凡此种种，不但不能使民众因此等读物而增加智识、陶冶品性，有时反受其暗示而潜移默化、流于邪僻，亦可慨已。

民众读物之缺点已如上述，今请进而言历来民众读物之类别：

一、侈言神怪，传布迷信者。

二、描写淫亵，肆意诱惑者。

三、夸张义侠，反致奖乱者。

四、记述社会黑幕，助长民众为恶智识者。

五、代表封建思想，违反近代思想潮流者。

六、注重报复，过于残酷不可为训者。

以上各端，仅就其弱点立论，自不免于偏倚。数千年来完善之民众读物，不胜枚举，固未可一笔抹杀。然其结构严密、取材精当、布局措辞足以永垂不朽者，类皆为文人词客之专利品，非一般民众所能阅览。其供村夫野老豆棚瓜架之谈助者，无非为《十八摸》、《十送郎》等小册，此尤彰彰在人耳目，不容讳言者也。

是故，今日而言民众读物，应分审查、编辑两步入手，取原有之民众读物，加以详细之研究，孰应提倡，孰应修改，孰应取缔，孰应销毁，编成统计。一方积极宣传，使民众知所取舍；一方通知各书坊、各印刷所注意，凡应行取缔销毁各书，不准私自翻印，以免传布，是为审查。参酌世界大势，国人特性，以浅近之文字、通俗之词句，编成小册作党义之宣传、智识之灌输、品性之陶冶、新道德之输入、旧道德之保存，是为编辑。兹将陈造风先生所拟之民众读物审查表，附列于后，按表审查，比亦教育当局应有之责也。

著作人	出版期	出版地	价格	合于何地民情	合于何种程度	字句			内容			体文			书名
						能清通否	通俗或艰深	字数	实用的或是消遣的	有何鄙俚或猥亵字句	有何劝善或高尚理想	合于唱演或阅读	诗歌或小小说散文	语体或文言	
															全书大意

至于编辑方面应行注意各端，兹试述之如后：

一、文字应采用浅显白话。

二、应用三号字或四号字排印。

三、纸张不得较劣于新闻纸。

四、大小以五寸长、四寸宽最为相宜。

五、每本售价，最多以铜圆五枚为限。

六、取材三民主义，藉资宣传。

七、将革命先烈轶事编成小小说，使民众知所矜式。

八、注重常识，破除迷信。

九、略带科学性质，养成民众科学观念。

十、记载各国风土民情，使民众具有世界智识。

十一、提倡原有良好旧道德。

十二、输入适合国情之新道德。

十三、宣传国耻，以期湔雪。

十四、劝导戒除吸烟、饮酒、束胸等积习。

十五、记载古今中外成功人事实，以引起读者之仿效心。

信笔直书，挂漏之讥，知所不免。且限于篇幅，未能一一缕述。然苟能依此行之，民众读物前途，或不至如今日之寂寞乎？

（载《上海特别市教育局月刊》1929年第1期）

谈儿童读物

张 匡

我们知道儿童读物是非常重要，目下可以三方面来提倡：

（甲）出版方面——讲到中国的出版界，真是沉寂得很，若和欧美各国相比，差得不可以道里计，尤其是儿童读物，相差更远，现在虽有许多儿童读物出版，但是有一部分或因思想上（不合现代思潮），或因文字上（文言文）的关系，不能适用。近来只有少数的书局，肯致力于此，确有价值的新读物出版。其他真是凤毛麟角，不易多见，所以势成供不应求。然在出版界方面，急须要从下面几项做起：

（一）努力创作——就目下各坊间所出版的，认为十二分满意的创作，不易多见，这不是作者眼界太高，确是个实情，希望努力儿童读物的作家，尽量的创作，应目下的急需，为儿童谋幸福，希望安徒生第二第三……早早产生到中国来。那不但做中国儿童的福星，并且可以为全世界的儿童谋幸福。

（二）从事搜集——讲到搜集，也是一件很重要的工作。如德国的格林兄弟（Jacob Ludwig Karl Grimm 1785—1863 & Wilhelm Karl Grimm 1786—1859）他们两人费了三十年的工夫，从事搜集民间老妇的传说，编成《家庭童话集》成为儿童文学界上的巨著，其他如贝洛尔德（Charles Perrault）的《鹅妈妈故事》，《天方夜谈》（此书是埃及、印度、波斯、阿剌伯等处的民间故事总集）都是伟大的成绩。讲到我们中国呢，像如此伟大的成绩简直是没有，此后急须进行，用科学的眼光，去搜集和整理；不过这种大工作，非一二人所能办，非一二年所能成，希望有志的先生们，共同合作，庶几可以完成这件大工程。

（三）介绍外国名著——这一点又是很重要的，因欣赏文学作品，是没有国界的，不过有些作品，虽系世界名著，但是其中的事实，不合于中国儿童的经验。再有英文故事，往往有同音字的笑话，不论译音或译义，总觉不妥。又如物话中讲到熊的故事，熊在美国的博物园中本是常见的动物，而在中国却不易见，故翻译时当相当的动物，以适合中国儿童的经验。

（四）注意幼稚读物及常识读物——现在再把所有的读物，如加以分析，最少的是幼稚生及一、二年级生的读物。再把文学读物和常识读物比较，常识尤少。这两点在翻译时可以特别留意。

（乙）指导方面——现在的教育者或儿童的家长们，虽已知道儿童读物的重要，但是社会上大部分所谓知识阶级的人，尚欠注意。故先觉者当负指导的责任，指导方法，分三种进行：

（一）提高兴趣——各种读物出版后，当尽量的在报纸上或杂志上介绍，把书中的精彩，淋漓尽致的表白出来，以引起读者的好奇心。再有小学校的教师，遇有相当的读物，当竭力介绍和说明，那收效尤大。照这两途进行，则兴趣不难提高。

（二）供给机会——儿童读物，虽然较普通读物便宜一些，但是以儿童的地位看来，尚嫌太贵，如果要多多购买，事实上一定为难。要解决这个问题，可以从两方面进行：各处图书馆和公共阅书的地方，添开一间儿童阅书室，搜罗儿童用书，专供儿童阅读；再一个，学校里或一级之中，可设立小图书馆，或由学校出资，或由同学合资购买，供全校或全级同学阅读。

（三）引起注意——除文字的内容的美丽以外，其他各方面，尤很重要。如插图的优美、纸张的坚实、装订的时式、字迹的清楚……在在足以吸引儿童的注意。而其中关于印刷一项，更须留意改良，外国的儿童读物，都用上等的纸张、彩色的插图，无怪儿童有兴趣去阅了。而中国目下的情形，适成相反，又是一大憾事！

（丙）书局方面——书局方面也当负起一种责任来提创。据我看来，可分两种方法：

（一）编译时注意——当聘用专门人才，致力于编译儿童读物，可把儿童读物，自成一部，另编书目。如文艺类，分故事、诗歌、传说、神话……常识类，分异方人生活的记载……式样大小，均须一律，装成一箱，供图书馆或学校购买，将来络续编出，可以随时加入。

（二）发售时注意——儿童用书，不应抬高价格，取价务须力求低廉，对于图书馆及学校购买，尤宜优待。

结论——如能照上述三方面进行，数年之后，在儿童读物方面，一定有很大的发展，为小学教育上开一新纪元。

（载《开明》1929 年第 1 卷第 8 期）

谈谈儿童杂志

市　薪

我们都知道儿童读物可以帮助儿童得着好的生活，也可以帮助教师们怎样去教育儿童，是于解放儿童的使命上有很大的效用。儿童杂志，对在儿童和教师更继续不断的供给新材料，尤为儿童读物中最重要的东西，故很值得我们来注意的。

于从前时候——二十年以前，在我国还很蔑视儿童，什么儿童读物都没有，儿童杂志是不消说了。自从民国八九年新文化运动起来，大家以解放儿童为改造新中国的根本办法，一时提倡儿童文学者愿众，于是儿童读物遂似雨后春笋，到处发生，儿童杂志跟着也出世了。最先出儿童杂志的是商务印书馆，那种杂志叫做《儿童世界》，其后中华书局也出一种叫做《小朋友》，其他学校报馆也都出种种儿童周刊或附刊。再后商务之《好孩子》、良友之《少年良友》、中华之《儿童文学》，也可说都是很好的儿童杂志，但是他们都和报馆学校所出的周刊、附刊同其命运，不久都停版了。现在只有商务的《儿童世界》和中华的《小朋友》还能屹然对立，持久不衰，为全国最大的两种儿童杂志。这两种儿童杂志，既是我全中国的小朋友所仅有的杂志，自然可算是儿童读物中的两大权威了。但是调查他们的销数却不过一二万份，这是什么讲究呢？我看其中原因，一半固由这两种杂志容有未尽善的地方，一半也是由于没有人起来作有力的介绍。如果我们喜欢儿童读物的，大家像开明书店这样，肯起来赓续新文化运动时的精神，对于这两种儿童杂志肯下批评，肯作有力的介绍，我想不但这两种杂志是有望的，就是以后要像欧美日本那样有了许多种，也仍旧可以很发达的。

我于儿童读物没有多大的研究，不敢来作批评和介绍。不过我的性情还和儿童一样，喜欢着各种儿童读物和《儿童世界》及《小朋友》，我的话也许可以代表一般小朋友们所说的，所以我敢来趁此良机说几句话。

儿童读物在现在的出版界上，以言数量自然是商务独步；然开明虽量较少而质颇精，那是人人所公认用不着我来说。我现在只要说说《儿童世界》和《小朋友》，究竟他们的内容怎样引起一般人对于他们的注意。因为求阅者容易明了起见，特地把《小朋友》和《儿童世界》立了一张比较表在下面：

	《小朋友》	《儿童世界》
程度	较浅，适于八九岁的儿童阅读	较深，适于十一二岁至十四五岁的儿童阅读
关于主要材料方面	诗歌较多；富于文学性的长篇童话。故事、小说等较少。滑稽故事稍嫌油滑，往往登载有影响于儿童身心的材料。科学常识嫌少。	诗歌较少；富于文学性的长篇童话。故事、小说等较多（欧美文学家的童话小说介绍不少）。滑稽故事却能避去油滑腔调。科学常识颇多。
关于儿童自动制作方面	手工、游戏、实用智识等太少，画谜竟没有。	手工、游戏、实用智识等很多，画谜也常有，足供儿童练习观察力之用。

大家看了上面这张比较表，一定觉得《儿童世界》与《小朋友》的内容所以有这样的不同，大概是他们办杂志的各人目光不同的缘故吧！在我们喜看这两种杂志的人，自然不愿说那种长、那种短，总希望他们办杂志的把目光放准，不要偏于一面，要把他们的缺点补救好，成为完美的儿童杂志。但是我看目下情状，大家对于它们——不但它们，连一切儿童读物都在内——很冷淡，不肯出力去帮助。单单批评他们几个办杂志的好也不好，恐怕不会把这两份杂志办到完美的。你看《儿童世界》，一年要登多少精美的童话、小说、故事等等，要是没有大家去鼓励它，帮助它，说不定也会用油滑和浅薄无味的文字去充篇幅呢。所以要把这种儿童杂志和其他儿童读物做到完美和发达，只有希望大家起来努力，多研究这种儿童读物，多为儿童读物及儿童杂志供给新鲜的材料。

（载《开明》1929年第1卷第8期）

关于编辑低级用的儿童读物

——封面、插图、文字

沈百英

老实说，我们只有不编甚么儿童读物，否则一定要对于孩子们富有深切的了解，至少也要常常跟孩子们一同玩，一同谈话，一同游戏，一同……做过几年的伴侣，才配说得出一些孩子要说的话、孩子要听的话、孩子要看的图画和文字。这样，才可以编辑儿童爱读的读物。

现在随便拿出一本书来，看它的封面，能否一映到儿童的眼中，立刻唤起爱不忍释的欢心？如果不能，便是失败的第一遭。

现在儿童用书的封面，虽然由完全文字变到有画了，从意匠的考案变到童画物画了，这是多么好的现象。但是终究不能有丰富的感情来吸引他们，只觉得是平淡而已。

翻开书的内容，第一件事可以吸引儿童注意的，不是文字，而是插画。插画的重要，可想而知。但是一查现在所出的各种儿童读物，插图的篇幅终还敌不过文字的多且醒目——这当然是指低级说的——怎能不失败呢？

封面画也不好，插画也不对，那么怎样画法，才合儿童的心理？这一个问题，倒不是空口说白话可以解决的，至少要用些科学的方法，调查一下，统计一下，才得将其结果，拿来作小小的依据。画以外，还有很重要的是文字，文字就是语言的符号。孩子们喜欢说那一种话，会说那一种话，要学那一种话，先必须调查清楚了——至少也要懂得一些——才可以把他的说话译为文字，编成书本。

现在各书中的文字如何呢？一种是旧小说派的笔法，一种是欧化式的笔法，更有一派是文夹白的体裁，如果把各式各样的书放在一处，叫儿童阅读，你想效果如何？是不是编书的又一失败？

关于装订的方法，更要调查最易破坏的地方，大概一本书一经儿童之手，四角容易卷起，背脊容易破损，而对于“蝴蝶装”的书本，更容易撕成片片作蝴蝶飞。至于怎样改良，只好请专家去规划，这里恕不多述了。

（载《开明》1929年第1卷第8期）

关于儿童读物的封面纸张印刷装订书价等

郑振之

“儿童是未来世界的主人公、我们的继承者。世界各国对于儿童的培养，都竭尽其力，教育家竭力以最新的方法教育他们，出版界竭力以良好的儿童读物供给他们。努力造成未来的社会的人才、善的世界的份子。——而中国，从来蔑视儿童，不加注意，中国的所以贫弱，中国社会的所以穷败，这许是一个大原因……”

——见《开明》一卷六期《编校完了》

诚然，身为中国儿童的，真是怀着十二分的不平，我们不知道一般中国的大人先生们，为什么缘故要蔑视儿童？我们也不知道这一般大人先生们，还是生而就成为大人先生们的呢，抑是与我们同样从小时一年年大起来的？他们终未曾回想到他们童年时候的不平，而为后辈设想。

毕竟是有的，自己受够了蔑视而觉悟的大人先生们，要为他们的后辈打量。你看不是好多的教育家竭力的在教育新的人才吗？不是有出版界在努力出版良好的儿童读物吗？在出版界，开明书店是一个最努力出版良好的儿童读物的书店，并且为了这儿童读物的问题，在开明上发行《儿童读物专号》来批评它、研究它、介绍它。

我并不是一个成人，我还只是一个孩子，我对于我们自己的读物有一点意见，想贡献给为我们努力的出版界，现在乘开明发刊《儿童读物专号》，就来一诉吧。

封面

一本书的封面是很美观的，很能够引起读者需要读书的心理，因为人是美感的动物。儿童的心理、美的观念，更深的含着。那末，儿童读物的封面是很值得讲究。儿童读物的封面应该画得很美丽，尤其是儿童的好奇性很大，应该各色俱有，画些开发儿童灵活的脑袋的画图。

纸张

有许多的儿童读物，是用油光纸来印刷的。这是太不合理了。油光纸的面是很滑而且有光线反射，在读者眼的卫生很有妨碍。并且这种纸张很单薄，经不得几次翻阅，纸已破腐。儿童读物的纸是应用洁白无光而较厚的纸来印刷，才不妨碍儿童的心身，而且能经久翻阅。

印刷

儿童读物的印刷，必须要精工。这不独是一本书的美观，还可养成儿童整洁的观念。换言之，印刷不精工，印字模糊，字位或上或下，或左或右，一大一小，歪错排等等，这样的情形，在儿童们是很不欢喜，并且很讨厌的事。况且在卫生上讲，也是讲不过去的。

装订

儿童读物的装订，应要牢固，但不宜用铁丝订，宜用线订，因为儿童是很活泼的，翻书的本领大而又勤。假是一本不十分牢固的书，几翻就脱订了。这不是很厌烦的事吗？又要重新装订，还有遗失散订等毛病。铁丝装订，不久时日就要生铁锈；儿童是很喜欢清洁的。书钉生锈，把书弄污了，在他的心里定是不快的。

书价

儿童读物的价格应定得极低廉。怎么呢？儿童身边的钱都由他爸和妈供给的。大人们终是教他的孩子要节俭，孩子们也都能晓得要节俭，不浪用，并且是一椿好事。但孩子们看到了一本心爱的书，定想要买到手。如果那书的价格太高，他就觉得不能买，他心里就觉得不愉快，书店要减低儿童读物的书价，造福给儿童。

（载《开明》1929 年第 1 卷第 8 期）

十年来之中国职业教育出版物

邹恩润

十年来之中国职业教育出版物约可分为四大部分：第一为介绍；第二为研究；第三为报告；第四为提倡。试分别述其梗概。

一、介绍

关于此类之出版物，以译述者为多，其旨趣见本社编译之《职业教育研究》中之“编译赘语”，其言曰：

“本书内容多取材于先进国关于职业教育之名著，虽间采吾国社会状况，有所论列；然吾国职业教育尚在萌芽时代，可资参考之资料甚少；且统计之学问非吾国所注重，关于统计之参考资料，尤属不易搜集，故书中关于统计之叙述，几全偏于美国社会状况，良非得已。然他山之石，可以攻玉，是在善读是书者。”

“职业教育盛行于欧洲，渐推于美国，今以世界潮流之推荡，渐施于东方矣。然各国职业教育皆有其特性，美有美国之职业教育，英德法有英德法之职业教育，皆参酌本地情形，各适其特殊社会之需要，非徒抄袭成法所能奏功，故实施职业教育者，固宜博考他国之良法美意为借镜，尤宜体察本地之社会状况为基本，庶几因地制宜，不贻削足适履之讥。本书原理既采自先进各国，则撷其精华，参酌以本国实际需要，冀产生所谓中国之职业教育，是在善用是书者。”

上段所言虽为一书之“编译赘语”，本社所编行之职业教育丛刊，盖皆以此为同一之旨趣。关于此类丛书由本社编译之已出版者如左(均由商务印书馆发行)：

《职业教育研究》

《职业知能测验法》

《职业指导》

《德国工商补习教育》

《小学校职业陶冶》

《职业心理学》

此外尚有专篇之散见于《教育与职业》月刊者不备举。

顾荫亭先生旅欧四年，对于国外职业教育之调查研究，致力甚勤，回国以来，编译《游欧丛刊》，由中华书局发行，关于职业教育之介绍方面，其已出版者如左：

《德国职业指导实施法》

《柏林职业指导总局概况》

《丹麦之农业及其合作》

《苏俄新教育》

《德国职业补习学校概况》

《英国职业指导》

二、研究

关于研究之刊物，则以中国之实况为对象，此类刊物中《丛辑》之已出版者如左：

《何故与如何研究职业教育问题》

《职业教育研究团办法》

《职业教育研究大纲》

《党治下设施职业教育意见》

《江浙两省之职业教育问题》

《职业指导问题》

此外关于各业概况者，有钱业、书业、新医业、律师业、养蜂业、会计师业、邮务业等。关于纲要者，有中等学校职业指导法纲要、小学校职业陶冶纲要，建议军事当局提倡军队职业教育、工商补习教育一览，及农村教育丛辑等，关于教材方面者有左列各书：

《书记之智能与任务》

《职业概况》

《小学职业科教授要目》

《初步木工学》

《机械原件学》

《职业应用文》

《新学制职业科课程标准》

以上系由本社编辑者，商务印书馆编行者尚有四种：

《金木工及玻璃细工》

《小件木器工作图》（附制造法）

《纺织工业大要》

《机器制造业大要》

三、报告

关于报告一类之刊物，其内容为实施之结果及调查之所得，故可分为两部分：

（甲）属于实施之结果者

《本社成立后三年间大事记》

《本社周年报告》

《中华职业教育社与中华职业学校》

《本社十年小史》

《中华职业学校十年间之经过》

《杭州职业教育大会报告》

《职业教育与武汉》

《本社附属教育机关最近报告》

《职业指导实验第一二辑》

《上海市职业指导运动汇刊》

《英文年刊》（寄往各国，一面宣传本国职业教育进步之概况，一面与各国交换各种材料）

（乙）属于调查之所得者

《民国十二年度全国职业教育统计报告》

《民国十三年度全国职业教育统计报告》

《南满洲朝鲜职业教育之一斑》

《朝鲜金融组合调查报告书》

此外尚有本社派往各国调查专员之报告，散见于《教育与职业》月刊者不备举。

四、提倡

关于提倡一类之刊物有两种定期刊，一为月刊，即《教育与职业》，偏于专门性质，旨在提倡我国人士对于职业教育之切实研究与讨论，年出十册；一为周刊，即《生活》，旨在“暗示人生修养，唤起服务精神，力谋社会改造”，尤努力于修养之商榷与指导，年出五十二期。

除定期刊物外，本社所编行之《职业修养丛书》，其已出版者如左：

《青年与职业》

《世界十大成功人传》

《服务箴言》

《成功人鉴》

《服务道德》（印刷中）

本社所编行之《平民职业小丛书》旨在灌输平民以职业修养之常识，已出二十三种，其中小说十三种、传记五种、歌谣一种、记事二种、剧本二种，均由商务印书馆发行。

五、结论

以上所述，虽不无遗漏，然十年来关于职业教育之重要刊物，大概如是。世界各国之进步，日新月异，于职业教育则亦有然，吾人回顾本国十年来关于职业教育之出版物，寥寥可数者仅此，已不胜其欿然，所望于民国十八年以后，国人之注意于职业教育研究及实施者日多，则将来回想二十年来之刊物概况，或有可观也。

（载《教育与职业》1929 年第 100 期）

谈一谈小学教材

苏维崧

近几十年来，社会变迁之速，实为从古所罕有。其影响于个人生活，亦为数十年以前的人所梦想不及。所以现在的人，不但要懂得人与人之关系，更须要明白人与社会各方面的活动；凡地方的、国家的、世界的都该知道，做个现代的社会生活的人，才算是个有用的人！

学校教育的意思，就是要引导儿童前途，并培养他，使他自然发展，培植成有用的人材，而所供给的知识既要丰富，又要正确；且要合乎时代之需要才对。所以说，学校教育的使命大概是补充直接经验之不足，改正没有指导的生活所获得经验的错误，及供给丰富正确的知识，使之获得有益于社会个人的技能与习惯。

今试观我们县中的小学教育怎么样？以言课程，则恐除极少数学校依照最近规定制度外，其余的，不是民十一的规定，便是民元年的规定，甚至间有所谓新旧合璧的教育，他们曷尝注意到社会之需要呢？又曷尝注意到儿童的心理啊！恐怕是因循相习，为学科而教学学科，儿童只是学些死板的，造成将来没有用处的材料罢了。至于教学法怎样，教材怎样，学校新生怎样，训育方针怎样，那就恐怕更是说不上了。

像这种情形，算是事实上告诉我们，已不可为讳的。可是今后应当怎样办呢？小学课程要怎样才适合呢？这是办理小学教育的朋友们所应当留意，而不可因循敷衍的了。我以为今后对于选择的材料，必须适合于社会之需要，时代之要求的！教育当以致用于社会为其根本条件。倘所学非所用，对于社会方面，是毫没有用的，那就失了教育的价值。而社会又随时代而变迁，时代既易，则社会的需要亦必随之而易。所以说，从前是合于今社会需要的教材，未必尽合于现在社会的需要，墨守成规，徒事抄袭，是不对的了。

此外所论训育方针、学校卫生等等，都该特别注意及之，此点留在下次再谈好了。

（载《永川教育月刊》1929年第1期）

几种现行初中国文教科书的分析研究

阮　真

一、编辑的史略

我国初办学校的时候，中学的各科教材，除国文外，差不多都是取材于东西洋教科书的。二十年前的中等学校，数学、理化、博物、世界史地等科的教材，或用原本，或用译本，自编的很少，当然不必说了。就是本国史地教本，也多译自东洋。那时中等学校教国文，只由教师从旧日的选本中选几篇，不用什么教科书的。这自然有很多的原因：一来，中国旧时本有《古文观止》、《古文析义》、《古文辞类纂》以及《经史百家杂抄》等选本，似乎没有编辑国文教科书的需要；二来，教国文的都是老先生，除了讲解句读、字义、笔法之外，无所谓国文教法，还用得着什么教科书？三来，因为国文教科书不能从东西洋教本中去翻译，教师又不能自编，就是编成了，也难得人家采用。有这种种原因，所以国文教科书的编辑问题，在当时很少人注意，在后来也很少人研究。直到现在，那几部最通行的初中国文教科书，还有很多不适于实际教学的应用。

最初的中学国文教科书，要算吴增祺和林舒编的两部，都是商务书馆出版的。出版的年岁，大概还在光绪末年。那时各校的国文教师，仍然惯用《古文观止》，很少采用教科书的。其实，那两部教科书，虽然以时代为经，文体为纬，选些古文，加些评注，横竖也和旧式的古文选本差不多。国文教师既然没有教育的眼光，只靠一部自幼熟读的宝书——《古文观止》——那怕不能教国文！学生又没有求真实的学问知识的倾向，只须读些古文腔调，就算好了。

到了民国元年，学制改革，中学各科教科书经了一番改编。在民国二三年间，商务书馆有许国英编的《共和国教科书国文读本》出版，中华书局有谢无量编的《新制国文教本》出版。许本文体不分类，仍以时代为先后，略能注意到程度的深浅；谢本以文体分类，按年级排列各类文体用循环法。许、谢本比以前林、吴本，形式上略有进步，内容上仍是陈陈相因的。只要看许本第一篇便是《汉高帝斩丁公论》，我在幼时读得何等起劲！但在民国三年到十二年，这两部书都是很通行的。

到了民国十一年，改行现行的新学制，教科书又经了一番改革。在国文教学上受了提倡语体文、创造新文艺、灌输新思想，和研究国学、整理国故，各种思潮的影响，国文教科书的形式上内容上都不能不改变了。于是商务书馆有顾颉刚等编的《新学制初中国语教科书》，庄适编的《现代初中教科书国文》出版；中华书局有沈星一编的《初级国语读本——初级古文读本》出版；这四部书都是现代最通行的初中国文教科书。此外民智局有沈仲九编的《初中国语文读本》，世界书局有《中学国语文读本》、《初中模范文读本》，各校采用的比较少了。

现行的几部初中国文教科书，自然各有优点缺点，各有特别面目，例如商务的《初中国语教科书》，是文言白话兼采的。内中文言的教材，除了古文时文、《左》、《国》、《史》、《汉》、周秦诸子而外，兼采及王充《论衡》，《吕氏春秋》等书，也选了不少的旧诗词剧曲；白话的教材，除了时人议论、创作文艺——新诗小说小品居多——之外，还选了许多英俄德法日本瑞典波兰的翻译小说，似乎古今中外的文章，各备其体，面面俱到的了。但是，所选的教材，范围太广，内容太难，虽然可以扩展初中学生对于新旧文艺的眼界，而是否适于初中国文教学的需要，却是一个问题。又如商务的《现代初中教科书·国文》，所选的全是文言文，内容大概偏重道德的价值的，也有好些古色古香的诗文。

又如中华的《初级国语读本》，所选的都是白话文，而且多是时人在报志上发表的长篇（一篇文章，往往有五六千字以至七八千字的）。也有好些创作的新诗小说和翻译的小说。他的宗旨，大约在补充古文读本的不足，所以灌输新思想、提倡新文艺的了。又如中华的《初级古文读本》，所选的多是短篇文言文，多有寓言和说喻的趣事，似乎很注重兴趣的。这四部教科书是现在最通行的，我都详细的看过一遍，其余的几部，我且不批评了。

二、内容的分析

上面所举现在最通行的四种初中国文教科书，我曾教中山大学教育系的同学四人，做了一番分析统计的研究。根据这种研究的结果来做分析的批评，在现行初中国文教科书的编辑上，发现了许多可供研究的问题：

1. 各书教材的分量问题：有篇目及字数的统计结果如下：

甲、《新学制初中国语教科书》二六〇篇 二四三，七六九字

乙、《现代初中教科书国文》二七四篇 一一二，五三七字

丙、《初级国语读本》一一八篇 二五二，八二九字

丁、《初级古文读本》二四五篇 七八，二八三字

根据上面统计的结果，可知各教科书的教材分量和篇幅长短，很有出入。如果按照初中国文实际上课时间来分配教材分量，可得平均每小时教材分量如下：

甲书、平均每小时五百零八字。（文言、语体并选的）

乙书、平均每小时二百三十四字。（文言的）

丙书、平均每小时五百二十七字。（语体的）

丁书、平均每小时一百六十三字。（文言的）

（上表分配时间，按每学期实足上课十六周，每周读文五小时计算）。

按各书编者皆言足供教学三年之用，而实际上足供与否，很可研究。语体教材多属无可精读的，固不必论。文言教材，虽然可精读的较多，而初中学生每次上课，是否只能授一百六十三字至二百三十四字，亦属问题。

各书重见教材排列先后比较表（表中数目字即该篇目在该书中之篇次）

篇次		篇目 \ 书名	初中国语教科书						现代初中国文						初级古文读本					
		年级	一年级		二年级		三年级		一年级		二年级		三年级		一年级		二年级		三年级	
			上	下	上	下	上	下	上	下	上	下	上	下	上	下	上	下	上	下
∠	1	大铁椎传	8							92										
○∠	2	桃花源记	17						1							80				
○	3	桃源行	18						2											
○	4	西山有虎行	22						22											
×	5	战国策冯谖	41										230							
○	6	祭外姑文	44						34											
○	7	舍己为群		53						49										
×	8	史记·荆轲刺秦王		56										267						
○	9	志未酬		57						50										
△	10	送东阳马生序		59								141								
△	11	水经注·巫峡		63							109									
△	12	记翠微山		64							108									
×	13	归有光先妣事略		73									211							
×	14	养蜂		81																225

续表

篇次		书名 / 年级 / 篇目	初中国语教科书						现代初中国文						初级古文读本					
			一年级		二年级		三年级		一年级		二年级		三年级		一年级		二年级		三年级	
			上	下	上	下	上	下	上	下	上	下	上	下	上	下	上	下	上	下
○	15	游黄山记			113						110									
△	16	漳南侠士传			125								184							
○○	17	核舟		78						94						55				
△×	18	登泰山记		86								125								242
○∠	19	夜渡两关记		89							79						125			
△	20	祭十二郎文			110									254						
∠	21	淳于髡			121					69										
△×	22	费宫人传			123								187		43					
○∠	23	李龙眠画罗汉记			129						107							154		
○	24	书叶机			126						122									
×	25	记大同武州山石窟寺		87										220						
△	26	浙西三瀑布记			140									247						
○	27	李氏山房藏书记									105						87			
△	28	钵山余霞阁记			131				21											

续表

篇次		书名 / 年级 / 篇目	初中国语教科书						现代初中国文						初级古文读本					
			一年级		二年级		三年级		一年级		二年级		三年级		一年级		二年级		三年级	
			上	下	上	下	上	下	上	下	上	下	上	下	上	下	上	下	上	下
△	29	史记·项羽本纪鸿门之宴				138								272						
∠	30	孟子·陈仲子章				146													160	
△∠	31	卫风·伐檀				145								265					162	
△	32	说文				148								245						
∠	33	金石录后序				153							218							
△	34	祭妹文				154								239						
∠△	35	宋玉对楚王问				160					114								176	
△	36	鲁仲连义不帝秦				162								162						
∠	37	训俭示康				165							210							
△	38	西湖词二首				142								248						
△∠	39	饮马长城窟行				168								271					180	
∠	40	马伶传				171											94			
△	41	送薛存义之任序					1						193				106			
○	42	书王隐君				172						161								

续表

篇次		篇目 \ 年级 \ 书名	初中国语教科书						现代初中国文						初级古文读本					
			一年级		二年级		三年级		一年级		二年级		三年级		一年级		二年级		三年级	
			上	下	上	下	上	下	上	下	上	下	上	下	上	下	上	下	上	下
△	43	邴原别传				177														204
△△	44	雁荡山游记			120				18									133		
∠○	45	信陵君传				161							217							
∠△	46	左忠毅公逸事			114					58								146		
○	47	陈情表					183						215							
△	48	子产不毁乡校颂					187				99									
∠	49	邮亭题壁诗					184							256						
∠	50	吕氏春秋·察传篇					189							258						
○	51	黄克强先生哀词	45						25											
∠	52	孟子·舜发于畎亩章			96							177								
∠	53	孟子·戴不胜章			102					67										
△	54	孟子·鱼我所欲也章			135									241						
○	55	李陵与苏武诗					209												181	
×	56	墨子·兼爱篇						215							33					

续表

篇次		书名 / 年级 / 篇目	初中国语教科书						现代初中国文						初级古文读本					
			一年级		二年级		三年级		一年级		二年级		三年级		一年级		二年级		三年级	
			上	下	上	下	上	下	上	下	上	下	上	下	上	下	上	下	上	下
○×	57	墨子·非攻篇						216						240		82				
○	58	左传·殽之战						218						257						
○○	59	原君						942						260						282
○	60	大言							9						22					
×	61	与友人别雪涛书												251		74				
○	62	公羊传·赵盾弑君						251						266						
○	63	墨子·止楚伐宋								52						81				
×	64	卫鞅变法												261		86				
∠	65	问说									130					88				
○	66	赵威后问齐使									118						112			
○	67	项脊轩志										150						121		
△	68	长歌行	7															144		
○	69	秦士录										180						141		

续表

篇次		书名 / 年级 / 篇目	初中国语教科书						现代初中国文						初级古文读本					
			一年级		二年级		三年级		一年级		二年级		三年级		一年级		二年级		三年级	
			上	下	上	下	上	下	上	下	上	下	上	下	上	下	上	下	上	下
○	70	答刘蒙书												234						206
○	71	季氏将伐颛臾											200						6	
△	72	王孙圉论楚宝									143								167	
×	73	渔父							42										175	
○	74	画记											229						200	
△	75	祭石曼卿文									96									207
△	76	蚊对									101									226
△	77	瘗旅文										165								227
△	78	渔翁							55								98			
△	79	触龙说赵太后											216				127			
△	80	答毛宪副书												250				132		
△	81	为兄超求代疏												255						184

2. 各书教材的排列问题：

各书编者对于各书教材的排列，都是依程度浅深为次序的。但我细察他们评判教材的浅深，大约都根据各人的主观，没有以学生的实际程度为客观的标准的。我曾经查出各书重见的同一教材八十一篇，而各书排列的先后很有出入，便可证明了。

上表中共计重见教材八十一篇。计二书重见的六十八篇。内中同年级排列的二十三篇（表上有○标出）；排列相差半年的十三篇（表上有∠标出）；相差一年以上的二十三篇；相差二年以上的九篇；三书重见教材十三篇；三书完全排列在同年级的二篇（表上有○○标出）；一书在同年级排列、一书相差半年排列的三篇（表上有○∠标出）；一书在同年级排列、一书相差二年排列的一篇（表上有○×标出）；两书均差一年的一篇（表上有△△标出）；一书相差半年、一书相差一年的四篇（表上有∠△标出）；一书相差一年、一书相差二年的二篇（表上有△×标出）。

由此可见同一教材，而编辑者各人所判断的程度不同。例如《墨子·兼爱》篇，初级古文读本的编者以为是初中一年级上学期的教材，初中国语教科书的编者以为是初中三年级下学期的教材，而我看见北京大学的模范文选也选为大学生的教材。可见根据个人的主观来定国文教科程度的浅深是很靠不住的了。

3. 各书教材的文体分配问题：

按照初中国文教学的目的，主要的当然在自由阅读和写作普通文字，至于文学的欣赏，还在其次。所以国文教材中各类文体的分量分配，应该视该类文体在现时社会上需要的大小而定其轻重比例。例如书札（包简、启）、告语（包布告、通告、报告、宣言等，古文中哀祭之文亦属诰语）二项，这是个个人须要学习的，他的分量应该在诗歌小说之上，而各书文体的分量分配，适得其反。而且同类文体，在各该书中所占的分量比例，相差甚远。这不是因为编者于一种文体的衡量有轻重不同，其实他们随便选辑，没有注意到这个问题了。我曾将甲、乙、丙三书中教材的文体分析统计，结果如下：

各教科书教材文体分析结果表

书名 \ 文体 / 篇数及字数	1 论著		2 演讲		3 评论		4 记述		5 传状		6 序跋	
	篇数	字数	篇数	字数	篇数	字数	篇数	字数	篇数	字数	篇数	字数
甲. 国语教科书	23	19414	2	1194	25	24498	59	44976	33	27259	8	14102
乙. 现代初中国文	13	8013	○	○	20	7283	67	33421	38	23060	11	3924
丙. 初级国语读本	73	64811	5	17117	11	28859	10	16389	3	14409	3	4127

书名 \ 文体 / 篇数及字数	7 书札		8 公牍		9 告语		10 小说		11 剧本		12 诗歌	
	篇数	字数	篇数	字数	篇数	字数	篇数	字数	篇数	字数	篇数	字数
甲 国语教科书	2	3657	○	○	11	6027	47	80982	2	1417	47	11578
乙. 现代初中国文	16	7936	○	○	32	12573	8	15501	○	○	50	7481
丙. 初级国语读本	1	2150	○	○	○	○	33	87232	○	○	30	9658

根据上表统计的结果，求得各体教材在各书中所占的百分比列，如下表：

各体教材在各书中所占百分比列表

书名 \ 文体	1 论著	2 演讲	3 评论	4 记述	5 传状	6 序跋	7 书札	8 公牍	9 告语	10 小说	11 剧本	12 诗歌
甲.国语教科书(%)	8.08	0.50	10.20	18.73	11.35	5.87	1.52	○	2.51	36.23	0.59	4.83
乙.现代初中国文(%)	7.42	○	6.65	30.72	21.19	3.60	7.30	○	11.56	5.09	○	6.84
丙.初级国语读本(%)	26.49	6.99	11.81	6.70	5.88	1.52	0.88	○	○	35.64	○	3.95

上列三书，甲书是语体、文言兼有的，乙书是完全文言的，丙书是完全语体的。按照上表各体教材在各该书所占的比例，可知论著一项，丙书特多，甲、乙二书相差不远。演讲一项，古文中当然没有的；而甲书所选亦甚少，丙书比较多了。记述一项，古文中特多，语体文中很少。所以乙书记述体最多，甲书次之，丙书最少。传状一项，大概也和记述文的比例相似。序跋一项，也是古文的居多，语体文中很少，不过甲书中序跋文所占的分量，其比例较乙书为多。书札也是古文的居多，语体文中好的很少。所以乙书最多，甲书次之，丙书最少。公牍一项，各书完全没有。这是有许多原因的：一则，古代的公牍，不适用于现代，而现代的公牍，又乏名家手笔；编教科书者要选名人文章，所以不选他。二则，教国文者视公牍文为特种应用文，以为初中学生可以不必学习，所以不选他。但我以为做了现代的国民，无论在各种机关或自治团体中，都有应用公牍的必要。尤其是法治国的人民，和政治党会各种机关是脱不了公牍往还的关系的。初中学生既没有公牍文的特设选科，那么选辑国文教材时不能不注意了（因为初中毕业生升学的少，就业的多）。告语一项，在社会的需要和书札差不多，而在甲书很少，在丙书完全没有，在乙书虽然较多，也不过是些告死者的哀祭文字。可见编书者对于各体文字在社会的需要完全没有注意了。小说一项，则语体文中短篇可选的多，古文中比较的小。所以甲、丙二书皆占极大的分量，而乙书比较很少。剧本则无论新旧，适宜于课内教材者很少，所以乙、丙二书都没有，甲书所选也不及百分之一。诗歌一项（包括词曲在内），乙书比例最多，甲书次之，丙书最少。可见诗歌中可选为教材的，还是文言诗词居多。

根据上面的分析研究，我可下一个总评说：各书所选各体教材，都不是根据社会需要和教学上的实际需要而定他的比例分量，分配适当的。事实上皆根据某项材料的多寡、选择的难易，随便选辑的。因此，教科书不能指导实际教学。所以各校国文教师，只好任意乱选教材，尽管你教你的，我教我的，各人拿出老拳头，演他的拿手好戏，而教学上绝无一致的倾向。

4. 各书教材的内容价值问题：

国文教材内容的分析，是最困难的。因为文章内容多是普通事物的记载或描写，或为一种情意或感想的抒述，少有实在的学理或常识可根据的。如按心理标准分析，为抒情的、达意的、说理的等等，觉得简而无用；如以读者对于文章的感受为分析的标准，分为欣赏的、推理的、刺激的、常识的等等，又觉界限不易分清。现在根据教育的价值，分为文育的、社化的、道德的、职业的、预备的五类，来做分析研究。有不能分属五类的，都为在其他一类。根据这种教材内容价值的分析研究，在现行的四部初中国文教科书中，又可发见好些可供研究的问题。分析的结果，如下表：

各教科书教材内容价值分析结果表

内容分析 / 分析结果		1 文育的	2 社化的	3 道德的	4 职业的	5 预备的	6 其他的
甲.初中国语教科书	篇数	81	58	66	○	10	45
	字数	56850	64607	60442	○	15760	45453
	百分数(%)	23.038	26.57	24.88	○	6.48	18.70
乙.现代初中国文	篇数	93	27	93	○	2	59
	字数	55759	8525	43745	○	1294	23008
	百分数(%)	31.083	7.59	38.93	○	1.15	20.48
丙.初级国语读本	篇数	41	28	11	○	8	30
	字数	59797	102237	21389	○	42763	46203
	百分数(%)	21.095	37.54	7.82	○	15.70	16.96
丁.初级古文读本	篇数	121	26	53	○	3	42
	字数	29772	9756	19258	○	2310	15320
	百分数(%)	38.96	12.76	25.21	○	3.02	20.05

观上表的结果，可知各书中各类教材的分量分配，出入甚大。例如文育的一类，在乙、丁二书中所占分量较多，在甲、丙二书中所占分量较少。又如社化的一类，则文言教材中甚少，而语体教材中甚多；故在乙书仅占百分之七有余，在丁书约占百分之十三，而在甲书则占百分之二十六有余，在丙书则占百分之三十七有余。又如道德的一类，则文言教材中较多，语体教材中较少；故在乙书几占百分之三十九，在丁书亦

占百分之二十五有余，而在甲书只占百分之二十四，在丙书则尚不及百分之八。又如预备的一项，在丙书中较多，甲、丁二书都很少，乙书则不及百分之一，几等于无。最可注意的，便是职业的一类，各书完全没有。按现时初中毕业生，升学高中的很少，投身于职业界的很多，而初中又没有特设的职业应用文选科。那么初中国文教材中，关于普遍职业上必须的应用文字，也是很重要的。

作者按现行的初中国文教科书，比较十年前出版的，在内容的刷新和改善，比较的最有进步。因为从前的中学国文教科书，内容多是空疏无价值的，新出版的中学国文教科书，对于那些无价值的教材，大加淘汰了。然而内容各类分量的分配，仍然没有标准。要求不偏不颇，能够适合于实际教学，则尚待研究！

一八，十，廿九脱稿于中山大学教育学研究所。

（载《岭南学报》1929 年第 1 卷第 1 期）

对于编辑中等学校教科书的一点小意见

胡步蟾

我国现在没有适当的教科书，尤其是关于中等学校的自然科学的教科书，这句话可说是做过中等教员的人，众口一辞的。

（甲）教科书必须具备的条件——在普通的书本，只要有一点可采取处，即不失其成一书之价值。在教科书则不然，教科书和普通书不同，要想成为完善的教科书，至少须具备下列几个条件。

（一）选材须极精当概要——教材的范围极广，若不加以精选，这样也要，那样也要，琐碎繁杂，当然非良好教本，而且简直不能当作教本用。但是挂一漏万，也是不宜。所以精选教材，是极重要的。经验上觉得（1）与其取材广而浅，不如狭而深；（2）与其不应说而多说，不如应说的稍有遗漏；(3) 通常教本，大都有慊教材多而不当之弊。

(二) 措辞须正确明了——辞句模糊，即养成不正确的观念。这是在自然科学的研究上最大忌的。

(三) 取材程度适合——学生程度所未能容受的教材决不能使学生发生兴趣，当然没有良好的结果。有时简直使教学不能进行。

(四) 选材须切合需要——一切科学，均须以社会生活为背景。所以教材须要切合生活的需要，而且还要注意到将来生活上的中心点。

(五) 编制须合于论理的程度——如由分个而至总合，由部分而至全体，或由进化之顺序，或由变化之相承接关系等。

(六) 编制须合于心理的程度——由近而远，由易而难，由具体而抽象，这是不易的至理。

以上二条，我可举一个例，譬如植物教材的排列，第一部当然须就其最切要最常见的植物为示列，各个详加观察。第二步乃推广而讨论植物界之一般形态，再第三步，外形既明了，再进而讨论内部构造。内部构造明了，再第四步研究他的生理，第五步再讲他的生态，第六步再讲他的分类，然后讲及与人生的关系，即植物的应用，这是一定的顺序。

(以上指高级初中而言，至于小学，当然用不着这种系统的)

(七) 教材顺序须顾到时令——关于生物科学，这一点更为重要。例如动物教材的编列，有由高等动物而至原生动物的，有由下等动物以讲到高等动物的。这是合于论理的程度。在初中以由高等至下等为宜。在高中则以由下等至高等为宜。但如为顾到时令计。在秋季始业，则以先讲昆虫类，再由昆虫类下至原生动物，上至脊椎动物，而最后综以分类表。则教材随时可采到，极便于教授。

(八) 教材编列，须力求教授上之便利——能顾上列几点，大抵此点，当可不成问题。

(九) 须与各科有联络——既须免与各科重复尤须提醒各科相互的关系。

(十) 须有伸缩之余地——关于时间、程度，都要有弹性，可以有伸缩之余地。

(乙) 现在坊间所有教科书之缺点——若以上列各条件为标准，来审查现在坊间所有之各种教科书；实在没有一本，可以满意。所谓完善与否，当然不是绝对的。但是现在所有各种教科书中，实在有太令人失望的。总括之，现在教本约可分三种。

（一）将旧制中学的教本删了几段，就成了新制初中教本，现在新编的初中教本，多属此类。

（二）将外国教本随便译出来——如实用主义动植物教本等，即属此类。

（三）篇幅稍多、程度稍高的书，都是高中教本——现在新编各种高中教本，都属此类。

实在将编辑教科书一件事，看得太容易了。而考其原因，实由于：

一、教科书之编辑出版权，操之于书贾之手。纯以营利为目的。

二、一般名流专家所编之书，大都闭门造车不合实用。

三、抄袭东西各国成书，不合国情。

（丙）今后之办法——今后对于教科用书，当然须力加振顿。左列各点，认为极重要，一得之见，未知当否。

（一）教科用书之编纂及出版，须由教育部主持（限于地方性者，得由各省最高教育机关主持）。

（二）教部编纂处编成之教本，须先订成试用本，分发著名中学成绩卓著之教师，实地试用一次后再提出意见，加以订正。

（三）各中学校教师得将平日自编讲义，经试用后认为满意者，提交教部审查，合格后即由教部印行。

（四）教部得指定著名中学著有成绩之教师分认编辑教本，再提出审查试用。

（五）教科编纂处主编员，至少须有中等学校实地教师经验三年以上者。

（六）编纂处所聘请之各科专家，重在审查教科之内容。至教材编次分量等，总以不失原有之主张为主。

（丁）目前之补救——在完善教本，未曾编成之前，目前只好就坊间所有之各科教本中，择其比较的差强人意的，加以改正，暂供应用。顶好利用此次暑期科学教员研究会之机会，将高初中关于自然科之各种教本，分组审查。最后择定一种，加以改正，然后呈请教部，强令原出版书局，改印发行，以供目前需用。

（载《科学月刊》1929年第1卷第8期）

为编辑中医教科书者进一言

陈无咎

全国医药总会全国中医学校诸执事，最近有编辑中医学校教科书之会议，甚盛举也。

中医学说，亟应整理。俾成为统系，而挟轨道，以求在世界医学学术中得相当之位置。固非编辑教科书不为功。此殆有识者所同认也。

不佞前执笔《神州医刊》时，会长朱少坡先生，曾经一度之提议，作阅《自强医报》，同仁祝味菊先生，亦露进行之规劝。可知医林名德对于兹事，胥中心藏之，无日忘之。

微闻此番编辑会议，系由中医我业团体、教育机关，合推委员若干人组织而成。

又微闻编辑教材，系由总会提出，交编辑会议执行。

不佞非团体执委，又非学校教授，内容如何、议案何若，无殊黈茧。本来可以不谈，谈之且近僭妄。然中医教科书价值之高低，有关中医学术之存废，而通国同仁，谁能胜其任，谁不能胜其任。岂仅同仁中了然于心，了然于目。凡属智识阶级，亦谁不了然于心，而了然于目。

试征诸各大书局所编辑教科书，其教材完善者，自然有人采用。倘内容不充分，虽减值发行，亦将为人唾弃。

故不佞对于“教科书”三字，希望编辑团同仁，应扪心自问，学识如何？经验何若？一旦杀青，付诸铅椠，是否为人采用？抑或被人唾弃？然后下笔，较为得当。

至于教材新旧之争，本可一言而决。即使“西方之学说，为我注脚。不可以我之学说，为他人注脚”。

（载《医界春秋》1929年第39期）

京昆等不适合于音乐教材

缪天瑞

我国学校自把音乐一科认为必修科以来，音乐总算有点立足地位了，可是终不见它的大发达。我们提倡高尚的音乐，当然是由教育方面入手，故教育音乐就是民众音乐的根基。所以音乐不发达的缘故，不得不归咎于音乐教师们，在现在的中国要提高音乐，当然是件不易的事；但如果背着理进行，那就难免发生极大的障碍了。

做音乐教师的，有的专长音乐，有的擅长器乐，有的专究乐理，故就不免有少许陷缺，以致教授上大大的受了他的影响。在根本上说，其中对教材的选择，也是一个值得注意的问题。

年来中小学校，差不多没有不把京昆等作为音乐正式教材，文化发达处，亦难绝对免去，内地更甚。京昆等的好处，果然也有。但在学校音乐里，绝对不能用它。

如果我们问："为什么学校里要有音乐课?"一定有人答："做了数学，背了英文，心思乱甚，唱唱歌来舒舒气。"这句话我们不能说他不通，但足见他对于它的真理没有明了。容我引古人的话替我解说吧。太史公说："上古明王举乐者，非以娱心自乐快意恣欲，将欲为治也。正乐者皆始于音，音正而后行正。"又："音乐者，所以动荡血脉，流通精神，而和正心也。"《礼记》里说："君子之听音，非听其锵锵而已也；亦将有所含也。"又："所谓乐之所兴，在于防欲。"Morales 也说"音乐的目的，是激励和提高人们的精神"。可见音乐决不能随便唱唱就算了事。

故对于它的教材，非十二分注意不可。所谓"移风易俗的乐"，都根本于那种"正乐始于音"的乐音之上，更所谓"乱世淫声"的也不出乐材问题。关于乐材的内容，可略分为三个解说：

（一）曲的方面——要晓得"音域"、"音程"、"拍子"的关系，因人的年龄和音域音程等的深浅程度成正比。

（二）歌的方面——要同国语课本相连络。依我的主张：歌调最好能比国语程度稍浅一点，使唱来便知它的意思，无须详细解说。且要和那种学生的日常生活有密切关系。

（三）全曲曲趣的关系——“曲趣”的种种不同，也和生活有关系，即它的深浅，也和人的年龄成正比。

试看京昆等，这种种条件是绝对没有的。它的音域和音程，在中等学校，常有可用的；但它的拍子，总是太简单。至文词不是陋率，就是咬文嚼字，和第二条无论如何不能适合的。至于全曲曲趣，京曲则千篇一律，任你喜怒哀乐，它只不过把音韵用口气来换一换，曲旋还是一样的。昆曲对于曲趣，倒常顾到；可是柔弱的太多，缺少高壮的音调。至淫污不堪的小调、时曲等，更不必说。更有一层就是发音，现代中国人不喜壮大而惯高锐，故易发生假声；甚之男装女声，使人闻之作三日呕。这种对于“男音美”已是丝毫无留，就所谓“响遏行云”、“绕梁余音”的也还有有的可能吗？女声更多淫靡之音。故欧美人评中国戏曲是忘国之兆的“忘国之音”，也值得承认的。而昆曲更多的是切分音，非仅不易学习，且弄得节奏无从规定，因它是没有 Accent 的条律的。至句逗之处，更偏要重重叠叠，使词句越加模糊。就它的乐器说，它的缺点也和声乐一样。

还有一种是各种艺术中，时间艺术音乐占有独特优长的，就是“谐和”。譬如一个画家或雕刻家有一极高尚的作品，来鉴赏的人，尽可在不同的时间来鉴赏，所以他们于他们及作者所起相互的同情的趣旨，可在不同的时间里。惟音乐它有齐一的“节奏”，谐合的“和声”，能使听众的心弦在同一时间引起同一的共鸣，使多数演唱者和听者，在同一时间引起相互的感应，和感想的同情，而生一种团结的精神。故音乐对于团体生活者，是不可缺少的；反之，音乐用以团结民众向上的精神，是非常适宜的。Faulkner 在他的 What we hear in music 里说：“在各种音乐里，须极力注意提倡佳良的‘总体’，它是有完美的集合的意思，且富群众团结的表示。” Schumann 也说：“挽歌合唱曲，留意中声，它能使你和悦。”他这话对青年乐家说的。

学校和别的团体者需要音乐，一方面固是要振刷精神，但大部分就是发挥它的感想同情……的作用。再看京昆等有的一字数十音，又京曲的快板、摇板、倒板……这都是绝对不能用于大众人合唱的。而京调的长的“过门”更难处置：唱又不对，不唱又不对。

最近更有少数黎锦晖一流人，竟居然拿自己乱凑不三不四的淫曲，什么“落花流水”、“春到人间”，还有某处某处的民谣俗曲，作为叫做赫赫省立一二等的高中初中里的音乐教材，这未免太污亵了神圣的音乐了！

至说京昆是我国故有的，那又是一个问题。不过谁肯承认京昆是能代表中国音乐的“国乐”？除却无聊的唱戏先生们。中国音乐，至多只能算作是中国的原始“民俗曲”，还是过一点。怎配得上和西洋的“民歌曲”（Folk Song）比拟？西洋民歌是经五六个世纪的历来的宗教者和大乐家的改造，而有今日的民歌（引青青君在《开明》一卷四期《艺术专号》里说的话），京昆等能如它吗？

（载《开明》1929年第1卷第12期）

千字课本改为活叶本的一个提议

王同寿

民众教育问题，经几年来热心诸君的鼓吹、实施，闹得如火如荼，我国前途的一线曙光，大可庆幸，但是事属创举，一切根底还没有坚固，实际上点滴的建设，正是现在最紧要的一步工夫，我现在提出民众学校教材的问题来，和实施民众教育诸君商榷一下。

讲到民众学校，在初开办的时候，人数非常踊跃，到了以后，人数就渐渐减少，甚至开办时有四五十人，到了后来就剩下十数人或几人。这种现象，乃是各处办民众学校的差不多都是如此，也是使一般民众教育者精神上最感痛苦的。其减少的原因，有的为了职业关系，不能限于一定时间；有的是脱不了有始无终虎头蛇尾的弊病；有的是觉得学了几次，没有兴趣；有的是素来一字不识，自觉程度实在够不上，说来说去，终是离不了这几种原因。但是还有最大的一点：就是教材不适用。因为教材不适合，无论你教学法尽善尽美，不过使学者成一康健驯顺的小动物，无大补于国家社会之生存进步，所以达到教学的目的，教材为根本的原料。杜威说“教育历程中之基本要素有二：一为未成熟、未发达之儿童或成人；一为成人已熟的经验中数种社会的目的与意义，所谓教育的事业，即此二种要素之正当的交互作用”。由此我们可知教材为精神的食品，可用为滋养学者精神生活的原料。编辑教材，便是选择最精良、最适合、最卫生的精神食品来滋养学者。若不择教材，是何异不问学者内部之需要如何，随便到食料铺为之购一些五谷杂粮呢？

今日之各书局所出版民众学校千字课本，乃供给学者心理上需要之大食店，彼等本营利之目的与商业之策略。一方面希望满足主顾之心，而于“货真价实”上努力，一方面而复求利益之加厚，因往往出“偷工减料”之下计，把这种不适合的教材，犹之药店里的伙友不依照买主的购单配置，只依自己的主张，一味一味的配上，拿这种药给病人吃，你想怎能得到好的结果呢？虽然装订成册，排列得整齐，选择得那样精密，是否适合采用，确是一个问题。

我国地大物博，风气悬殊，甲地之所有，往往乙地之所无。我们虽然不能拘泥着成语说：“江城落五月之梅，岭表无一朝之雪”。但是试问照着斗大底编辑室标准而定“出正梅、二柳、三桃、四杏、五榴、六荷、七瓜、八桂、九菊、十榛……”限制式的教科书，是否能通行各地？譬如书上有关于“五月革命纪念节”的课文，这课教材，排列于春季适当课内，但是未必恰好在五月革命纪念的那几天，并且民众学校，未必都在春季开办，只求那处地方上闲假的时候，就要施行——过此失时，躐等有弊——我们应取怎样的标准呢？

至于汽车电车、大的公司，是都市里的人所惯见的，而草木之盛，都是乡村人士所习知的！拿都市里所习见的东西，来课毫未见过的乡村人民，其难可知。反之，乡村人士习见的环境，去教那都市人，也是一桩难事呀！

照以上说来，教科书的流弊不为不大，无怪乎民众学校学生天天的少去，因为这样食品不合于他们的需要，但是最精良、最卫生的精神食品，并非可以随便得来的。必须有客观的精密的方法方可，此精密的、客观的方法，便是科学的方法，应用科学的方法来编制教材，现在编制教材的步骤，应注意之点，姑且不论。

况且用教科书，于上述各项外，时时觉得学生之注意力，因用书而分散——因为有书，学生在上课时候，容易翻弄——并且因教材预先看厌，而减少学习兴趣。

其他若在商业中心的地方，往往夹入农业教材，所谓“强商以农”。在乡村农业发达的地方，又因夹入商业的课而“强农为商”。

凡此种种，却是使民校学生减少的根本原因，也是我做这篇东西，鄙夷教科书（千字课）而提出抗议的理由。

诸位见过基督教做礼拜么？牧师领着一般众人，唱着赞美诗，做祷告，在唱罢赞美诗以后，很静寂的庄严的讲一段故事。讲罢故事以后，便拿出一张六寸多长三寸多阔的画片，正面绘着五色彩画，反面印着说明这画的故事。一般人们拿着以后，很快活的反来覆去欣赏、玩弄，并且将这故事的内容讲给他亲近的人听。

我以为民众学校教材，也要仿照这样办法：

（一）每一单元之教材课课独立，严加审择——像菜、鱼、肉……一般；

（二）按照各科的性质、程度、分类，听人选择，像药材一样；

（三）依了各地方情形，因地制宜，因人而异，像分配药材一般。

将以上三种要点，来编辑教材，拿一个单元的教材彩画，尽量容纳在一张片子上面，用简练的文字、精丽的彩画印上，在上课的时候，像牧师的传教，讲了一段故事（教材编成故事一般），范围须在画片上面，讲完以后，便将画片分发与各人，好比（捉迷藏）先将双目束住，使他们自己摸索，摸索半晌，然后去巾示之，则观察记忆分外强固。

有人说：照你这样，岂非教科书变成“教科页”么？教学生怎样保存呢？我说：这个是不生问题的，只要在每页之旁，钉几个圆孔，更用几个铜圈一套，向圆孔中夹住，岂非变成一本册子么？将每天所授过的片子，一一钉上，岂不便利么？到了学期终了，再分发一张封面画，钉在一起，人们见了，岂不好看么？

归纳下来，以上是我因为：

（一）千字课不适环境。

（二）千字课不合需要。

（三）千字课束缚太严。

（四）千字课不便活动。

四种原因；所以我提倡将千字课本改为活叶本。诸位先生们，倘认为这种提议有讨论的余地，请来切实指教！

（载《教育与民众》1929年第1卷创刊号）

1930 年

评几家书局的笔墨官司

韬 奋

最近有几家书局在各报上登大幅广告，因抄袭问题大打其笔墨官司，这幕武剧中已出台的要角有中华书局、开明书店与世界书局，听说商务印书馆亦将加入，这出戏总算闹得锣鼓喧天，喊声震耳。各书局既将事实宣布于社会，或有意倾听旁观者的意见，世界书局所登《宣言》并有“请社会公评”之呼声，记者亦觉此事可给与我们多少教训，故愿以第三者中立的地位，完全根据各方所宣布的内容，略加评论，惟评论不得不有所是非，记者所敢自信者，愚见完全根据已知的事实，不对任何方面存有丝毫偏袒的私见。

此戏露脸最早的是中华书局登全幅广告悬赏二千圆，说世界书局新出版的《初中本国史》里的《本国史的回顾》一节与中华书局十二年初版的《新中学初级本国史》里的《全书结论》一章十同其九，又有所附地图两种完全相同，有能证明中华该书此章或两图系翻印而来以致与世界本不谋而合者，各酬金一千圆，并将该两书此段文字及附图和盘托出，以供众览。天下最不足畏的是抽象的笼统的攻击，最可畏的是有确凿的具体的事实之检举，因为前者明眼人自能辨之，后者则非有事实上的辩明，决不足以释人疑惑。我们看了中华的广告以后，觉得世界如认为它所举的事实不确，应就事实有相当的答复，乃过了几天，只见世界登着关于该局的中学教科书的大广告，并加有“光华灿烂于教育界”的标题。我们看到“光华灿烂”四字，愈觉得该局对于中华所检举的事实不该含混过去！

一波未平，一波又起，开明书店又大登广告，举出事实证明世界的

《标准英语读本》抄袭《开明英文读本》，世界仅请律师作笼统的警告，对开明所举事实又无只字的解释。最后乃登一大篇宣言，只对同业竞争教科书一层埋怨了一大顿，对中华、开明所举事实仍无只字的驳复。

记者以为此事至少可给我们两种教训：（一）自认没有错即应对事实辩明，自知有错即应光明磊落的承认，光明磊落的改去，这是直截爽快而免自寻烦恼的途径，昔贤所谓“人谁无过，过而能改，善莫大焉”，虽是老调儿，实有玩味的价值；（二）凡是但求自己站得住，平日处处靠自己的努力，勿存坐享他人辛勤获得的事功，否则自己露了马脚，埋怨别人何益？

（载《开明（上海1928）》1930年第27期，录自《生活》第5卷第40期）

中国现在的出版界

王振江

中国现在的书，诚然不少了。这是我们应该向出版界致谢的。可是现在的缺点和出版界有不当的地方，却也非提醒他们，叫他们改良不可！下面几条就是我提出他们的恶现象和必须改革的地方：

一、滥出书

从表面上看起来，现在中国的书，委实不少了，但从实质看起来——好的才算，那就很少很少。沫若尝说：“上海的书店如纸篓。”这句话虽不免过激，但总不是绝无根据的。因为出书这样的随便；无聊的穷苦的文人，胡乱地随便地写下，书店不管三七二十一便把它印出去了。这种滥出书，不但白糟蹋了纸料，白苦煞了印刷工友，而且把读者的头脑都弄眩了。

二、无系统和深切的研究

现在的丛书多极了，可是一点系统都没有，你说东，我道西，他谈天，她说地，很紊乱，很琐杂，实令人不知从那里研究起。就假没有系统了，又有什么可研究呢？除起几本翻译的外，那一本都很浅薄，都令人感着“没有什么！”

三、重复

一篇文章登三四次，这是现在出版界司空见惯的事，他们似乎并不知道这是重复呢！将人家的书窃来，改头换面一下，他们以为这质同而形不同，不算得重复。借光“编”先生的美名，东抄西袭，造成书本以赚钱，亦是现在出版界的惯技——更可说一般老朽书店的摇钱树！

四、价钱与内容

现在书店两种最坏的态度，便是：（一）凡名人著作，他便将价钱定得很高，他们以为“无论怎样贵，读者都会来买的”。这种害得穷苦的读者，无研究名著的机会。（二）这本书的好坏，他们不管；只看看这是否能“利市三倍”而已！明知这本是很有价值的，可是营利不丰富的时候，那他们就不出版；明知这是毫无价值，而且有害社会的，可是若得读者欢迎，有多利可赚，他们便要印出。总之，他们是一味吹广营业。至于内容怎样，他们可管不得这许多。

五、广告的不负责任

假使有读者购书是靠广告的话，那末那个读者便就倒霉了。谁都知道那广告的话都是为赚钱而吹牛的。一点实在都没有的。譬如明明是篇呕人的小说，他总是大书特书道：“作者是什么派，描写深刻……为人人必读之书……”又如明明是一本译得词不达意，语句非常干涩，他总是说：“译笔流畅……”因此，读者便无由知道出版界的真消息了。

六、关于杂志者

现在杂志委实糟糕极了！内容怎样令人不满且不必谈，就单讲延期这事，就足让读者气死了！无论那一家都延期——他们觉得延期是种很平常的事，也许竟觉得延期是一种必然的事。所以偶然有时如期了，他们便要自夸一阵，试想这种笑话不笑话呢？不守时是中国普通人民的大弊病，不想鼓吹新文化运动的出版界更犯之最深。这真叫人万思不得其解呢！

也许有书店没有犯着上述的毛病，那么我们读者除起向他们致谢外，还要请他们继续努力，以求出版界之光明。而那些有犯着上述的毛病的，我们请求他们牢记着：

A. 开书店唯一的目的在传布文化不在赚钱。所以出一本书，很要非常注意于那本书的价值，有价值的亏本也要出，无价值的厚利也不赚。

B. 趁早出有系统有研究的书，以救智识饥荒的中国人。

C. 广告力求诚实。

D. 除去缓期的恶习。

（载《开明》1930 年第 20 期）

现代中国出版界

张季平

中国的出版界，年来似乎有了蓬勃的发展，一般新书店既是像雨后春笋地满列在街头，就是老牌的商务、中华，也在亟谋改进，未敢稍懈。这如果我们从表面来观察，自然是一种好的现象，或者，有人会就此算是把握了中国文化的脉搏，觉得中国文化是将有一个黄金时代到来了。然而，像这样的安慰，只要在着把内容检讨一下，是不难破灭的。

实在的，中国的出版界，现还没有走上正确的轨道，只是充塞着投机取巧、欺骗剥削的事实，而出版事业也就生存在这些事实上，这是怎样令人失望的一件事啊！

中国的出版界，历史自然是很幼稚的，所谓新书业，它是伴同着五四新文化运动而起来的。五四的新文化运动，焦点是在思想解放这事实上，但这一解放的主流，是归结和绵延于新文艺，因此文艺社出版界也成了唯一的内容，而出版界是随着文艺的潮流为消长的。迄于最近，除着文艺外，又趋重了社会科学和教科书方面，这些，都是很显见的出版界的一般的过程和倾向。现在我们就从她的内在，以及最近的诸现像，来加着分析罢。

谁也不能否认的，是资本势力侵入了，出版界已将完全失去了以作家和读者为本位的任务，而是十足的成为一个资本主义的市场了。商务等在整个的出版界具有一种操纵垄断的力量不待说，就是过去以打倒书贾为标榜的所谓新书业，现在是同样地有着一种扩大的组织和投资，在互相吞并。这只要是稍稍留心年来上海称为“书店街”的许多书店的外形和内在，便可以了然于他们对于新文化没有一些认识和同情。中国的出版界，在这样的情形下，于是必然地产生了像下面这些结果。

第一，便是投机。出版事业，从严格地讲，它在文化上是负有极大的职责，它是应该顺应着时代的潮流，供给社会的需要，而它的目的，是并不在乎钱。而且，在不健全的社会里，它是应当怎样纠正那有害的思想，建立一种正确的意识，这些，都是它努力的目标。然而，现在的出版界却适得其反，它们唯一的任务，似乎只有投机。在这个投机的心理的支配之下，它们的感觉训练成十分的锐敏。他们见到一般青年都有性的苦闷，于是便印行许多浪漫肉感、香艳滑稽的恋爱小说，这里无论你三角四角，恋爱的角度，愈多愈好，像某一位作家便是以这样著名，而书店老板愿以十元千字的价格来收进的。□□□在最近，这一辈人的戏也令人看破了，再也不能像从前吸引人，于是，我们的出版家除来编丛书外，便把方向转变到了学校，有的把社会科学书编成了大学教科书，有的照中等学校程度编成了中外古今的活叶本，有的编小朋友的书，同时，又出版了现代的、中等的、新的种种学生杂志，可说洋洋大观，在“书店街”上又成了一种伟大的趋势。综上，这种种倾向，我们不能说他完全是没有根据。但在出版家是不缺少投机的意味，他的目的并不在完成文化的职责，而是实践了资本主义下一般的法则。

第二，便是剥削。出版界和著作家的关系，自然是十分密切的，而著作家是有待于出版界的培育，惟是，现在中国的出版界，很少见有培育著作家长成这种事实。反之，出版界对著作家是极尽剥削之能事的。在出版界，他们见到一般的社会是有崇拜偶像这习惯，于是，一方面极力拉拢已成名的作家，不管他的作品是否可用，一概用较高的价格收买，而一方面对于无名作家，则不怕你作品如何胜过人，多半是要被拒绝的，即便你或有些小小的幸运，他们能够录用你，但这是多么难能的事。同时，现在一般的版税，只有一成五，而著作家还不能取得实售数的应得，至于卖稿，则五角或一元千字，成了一般多数的稿例，作者费了许多心血，还不能得到一饱，这是有目共睹的事。此外，著作家是没有自由意志可言，出版家说，现在什么作品好卖，你便应该制出什么作品，你尽管可以不用思索，你倒可得一些稿费，反之，你是没有希望卖掉你的稿子。在这种种条件之下，一个不肯屈服的著作家，便只有改行或饿死，然而，事实上有很多的著作家是这样屈服了的。总之，现在的出版界，非特是没有培育成长真正的作家，而且摧折了不少的著作家。

第三，便是欺骗。一种欺骗，在商人方面并不是什么恶名辞，而是一种技巧，在今日的出版界是同样应用了的。如前面说过，出版界一面收买成名作家来做幌子，在他们的广告上，大吹大擂，而一方面用最贱的价格来收买蹩脚的作品。而一般读者，既惑于他们天花乱坠的广告，又被支配于偶像的崇拜的观念，于是，很信任地购买起来，但是，结果却受了不少的欺骗。像这样被欺骗的尤其以外埠为多。至于本埠，则较多选择的机会，但是选择既非易事，同时，常震惊于其铺面的装璜，因此，被欺骗也是普遍的事，等着你觉悟被欺，你是已经损失了。本来，出版界之于读者，是站在解决读书的困难这地位上的，读者有向出版界取给养料这要求的，然而现在这两方面的关系，是没有完成的，出版界非特没有解决读者的读书上的困难，同时却使读者感受了极大的损失，这损失，不仅是精神的，尤其是物质的。总之，由着出版界的这种欺骗，使读者对于读书减少了许多兴趣，甚至起了反感。

第四，便是过剩。现在的出版界，出版的标准，只在迎合一时的心理和便宜的稿费。这样，他的货色，必蹈于粗制滥造；同时，类似或甚至相同的货色太多，如布哈林的《唯物论》有五种译本，阿志把绥夫的《沙宁》有三种译本，雷马克的《西线无战事》有二种译本，这样，便形成了市场的过剩。此外，造成这一过剩的，是出版界的抬高书价，如今年借口金贵，照码加一，在目前读者的购买力十分薄弱之际，是更使货品过剩的。由于这个过剩，便又引起了大减价大赠品之类的竞卖，当是用了各种的名辞，在一年中占了三分之二的时间。他们把成堆的书，排列在各书店的桌上，价钱便宜到只有一二折，同时，这些书并不旧，从时间上看，有的都还是新出版。然而，这些书引不起我们的同情，它不为我们所需要，只有使我们格外的厌恶，于是出版界便只有日趋于过剩了。

以上，我们把现代中国出版界的几个重要现象，有了简单的分析，现在，我们再从文化和出版界的危机来说。

所谓文化原是一个抽象的名辞，文化的具体的表现，固然不一端，而著作家、出版界和读者却是最容易表示文化的地方，这三者如果是能密切的结合，文化才能日趋于光明的领域。然而，现在中国的出版界，是和著作家和读者分成三起的，著作家有的是被压迫，读者有的是被欺骗，而出版界是日接近于资本主义的气息，什么是文化，在他们，早是遗忘的。因此，现代中国出版界在表面上虽是蓬蓬勃勃，而实际是并不能增益文化。至于，今日出版界的内在矛盾，正是他趋向于资本主义的必然现象，而生产的过剩，实是他一个致命伤。我们看，现在他们想尽了方法来推销这种剩余品，不恤一折再折，去迁就外埠的代售，不恤过度的装璜，吸引顾客，同时，又在怎样的千思万虑，要弄出新的花样，来抵偿这笔损失，总之，是十分狼狈的。

最后，我们考察现代中国出版界的所以陷于这种情形，原因自然很复杂，然而缺乏一种中心的思想，和过去的文艺，一样是在纷歧错杂的气氛里徘徊，这是谁也承认的事实。为了缺乏一种中心意识，因此，他对于什么是时代的尖端，而出版界关系于文化者至巨，因此，我们对于现代中国的出版界，是希望能从目前这个错误和危机中解放出来，而建立一种新的阵线，这阵线应该是民族主义的。

（载《前锋周报》1930年第26期）

检讨现在的出版界

禾　子

自从李小峰老板因创设北新书局而大发洋财后，上海滩头以播扬新文化自命的小规模的书店，真有如雨后春笋般的蓬发起来。这些书局的老板或者是后台老板大抵是些所谓文人学者之流，像胡适之、徐志摩等之以新月，张资平之以乐群，曾孟朴父子（即东亚病夫）之以真美善，张友松之以春潮，汪静之之以水沫，邵美洵之于金屋，语丝派之以北新，率皆双料的头衔，即老板而又兼编辑者也。

无疑的，书局的勃兴，出版物当然亦随之增多，所以一二年来出版物，风云蔚起，已达到狂飙时期。我们有暇不妨到市场去绕个湾子，书摊上成千成万的崭新的刊册真是“汗牛充栋”，令你目眩眼迷，如其你有胡子的话，定会拈须而笑，默默的称赞我们贵国文化事业发达是如此的神速啊！

我们意为以文人自身来致力于文化事业，当然决不能与庸俗的奸商市侩相比，何况他们还口口声声的喊叫着给读者谋利害呢。其实呢，大谬不然，他们一样的“唯利是图”，或者更比一般无识的商人敲竹杠的手腕更巧妙些。不信，请拭目一观现在出版物的内容。

质的方面，实在太贫乏极了，我们固不能一笔抹煞，但差堪人意的作品委实是“寥寥无几”，而无聊、浅薄的东西，却触目都是。更可令人齿寒的便是章衣萍先生的《枕上随笔》，把鲁迅剃头、胡适修脚一类的所谓文坛的台柱子的“起居注”，也居然拿来问世，而且还恬不知耻自吹自擂呢。再者，像我们的大小说家张资平先生，一年之间居然出版了几十部名著（?）从前摈弃在垃圾桶里的《天孙之女》、《上帝的女儿们》，而今也出版了。而且这些人也太博学了，一方面坐在五层的洋楼上执笔写三角、四角、N角恋爱，一方面又跳出“爱的圈外”，着手翻译马克思的唯物史观，这来无怪乎新出版物这样的充斥市上了，原来“著作”是可以像写流水账一样的呀！

内容尽管是“一文不值”，而装璜方面却不能不斤斤注意，三色版的封面，无疑的是出诸艺术家（？）手笔；纸呢？不消问不是桃令便是洋宣，至于古色古香的仿宋字连史纸，更是别开生面了，若用报纸来印书的那真是寥寥中之寥寥了。但是呵！“金玉其外，而败絮其中”，“以金盘著狗屎”，我们只为那些纸张厄运一哭啊！

内容尽管是“一文不值”，而定价却是那样的昂贵，一本薄薄的三五十个Page，不足两三个钟头阅读的一小册子，定价起码便是三四角大洋，而且不折扣之外，还是“同业公议，照码加一”呢。就是著名的在读者口袋里摸铜版的商务印书馆，也实有点“望尘莫及”啊。

定价的奇昂，小部分的原因，固然是由于装璜美丽，而老板们不稍顾读者的利益，只知“赚子儿”，却是更大的原因。北新书局以一二千元的成本，现在李老板竟腰缠十万，便是极好的明证。还有一本东西，我们买原版自然是十足定价，而买翻版呢，有时一二折扣便可购得，像《屠场》、《石炭王》之类。这偌大的悬殊，愈证明了他们是大赚子儿了。这里容我说个笑话，现在不是有几家书店亟亟的以提倡“普罗”文学标榜吗。像张老板主持的乐群、叶某主持的现代，真是太滑天下之大稽了，一方面尽管喊无产文学万岁，一方面却把书价抬得那样奇昂，莫说一般无产家不敢轻易问津，就是稍有点资产的我们穷学生，也只有“垂涎三尺”。只有一般“布尔乔亚”的哥儿小姐们拿来作茶余饭后的消遣品罢了，这正和坐在洋车上高谈人道主义，抱着娇妻美妾阔论妇女解放一样的滑稽可笑。

还有书局的老板既然是一些文人，他们都亟亟于援引“臭味相投”的党友，他们是具有野心的，想着以出版的权威，来维系文坛的地位的，所以某个书局为某派包办，“异己”的人，休想插足。所谓提携新进作家，那根本是“鸡儿撒尿”，没有那回事。这来真不知埋没了多少杰作，更不知白白的糟踏了多少纸张。唔，还有这些老作家们，似乎太会想钱了，一篇杰作（?）既在定期刊物上发表了，既印成单行本问世了，但翻一翻花样，改改书名，就又是一本东西，在他们也不过多抽几文版税，但害得一般穷苦的读者好哇！有人说买全了《创造月刊》，郁达夫、郭沫若、张资平的作品就可不必再买了，这实非虚言。

总之现在的出版界黑幕重重，真乃“罄笔难书”，我现仅代表穷苦的读者要求以下两事：

第一步是建立出版界的水平线，莫使一般低能的幼稚的浅薄无聊的作品再行羼入。免得“误尽天下苍生”。

第二步是减低书价，稍稍的也体谅我们一些穷苦的读者，装订尽可不加注意。能用报纸印刷最好。

果能如此，对于我们穷苦的读者，真是胜造“七级浮屠”，我想这并不是怎样的奢望吧！

（载《大公报》1930 年 12 月 23 日）

商品化的中国出版业

大　风

这是无庸讳言的，出版业在现代的中国是商品化了！他们经营出版业的人，惟一的目的，便是以能否获利为准绳，对书籍的能否适应时代潮流以及能否为大众所需要，他们绝不过问，把出版业蹭踏在他们经济暴力的出版支配之下。他们经济能力广大的，会把他的出版业弄成驴头不对马嘴，在出版上有很矛盾的现象的真所谓牛鬼蛇神，无奇不有，这显著的在中国自负数一数二的大书局都具有这样的现象。他们越是这样的矛盾的出版，越是能获利，所以他们这一贯的矛盾的政策，也一直不变，只苦了国内学术思想也永久沉浸在这矛盾及模棱两可之中。这是因为他出版能力既大，销后便广，因以影响也就大了（教科书便是一例）。

其次是经济能力较小的，他们有时也会痛自咒诅那些大书局大商品化，但自己创办出版的目的，也就在获利，所以尽管咒诅他们，结果自己也落了同一的窠臼，一模一样地商品化起来，不过因为口血未干，总是在藏头露尾的出版，是在很显明地暴露投机及取巧的劣点。他们虽标示出有怎样一页的宗旨，怎样的开拓出版界新园地，然未尝不因血本攸关，又要拿能否获利来一权衡了，并且有时竟会把原有的宗旨及壮图加以修改或取消掉。出书方面，自然只顾捉住一班能够供给他们达到获利的对象，这些自然以青年学生为多，他们那顾到这些有为青年的死活，横把有刺激性的出版品，暨把有引诱性的出版品，尤其是在开学散学估量着诸位青年仁兄腰包里是充满着金钱时，这般书局便不约而同地玩一回大减价，因为这正是获利起劲而的一个窍诀！不过，这样的出版业还算比较有希望，比较那些大出版业有希望，他们终究在矛盾上来得少些，只要在投机及取巧的手段上能够因为自己负有文化使命的重责任毅然打消掉，毕竟多少还有益于人，至少是一部份的青年学生。

最后算到那些无聊文人的出版集团了！他们自身都是文氓，也就是簇崭新的出版领域将要展开在面前，而未来还未到时的过所中的一种障碍物，他们经营的出版业，不但是很显著的商品化，那种浅薄、那种无聊、那种欺骗读者不顾出版道德，是简直在害人了。这种文氓在已往自具有一种势力，尤其是很得着一班小商人的信仰，在这种集团中发挥他们害人的出版品，钩心斗角，各逞其奇巧，贩卖淫书，侈谈侠异，虚构黑幕等等，不绝地向破落社会引诱人作恶，不肯务到正途，社会上一向就不注意学术思想，有这些代替品也可说是读书了。社会上普通人的心理，认为读书比较嫖妓赌博好实在，在这种观念之下，人把这些出版品认为是应读的书，那害人也就深了。

（载《硬的评论》1930年第1卷第8期）

昨日、今日与明日的新书业

若　虚

我国在精神、物质两方面本是落伍的国家，关于新文化的输入和培植当然也是后人一着。加之，政治的窳败更在阻止这工作的前进。辛亥革命固然予国人以民族思想的启发和民主政治的改弦，然而在出版界内，还见不出多少新潮流。新潮流的产生是在五四运动之后，什么白话的运动、社会主义学说的输入、新文艺——尤其是俄国文艺——的介绍，都是发端在这时代中。过此以还，中国的政局困顿在军阀的宰割之下。他们一方在作弱肉强食之争，一方对于民众却只肆其盲目的压迫与拙劣的箝制，而于思想界的趋向之变迁，却茫然无所知觉。因此新文化的潮流倒在隐晦的形态之下，潜浸入思想界去。这样地酝酿了十余年，于是乃有国民革命的爆发。这不能不说是新文化在无形里贡的相当的功绩。

在民十五、十六那时候，新思潮的澎湃可谓达到最高度，显明的证象是新书的蜂出和新书业的云涌。现在大多数的书店都是那时代的产儿，他们适逢其会，竟以小小的资本，发展其营业。而民十七一年的小康，更在促进产业的发达。于是新书肆更接踵而起，竞想乘此时机遂其“一本万利”的梦想。

可是时机的过去，国民心理的变迁与循环式战争的复苏在在予中国产业——尤其出版业——以重大的打击。一方 Die einzige Partei 的专政和书报的 Zensur 又在施其开明的制裁，于是专以出版社会科学和新文艺为事的新出版家，在这数重的压迫之下，便感着十分的苦痛了。最予他们以致命伤的是内战和金贵，前者阻止内地的邮运，停止学校的课业；后者提高出版的成本，妨碍新书的销路。一般的新书业本是资本有限的；已赚了钱的尚可“将泥塑佛”，勉强支持；才开张的便得先动老本，冀卜侥幸。因此在这过去一年中，不但各新书业叫苦连天，就是靠着卖书稿为生的著作家和译述家也丁着厄运了。

中国本来是文盲居多的国家，而国民经济又濒于破产之境。书籍原是精神的食粮，可是在物质的食粮尚虞竭蹶的状态之下，那能顾到精神的食粮？所以除却一般无聊的消遣者买了几本花花绿绿的小说解闷之外，简直找不出千分之一的人肯破钞来买新书。在许多浪费者，虽不惜吃一两元的冰淇淋，穿几十元的外国绸缎，却不耐烦去看这些“味同嚼蜡”的新书。因此，在书业中赚钱的倒是那般发行武侠小说的——

旧书业，而吃亏的却是这些寒酸派的新书业。

一本书连稿费、印费、排费、装费、广告费差不多要花去好几百元，定价却不过一元（普通的书过了一元，便不好卖，这就是国民购买力的关系），初版是赚不到钱的，而再版却大多在一年之后，这其间再加以利息，试想将何处赚钱呢？书业原是文化事业，可是谁愿意老在文化事业上贴本呢？

忆得四年前死友漆树芬著了《经济侵略下之中国》，在那时可算销路最佳、风头最健的一部书，然而积下这几年来的重版也不过五六版，作者无论，连出版家也得不到好处，只便宜了北平的翻印书贾。郭沫若一派的新文艺作家可算在国内最受读者的欢迎了，但是他们的作品只经过了好多年，那一本够得上说重版十次。就最近的出版物而说：雷马克的《西部无战事》和棱·路易的《战争》在德国，在欧、美各国可算最流行的战争小说，在中国却不过卖了几千本。陈豹隐译的《资本论》在昆仑卖了几个月还不能再版，伍光建译的《列宁与甘地》在华通也卖不了多少，这二部书单在日本，在半年之内，都再版了几十版，后者尤多（三个月九十三版）。以这样的作品，这样的译笔尚不能叫座，那末，其他的尚有何话可说！回头看去《九尾鱼》、《金瓶梅》、《包公案》，这一些小说又如何呢？在这里也可以窥见我们贵国的真正读书率之高超了！

我国商人本来是退膺的、散漫的、嫉妒的，而自命文化先锋者的新书业，尤其是自作聪明，不肯相下。四马路的新书业公会等于虚设，各书业还是各行其是。他们在出版、推销、广告上不但无丝毫联络，并且相互倾轧排斥。碰着了一本好书，争先恐后的出版起来。至于销路的限制却不愿顾到，甚至剽窃模仿，极尽无耻的能事。遇了外埠的滑头批发者，只好吞声忍气、低首下心、虚与委蛇，却不能积极的联合起来，作有效的制裁。因此，在最近，新书业的销沉达到极点。除却几家资本较厚、牌子较老的之外，关闭的关闭，积欠的积欠，停滞的停滞，只落得几家大同行在背地讥笑欣慰。这样的下去，非到新书业全部破坏不可，这是何等的危机，何等的不景气！

虽然失败是成功之母，过去是未来之镜。新书业如其不想自杀，便非回头觉路不可！在这风雨飘摇的环境，尤非捐弃前非，合力支持不可！天下事只怕不觉悟、不用心，失败与成功都是关系在此！新书业同志们，你们如欲自存，便得赶快团结起来，共筹良善的办法，万不宜再事观望，再事顾忌，再事猜妒了！中国的新文化是肩在你们的身上；你们的自存便是你们的光荣。你们努力罢！好教我们看你们的灿烂的明日！

（载《中国新书月报》1930 年第 1 卷第 1 期）

出版家的趁火打劫

元　功

因了金贵银贱的问题，国际间的经济情形都起了变化。中国是国际帝国主义的商场，又是以银为本位的国家，一切都是动荡了。我们在报上见到沪上各书店的通告，说是因成本的关系，不得不把书报的价格暂时增高。说话是多么漂亮，而且还好像是全为了提创文化的热忱，忍痛牺牲，好似还没有把书报的价格增高到能够赚一个大似的。这些花言巧语，欺骗着贫苦而不知究竟的读者，似乎很有效用，而且把他们资本家的剥削故技，很堂皇的遮盖了。贫苦的读者们！我们不要把他们的行动忽略过去，他们现在增价的事是一件趁火打劫的行为，是资本家的抢劫！我们贫苦的读者们对于书籍的定价历来没有向出版家提出过异议，这次凶恶的趁火打劫行为，使我们是忍无可忍了，应当很严重的警告他们，要收回这次卑劣的加价！

现在把书报初版的成本公开的宣告一下，可以明白出版家在普通的书上要得多少利润。这下面的计算还是谁都能向印刷所交涉得到的价钱，要是出版家自己印刷或是向印刷所代印，其价格至少能减低一二成。以一本 32 开 100 页左右的书，印 2000 本，初版发书时成本计：

收入	科目	支出
700. 00	稿　费（1） 印刷费（2） 卖书费（3）	120. 00 120. 45
700. 00	实际收付总数	240. 45
	发行费（4） 利　润	280. 00 179. 55
700. 00	共计	700. 00

（1）买写字稿四万，计连标点空白四万五千左右，每千字以支出很高的价 3 元买来，支大洋 120 元。

（2）纸用 60 磅道林，每令约 12 元，需 3 令半，计支大洋 42 元。

排工每千 0. 75 元，计支大洋 33. 75 元

印工每令 2. 2 元，计支人洋 7. 70 元

订工每万 0. 80 元，计支大洋 10 元

纸版　　计支　　12 元

封面　　约计支　　15 元

（3）书价每本以 0. 35 元，2000 本计 700. 00 元。

（4）发行费是广告、开支、批扣等都在内，以书价之四成计。

照上边的表格看来，初版的书，在现在成本底下，不加一成，出版家的利润已得到实际成本 6 成左右，如再加一成，竟要在对本以上，这些利润，他们从那里剥削来的呢？当然作者与工人身上吸收了大半，但贫苦的读者也受着他们的剥削。如果书再版了，则成本轻至每本只需五六分钱，虽另需发行等费，但这利润还是算不起啊。

现在以提创文化自命的出版家，在汇价奇缩的时候，实行趁火打劫，把书价提高一成，或二三成，所谓增价者，其实是要增加他们的利润。不但把新出的书暗里都加了价，还要明加一成，而且把书栈里的书也都加了价格，不知他们所谓成本加重是讲些什么！书还是从前剩下的，稿费、工资都不加丝毫，但在贫苦的读者头上定要加重剥削，这是为了文化吗？是的，是为资产阶级所占用的文化。

书业的加价，不仅只是趁火打劫的行为，而且是文化的障碍。我们高声提出抗议！我们随时要注意为别人所忽略的枝节！我们要出版家把书价减低！

（载《出版月刊》1930年第7期）

我国出版家之投机性

秋　水

我们的国家是很可怜的。这不仅因为物质文明赶不上其他各国，就是精神文明也是同样。我国人负以自夸的旧文化已经崩溃了，新文化呢，更谈不上，简直是连基础也没有。我们不仅赶不上那猛进着的欧美各国，就是和后进的日本相比，也要相差五十年。

以日本出版业之发达而论，我国简直瞠乎其后。他们每月出版的书籍总在数千种以上，杂志的种类不下数百，每月的销路总有几十万份。转看我国的出版业，简直萧条极了：每月出版的新书不上千种，杂志恐怕难到一百种，销路也极有限，顶多的不过数万份，其他只有数千份。再以我国的土地和人口来和日本比较，固然其超过之倍数甚大。但以出版业论之，则和土地人口成反比例。

出版事业之发达最有影响于一国的文化，这是无疑的。我国新文化的建设当然有赖于出版家了。在作者方面说，他们负有鼓励的责任；在读者方面说，他们负有选择的责任。他们若能尽这两种责任，就是尽了提倡新文化的责任。但是，我国的出版家怎样呢？他们从没有鼓励过作者，只虐待过作者，剥削过作者。他们以最廉价的稿费来收买作者费尽心血的作品。他们最崇拜文坛上的偶像，最羡慕著名作者的虚名，不论作品之好歹，只要作者有名，或是由著作界的权威者介绍来的，便可随意出版。他们从没有为读者选择过作品，只依照他们自己的意思，看那种作品能获厚利，便大出而特出，一味在广告上撒谎，来骗读者的金钱。这只是我国出版家最普通的弊病。

现在，我们便要谈到出版家的投机性了。五四运动以后，新诗、新小说，以及含有新思想的文存之类的书籍，容易销行，于是出版家便竞出这类的书籍。随后，恋爱小说大盛，他们便投机来出版恋爱小说。次之，革命文学勃兴，他们学投机出版革命文学一类的书籍。再次之，普罗文学继起，他们又来投机出版普罗文学一类的书籍。最近，他们又投机出版民族主义文学的书籍；从前小说很畅销，他们又投机出版小说；今年上期，社会科学书籍很畅销，他们又投机大出特出；现在学生读物及学生杂志教科书很畅销，他们于是又投机大出特出。

在出版外国文学书籍，出版家也很投机。托尔斯泰的作品刚刚介绍一两篇到我国来，便不盛行了。于是，又作兴屠格涅夫和柴霍夫的作品，最近又作兴新俄的普罗文学作家的作品。大仲马、小仲马和王尔德的作品，不消说老早过时了，就是到现在辛克莱、高尔基的作品似乎也快过时了。像这种的变迁每年简直数次。

此外，出版家还要翻新花样，什么《新女性》、《新文化》、《中学生》、《现代学生》、《ABC 丛书》、《生活丛书》等等名目繁多，不胜枚举。

总之，我国的出版家专以获利为目标，投机是他们的特长。他们毫不负建设新文化的责任，他们只知道一味剥削作者和欺骗读者。在这样出版事业不发达的我国偏有多数投机的出版家，算是很坏的现象。

（载《民众评论》1930 年第 1 卷第 2 期）

出版界闲话

——谈政治的杂志

白　珂

杂志不能不谈政治，不能不谈普罗，设若不谈政治，不谈普罗，那末这本杂志的销路便不会好，而且也不漂亮。比如《金屋月刊》，现在恐怕是消声了。还有《前锋月刊》，以民族主义文艺作号召，虽然已出了两期，但据说定户是只有十几个，并且门市卖的每月平均起来，每天只能卖出一本半。现在普罗的杂志要是被贤明的当局厉行禁止的，一般杂志的编辑先生为了要捧着自己的饭碗，便不得不转变他的方向。于是哲学博士胡适，白璧德的高足梁实秋，法兰西文学研究者的东亚病夫父子等等，也都谈起政治来了。

这里先要谈的是《新月月刊》，我们知道《新月月刊》本来是个纯文艺的杂志，可是他们不甘作时代落伍者，于是也谈起政治来。不过他们所谈的政治，不是三民主义，不是共产主义，不是国家主义，更不是无政府主义，他们所谈的是“美国臭”的“好政府主义”。当然，销路是比从前增了十倍，定户由七百增至七千，销路由一千五增至一万二千。最近，还听说他们又请了一位刚从美国回来的政治学专家罗隆基博士主编。文艺的一方面已经是不注重了，我们可以说，他们是成功（?）了。

再是要说到《真美善月刊》，我们也知道，《真美善月刊》是以介绍法兰西文学为名的，而最近（虽然过去不久曾出了一个《法国浪漫运动百周纪会号》）也改变了，主张从事作政治运动了。不过听说他们因为不大起劲的缘故，所以销路如故，还是做着包亏本的生意。

其余，还有许多专谈文艺的杂志，都在那里准备着停刊和改变方向，关于这事，我想专撰“出版界和著作家”的小伙计先生会告诉你们的。

（载《现代社会》1930 年第 1 卷第 8 期）

出版界之监督与批评

樊　畸

编辑先生：

贵刊于批判社会现象之中，带领着青年一步一步的向光明路上走，同时关于国计，关于民生，眼光四射，笔锋所及，鞭辟入里。诚然，贵刊自身已成为了绝对良好的读物了。

我想，读物等于食料与药物。譬如吧，教科书好比牛奶粉、牛肉汁这一类，专以助长发育的；一切科学文艺书籍，好比铁剂、磷剂或人参鹿茸之类，用以滋补气血的；其他书报，则治本的也有，治标的也有，预防的也有，刺激兴奋的也有，甚而至等于当局所禁的什么性药之类也有。药物食料的本身，自然各有其用处，而制造这些药物食料的，有精工巧技的，有粗制滥造的，后者便害人不浅。

积极方面讲，弄堂里小小的书业附庸，偶然也有一本两本饶有价值值得人人一读的书，这唯有希望忠于社会如贵刊的提出介绍。消极方面讲，庞然大物的商务、中华，其产品中直该骂死的不知多少，次之如世界、大东、泰东之流，更不必说了。

以贵刊的忠诚坦直的态度来推想，决不会有所畏惮而不尽言。尤其是助长发育、滋补气血、治病救命的药物同等的书报，好的就有如是种种的作用，坏的就竟直杀人的，焉不可尽量批评，给人们一个选择的标准呢？

出版家出品好坏，天经地义是应受监督批评的，固不在话下。出版事业而至于不顾道德，袭取下流市侩之冒牌偷窃等行为，那也天经地义应予以口诛笔伐的。以上两点，贵刊尚遗忘未及，鄙人多事，敢代表群众对贵刊提出这要求，望有以教之！

十月五日于梵玉渡。

（载《晦鸣》1930年第1卷第7期）

打倒出版阀

无 天

中国是一个产生“阀”的国度。在军有军阀，在财有财阀，在学有学阀……所谓“阀”这个东西，实在是新时代展进中的障碍物。

此外，还有所谓“出版阀”焉。近几年来的出版界便为这些出版阀所把持操纵，闹得乌烟瘴气，尤其是上海。他们利用偶尔博得的虚名，假借堂堂皇皇的幌子，藉着一二奸商的书店，由是任一己之好恶，定作品之美丑，顺我者用，逆我者舍，煊赫一时，不可向迩。

因此，中国的出版界流为少数败类的园地，虽则其间也不无铮铮姣姣之徒，还能卓然自立。年来在出版阀的影响之下，学术、思想都似乎凝滞着而缺乏猛进的精神，新进作家都只能依附到某一阀的势力而未能另有建树。出版阀是一个应该铲除的尤物。

川人某君是一个思想进步的青年，他赋有文艺的天材，善作小说。有一次，他写了一篇长五万字的小说，因为穷困压迫，拿到书店里去刊印，他自信所作并不亚于时兴的作品，以为一定可以卖得出去的。可是事有大谬不然者，他送到第一家书店，拒绝了；再送到第二家，仍然拒绝了；再送到第三家、第四家……简直没有人接受。他奇怪而愤懑，在最后的一家书店里问明了拒绝的原因，那是“因为你没有人介绍”。

至此，这位新进的作家，才明了出版界背后，隐约有所谓学者之流的操持，你不得到学者的介绍，你的作品是没有人接受的。于是他开始找学者去。他怀着五万字的稿子走到所谓名小说家 C 的家里，请求他的斧削和介绍。C 先生接受了，他拿了稿子去，给这位青年以二十元大洋的代价。一个月后，某书店的新书介绍里有“C 先生近著某某小说出版”的预告。据说，C 先生拿着那位青年的原稿送到书店里，整整地卖了五百元大洋（因为 C 先生的文章是照例十元大洋一千字），只不过换上自己的名字而已。

此类勾当是数见不鲜的。有时在你著的书里只要写上“校阅者×××”，便可以特别得到重价。也有许多名什么家专门廉价收买不知名者的稿子，换上自己的大名卖钱去。这种学阀、出版阀对新进作者的压迫和剥削果亚于军阀、财阀对小百姓吗？吁！

出版阀不予铲除，学术界永不会猛进。一切的新进的无名的青年作家都须努力于“打倒出版阀”的工作，否则你便永远地被压迫被剥削呵。

（载《血汤》1930 年第 1 卷第 5 期）

建立出版界的水平

——为低能的穷苦读者请愿

伟　森

想读书的人生在今天的中国，算是大幸，而又不大幸！你看，市上出版的新书何等的多，特别是最为大家所渴求的社会科学书籍，然而，你又可以看见，实在不堪一读的书又是多少！

学者们为了大众的需要而努力于译作，这当然是值得我们崇敬与感激的。可是过于不量力的先生们，实在至少应受大众的劝告——这是因为，金钱与时间对于大众都太宝贵了啦！

译作之最应受指摘的是：译者选材既不慎，而外国文与中文又两欠通顺，却贸然提笔直书，倚马而就。书店方面只要书名新奇可喜或有熟人介绍，并内容亦不校阅，即行付印。像这样急色儿般的荒唐，如何不闹出满纸笑话，误尽天下苍生！

而更不幸的是，直到今天，除了偶尔有对少数个人故意的非难（如骂“硬译”之类）以外，我们很少看见有精通中外的学者们出来做一些“书报批评”工作，使出版界有一个至低的水平线。如果能够这样，那末，对于我们这些低能的穷读者便无异造上七级浮屠了！

我当然没有一点作“书报批评”的资格，只是想引起大家对于这一批评工作的严重注意，所以大胆地提出一本书“试评”一下——亦不过妄想“抛砖引玉”罢了。

我想批评的是《苏俄革命与宗教》甘大新译 上海联合书店刊（一九三〇年）

我认为这本译作的取材很欠审慎，虽然 *Vanguard Press* 丛书里面有很多很好的书，但并不是全部都可信任的，而甘先生选译的这一本便不甚高明。譬如本书的著者 J. F. Hecker 认为“苏维埃制度是最适宜于表现一种真正宗教的制度”，并说“俄国人只是刚开始他们的宗教创造期”（著者自序），这些观念实在都是莫名其妙的神话。著者又说苏维埃政府宽容独立教派，是由于当初共产主义者与独立教派的信者同受俄皇政府的压迫，共产主义者取得政权后，因而对于独立教派的信徒自然发生同情（甘译二三四页），这简直认为苏维埃政府的政策是建立在感情上的，这是何等荒谬。而尤其错误的是著者颠倒事实，在本书第十三章中，著者说，“……列宁和其使徒等革命家传袭着这种传统。他们在其社会哲学中看来，虽然是马克思主义者，但他们深信俄罗斯无通过资本主义时代之必要，而能够跳过这时代，将社会主义的秩序（应译作制度）直接与俄罗斯古来的农村共产体相接合。……”（甘译二八三页）我们知道，事实恰恰相反，抱着这种幻想的是俄国的“民粹派”，列宁和其党徒最初便是反对“民粹派”的这种谬妄的主张的，列宁的第一本著作《什么是民众的朋友》便是严厉批评“民粹派”的。

像这样毫无根据信口雌黄的材料，真是太不值得介绍了。

其次，我要指出译者在文字技术上的欠缺，在我看，译者对于本书许多地方似乎并没有了解而只是照字面抄下去的，所以弄得许多地方意义不明。而全书多部份文字的生涩、文法的欠通，更令读者的眼光趑趄难前！像这样的文字程度而动手译书，像这样的译作而居然出版，我以为译者与书店都实在太儿戏介绍文化的责任了！

我现在就其中过于错误的地方摘出如下，以质高明：

（一）第一章第一句就大错特错了！

（原文）“It is an old saying that an English or American sooner or later talks of sport. A Frenchman of women and a Russian, particularly one of the common people, of the mysteries of religion and God.”

这句话的大意应该是：“英国人或美国人常时爱谈运动，法国人爱谈女人，而俄国人，特别是俄国的平民，却爱谈宗教和上帝的神秘故事——这是一句老话。”

但是甘译却是：“英国人或者美国人早晚是谈着运动，谈着法国底妇人，和俄国人底——特别是平民底——宗教或神秘等话，这是一句古谚。”我们看，这错得多远了。

（二）原文：“In the streets of prewar Russia men and women would stop piously to cross themselves to the sight of an icon，a shrine，a church……”（p2）

大意应该是：“在大战前的俄国街道中，男女们遇见了一个神像、一座神龛、一座教堂……便要站住很虔敬地在胸前画着十字……”

甘译却是：“在战前俄国底街道中，男女们都站着看意康，教会……”（三页）

（三）原文：“……the Moscovite ecclesiastics caught a vision of Russia as the standard bearer of Orthodoxy.”（p15）

大意应该是：“莫斯科的牧师们幻想着俄罗斯为正教的正统保持者。”

甘译是：“莫斯科底牧师抱着一种俄国底幻影，以为正教底正统保持者。”（二二页）

（四）原文：“But he did not hinder his boyars，who plotted Nikon’s downfall and finally succeeded.”（p21）

大意应该是：“可是他并没有禁阻他的廷臣推倒尼康的阴谋，这阴谋是终于成功了的。”

甘译是：“但他在那等计谋倾覆尼康而终于成功的，宫廷牧师之间，却并不觉有妨碍。”（三二页）

（五）原文：“At first it looked as if the Church would get the better of the struggle and the revolutionary Government have to abandon its plan to separate the church from the State and nationalize its property.”（p65）

大意应该是：“起初看去，似乎教会在这斗争中会占优势，革命政府乃不得不放弃其政教分离与教会财产收归国有的计划。”

甘译是：“当初，教会以（?）似乎将执战斗之牛耳，使革命政府不得不把教会自国家分离，并放弃将其收归国有之计划。”（九八页）（甘译的中间一句竟与原文意思完全相反。）

（六）原文：“Either one side or the other had to surrender its principles，since neither side was willing to surrender，the war went on.”（p71）

大意应该是：“双方总应该有一方在原则上让步才行，可是因为双方都不愿意让步，于是斗争便不会休止。”

甘译是：“不论哪一方面都该退让其原则，因为双方都不愿退让战争之举行。”（一〇八页）

（七）原文：“.....and the Patriarch listened to those advisers who wanted to make political capital out of the national calamity.”

大意应该是：“……而教长则专门听从那班顾问的话，那班顾问却都是企图利用全国的灾难来作政治投机的。”

甘译是：“而教长则倾听欲自这全国的实（灾）难造成其政府的资本的顾问辈之说。”（一一八页）（甘译没有看懂 to make capital out of 是作“利用……投机”解。）

（八）原文：“This appeal of influential clergymen of the Church, coming out for peace and cooperation with the state and condemning unreservedly the old policy of the church toward the Soviet state .....”（p87）

大意应该是：“教会的有力的牧师们，为谋教会与国家间的和平与合作起见，发出了这个宣言，尽情地斥责教会对待苏维埃政府的旧政策……”

甘译是：“为与国家之和平及协力而出现的，并对苏维埃国家彻底地非难教会之旧政策的，教会之有力的牧师们底此种宣言。”（一三零页）

（九）原文：“The Government quite well knew .....for if the world bourgeoisie decided to try another armed intervention it would find occasion for it and manufacture enough atrocity news .....to justify its interventionist designs.”（p110）

大意应该是：“政府很懂得……因为倘使世界的资产阶级决定再尝试一次武力的干涉，他自然会寻出借口的机会，制造出许多惨酷的消息……以便证明其干涉计划的正当。”

甘译是：“政府颇理解……因为如果世界资产阶级决定想试一次武装干涉，则政府当利用此机会来制造出充分的惨酷消息……以正当化起干涉的计划。”（一六四页）（本句开始的一个“政府”是指苏俄政府，不知甘译句中的第二个政府是指的俄政府抑是资产阶级的政府。）

（十）原文：“.....but clung so much the more to the peasant commune which，enriched by Western science and culture，they hope would be .....”（p186）

大意应该是：“……可是异常重视农民的共产团，他们认为此种共产团如果得到西方科学和文化的扶助，便会有……的希望。”

甘译是：“……但极固执于为西欧之科学和文化所增富的农村共产体，他们希望……能为……”（二八二页）（甘先生似乎以为旧俄农村的共产团，即所谓“米尔”的，已经为西欧的科学和文化所增富了，不知何所据而云然，我们翻阅关于俄国农村状况的记载，还没有发现“米尔欧化”的事实，并且本书原文亦只是假定之辞。）

（十一）原文：“It is necessary definitely to cease any kind of effort to fight religions prejudice by administrative means，much as the closing of churches .....”（p194）

大意应该是：“一切企图用行政力量去与宗教偏见奋斗的方式，为封闭教堂……均应停止，这有明白规定的必要。”

甘译是：“以锁闭教会……的行政手腕，来彻底地中止任何抗争宗教的偏见的势力，是为必要。”（二九四页）

（十二）最后，我想指出的是，“字典翻译家”当然是要不得，可是外国文欠高明而又不查字典的翻译家，则更要不得。我现随便摘举两例如下：

a. 甘译二十六页“这是用以转移（replace）君士坦丁堡底……大礼拜堂的。”replace 应译作“代替”，决没有“转移”的意思，而本文的上下文亦可以看出。

b. 甘译四十六页“在俄国于第九世纪厉行改宗之际……”，原文是“At the occasion of the ninth centenary of the conversion of Russia .....”这句里面的 centenary 是“百年祭”的意思，并不是世纪（Century），应译作：“但俄国改宗九百年祭的时候……”。但是很显然地甘先生把 Centenary 看作 Century 了，所以弄成在一千二百年前（九世纪）就有“日俄传道会”的希奇事，其时不仅日本还是一个仙岛，俄国也还没有形成哩！

我上面所写的尽管有错，我所提出来批评的书尽管无多大价值，但我是代表万千低能而穷苦的读者们请愿，我以为最低限度应作到：

（一）高明的学者们公正地批评市上最流行的社会科学的译作；

（二）译者从事译作，至少应求自己看得懂自己的译作；

（三）书店里印行社会科学书籍，至少应将稿件先请一两位中外文精通的专门学者校阅一遍，再去付印。

附带声明：我不认识甘先生，也不认识联合书店的老板们；我之试评这本书，完全是“举一反三”的意思。因为我最近注意看苏俄宗教问题的材料，而这本书恰巧碰在手头上，便藉用作“请愿”的材料。恐有心人妄加揣测，特志数语。

一九三〇年七月一日。

（载《北新》1930 年第 4 卷第 12 期）

批评和出版

王先献

在一般人看来，批评和出版总算是风马牛的两件事。任你批评这书是怎样的坏，出版者可以不管；任你出那书是怎样的好，批评者可以不问；批评和出版的中间，好像有合拢不来的“鸿沟”。但事实昭示我们，批评的趋向和出版的趋向，批评的好坏和出版的好坏，有同一的命运。Sainte. Beuve 初年所给予法兰西浪漫派的助力，便是一个例证。

回顾中国文学革命，虽已有十余年的历史，但要找一个有步骤有系统的批评家和批评杂志，还未曾见。有的不过是零零碎碎的杂感之类，所以出版界亦如游骑无归，今日出一部，明日出二本。今日的是名著，明日的也是杰作。只要白白的纸上，有着黑黑的字，广告的法螺吹得响些，出版家总是不会赔本的。但是，可怜了受欺的读者！

批评的动机，有许多差异，大概地来说，可别为善意的批评和恶意的批评。后者是全以私意来为某人捧场，或攻击某派。前者却是在公正的立场上，指导一般作家以正大光明的大路，好像牧童指导他心爱的牛羊，一样地诚恳。

现代中国的批评界，真是荆榛未辟，许多有志于批评者，似乎都走向“牛角尖”里去了！我想《开明》倒要肩一肩这个责任才是。

（载《开明》1930年第24期）

学生与出版界

锦　轩

近几年来，国内的新书报，虽然是异常地芜杂，但在量的方面，似乎出版了很不少。一般书店老板们，有不少位是这样地便发了财，有些能够写点文字的人，也就随之而称为作家了。

“作家”这两个字，在作家自身是觉得很有了不起的地方，所以有新作家与老作家的分别，又有大作家与小作家的差异。自然，老作家与大作家正如大字号里的老商标一样，货品搬上市场，比较那些小作家与新作家的要容易推销得多。做生意的人，只要货品能行销，可以多多的获利，是会笑逐颜开的。书店也是字号，书店老板也是出了资本，开张营业，要想赚钱的念头，当然也不会例外。

书报老板不赚钱，这也是说不过去的话。出版事业要想他不当作普通营业，在中国也是不可能的事。不过，别种性质的货色，是能赚大众的钱，是大多数人都用得着；但新书报这件东西，却还只有一条路走，只赚一种人的钱。

因之，这种人在书店老板中是成了唯一的对象。这种人喜欢什么货色，书店老板便吩咐作家去制造什么货色。作家受书店老板的恩宠，当然是鞠躬尽瘁死而后已！

老板说：三角恋爱的小说合这种人的口味！那末，作者赶紧到日本的旧书堆中去抄写；老板说，革命小说也还时髦，作者又得凭着想像去写他的手枪炸弹；老板说，普罗口号对这种人也能欺蒙一时，作家又得空心肚皮顶石板，去幻想工厂煤矿。总之，这样望风行船，投机取巧的干下去，书店老板是笑逐颜开地发财了，作家也就乘机而名利双双了。

老板与作家都得感谢这种人，这种人，既年青，而且又是学生。老板与作家感激之余，自然只有更进一步出版学生一类的东西来报谢。你是中学生，那末我便在中学生上加现代两个字，你是现代学生，那末我便是新学生，这样一来，学生们到受宠若惊，大有应接不暇之势了。

而且，我还看到聪明的人会想到学生需要知道："徐志摩的夫人叫什么名字？""冰心女士的丈夫叫什么名字？""鲁迅是谁的哥哥？""上海那一间大学生的女生最多？""陈衡哲女士是谁的夫人？""蒋主席与宋美龄女士什么时候结婚的？"并且还悬赏征答，学生们是应该早早放下书本，去用心打听一番了。

青年学生们，当心罢！读书现在是件难事！

（载《前锋周报》1930年第22期）

平民读物与文化

肇　幕

我们知道一个国家文化程度的高低，和她的发展，不是专靠少数的学者们和知识阶级所能装璜点缀的。因为构成国家的是多数国民，设若多数人民都是无知识，蠢如鹿豕，虽有少数极高明的学者，终归曲高和寡，与社会完全不生关系，试问那种国家和社会有何种进步与文化之可言？所以一个社会或国家的文化事业，不单要提高，并且还要普及。提高固然可以影响普及，但是普及也可以促进提高，双方是为因果的，绝无先后轻重之可分。

要测量一个国家人民文化程度的消长，只须从平民读物的"量"和"质"两方面去观察，就可得到一个梗概的结论。因为平民读物的"量"——就是平民读物刊行的种类和销数的多少——是表示文化普及情形的指数；平民读物的"质"——就是平民读物的程度的深浅——是表示文化提高情形的指数。换句话说：就是平民读物刊行越多，销行越广，程度越深的社会或国家，她的文化程度也越高；反是，她的文化也就低。

我们有了这个概念，就可推知我们中国的文化程度了。

现在中国的平民读物，可说是少极了。其中的原因，固一方面是因提倡的人少，但一方面也是读书识字的人少。按照供给与需要的原则说来，当然不能单怪任何一方面的。中国的平民读物不但是刊行的种类少，就是刊行的读物原为提倡和专为供给这种需要而设的，却也销行不多，由此可以知道中国平民读物的“量”是很小。

再从“质”的一方面来说，那就更不用提了。不但稍为高深的学理一般人看不懂和不愿看，就是很浅近的也少人看或看不懂。

由中国平民读物的“量”和“质”两方面看来都不大佳，中国人民的文化程度也就可想而知了。比起欧美各国报章杂志刊行之多，销路之广，能不叫我们自惭！自愧！倘使我们甘愿自暴自弃，那就不用说了，否则我们应当努力起来，补缀这个重大的缺陷。

中国几千年来都是君主专制，向来就是实行的愚民政策，对于平民读物不特没有提倡、研究，并且还要加以摧残、阻碍。中国社会所以进步甚缓，这也是一个重大的原因，因为普通一般人民的思想都是趋于保守的、被动的，倘使没有新思想、新潮流的刺戟，往往对于任何不安的社会和腐败的国家，都可安然若素。说到开化最早的民族，中国算是其中的一个，为什么现在还是事事落人后？这不待详加考证，也很可以叫我们猛省了。

中国以往的平民读物，除一些设因果报应近乎宣传迷信的小说弹词之外，正当而有文化价值的读物，真如凤毛麟角，不可多得。所以目前中国对于平民读物的工作，这是垦荒时代，然而正因其没有经人开垦过，这其中的宝藏与最大的收获的希望也最多。不过所引为缺陷的，似嫌注意的人还不甚多，我们中国学者们的老毛病，都喜欢以“令人不测高深”为得意，平民读物的肤浅东西，不屑一顾，要叫他们把所研究的心得，作成通俗的讲话或文字，灌输给一般平民，更是难上难了。

我们现在所希望于中国学术界的，都应当分一部份的时间来研究提倡平民读物，使文化得以普及，而促进社会的进步。务求平民读物的

“量”和“质”都能双方发展，达到提高与普及的目的，则中国的希望无穷了。

（载《兴华》1930年第27卷第7期）

社会科学书籍的瘟疫

陈　洁

前读本刊方正先生所写的《学艺与时髦》，同感之至。

这一年来，社会科学的书籍，趁着新文艺没落的运命，走了红运，于是大时髦。但是社会科学书籍时髦到现在，已经成了瘟疫了。

社会科学书籍发瘟的理由很简单，就是最先刊行社会科学书籍的一二家书坊赚了钱，一切的书店便都眼红起来，大家争印社会科学书籍的稿纸。因为要争印，于是弄到那本稿子只要是属于社会科学的，就拿到印刷所里去付印，完全不顾书籍的内容。这样，阿猫也来一本社会科学的理论，阿狗也来一本社会科学大纲，驯至阿猫阿狗联合起来弄社会科学大全，这样，杂乱胡糟的社会科学书籍就发瘟了。

瘟疫了的社会科学书籍，读者自然要对之摇头了。读者一摇头，社会科学的书籍就要倒运了。

自然，中国的社会科学书籍虽然发瘟了，倒运了，社会科学的本身却仍是一天一天光大。就是在发瘟了的中国的社会科学书籍里，至少也看一二套正正经经的，有系统的，头头是道的社会科学书籍，可以维持十年的生命。

只是有一个问题，很值得的讨论的，就是社会科学书籍的红运现在已走完了，此后是什么一类的学艺要时髦呢，是什么一类书籍将流行呢？

（载《申报》1930年1月8日）

要求现在的出版界把书价改低

霆 声

无论在书店的使命，或书店的营业上着想，改低书价实在是目前的一项急切的要求。

我先把手边的几本书的价目来报告一下：

1. 现代出版的《反正前后》，道林纸印二百十面，内容约七万字，实售大洋七角。

2. 黎明的《万能的人类》，瑞典纸印一百八十面，内容约七万余字，锌版图二十幅，实售大洋七角五分。

3. 文学周报社的《往事》，道林纸印一百二十余面，约五万字，实售大洋五角。

4. 乐群的《糜烂》，道林纸，一百七十余面，约六万字，实售大洋四角五分。

5. 泰东的《冬天的春笑》，道林纸印，一百二十余面，内容约五万字，定价大洋五角。

6. 北新的《乡情集》，黄书纸印，九十页，内容约九百行，实售大洋四角。

7. 新兴的《塔》，道林纸印，一百四十页，内容约七万字，实售大洋四角。

以上不过是随手捡起几本书来计算一下，自然也有较廉的，也更有定价较高的，但仅就这几本书来比较一下，就可以看出书的定价是何等的没有标准啊。

现在的读者，尤其是新书的读者，我们知道大半是穷的阶级。怎样用廉价的书籍去适应他们的需要，不正是现在出版界的急务吗？但现在，有谁个书店肯想到穷的读者呢！

内容的优美，印刷的清晰，校对的仔细，无疑地是每一个读者都在要求着的。但不必要的奢侈的装潢，那除非是预备拿来放在柚木的案头做饰物，或者放在指甲修得很光滑的手里做消遣品；真正的读者是不愿用有限的金钱去换这些无谓的浪费的。

黄书纸、重磅道林、太宽的空白、过多的衬纸，这并不能把书的内容充实，也不会令读者原谅它印刷上的恶劣和校对上的粗糙，但适足以显出书贾们剥削读者的手段。

同时，因书价过高，读者不易购买的缘故，便发生了减价竞售的不良现象。批发折扣之大，廉价期之多，求学、储蓄、购券等等之新奇，结果只是更添加了许多不正当的支出，对于真正的读者是没有什么多大的帮助的。

我们反对这种含有欺骗性的商业广告法，我们要求一种以内容来作标准的定价。我们不要那种贵族式的奢侈，但要平民式的整洁。依作者的估计，每十万字内容的书本，售三四角便不致无利可图。按照商业上的薄利多卖主义，印多售廉并不是怎样吃亏的事。即使要迎合一般资产阶级的心理，那么，印两种本子至少是应该即刻就要办起的。

把书店的开支撙节一些！

把药房化的广告费减省一些！

把过分的装潢免除一些！

来几本内容充实、外观朴素的廉价的书吧！

1930.2.27

（载《出版月刊》1930 年第 3 期）

书坊的黑幕

——欺人之营业，购书者谨慎

顾锡祺

鄙人某日乘暇逛游至四马路一带，步行至石路相近、举首站足闲眺，无意间看见数家书坊门口置有黑板一块，走近视之，板上所写着各种重要书目。此时我就走入一家书坊内（该坊招牌遗忘）作参观客。只见触目琳琅的书籍，陈列两旁书架上，且备有少数零落的书籍，纵横杂摊，任人取阅。移时有该坊中职员，前来假诚的殷殷招待，对我道，先生欲购任何佳书，敝坊都有。我即说道，请取《康熙字典》一部如何，该职员惟命是从的慌忙取出，果属一部装潢完美的字典，一望无疑，待购回家中，正在翻检之际，偶见内容页边上，所标书目为《中华字典》，况且非正式的《中华字典》，内容的注解多有错乱，更且十分卑陋，逆料彼坊的书籍，完全系残版所订成者，至此方知受愚。此等商店，不啻陷人之阱，愚弄青年学生，只顾自利，罔顾大局。我想受过彼等愚弄的朋友，何止千百，否则将如何维持其开销呢？呜呼！世风日非，人心险恶，社会上黑幕重重，令人寒悚，请诸君以后采购书籍，千万加以谨慎，否则难免蹈鄙人的覆辙呢。

（载《大常识》1930年第191期）

旧书业经营的秘诀

王蘅园

旧书一业，视若极微。但经营亦殊非易。如王君之经营，颇含深意，随处可见其思想之慎密，手段之高明。而本文之著，尤详前人所不详，可供参考之处甚多。诚难能可贵者也，读者幸勿等闲视之。——编者

一、引言

如说“秘诀”不妨当作有效的经验。那末，我的经验，或者自命为秘诀的，也得了发表的机会。实则，世上要真有秘诀一回事，我想生活的第一步，只要去求某一种行业的秘诀，或者只要求最有利的一种行业的秘诀。不幸在我的经验中，从辛苦积累而得，在今天自看做秘诀

的，只是平凡普通而应当做的方法。倘使漂亮点、冠冕点，就叫它合乎科学的方法。我是个旧书业者，且来谈谈本行。

二、创业者的鸟瞰

经营一种商业，是该具有一种眼光。但是要把眼光下一个定义，浅薄的我，只能说不知所云。我所说的眼光，只是（1）向后瞧，看一看过去。（2）向本身地位瞧，去看一看现在。（3）向前瞧，去看一看将来。倘在过去、现在及未来能瞧清楚，有一贯的领悟，能够即因知果，即果推因，我就叫它眼光。

旧书业的过去，莫要说南京一个区域，从前没有瞧到过一本纪述，而且也少人说起。旁人看作老内行的，自然又藏起他的秘诀，不足向外人道。我这几年同行中跑进跑出，加上自己经营的结果，从过去说到现在，也只剩得下面的一些成绩，算来敝帚自珍，堪值一笑。但是从这几方面去看，超乎地方的限制，凡是本业，都该如此，这差堪自信的。

（1）本业已有的成绩。我们当注意的就是。（甲）每年营业总数。（乙）净余额。（丙）营业净余与总数的比例。（丁）逐年比例数的增减状况。（戊）营业内容的分析。拿实例来说。我开的一家涵馆书社，三年来的成绩如下：

年份	营业总数	净余额	百分比例
民国十四年	三七六五圆	九〇三元	24%（净余与营业总额之比）
民国十五年	四九二三圆	一七二三元	35%
民国十七年	六八三五．二圆	二五二九元	37%

光说我一家，本来靠不住的，最好是多调查几家同业，益发正确。但是中国人不注意统计的，尤其是自视卑小的旧书铺，他们会告诉你吗？倘然由我自己的营业类推，大约普通每年纯利率总可在百分之二十到四十。

（2）本业的分布。旧书业的分布，应当有个调查。不仅如此，凡是书坊，也相关的。南京旧书坊的荟萃之区：（甲）状元境，买古书、旧书。(乙) 五马街，兼买古书，及一般旧书。(丙) 花牌楼，出卖旧洋书及一般旧书。有关本业的书坊，大概也按以上的分配。

(3) 旧书的供给方面。旧书的来源：(甲) 学校学生，原版西书、教科书方面。(乙) 私人，古书及一般旧书方面。(丙) 搜旧人，这是沿街挑担叫买的，有时也收书籍报章，这是很杂。南京学校很多，所以大批来源，是来自学生方面的。关于采购旧书的方法，下面再谈。

(4) 旧书的需求方面。旧书的需求，不能像供给的笼统讲，要看书的性质。大概 (甲) 通用教科书一类。(乙) 现代文学小说书一类。(丙) 普通英文书类。(丁) 社会科学书一类。(戊) 字典、辞典一类。需求多不弱，市上大批的宗教书，没人顾问了。搜集方针是不能不依书的性质和市上需求而定，下面还要详说。

(5) 本业的节季性。旧书生意并不常年一样，社会不安定的状态且除开。也可以分成两方面：(甲) 收书，大概在两个学期的终了或开始，私人古书当然例外。(乙) 卖书，两个假期内生意是轻淡的，开学几个星期很是忙碌。

从上面五大目详细看 (可惜这比较微末的行业，找不出统计)，倘若有久长时间、正确资料，我们定可以明白它的过去和现在。要推论它将来呢？那末，只我个人的揣测，旧书业会一天发达一天的。理由是：(甲) 求智的欲望。无论在质、量两方面，统随时代的进步而增进的。所以书的需求，容许一年多一年。(乙) 经济的讲求，或者“打算”。以后的人更为精明，因为人的欲望随着时势的推进更复杂更多，要想出利用小量的牺牲，求得多量的满足，是不可磨灭的祈求，旧书业合乎这种心理的。(丙) 印刷书籍的成本加大，价格高昂。但是为着 (甲)(乙) 的理由，间接促进本业隆盛的。(丁) 倘然旧书业的人用很好方法，自会促进旧书的流通。所以本业的方法还待去改良，改良后，可以求本业的进步。(戊) 本业运用小额资本。现在社会还不加注意，竞争者少。等已发达，人家不足敌了。

三、旧书业经营法

经营一种商业的根本，总在资本人才。所以讲到经营法，似乎不能不注意在这两方面。但是在我们旧书业，资本不容讳是微小的，而且征集资本，也只实事求是的去做。所以在资本方面，无可多谈。讲到人才，一家旧书铺本是容不下许多职员，做老板既不用搭架子；找伙计，也像找朋友帮忙，只要捡相知有素，能够顺利进行下面方法就是。

我现在要提出真算我秘诀的，分八项来说：

（1）相地法。找店基的问题，是很困难的。旧书铺虽则不要高厅大厦，但究要选那一种地段呢？本来有下列几个的拟议：（甲）在书业荟萃而交通便利的地方。（乙）不在书业荟萃而交通便利的地方。（丙）学校附近。（丁）临时出张，随地交易。以上四种拟议。（丁）且不论，因为不要店基，本问题无庸讨论了。照上列三个办法，经验告诉我们说：（甲）在书业荟萃而交通便利的地方最好。它的理由是：（a）在书业荟萃的地方，蓄愿买书来者既多，新旧书价，且可比较，对于旧书销售，是有利的。（b）巡看旧书，是喜买书的习惯。书坊荟萃之区，既是买书人常到之地，广告力大。（c）旧书既在此区里，买书者容易发见。（d）书价容易调查。有上面四层理由，所以这（甲）项的原则，经验上给我们证明了。

（2）广告术。广告我分显性的和隐性的来说。（甲）显性的广告，如壁画、传单、窗饰。在这三项中，壁画不必多用。譬如在每个学校的出路应当用，再店门四周该用的，我们要注意：（a）有艺术性的。（b）用显明色彩。（c）短练的词句。（d）逗人注目的图画。（e）十分表现出书籍的丰富。传单也不外上面几个原则，但不必多用，因为费钱而效用并不大的。关于窗饰的布置，因为门面最好没有很多门窗，所以不去详说。大概最时行最引人注目的书，该排列出来，而且花样翻新，可以自由更换。（乙）隐性的广告。就是本身原不是广告，恰具有广告性的。譬如门面、书的陈列、壁饰、光线等。在这几种上，我们要注意到顾客走进店来不要使他感觉到局促，甚至羞惭。所以富丽堂皇是紧要的，但是富丽堂皇究是嫌笼统的，而且我们也限于资本。不过门面仍要求整洁，最好白色油漆，而不多用门窗，可以出入自由。书的陈列法（详编列法）要用展览会的办法，顾到看客的便利，而使他不能不全看。多行的直列法，是很可以采用的。壁饰可以用剪花或图画，而且宜乎写上最可注意的书名，或且取书中的一段，图表出来。总之，要醒目。光线不必说要充分，夜里用电灯不如煤气灯，可以节省，而引人注目。况且不必等到深夜。也该关门了。

（3）征求法。书籍的征求法可以分四种：

（甲）通讯征求法。并不写信去征求人，乃是本店印好一种表格，凡是顾客要卖书，就自由讨去填写，寄到店来。于是，店里参酌情形，派人去接洽。这是有重要缘故的。因为卖书的人，多少觉得不好意思上门求售，有时书多，更觉得携带不便。倘然我们跑去，似乎店里人去求他，他也会减少难为情，而价钱可以克己些。这是我屡试不爽的。

（乙）门市征求法。通讯征求，必要立下限制。譬如十本以下的书，原价十元以下的书，难以去应命奔波，只好请他们自己来，这是广告上要注明白本店征求之类。而且也不妨写些标语，譬如“促进书籍流通”、“讲求读书的经济”之类。在店里还该标明一个售书接洽处，使卖的人一目了然。

（丙）特定征求法。特定的人大概有两类：（一）各学校的门房。大多数同学生熟悉，请他们先把书收下，店里人再去估价，将来给他一个回扣。（二）搜旧人也非常重要。他们常有意外的得获，不过他们常缺乏鉴定的能力，我们先同他约定，有旧书就请他们到店里来，他们是很欢迎的。而且大批书往往可以论量不论质，尤其克己了。

（丁）换书法。换书有两种：（a）同行互换。譬如甲店晓得主顾要某书，乙店备有，就可以到乙店换来。或者拿别的书，或者就拿钱。（b）头主互换。常有人愿意拿自己的书来掉换店里的书，我们也一列欢迎。因为总要自己占些好处，才成交易的。

以上的方法，我们都要注重，而且要在平常做功夫。

（4）审查法。审查就是定价的准备，怎样去决定价格。在这里很难说，因为情形太复杂了。但是可以注意的几点，不妨写出来：a. 书的性质。b. 市上需求度。c. 书的本身新旧度。d. 版本。e. 原定价格。f. 买者的特殊情形。

最好要平常多聚各出版店书目，尤其要看出市上的需求的种类，和同业所定的价格。于是参酌上面六种情形，临机立断下来。目下书的性质和需要度的强弱，挨次写下来：

a. 通用教科书。b. 现代文学小说。c. 普通英文书。d. 社会科学书。e. 通用辞典字典。

(5) 编列法。图书平常是要编目的，编目不妨仿照现在图书馆的分类法，叫做杜威分类法的。

〇〇〇 普通书 如目录学、书目丛书等。

一〇〇 哲学 如心理、伦理、佛学、诸子等。

二〇〇 宗教。

三〇〇 社会科学 如法律、政治、经济、教育等。

四〇〇 语言学。

五〇〇 自然科学 如数、理、化等。

六〇〇 应用科学 如医学、工程、商业、农业等等。

七〇〇 美术。

八〇〇 文学。

九〇〇 史地。

编好书目，书籍的整列，就可归类标清。但要注意，最显明的地方仍要留给最应需要的书籍。上面列的数目，并不是定下排列次序。书价我们可以自制暗号，便于伸缩。因为讨价还价是免不去的旧习惯，一时难改，所以也不能划一不二，来打断生意。而且书的供求有时变更，也不能不顾到的。

(6) 招待法。接待主顾的秘诀是：a. 谦和有礼。b. 有问必答。c. 指点殷勤。d. 服装整洁。

店员先要有上面 a、b、c 三个训练，但是要显出 b、c，尤要熟悉本店书目、价格。最好把著者姓名、内容大略晓得一些，原定价格，也要记熟，然后能有问必答，指点无误。至于服装整洁，自为引起主顾的好感。

(7) 买卖术。这里所说买卖术，就在讨价还价这面上的功夫，不论在收买或出卖两方面，店员常要用流利的词句说明：a. 主顾可以买或者可以卖的理由。b. 出卖或买进的利益。c. 本店供给出卖或买进的机会所费之劳力。

一面更注重顾客的特殊情形，倘然急于脱售的顾客，价格不妨可低；渴欲收买的，是不妨高些；遇陈旧的剩货，如何抖揽。总之，要神而明之。

（8）记账法。账簿是很重要的东西，不但记载银钱进出、营业状况，就是实际应用的常识，也都可由账簿中分析出来。譬如某一月结账，可以看出某一类书的销路大小，及所定价格与原价相距的程度。从这方面，又可推测出大概买主或者卖主，在如何的程度，交易有成功的把握。其余节季性，都可看出。我自己备有的账目（一）流水簿。（二）总清簿。（三）进货簿。（四）出货簿。（五）进出货分类簿。（六）月计分类表以及季表等。由以上的几种账簿，我们很可以做我们营业方针的参考，而且营业状况，亦就有了真确的记载了。

四、作者赘言

在运用文字还觉得艰难的我，也不揣冒昧，写下几千字来诉说我的经验，或者是秘诀的，真是十分欣幸。我有这般写来的勇气，一则是，我是比较在满足的生活中，而这比较的满足，又是由于经营本业而来。所以自许为成功的经验，道来也不觉烦人。二则，觉得中国人经营商业，大都不去讲求方法，不肯在琐屑中观察，寻求结论，我这篇总算寻求方法的结论。总理说“知难行易”，深觉得极是真理。三则，我想旧书业是微末的行业，也许看到这篇的先生们哑然失笑，说我小题大做，我可相信人人能用自己的能力，去营谋满足而正当的生活，不该以为可耻。尤其在现在的中国，缺少社会的安宁，人人能自立、能生活，必然是大有裨益于社会。就是要推行伟大的三民主义，也不妨自各立一业、各尽一业之能始。

（载《商业杂志》1930 年第 5 卷第 6 期）

关于“读书会”的几句话

闻　　铃

或者说：“只要我自己情愿读书，又何必要人家替我选书？”错了，错了！你有没有这许多时间，跑遍上海数十百家的书坊？就是跑遍了，你能不能知道那一种最好？再近一层，就使你能选到最好的书，你能不能每月一次去做那选择的工作？“读书会”就是为解决这三个问题而设的。在欧西这种读书会很多。在中国，这自然是一种创举。你过细想一想：青年会所主办的“读书会”能不能应付你的需要？现在报名的已有二百余人之多。自然，第一届征求会定于本月底截止，不过为普遍教育及善与人同起见，就是在截止之后，对于报名的，我们还情愿络读收受。读者诸君，盍与乎来！

（载《上海青年》1930 年第 30 卷第 46 期）

出版法

郎　当

最近，够我们悦耳的消息，固然甚多。但，值得我们快意的，要算这《出版法》的颁布和《检查新闻令》的取消了。前者，关于一切文化事业的消长，至为重要，而民族意识的蓬勃或沉没，更是非同小可。后者呢，单就上海一埠的无聊小报，因播谣而有不胫而走的状况，便觉此种办法，类乎赍粮资寇，不唯无大益，而且有小害。但此仅言其肤浅，若高明点说，那就一言难尽了。

现在，有这“五章”、“一附则”，综计四十四条的《出版法》，从事“出版事业”的人，便有所“依其所依”“违其所违”，什么“拘束”的话，姑且等到将来的将来再说。无论如何，便不致像过去提到马克思三个字，宣扬也好，驳斥也好，笼而束之，扣留在邮局的一角了(据记者所知，著名都会，如长沙、汉口、广州、福州、北平、天津等地方，常常将反驳马克思的书籍没收，其他地方，更无论矣)。此外，无论何人，即令他是所谓反动人物，则他的著作，如果是无关大要的文艺作品，在扣留的人看来，也不致和他的政治主张的论文，同一待遇了。以前因为没有这几章几条的东西，给一般人去依违，弄成一个无版敢出的饥荒现象。同时，一批一批的不足称版的东西，便乘机而活动了，饥不择食，又何怪乎普罗作家，不腰缠累累呢！

(载《时时周报》1930年第1卷第5期)

出版界之性潮

非　性

近年谈性之书，汗牛充栋，作者多自命张竞生，书中人物，亦不外小江平、董二嫂之类。其中有《花魔》等书，一出再出，竟至五集，闻系在北方撰述，而寄沪出版者。此类书籍，以前两年为最盛时代，当时津埠各大商场，竟有公然陈列者，且巧立名目，层出不穷。降至最近，因各书大致均相仿佛，观者其初虽亦惊其刻画入微，旋亦复司空见惯，日久更致生厌，而作者亦以形容净尽，无可再说，相继辍笔。以故近顷租界中各商场书摊，均无性学之新作，出版界诡秘之性潮，殆已至没落期乎？

(载《天津商报图画半周刊》1930年第1卷第14期)

青年切不可看淫书小说说

吕半教

淫书小说，描写奸盗邪淫之事，或称为才子佳人，或推为英雄豪杰。青年见理未明，读之眉飞色舞，辄不禁歆慕之、仿效之。世风之所以堕落，祸乱之所以荐臻，职此之故。洪水猛兽之祸，不如是烈也。大抵青年学者，血气未定。嗜欲方开，未尝多读圣贤书，未经饫聆老成训，厌常喜新，纵情恣欲，其遇此等淫书小说，真如火药之导线，触发猛烈，不可遏制。于是移易性情，败坏行检，戕害身躯，催促寿命。世间不少聪明学子，往往夭折天年，远无益于世界人群，近无益于国家社会。上无以事父母，中无以善兄弟，下无以畜妻子。一抔黄土，埋没黑头，人莫不悲伤其不幸，而不知其不幸之多由喜看淫书小说来也。吁，酷矣，今为除此弊害计，奉劝文人，勿著此等书，书贾勿印此等书，青年即可少看此等书，青年看而有益之书。姑举最浅近通俗之数种如下。

（一）《历代名臣言行录》，前清宜兴朱拙存著，此书坊间通行本分为十二本，价银至多二元间。

（二）《格言联璧》，前清会稽金氏著，价银至多三角间。

（三）《阅微草堂笔记》，前清河间纪晓岚著，此书翻印本颇多，亦有增图本。然率多讹漏，必以会文堂所印，有详注者为佳，价银至多二元余。

（四）《坐花志果》，前清仁和汪调生著，此书亦有翻印增图本，然多讹漏，以原版有音注者为佳，价银至多三四角间。

（五）《吉祥花》，前清四会邵纪棠著，此书亦有翻印本，然或删去卷首序例，或缺少尾卷，不如原版为佳，价银至多一角余。

右书五种，第一二两种，有益于持身经世之学识；第三种，有益于娱情悦性之兴趣；第四五两种，有益于惩恶劝善之理想。青年肯先看此五种书，即不至误入迷途矣。

（载《真光杂志》1930 年第 29 卷第 1 期）

论淫书淫画之亟宜根本取缔

文　醒

夫人类之心智与情感，发乎唇舌者，则曰语言；发乎翰墨者，则曰文字；文字成册，则曰书报；恐书报之不足以表现其情感，则助以图画。是故欲知一人之心智与情感，近则听其语言，远则观其书画，善恶邪正，真相毕明矣。今日市廛所陈列之书画，增益学识者，固属不少，然有害社会道德者，亦不一而足。如小说之言情，杂志之研性，彩画之裸体，影片之袒身。或曰写实，或曰真美，或曰曲线，作者固先具幻想，或身历其境，或裨贩旧册，附会其辞，莫不惟妙惟肖、淋漓尽致。无知小民，一经寓目，辄复引起邪思乱想，以致声败名裂，流落失所，皆淫书淫画为之也。而始作俑者，实为小说家与美术家，是不得谓非艺术界之污点矣。说者物质进化，不得不经此阶段，则又不然。彼之所谓写实真美云者，仍属虚伪。果以爱克司光试之，则白骨尽现，何真之可言。是当普施佛化通俗教育，使社会民众知人生之究竟虚伪，为无意义之生活，则淫书淫画，不取缔而自取缔矣。盖人之有生，以自心之爱念为因，父母之淫欲为缘。如是展转生生，种子不净，六道轮回，业苦无已。固淫为万恶之首，戒淫即根本取缔之方，非法律政令所能为功也。

（载《弘法社刊》1930年第16期）

劝止著淫书文

刘豫波

从来诲淫之书，为害最烈，流毒无穷，是皆目睹情形，乃为心倾劝阻。惟作者笔酣墨饱，故观者魄散魂飞，湘管生花，迷毒烟而尽黑，金壶贮墨，化血雨以皆红，纸上炎风，烧尽青年骨髓；毫端杀气，透将少女心肝。信知腹里藏刀，何必舌端吐剑，使人心薰似火，竟无端处处魂消，可怜骨瘦如柴，又断送翩翩年少，摄其魄，追其魂，竟尔衣裳颠倒，寡人妻，独人父，都由笔墨造成。须知雨暗灯昏，有多少伤心涕泪，莫谓花明柳媚，谁似此得意文章，以一时之快心，成千秋之罪案。是杨炯点鬼之薄，收来个中，非曹唐游仙之诗，想从天外，一十八层地狱，可怜他影现灯前，数千万众游魂，竟随尔澜翻笔底。既有一枝笔，断不至难免饥寒，不过多得钱，又何苦丛生罪孽。果能淡怀学诸葛，便可减我度支，自然绮语戒涪翁，不至伤人性命。天道从来原有主，况难逃众口之讥，世间何事不可为，乃争此杀人之利。多一枝笔，多杀数千年之人，少一部书，少贻数万家之害。谁无子弟，自当爱护同心，我有箴规，莫使温柔贼性。伏望绣口才人，锦心名士，已作者补牢未晚，不再亡羊。未作者出柙先防，无须纵虎。务使人传著述，长留姓字于名山，何幸天与聪明，莫作波澜于孽海，思立德立言之大，推爱己爱人之公，从此诸天放光明，文字相辉星斗，定知我佛大欢喜，福利自降家庭。

（载《师亮随刊》1930年初集）

声讨淫书淫文之著作者

竹　铭

古人说：“开卷有益”，大家都认为勉励青年多读书的好格言，“手不释卷”，也是青年勤读的赞美词，都认有书便读，似乎可以肯定，总是一个上进的青年。处在现代的复杂环境之下，却不能认以上两句说话，是绝对算善良的行为。市中发刊正当学术的书报固不少，而投机谋利的小书店，诲盗诲淫的刊物，同时像市间垃圾般不绝的出现，戕贼前程有为的青年，以辟他无聊文丐发财的新径，罪恶之大，陷人之厉，有过于有形的杀人。或云上海地方行路难，汽车之下，黄浦江中，常常加了多少殇生的怨魂。我说这尚是有形有限，淫书淫文，在无形中戕贼青年，是人目所见不到，为盗贼犯罪，为奸淫处刑，更有服毒、投江、上吊、自杀、逃亡、失业、堕落、讨饭，虽不能说都是淫书淫文所造成，可说淫书淫文，是一个大原因，所以无形而不可列举统计的这种罪恶，真比了杀人放火，有迹可检的恶行为，要十倍而过之。我想笔墨生涯，虽属不易，然除了著作淫书外，就没有吃饭的路子么？就没有别的方法可使读者爱读么？去摆个测字摊为生活，虽属江湖之流，为开明的社会所不许，然他为人问凶求吉，人格上尚高出淫书的著作大家，百倍而有余。

进一步讲，有掩饰淫书淫文的著作者，自高其身价为"学者"，自高其地位为"文学家"，把自著的龌龊臭文章冠上一个"名著"，标题上加上什么"卫生的……"、"医学的……"、"艺术的……"、"青年修养的……"，多少大好名词，为诱惑青年的护身符。既做了无形杀人的利器，在市上露布，再要自珍其著作，像传到三百年五百年，后人还要当他圣贤书读，天下无耻之甚，这可得个锦标了。最可笑的，在淫秽的书文中，偏偏卷首上，加上几句，像"万恶淫为首，百善孝为先"，类似意义的说白，卷末加上一节编者或著者劝告青年的评语，而其盈寸盈尺的全文，除了首尾掩饰几字，都属写的淫盗行为，把他形容绝倒，淋漓尽致，试问青年看了，是记得首尾的评语呢，还是记着龌龊的淫荡描写？我不敢武断，请读者公共推想罢。就是一部正经的书，假如看旧小说《三国志演义》，首尾都有重要总结的评词，在一般读者，十之九，讲得津津有味，记得牢牢不忘的，是书中英雄策略，巧计战斗，能在结论评语中，加研究的有多少人呢？所以见解深切的人，在曩昔的善堂印送善书，描写奸盗邪淫的故事与因果，确是善意的劝人为善，尚认为善果难得，恶因的种子，倒得了反宣传的机会了，因是淫书淫文之下，加评加跋，就是著者所言是诚意，这是"杀人做祷告，念弥陀"，功罪相差，不可以道里计。

最近更有淫书淫文之著述者，奸刁诈伪，知淫书淫文，出自自己笔墨，加上评语或结论，已不足以蒙蔽社会之识者，往往捏造他人的书信或著作，借此写出多少猥亵淫词，一方面既可投人读淫书之所好，达其多销书报之目的，另一方面卸去自己的责任，并可加上几行非驴非马的修养语，其奸刁诈伪之罪恶，程度如何？我却不问。试问一辈青年的读者，诚心为了你有非驴非马的修养语来购读，有多少？为了你纸上宣淫来购读者，有多少？我又不敢武断了，涉世老成，观察明了者，自有相当之答案。

总言之，现在青年选择读物不易，明显标白，人人共知为淫书淫文，如娼妓式的刊物，固属很多。暗藏春色，外善内恶，如秘密卖淫式的刊物，也是不少。为父兄者，为青年者，见一书报，不加审查，徒识别其书报之命名，危险万分。

社会上淫书淫文，著者日多，声讨者寥寥，或以非军国大事，不暇注意，或以龌龊的著作，不屑加上评论。余深为“忧心戚戚”，为一般天真的青年险，企望社会大众注意，本不愿出之笔墨以究诘，奈久待无人声讨，知而不言直等于见死不救，是大罪孽。因此草作此文，为社会青年作一条陷阱的防堤，脱我知而不言的罪过罢了。

（载《机联会刊》1930 年第 2 期）

淫书淫画是青年男女的劲敌

孔方元

家长应当注意，教师尤须留心，戕害青年生命，其毒甚于猛兽。

据心理学家言，人当十二岁以至二十五岁，为感情最易冲动之期，于此时期，凡可诱起不道德之思想行为者，务须远避，耳之所闻、目之所见，使稍疏忽，于身体前途，危险殊甚。盖青年者，血气方刚，志意靡定，一经引诱，感情即因之而冲动，其始不过妄想，其继必至逾轨。是以对于青年，易引起不道德之情感作用者，当力禁绝之。淫书淫画最易引起不道德之情感，有百弊而无一利者也，吾尝推而论之，总其大害，约有三端：

（一）荒费金钱

吾尝见节省费用，或借债于人，以购书画者，细察之，则非淫乱小说，即淫画也。夫金钱有限，以之购书籍，置什物，以及助公益，赈饥寒，时有不足，而淫书淫画能浪费人之金钱，至于节省借债而不惜，其魔力亦大矣。

（二）荒费时间

弃功课而阅淫书淫画者有之，抛正业而阅淫书淫画者有之。夫人一生，求为有用之一人，汲汲遑遑，惟恐分阴之将逝，而淫书淫画能使良好之青年，弃功课，抛正业，为恶何可言喻。

（三）流入淫邪

淫书淫画之使人费金钱，费时间，且无论矣，而阅之且易有种种之邪行，夫以前途无量、方兴未艾之青年，致被诱以自行摧残，其恶如何？吾尝见一般万恶书贩，有持春宫图售于轮船上及市街者，又见一般滑头书肆，今日登一广告曰：某某之艳史出版矣，明日登一广告曰：某某之秘史出版矣，惟恐购之者不中其毒不普及也。伤尽人道，禽兽居心。我血气方刚、心智靡定之青年，幸早觉悟，以一钱购淫书淫画，宁以之置玩物，以一分钟阅淫书淫画，宁以之为游戏，痛诋其毒，不稍尝试，则其毒虽盛，其奈我何，是区区微意也。

（载《大常识》1930 年第 183 期）

民众千字课的编辑问题

赵廷为

作者对于民众教育本来是一个门外汉，却是近来因为职务上的关系，对于民众千字课的编辑问题，也曾稍加以研究。作者觉得，在现时要编辑一部真正适用的民众千字课，是非常的困难。因为有许多编辑上的问题，一定要经过精密的实验，才得有正当的解决。

据作者的观察，民众千字课的编辑，定须顾到下列的事实：

（一）民众学校的教师，其专业的训练，就平均言之，总较小学教师更为不如。我国小学教师，程度固然不好，却是师范毕业的学生，究竟也有不少。但民众教育在我国提倡，尚无多时。至于为民众教育特设的师资训练机关，国内已经成立的，又属寥寥无几。在一方面，民众学校有普遍设立的必要，在他方面，我们一时一刻之间不容易找到许多合格的教师，供求既不能相应，于是凡曾识字的人们都可以拉来充数。要是我们真正要在最短期间普及民众教育，这实在是一件不可避免的事实。因为有了这一件不可避免的事实，所以民众千字课的编辑，不能不顾及毫无专业训练的教师能否用来教授的问题。这样一来，民众千字课的编辑，比小学教科书的编辑还要困难得多了。

（二）民众对于识字的需要，并不很大。民众固有时感觉到不识字的痛苦，但是所感的痛苦不深，民众所最感痛苦的是贫穷，而非不识字。如果我们不能用事实来证明识字足以解除贫穷，“不识字苦”这种的话儿，尽管喊得震天的响，也没有法子引起民众澈底的觉悟，使其努力于识字。识字足以解除贫穷，是没有事实可用来证明的；而民众中的大部分，正朝夕从事于生活的营谋，以图贫穷的解脱，那里还有充分的余暇来识字？这大概是一件真确的事实——虽然作者未曾做过科学的调查。这件真确的事实，指出二种民众千字课编辑上的要求，就是：（一）课文不可过难，使民众不必十分努力而识字；（二）课文须充满兴味，以使民众肯继续的识字。要满足这两种编辑上的要求显然不是容易的事情。

（三）民众的个别差异比小学儿童的个别差异，还要巨大数倍。因职业、环境和过去经验的不同，民众的学习的能力和学习的兴味，都大相歧异。由这件实在的事实，我们可以知道，要编一部大家可用的民众千字课，是件不可能的工作。换句话说，因为民众的个别差异很大，我们一定要编好几种民众千字课，有的较深，有的较浅，以适合各种不同的能力和兴味。同时，我们要晓得，大多数的民众，是像拉车的车夫，种田的“所谓乡下人”和挑水煮饭的女佣，不是像机关学校里的公役和送信的邮差。如果我们只能编一种民众千字课，那末，我们一定要以大多数的民众为对象。易言之，目前最急需的是一种供车夫、“乡下人”、女佣应用的民众千字课，不是一种供已有相当程度的公役和邮差应用的读物。编辑这种性质的民众千字课，自然要比编辑他种民众千字课更加困难。

根据这三件事实，作者曾定立几条民众千字课的编辑原则如次：

（一）课文的意义须异常的明显，使民众识了字便能懂得课文的意义，不必另用详细的解释，要顾到前面说的三件事实，这自然是最重要的编辑原则。因为课文意义既极明显，即使没有教师教，民众也可借着注音符号的帮助，或用问字的方法自己去自修。如果有教师教，则民众识字的进步自然更加迅速。要是课文意义太深，一定要发生如下的情形：（甲）教师讲不清楚，民众听了完全莫名其妙；（乙）课文太难，民众不愿十分努力；或（丙）民众因努力而失败，就失掉识字的兴味。这些情形，都会使民众不肯继续识字。所以过于深奥的民众千字课，不适用为推广民众教育的工具。

（二）课文须在可能范围内包含有意义有兴味的材料。有些民众千字课本，其课文只顾到生字如何分配，练习如何反复，却不顾到材料的内容如何。结果呢，有些课文竟毫无意义可言，有些课文虽有意义，而都为民众所听惯见惯，因此他们觉得非常的平淡，非常的枯燥。作者以为这种编辑方法是很不对的。因为识字读书的目的，本来是要使民众能从白纸上黑字里面得到各种的意义。从白纸上黑字里而得到的意义，既为社会生活上所需的反应，依学习的原则，自应使民众在学习民众千字课时，常常把这种反应方法来练习。现在民众千字课充着了无意义的课文，这种反应方法就得不着练习的机会，所以作者认为是编辑方法上的一大错误。

况且，凡是无意义的课文，都一定是无兴味的课文。前面已指出，要使民众继续识字，一定要用兴味去维持。使得课文有兴味，不但要有意义，而且要使课文的意义接近民众的经验，却又超过民众的经验。课文的意义接近民众的经验，才可使民众容易了解，课文的意义超过民众的经验，才可使民众觉得新奇。人的本性是对于新奇的事物感觉兴味的，所以新奇的课文材料，若在民众可以了解的范围以内，大概总能引起民众的兴味。还有一层，人的兴味，往往是变动的，因此课文材料和课文形式都应时时变化，才足以把民众的兴味维持到底，这些是作者偶然想到的增加课文兴味的方法。当然，增加课文兴味的方法很多，此处无庸详述。

（三）课文的难度应逐渐增进，且每课课文和前课课文难度的相差，定须非常的微小。课文的难易，一半是由于材料的深浅，一半是由于生字的多寡。要使我们遵守上述的第一编辑原则，则材料上的难易，不成为一个问题，而我们只须把每课生字的数目加以决定就好了。要决定每课应有生字的数目是很不容易的，一定要靠实验作最终的决定。这一层下文还要提到，如今且缓讨论。不过，生字遗忘的问题，异常的重要。假定说，民众每日能毫不费力的记熟八个生字，按理每课均设八个生字，就可适合刚才所提出的编辑原则。可是民众对于学过的生字，也许要遗忘。前面课文里的生字遗忘了，那末，后面课文里的生字，就不啻增添了好几个。这样一来，后面的课文，就突然要困难起来了。课文的难度既突然的增进，民众到后来就赶不上功课，也许由失败而灰心，因灰心而遂中止识字了。因为这个缘故，所以民众千字课的编辑，一定要顾及生字遗忘的问题。理想的民众千字课，一定要附照学习的心理，把学过的生字作适当的重复，并且要在不同的语式下重复，以使遗忘成为不可能的事情。读者也许以为这仅是空洞的，不能实现的理想而已。但作者相信，编辑者若肯用研究的态度去试编，也许可以做到这种的理想。不过，要编这种理想的民众千字课，课文材料似不能预先选定，我们一定要等到前课编好之后，才能够选定下一课的材料。至于材料的价值如何，在选择时固应加以注意，但在作者之意，似也不必拘泥于斯宾塞尔（Spencer）最高价值的主张。

上述的三原则，作者认为最是重要。其他次要的原则，姑不具论。如果我们要依据这三个原则来编辑民众千字课，便发生许多的问题，要靠实验去解决。第一，我们要晓得，不识字的民众已有何种经验的背景。晓得了民众经验的背景，我们才能够使课文接近民众的经验，却又超过民众的经验——才能够使课文容易了解而有兴味。第二，我们要晓得，那几种我们口头常说的语句，是民众所不能懂的，那几种语句是他们所能懂的？要是课文里充满了民众所不能懂的语句，我们就不能把课文意义弄得明显，使民众识了字就能了解意义。第三，我们要晓得，民众每天能不必十分努力而记忆多少的生字。照普通编辑的方法，先把民众千字课的总生字数定为一千左右，然后平均分配于各课，至于每课生字是否过多，尽可置诸不问。这种不顾民众的学习能力的办法，显然是不对的。我们应该根据民众学习能力，以定每课生字数目的多寡。第四，那几个生字应该先识，那几个生字应该后识，也应该用实验心理的方法加以决定。要使得识字的困难，逐渐增进其程度，这种实验似也不可缺少。这些是较重要的问题，还有许多较小的专门性质的问题，实属不胜枚举。

有两个最重要的问题，现在要提出来说一说。这两个问题就是：选字问题和宣传党义的问题。选字是异常的重要，因为民众识字的时间有限，不能识很多的字，所以识的字一定要是用处极大的字。现在有些学者用统计的方法去选字。他们先搜集将近一百万字的民众读料，然后统计各字发现的次数，以发现次数最多的字认为用处最大的字。这种选字的方法，当然是很精密的。可是用这种方法选字，也有一种困难，就是不容易搜集许多适当的民众读料。有些读料是民众所常读的，却不是民众所应读的，如书摊上贩卖的淫词淫曲。有些读料是民众所应读的，却不是民众所能读和常读的，例如《中山全书》。作为选字根据的民众读料，最好是民众所应读、能读和常读的。但是这类的民众读料不容易多多的搜集。还有，一般民众常见或常读的读料，以文言者居多数，究竟文言的读料应否为选字的根据，似乎也成为一个值得研究的问题。

有些民众所常见的字，如春联里艰深的字，似仅供民众观看而不是供民众阅读的这类的字，是否也应该搜集来统计？这类的字恐也不在少数，如果把这类的字同真正供民众阅读的字加以详细的分别，那就异常困难了。总之，现在选字所根据的材料，大都是成为问题的；所以这种选字的结果仅可供参考，而不可完全作为依据。作者主张，民众千字课里的字，有四分之三应依据这种选字的结果；一般民众读物里的字，有百分之六十应依据这种选字的结果；其他的字，仍宜用常识来判断其用处的大小。等到一般的民众读物发达以后，我们可再用这种统计方法来选字，那时选出来的字，才可完全为编辑民众千字课的根据。

宣传党义的问题，更是值得详密的研究。“一箭射双雕”是一件最经济的事情。所以编辑民众千字课，应一面使民众识字，一面灌输民众以党义的知识。但是这样就使民众千字课的编辑，增加不少的困难。试用一箭射双雕的譬喻来比方，如果一箭射去，两雕均在一个方向上，则稍精箭术的人，要射中双雕，也不见得十分的困难。如果一只雕在东边，一只雕在西边，要使得一箭射中东边的雕，再折到西边来射中西边的雕，恐怕养由基也不能有这样神奇的箭术。试问使民众识字和使民众了解党义这两只雕，究竟是在一个方向上呢，还是一在东边，一在西边的呢？这是要靠实验去发见，谁也不敢下一断语。作者觉得有一部分的党义是很浅近的，使民众一面识字，一面了解这一部分的党义，并不十分困难，正好像在一方向上的双雕，不难以一箭射中。但是还有一部分的党义，理论深奥，要使民众一面识字，一面了解其理论，异常的困难，编辑者若想兼顾这两种目的，结果这两种目的都不能实现，正好像射箭者想射一在东边和一在西边的双雕，结果这双雕就双双的飞去。浅近的党义知识，自然要在民众千字课里编为课文，至于深奥而却极重要的党义，民众千字课的编辑对之究应抱何种的态度，似为一值得研究的问题。

民众教育的目的，确然无疑的是要使民众识字……这是民众教育所企求的，同时也是编辑民众千字课所应加以考虑的。但是达到同样的目的，往往有许多种不同的方法。那种方法是最经济，应该由实验来证明。民众识字的时间，至多只有四个月，确是非常的短促。在这短促的时间内，要使民众识不少的字，同时获得党义的常识，似乎也有好几种可能的方法：（一）我们可使民众作三个月内学毕民众千字课，还有一个月的时间，专门学习另外一种党义的课本。（二）我们可使民众千字课里包含所有重要的党义常识，以达到前文所说的“一箭射双雕”的目的。（三）我们可在民众千字课内隔几课设一课党义常识，在这一课内的课文，作成纲要的形式，专供讲述宣传之用，而目的不在识字。此外，可能的方法，或者还有不少，我们应该用相等团体的方法（Equal group method），把这各种方法加以实验，并根据实验的结果，以确定今后实施民众教育和编辑民众千字课所应采用的方法。

关于宣传党义一层，最重要的是选定必要的党义常识。党义的常识异常宏富，但民众千字课是民众的基础读本，重在识字，而不能收入所有党义的材料。所以我你应先决定什么是必要的党义常识，然后从这必要的党义常识中，更研究那几项可使民众识字时了解，那几项不能使民众识字时了解，而必须加以专门的教学。等到这些问题研究出来之后，我们才可以把民众千字课加以正当的编辑。又编辑民众千字课时，编辑者应设法使课文在可能范围内带着党化的意味，这在编辑上是比较的容易，因为不一定要讲高深的主义，就可以使课文略含党化的精神。可是在教学时，教者须能引起民众的欣赏和情感。作者觉得，无论宣传党义或实施党化教育，情感的引起似比知识的灌输更加重要。此层非在本文讨论范围以内，可不必细讲。

以上仅指示各种实验研究的问题，希望负有实验民众教育之责者，设法加以解决。作者既是民众教育的门外汉，所见到的几点也许都是错误，望读者加以指正。

十九，十一，二十四。

（载《民众教育季刊》1930 年第 1 卷第 1 期）

开始审查民众读物矣

为　彬

民众读物，系指一般人（即大多数人）所阅读的书籍而言。要过细的研究起来，这“民众读物”四个字，简直可以说是不通。就党的立场上看，凡是党义书籍，都是每一个人所应该读的。就自然科学的立场上看，凡是说明各种应用科学原理的书籍，都是每一个人所应该读的。依照普通政治家或普通教育家的口吻来说，凡是记载国内外大事的新闻纸，都是每一个人应该读的。依照法律家的口吻来说，凡是一个国家或一个地方的法律，都是每一个人所应该熟悉的。因此，凡是党义书籍、自然科学书籍、新闻纸、法律条文等等，都是民众读物。然而我们现在所说的民众读物，却偏偏没有这些书籍在内。这还是就狭义一方面说的话，如果就广义方面说，既然做了人，便应该有做人的一切智识。因此无论什么书籍，都该是民众的读物了。如果照这样说法，这“民众读物”四个字，岂不是根本不通了吗？

不过就现在摆在眼睛面前的事实上看，我们大多数的同胞们，完全不知党义书籍、法律条文和新闻纸之类的重要，至于自然科学不自然科学，更管不得许多。稍为识几个字的同胞们，当他们万几余暇，清兴忽来的时候，能够读上几行《三国志演义》，预备在豆瓜棚下天花乱坠一下，已经是了不得的圣贤之徒了。据乡里的老前辈说，对于看通了《三国志演义》的人，切莫和他多讲话，因为这种人往往是酸气薰天的。这《三国志演义》一书，在一般人的心目中，尤其是这样神秘的东西，当然更无论乎其他。因此事实上的民众读物，便不得不轮到各种极通俗的小说和唱本之类上面去，一切带些说理性的书籍，固然轮不到，便是丝毫不涉及理论而行文稍不通俗者，也不得不在被摈之列了。所以我们现在所指的民众读物，是事实上大多数同胞们所乐于阅读的刊物，并不是民众应该阅读的读物。对于这“民众读物”四个字，我们自然极希望其被引用到党义书籍、法律条文、新闻纸和自然科学书籍上去，甚至极希望不要用这四个字，而在现在，却不得不用，而且不得不用之于各种极无聊的小说和唱本上面去。

据说，苏州有几个印书店，在近百年来，每一种书已印过六七十版，每版所印的数量，往往达十几万部，这种发达的印书事业，非但在中国少见，便是讲给外国人听，也得给他一个大惊失色。这许多印书店里所印的书，不是别的，正是什么《孟姜女》和《四季相思》一类脍炙人口的东西，正是我们现在所说的民众读物。

没有受过教育的中国人，大概有居总数十分之九之多，能勉强阅读民众读物者，大概有十分之四。从这一点看来，这民众读物之可以支配四倍于所谓智识分子的民众，殆无疑义。而且以智识分子去感化完全不识字的人，其事难，以略识之无的人去感化完全不识字的人，其事反易，然则苟认为吾国十分之九的民众的思想，完全受民众读物的支配，当亦不为过。这样看来，这所谓民众读物者，当然大堪注意了。

民众读物的所以成为民众读物，除了字句的通俗和题材之纯为记事的两个条件外，还有一个最要紧的条件，便是须具备极坚强的刺激性。所以凡是描写恐惧、痛苦、嘻笑、性欲等等的文字，能直接刺激人们的情感者，便愈是受民众欢迎而愈成为民众的。不过按照心理学上的原则，有了极坚强的刺激，必有极坚强的反应。所以看了恐惧的书籍，便发生恐惧，看了痛苦的书籍，便发生酸楚。在做书者，不过贪销路的广大，在看书者，不过图一时的快感，这样交易而退，各得其所，显又是不可非议的。不过在做书人和看书的意料之外，有一种很坏的影响，这种影响，乃是从这些书籍中发生出来的。

譬如《孟姜女》一书，在以悲苦动人，然而其书中描写秦始皇是因为要造长城而将范杞良活埋在长城基下的一节，便予无知愚民以一种很坏的影响。今年夏间武汉有人造谣，谓武汉间因为要造铁桥的缘故，要将若干孩子活埋到桥基下去，因此而社会上多出不少的纠纷来，这可以说是《孟姜女》一书中所发生的恶影响。如果民众的脑筋里没有孟姜女的故事，虽有人想造谣，也无从施其技了。再如现在坊间所出的武侠小说，原是道听途说之辞，但是那些书中所描写的种种恐怖，很能刺激人心，所以看他的人很多，不过因此而勾起愚民们求仙拜师的行为来，便是这些书籍的罪恶了。最近江苏地方，曾经发生过这些事情，累得做父母的人，都不敢放其儿子远行。说不定各处红枪会、大刀会等等的笨勾当，也是这些书籍的影响。再如那些小书贩们所认为好生意的淫书，刻画人类种种非法的性行为，简直出于情理之外，然而在即使是智识份子读之，也往往会信以为真，而做出平日不屑做或不敢做的行为来。据记者个人所见，现在有些年富力强的学生们，往往因为看了淫书的缘故，不能安于学业，或则溺于手淫，或则盲目求爱，连损失了青年的健康都不放在心上。凡此种种，都是所谓民众读物者引出来的。固然民众读物并不是完全不好的，不过坏的也实在太多。

我们现在从事这民众读物的审查工作，豫料一定不能免受各方的责备的。因为现在的民众读物中，有予读者们以恶影响的可能者，简直十居八九，在我们的意思，最好一概予以禁绝，然而话是尽管这般说，事实上却不容许这般做。其他的困难不必说，单就现在本市中靠这些读物吃饭的人，大概总不下数百，如果这些读物的十之八九禁止了以后，势将为社会上平添一批失业的份子，即此一端，已是极困难的问题。在好唱高调的人说起来，固然可以说与其容许这些书籍扰乱社会的文化，不如让这些书业中人稍感一时之痛苦为愈，然而到底不过是高调而已。

我们对于这项工作，早经着手，不过仅是催令几家销售民众读物较多的书店检送民众读物一项，已费去不少的麻烦，虽经几次恺切的晓谕，各书店尚深怀疑惧，今天送十几种，明天送十几种，催一次，送一点，这样不厌絮烦地故事拖延，希求减低政府当局的热度。现在虽经开始审查，而所征集的民众读物尚寥寥无几，只得一面审查，一面征集了。

现在这审查的工作虽已开始，但是要到几时始能告一段落？一时尚难豫料。因为这种读物的卷帙浩繁，而我们审查的同志很少，而且还只能就星期日之类的空余时间来从事审查，不能分却办公时间而减去许多经常的事务。

以上所说的，大概是阐明一些审查的意义，和报告一些工作的概况。此外，我们对于读者们还有一种请求。因为关于民众读物的调查，一时万难周到，我们所能审查的，不过是本市上的一些普通书籍，在这些书籍之外，当然还有很多应该加以审查的，希望读者们将所知的各种比较不经见一些的书籍时时赐知，俾我们对于这审查民众读物的工作上，得有较完美的成绩。这是我们非常盼祷的，也是本市社会文化前途所盼祷的。

（载《民众教育半周刊》1930 年第 2 卷第 18 期）

最近出版的民间故事集

景深先生：

林兰编的《民间童话集》四册皆看过。《换心后》内《大女儿》一篇是《灰娘》式的，但与《广州民间故事》的《牛奶娘》及《疤妹和靓妹》不同耳。您说《灰娘》是受了外来童话的影响，恐难成立。同书谷凤田记《老狼的故事》第三段与《獖瓜麻》相同，反与普通的《老虎外婆》殊异，恐怕记录有误，因前半并未预伏，而后半是忽然而来。又《瓜王》中《受气筒》一篇大约是创作的吧，至少是记录不忠实。

广益的四册《民间故事》，无一可取。兹将缺点一一指出：（一）记录不忠实，（二）不记地名，（三）至少三分之一不是民间故事，如第二集《陈箍桶》是据《墨余录》译成语体，恐怕有许多从笔记中偷出来的（尤其是第一集），（四）喜发酸腐的议论及教训。总之是书贾们投机而已，与世界《童谣大观》是一流。

得周作人先生函谓北大歌谣研究会及风俗调查会将由江绍原先生主持，并编刊物。他的《迷信研究》已写了五章。

谢云声先生的《福建故事》一集已看过，记载极不真实，分类亦欠妥。

谢六逸先生的《海外传说集》中第一集是日本传说，曾刊于《小说月报》中。其中与我国传说相同的很多。第一篇《桃太郎》与《虾蟆王》（《民间故事丛刊》十一集）相同，不过后半《桃太郎》是伐鬼岛，《虾蟆王》是打败番兵。第二篇《猿与蟹》后半与《獖瓜麻的故事》（《海龙王的女儿》）暨《熊人婆》（《广州民间故事》）后半同。第三篇《断舌雀》与《金田鸡》中《砍桂的故事》相似。《浦岛太郎》又与《玉葫芦》（《民间故事丛刊》四集）前半同。《羽衣》类似《牛郎织女故事》。《开花翁》除了开花的事和《两兄弟》同，其他四篇大约没有相同的了。第二篇《罗马传说》中有许多并不是传说，如《罗马灭亡的预兆》及《死与哲学家》等；又有几篇简直是寓言。

叶德均

德均先生：

中国很早就有《灰娘》的故事，谢六逸在《水沫集》中介绍，是日本人南方熊楠在《酉阳杂俎》续集里发现的。所以前回我疑心《灰娘》是受外来的影响，现在我自己也以为难以成立。此外先生论《老狼的故事》恐怕记录有误，《受气筒》系创作，我均有同感。

赵景深

（载《现代文学》1930 年第 1 卷第 3 期）

青年读物

棨　棨

若是父母实在疼爱儿女的话，第一条我劝他不要让儿女去看那流行的颓废的小说书，如神怪谈的《天门阵》，社会的《广陵潮》，谈恋爱的种种书籍，以及一切淫秽和无稽的小说。因为这些书，其作者或出于一时的愤慨，或出于卖文谋生，他们为迎合一班庸俗人的嗜好，不惜把人类中的走兽做中心人物，把性欲、失德、无耻等等加意的描写，以博取读者的好奇心。他们既没有公正的态度，更没有人格的修养，所以他们的作品，既不能灌输读者以新的智识，更不能给读者以做人的指南，他们所给予青年的，除去非科学的幻想，及性欲的冲动以外，没有别的东西。若是我们并非过甚其词的说，中国青年之所以没有志向，和所以心身两者不能健全，大都是这一班淫书的流毒。可惜中国学者关心此事者太少，以致让一班文丐骗钱。不特此也，并且让这班文丐天天制造杀人的机器。更可惜的是，中国一班人家的家庭教育不行，或因父母无知，或因父母对于此事漠不关心，以致于儿女们一步一步的走入陷阱，他们都不知觉，这真是痛心的事。我希望一班学者能稍稍以余暇，做一点鼓励青年的文章，做一点有益于青年的读物，多做关于青年服务和修养的书籍，更盼望做父母的能注意到儿女的读物，不仅要注意到儿女的冷暖和肥瘦，因为世人都说要有健全的身体，方有健全的精神，我以为有了健全的精神，方有健全的身体，这是我所以提出“青年读物”这个问题的原因。

（载《机联会刊》1930 年第 11 期）

低年级读物

本市低级教学联合研究会五月间举行读物展览后，将自编读物送交本刊发表，供一般教师参考用：计共十三校，一百九十九种：由编者整理编排，衡量篇幅，平均每校选刊八种，但交到数不足八种或篇幅特多者，则仅刊或选刊其半数：合计得九十种。

年来我们都不很信任教科书，尤其是小学低年级施行设计教学，难得有适宜的课本，各校因此都自己选编。不过因为难得有共同发表的机会，甲校编的往往乙校不知道，要用，得自已编，要编，得自出心裁，别无参考，时力的浪费是不必说了。有联合会联合研究，没有联合会联合编制读物，说来，也是件怪异事呢。这次发表，就是比较研究互相参考的意思。我们很感谢低级联合研究会各位先生。

(一)、(二)、(三）等项目是编者加上的，用以表示原文一节或原印一页。标点符号原稿有用有不用，这里一概删去。原印一行或可以另印一行的，都印作一行，至于文字则概照原稿。不过，因为印刷费事，不能照刊插图——低年级读物插图许比文字还重要——是最可惜的事。

联合研究会这次开会在春末，所以读物也以春季的为多。我们很希望以后更有整个的“夏季”、“秋季”、“冬季”的读物供献给读者。

（载《上海教育（上海1929)》1930年第14期）

儿童读物改造之途径

金桂荪

我们人类理想中最高之人格，我仿佛听说是“真”、“善”、“美”。儿童是将来之成人，似乎应悬一最高之理想！倘使允许我供献一些意见的话，我就把它整理出一个条文：如嫌条文太长，可将末句改为“……整理出条文十条来”。而略以下之条文。

一、儿童读物是供给儿童阅读之用的，所以处处当顾及儿童。

二、儿童是国家的根本，所以作者不要忘记现实。

三、儿童读物当顺应国民之潮流，负荷国民革命之使命，灌输三民主义，培养国民道德，注意科学应用，发扬固有文化。

四、当注意民族光荣，世界大势，国民道德，社会环境。

五、当注意美的欣赏，善的崇拜，真的信仰，精巧的描写，普通的运用。

六、当艺术的，有组织的，有目的的，浅显的，吟味的，积极的而非消极的。

七、忌刻板的，因袭的，腐化恶化的，草率粗滥的。

八、当采用生字反覆法，用普通应用的活字。

九、忌平铺直叙，僻字乖号，以及恶劣不堪之绘图及语句。

十、用教育的眼光，按照儿童身心发育的程序，编撰各种有益的读物。

（载《图书馆学季刊》1930年第4卷第1期）

儿童读物之殷忧

金桂荪

倘使说“书籍为知识之食粮”，这句话真实不虚，那我对于目下书坊中所出的儿童读物，不能不怀一种深切的疑虑。现在的我想把我所见的一百〇八则儿童故事的内容、性质、故事标题及我读后的印象，列成一表。再按它的性质及读后印象的分类，各列成一比例表。

倘使不嫌我主观太强，而教育部学龄儿童数的统计为可靠的话，那么这几册读物，对于廿年后中国主人翁之影响，将造成一百六十万零三千个孙行者；八百九十三万一千个淳于髡；二百七十三万八千个黑旋风李逵；四十五万八千个鼓上蚤时迁；一百七十七万二千个陶哥儿；四十五万八千个傻大姐。其余的除屈灵均和泰戈尔占三百六十三万四千人后，便是平淡得和原著一般地无聊了！

（载《图书馆学季刊》1930 年第 4 卷第 3—4 期）

儿童读物之殷忧（续）

金桂荪

王阿大下种	再打三斤	遗产分配法	富翁鞋上的秘密	仍旧要三分吗
诙谐	诙谐	寓言	写实	诙谐
张王二农夫，躬耕而食，张稔而王歉，王问策于张，张曰：无他，吾第多锄耳。王乃购锄铺地，终无所获。	憨旦贿权要，得一警职，日惟酗饮，一日笞囚，问笞几何，曰：再打三斤。	老人将死，嘱三子曰：凡财产，必一均之。三子曰：诺。既而就正于邻里，邻里黠者曰：凡器必三之。故产咸破碎云。	富翁挈赀远行，盗伪为商旅，告富人曰：道多豺狼，易金而券，履之而行，乃无害。富翁曰：诺。盗尽劫之。	善宝购铅笔，索值三分，宝意昂之，令削，已，曰：仍须三分乎，尔为我削短矣。
不合情理	下流	不合情理	教奸教盗	无意味

借钱的特别方法	为甚么不看清楚	两儿评画	头上做起
诙谐	诙谐	诙谐	诙谐
李三、王六皆伶人也，王艺不及李，而李必仰王助，一日王向李贷金，李靳勿与。夜演打虎，虎终弗死，李喟然曰：吾与若金，子其速殆。	何先生谓其仆小傻曰：凡理时计，必择巧匠。小傻含之，他日理时计，小傻行经日而返告主人曰：吾未见有巧匠。	和生造甲克庐，见壁上兔像，诧曰：兔胡弗食菜。甲曰：或已罄之矣。和生叹曰：怪哉此兔。并篮而食之。	曾三就传，而意弗专属，师曰：凡事当务其高者远者。他日出游，见山，曾不前，问之，曰：吾无术务高远者尔。
教奸教慝	无意味	无意味	顽劣

骑马过河	虎友	人鱼公主	奇少年	呆子国
诙谐	伦理	神怪	神怪	神怪
周三跨马作郊游，一溪当前，问偶耕者水之深浅，耕者曰：浅也。三涉而溺，幸不死，责其妄。耕者曰：昨见鸭群经此，吾固知其匪深也，君乃弗如鸭。	李祥入山遇虎，疗虎创伤，虎德之，宛如兄弟云云。	鱼王生六女，及长，遨游海上，六女头人世繁华，卒堕情网，不得善终。	少年杀九慕龙，尚公主，离奇怪诞，不可究诘。	农夫有子名阿憨，与魔鬼斗争，而卒胜之，以无为胜为，有虚无色彩。
奸诈	尚可	荒诞	荒诞	不合理

十姊妹	十兄弟	十个顽童	怪家庭	好妹妹	秘密窟
诙谐	诙谐	诙谐	诙谐	神怪	写实
胖大姐生十女，曰千里眼、顺风耳等，各具神通，演诸怪剧。	十姊妹各生一子，为十兄弟，皆有残疾，幸勤学能改造社会云云。	席老先生愤时嫉俗，得其友之介，为十顽童师，演诸怪剧，十童留学异囚，各展所长，其国大治。	白先生之邻曰黑夫人，玩劣丑陋，举措反常，表扬浅薄恶劣之滑稽。	即安徒生之天鹅，怪诞而略含意味。	即天方夜谈之四十盗，附会而增益其辞。
文字尚好	甚好	荒唐而有意味	无意识	尚可	凶顽丑劣

根据右表，我想把它们列一个粗浅的统计：

（甲）以性质分类：

名称	神怪故事	诙谐故事	寓言故事	写实故事	伦理故事	讽刺描写	散文
篇数	八篇	四十二篇	二十八篇	十七篇	九篇	三篇	一篇
百分比约数	7%	39%	26%	16%	8%	3%	1%

（乙）以读后印象分类：

印象	残刻而凶顽的	谲诈而傲慢的	荒唐而不合理的	顽劣而偷盗的	愚妄而下流的	傲慢而乐祸的	消极而凄惋的	平淡而无意味的	比较得有意义的
篇数	十二篇	十五篇	二十三篇	十篇	七篇	二篇	二篇	二十三篇	十四篇
百分比约数	11%	14%	21%	9%	7%	2%	2%	21%	13%

倘使不嫌我主观太强，而教育部学龄儿童数的统计为可靠的话，那么这几册读物，对于二十年后中国主人翁之影响，将造成一百六十万零三千个孙行者；八百九十三万一千个淳于髡；二百七十三万八千个黑旋风李逵；四十五万八千个鼓上蚤时迁；一百七十七万二千个陶哥儿；四十五万八千个傻大姐。其余的除却屈灵均和泰戈尔占三百六十三万四千人外，便是平淡得和原著一般地无聊了！

一九三〇。

（载《天职》1930年第1卷第3期）

千奇百怪的新新三不管
——小人书贩租看黄天霸出世

天津的民众娱乐场，除了新三不管以外，现在又在郭庄子发现了一个新新三不管，这新新三不管，在老车站的铁道外，出了地道便可看见，这低级的娱乐场所，小贩麇集，十分热闹。记者昨日偶然闲步其间，记些下来，想也是关心社会者，所愿闻乎。

在那娱乐场中，最当注意的就是小人书，那是一种描绘拙劣石印的刊物。书的取材，大半都取自《七侠五义》一类的书，如同《薛仁贵出世》、《七剑十八侠》、《西游记》、《封神榜》、《黄天霸出世》等，多至百余种，普通几个铜子便可买一本，但是因为太多了，并且如《三国志全集》非一般贫民所能办到，便有一般小贩，利用这个机会，全部买了，合订起来出赁，两个铜子便可看一本。像这样的小贩，有六七处之多，而处处围满了观众，书中画着连续的图画，旁附简单的说明，书眉上更有较详细的说明，不识字的可以看画，识字少的可以看简单的说明，再深一点的，可以看书眉上的小说，的确办法很好，所以一般民众儿童非常嗜读。可惜材料太坏了，影响当然不小。识字运动我们不知道有没有效力，而这种书却有供不应求之势，教育当局确实应当注意。

（载《大公报》1930年2月10日）

对于教部禁用文言课本评议

高志翔

言为心声，文必己出。文字之与言语，盖有密切之关系也。有文字而古今东西文人之思想言论得入吾目中；有文字而各科学之分析解剖，吾人得了然于其神奥。书籍也、报章也、简札也，莫非文字也。世界文明之所以猛晋若驶者，文字之功也。

吾国文字创自仓颉，传至今日四千余年矣，经历代之改革，乃日见其精深，以视世界各国，盖无与伦比者。近数年来，国人盛沐欧风美雨，思想日新，以文言文之不易普及，遂竞用语体文，而文言文竟将与诗词歌赋同列于美术文之类矣。今日教部且竟有禁用文言课本之命令，是使吾学子弃此具四千年光荣历史之国粹也。夫语体文固甚浅显，然繁赘而冗长，一文动辄千百言，适于初等而不足为中等学校以上之教材。况吾国各处方言完全不同，在国语未统一以前，广东人所作之语体文，北平见之将瞠目不解。北平人所作之语体文，广东人读之亦诘屈敖耳[牙]。于是语体文适用乎？抑文言文适用乎？至当局诸公，既以文言艰深，不能使一般人民了解，则其所颁布之一切通告禁令，自宜尽用语体文而戒用文言，乃当局者又不然，平日用文言者十之八九，用语体者十之不得一二，言行不符，一至于此。此真令人百思而不得其解也。

昔罗马全盛时，对于其各属国人民禁用希腊文，得用此文者，惟主理是地之罗马教主耳。吾中华乃民主国，当无此阶级也。统一之语体文固当提倡，使全国教育普及，平民亦能具有粗浅知识。然废弃文言，吾以为实一矛盾之政策。彼欧美各国之文，初学时虽亦语体，然亦未尝无艰深之文字、书籍在也。

智识愈高，造诣愈深，自不待言。余深望教部切勿草率从事，致画虎不成反类犬，徒贻笑于他邦也。

（载《慧灵》1930 年 6 月）

核减小学教科书的售价问题

功

据报纸上的记载：江苏［浙江］萧山县长杜时化及教育局长楼麟元有见于小学教科书之定价太昂，实阻碍民众教育及义务教育之发展，特呈请教部谕饬低减。并闻教部已发出书价调查表，令转各大书坊填报后，再设法核减。“以惠贫困，而奠国本”，这是我们关心农村教育的人如何欣幸而企望的事呀！

德国的国民义务，是由小学到中学。而我们贵国的国民义务教育，只是小学。相形之下，国民智识的落伍，即可以不言而喻了。说也奇怪，为什么人家以中学为国民义务教育，而教育反十分普及。我们单是小学，而竟受教育者尚不满百分之七八呢？总而言之，统而言之，岂有他哉？国民之生计穷迫而已！

据区区到农村的调查，知道多数的乡村小学教员的薪金，是完全建筑在学生的学费上面。所以每年每学生的学费，起码要有一元或二元之多。而现在商务、中华、世界各书局所发行的各种教科书及民众读书，售价多在一角左右。一学年换新书二次，所费即约一元之谱。可怜的农村父老，虽手足胝胼，终岁勤劳，而衣食尚且不给，那有这许多钱来供给子弟的学书费呢?！无怪乎杜楼呈文中，言：“视学员每到农村，闻民众有读不起之叹”也！

在经济凋落的中国，至少是民生问题尚没有圆满解决以前，而想促进民众教育及义务教育发达到十分，实在是件狠困难的事情。但在最近可能的范围里头，而减少它的实施及发展的阻力，也许不无小补。所以我们对于小学教科书核减售价的问题，不禁欣幸鼓舞，额手相庆。

有人说：小学教科书的售价，关乎书局的血本，是不能核减的。这话是对的，我们也相对的承认。但拿中华、商务最近出版的小学教科书和旧版的作一比较，实在有一点令人惊骇的地方：印刷未见精良，而纸张粗劣了，页数减少了，而书的售价呢？竟涨到几乎加一倍的样子。明白了这种情形，而售价的能不能核减，应不应核减，也就无须我再来哓哓了。况且书局这种营业，是与他种买卖不同的，固然一方面要生利要发财，但他一方面宣扬文化的责任，也不能不顾及到。而且实施民众教育及义务教育，是普遍的，所以用书最夥。正可以其用书之多而取利焉，何必想得倍蓰之利而阻碍农村教育的进展呢？

（载《农学月刊》1930年第6期）

关于小学国语教科书的几点商榷

胡开瑜

在未曾把分科制度取消而代以整个的设计方法之前，教科书就不能不看作传授知识的唯一工具了。又，因为小学教师限于能力，限于时间，不能依着儿童的需要，自编教材，以满足他们的心理，而合于教育原理，那坊间印行的教科书，便又不能不重用着来做传授知识的工具了。所以本人虽然不主张小学校里——尤其是低年级的儿童采用教科书，可是事实上真是无可如何，只好违背本心，从俗采用。固然教科书是可以活用的，而那种无形桎梏的气味，却终于束缚住儿童活泼的心灵的。

老实说：坊间的教科书可合用的实在太缺了，不是装钉不雅，便是插图难看，引不起儿童阅书的兴趣来。又，不是文词枯涩，便是不合实际，使儿童观念错误。诸种弊病，不可胜数。若不是教者时常施以校正，儿童前途，真未可以乐观哩！

现在就我个人所看到的几册教科书内容的缺点，胪列出来，与教育界同志商榷一下，主观的嫌疑，自属难免，但希望同志予以指正为幸！

一、《新中华国语读本》第一册

1. 本文：哥哥大，弟弟小，哥哥上学，弟弟不上学。

商榷：这篇文章组织的次序似乎不整齐，敝意改作“哥哥大，去上学。弟弟小，不上学”较为整齐。

2. 本文：红红、绿绿，花好看。

商榷：无论何人，读了这篇，总是这样想的：红红的花，绿绿的花，很是好看。然而按之实际，那里有绿色的花呢？以这样不合实际的知识教给儿童，究竟是不该的吧！编者的意思，虽然这“绿绿”两字是指叶瓣，但夹在这样语气之中，总只会使人想到这是指花的吧！所以敝意以为改作“红红、白白，花好看”较为明白。或者就改作“红花、绿叶，好看、好看”吧！

3. 本文：妹妹洗菜，姐姐切菜，一刀一刀的切。

商榷：这最后一句，与全文很不相称。既说出姐姐切菜的情形，也当说出妹妹洗菜的情形，否则索性一句不说也好。本文意思是在说合作与互动，那末索性把最后一句改作“妈妈煮菜”吧！

4. 本文：花红开，白花开，蝴蝶飞来，一只一只又一只，蝴蝶真可爱。

商榷：这篇原没有什么毛病，但读起来时，觉得“蝴蝶飞来”这句，与全篇音调很合不上，假如添一个字上，音调就圆润了。所以这句改作“蝴蝶同飞来”似乎好些。

5. 本文：我们的学校，在小山上，我上午走上山，我下午走下山，上山上学，下山回家。

商榷；这篇原为乡村小学而说的，但按之实际情形，乡村小学校设在山上的，真是凤毛麟角。所以这篇不合实际的文字，拟完全删去。

6. 本文：月亮圆，月亮圆，像一只碗，像一只盘，下来下来，让我玩玩。

商榷：这篇句子读起来时，觉得生硬，音调也不和谐，所以改作“月亮圆，月亮圆，好像一只碗，好像一只盘，下来罢！下来罢！让我玩一玩”似乎好些。

7. 本文：三只鸟飞，两只鸟在地上，五只鸟在树上，一二三四五、六七八九十，一共十只鸟。

商榷：这篇原没有什么毛病，但是在地上和在树上的鸟，若给他们一种动作，那不是与第一句的“飞”字相吻合了吗？所以我还想把它改作“三只鸟在空中飞，两只鸟在地上跳，五只鸟在树上叫……”这样句子上既已整齐，而“叫、跳”的动作，也会更多的给儿童以鸟的印象。

二、《新时代国语》第二册（商务）

1. 本文：……小鸡宝宝，你要起得早，起来看太阳，早晨天气好。

商榷：“早晨天气好”的“天”字不妥。因为天气普通总指阴、晴、雨而说的，晴天时早晨天气可说好的，但阴雨的时候也能说好吗？我以为这“天”字应改做“空”字，空气与天气是不同的，这是任何人都知道的吧！“早晨空气好”，那又是任何人所公认的吧！

2. 本文：……十个孩子齐下山，直着身体不要湾。上山下山，只要肯努力，不怕山高行不得。

商榷：这篇以 an 韵做主体，读下去很和谐，不料最后一句却用一个 e 韵，把上面和谐的音调打翻了，而且这句词句在统篇里说来也觉生硬难读，所以我想还是改作“不怕山高步行难”与 an 韵既合，音调也和谐得多了。

3. 本文：……兔子前脚短，下山不便走；蚯蚓没有脚，却能满地走。……

商榷：“却能满地走”一句，虽无大毛病，但意义上却有些晦涩，“满地”二字，实在不如“到处”二字来得明白，容易使儿童了解。所以我的意思是把这句改成“也能到处走”好些。

4. 本文：小猫睡在志民的书上，志民说："小猫走过去，不要睡在这里……"

商榷：这篇毛病在于那个"去"字。志民因为不肯给小猫睡在书上，所以叫它走过，除叫它走过外，再没有另外目的和意思了。然而细嚼这个"去"字，似乎有去的目的地在着，似乎有叫它到某处去的意思含着，所以由全篇意义说来，这个"去"字还是删去为好。单说"小猫走过"或"小猫走开"好了。

5. 本文：……从桥上走过，志民不小心，把阿银落到水里去了。志民说："不好，阿银落到水里去了！"

商榷：这"不好"二字底下应该添个"了"字，否则，既表示不出惊叹的意义，更令人费解哩！

6. 本文：志民上学，没有带伞。放学的时候遇着雨，他的同学伟民对他说："我带了伞，我和你共用罢！我们是同学又是邻家，我应该帮助你。"志民就和伟民同撑了一把伞回去。

商榷：常常听到教师把一篇故事讲完时，就拿故事中的主要意义说出来作为讲故事的结束，或者便说明故事中所含的教训的意义，作为讲故事的结论，在这些时候，心里常会引起绝大的反感。我以为让故事只管讲故事，不要顾及另外的种种，把一篇故事如实地讲完后，讲者的责任便算完尽，而且实在也不许你有分析故事内容或说明故事意义的权利了，这些权利，是应该给听故事者去享受的——让他们（听者）自己去分析，自己去领会，自己去思索的。如果说，讲故事的动机是在教训，那末也一定要这样才能收得教训的效果，否则，那并没有在听者脑子里起过作用，光是听听，纵有效果，也是很浅薄的。——本篇毛病，就是犯这一点。"我们是同学，我们是邻家，我应该帮助你"，这几句话我以为是应该给儿童享受的权利，编者不应该强占来的。因之我主张把它删去。

7. 本文：……因为伟民年纪小，不会包，志民说："伟民！让我代你包罢！我们是朋友，我应该帮助你。"志民就用纸把伟民的书包好了。

商榷：文中"我们是朋友，我应该帮助你"二句，也犯前条同样毛病。

8. 本文：……小兔向老鼠讨米吃，老鼠说："你不帮助我剥壳，你就不应该吃。"

商榷："你就不应该吃"这句话似乎太软弱些，而且细想起来，好像小兔已经在那里吃着米，兔子①走过去阻止它吃一般；但实际上兔子并没有吃过米。为免除上述的嫌疑，我想还是改作"你就没得米吃"来得直截痛快。

9. 本文：……鹤答道："猴大哥！你到水边照照你的影子，是不是人。"猴子照了照影子，回来说："不像人"……

商榷：不说"你向水边照照你的影子"，而说"你到……"从这"到"字想来，可知水并非就在近处，至少和他们所在的地方要隔几步路的。而下面的"回来"两字，更是可证明水不在近处了。水既不在近处，那末猴子去照时也应该有动作说明才好；否则，上面无"去"的动作说明，下面怎可说"回来"呢？有"去"，然后可有"回来"，无"去"便无"回来"之可能，这是很显见的事。所以本篇里，我主张加入"走到水边"四字，做成"……是不是人。猴子走到水边，照了照影子……"这样才不致上下接不来。

三、《新时代国语》第三册（商务）

1. 本文：母鸡对着小鸡说："门外狐狸来了，我的好宝宝，胆子不要小，把门儿关好，把窠儿守牢，自己不要吵，自己不要闹，快快同心合力，把狐狸赶退了。"

商榷："把门儿关好，把窠儿守牢"，那小鸡究竟是在门里守窠呢？还是在门外守窠？若说是在门外的，那狐狸或许要乘它们不备时，把它们中间咬了一只去的，而它们的危险性，真是不可说尽哩！若说是在门内的，那末"把狐狸赶退了"这句就不妥。所谓"赶退"就是"被赶而退走"的意思，是被动的，并非自动的。现在小鸡既关在门内，要赶也无从赶起，而"被赶而退"的事更无从说起。狐狸即使退走，也

---

① 兔子，疑为"老鼠"之误。

是它自动的，并非为小鸡赶它所以退走的。这也是很明白的事罢！所以我想把最后几句改作“快快同心合力，努力自保，狐狸自然会退去了”。这样纵然没有积极打倒敌人的勇气，但是合力自保的精神还是含着的，而整个事实也比较清爽些了。

2. 本文：这里住着一个姓李的女孩子，名叫李寄，……

商榷：“姓”与“名”不同，这是谁都知道的。本篇上句既有“姓李”，下面又“名叫李寄”，那这个人该是“李李寄”了吧！但是恐怕未必，他是单名“寄”罢！姓“李”名“寄”，乃是真实的姓名罢！这虽是小节，但弄得儿童“姓”、“名”都分辨不清，终觉是不对的。

3. 本文：……黄鸡黄鸡，你听我唱歌：“你快快自强，莫要蹉跎。抵抗他人的欺侮，打胜了敌人笑呵呵。”

商榷：“蹉跎”是“误时刻”的意思，但这于自强似乎没有什么关系，即使要他早些自强，那上句的“快快”二字也已指明白了。而这句“莫要”二字，本是一种儆戒的口气，那末就儆戒它与“自强”相反的行动罢！所以我想把它改作：“你快快自强，莫要畏怯，抵抗他人的欺侮，打胜了敌人笑呵呵。”

以上几条，是我认为有须改正的地方，不过上面也曾说过：主观的色彩很浓，因之改正得不妥的地方，自属难免，现在再在此郑重声明，望我先进同志予以指正为幸！

一九三〇，二二，写于浦东。

（载《儿童教育》1930年第3卷第3期）

1931 年

中国出版界之趋势

中 岛

中国自五四运动投下一颗炸弹来后，于是所谓新文化运动，如钱塘江潮似的，突飞猛涨，不但把死气沉沉的中国灌了一口还魂汤，而对于中国的文化上确也有相当的贡献：第一个功绩，就是文字的运用得到解放，第二个功绩，就是思想上得到解放，第三个功绩，便是新的文化的建设得了一基础。中国的出版界，就随了新文化运动的发轫而兴盛起来。不过起首仅由几家书局出几本白话标点书及新文学的创作之类。而风起云涌盛极一时者，则在最近大革命后的三年内。大革命后的中国社会，起了一个大变动，于是一般青年由文艺的嗜好，而转到社会科学方面去，像前年同去年，社会科学的书籍成为出版界的中心，其销路远过文学之上。当时纵横一时之杂志有《创造》、《太阳》、《文化批判》、《流沙》、《幻洲》等，虽随起随灭，然继之而出的，尤见精彩，如《奔流》、《现代》、《拓荒者》、《萌芽》、《世界月刊》、《大众文艺》、《新思潮》、《文艺评论》、《文化争斗》、《新文化》、《世界文化》等杂志，均可称为代表时代尖端的产物，而为一般青年所爱读。至于社会科学的书籍，也如洪水似的，冲到街头。上海是中国文化的中心，故上海一隅的新书店，如雨后春笋，盛极一时，尤以四马路一带，新书店林立，其中资格最老的要算泰东书局、亚东书局，其次为北新、光华、世界书局，都在六七年前就开办了。在最近之二三年来开办的新书店，实在多于牛毛，令读者有目迷神眩之慨。其中比较著名的，如开明、现代、新月、水沫、大江、平凡、春潮、南强、联合、昆仑、乐群、新宇宙、真美善、江南、太平洋、神州国光社、华通等数十家，其余随开随关的书店还不知有多少。

到了去年（一九三〇）下半年起，社会科学书籍忽大大跌下去了，而纵横一时的新杂志也忽然不见继续出来了，何以有这现象？其原因有二：一是这二年来的科学书籍出版得实在太多了，一般著作家日夜加工制造，所以许多蹩脚翻译及抄袭的书籍均充满市场上，一般青年实在不知适从，看了头痛。还有一个原因就是统治当局，鉴于社会科学书籍流行，对于三民主义大有妨碍，尤其引为痛恨而可怕的，即一般青年抛弃三民主义而醉心于社会主义，这于国家前途、社会治安，影响殊大，遂下令禁止出版发卖，故纵横一时，作为一般青年神经尖端之新杂志，均先后被勒令停止出版，而已出版之许多社会科学书籍都不能寄出去，大都被邮局扣留，其在上海市面发卖社会科学的书籍，则被当局密派人去检查，凡被认为反动的书籍的，不但书籍没收，还要将老板抓去，各书店老板吃不起官司，于是也不像先前那样起劲了。另一方面统治当局，亦严厉取缔青年之思想，凡好读社会科学书籍杂志之学生，均隐隐伏着危险，一经发觉，难免反动之嫌疑，其甚者且有坐牢狱的资格。有些省分，如四川、两湖、江西，更不分皂白，只要看见书皮上有一个“马”字或“苏”字，不问内容如何，便要使他脑袋搬家，这样一来，吓得许多青年都不敢读书，书店既失去了这批主顾，自然要日陷于不景气了。

但一般青年的读书欲是不能用暴力压平的，何况现在社会变动日甚，思想分野日趋尖锐的时代，而且又无有力量的学说产生，以代替新兴的社会科学书籍，而转移青年的趋向。出版界为迎合读者的要求，只好秘密出版，秘密发行，此法亦曾风行一时，但当局的力量大于一切，又被一一破获，迫到出版界不得不转变方向，另寻别的投机生意了。

今年出版界的新趋势，一方面是介绍世界第一流作家的名著，如高尔基、辛克莱、贾克伦的小说，近来销路都不错，同时并出“欧罗巴文艺丛书”、“世界文艺丛书”，以应一般欣赏程度较高的读者。另方面就是出教科书及儿童读物，最近北新、开明、光华，这几家书局，均竞争出活叶文选、国语读本、英文读本等，而神州国光社及光华书局又打算出版大学教科书，及中学参考书，当此金贵银贱，外版书籍高涨数倍时，中国出版界能注意及此，不仅可以减轻读者之负担，亦为有利可图之事业。关于儿童读物方面，先有开明的“世界少年文艺丛书”，儿童杂志，北新也出了许多小朋友丛书，并出小学生杂志。最近且有儿童书局出现，专门出版儿童书籍，儿童读物在现在也可称为盛极一时了。此外各书局近来亦竞出杂志，除商务、中华、开明书局照旧外，如世界书局最近出版《世界杂志》，大东书店出版《现代学生》，北新将《北新》半月刊及《现代文学》停刊，而另出一《青年界》杂志，光华书局则出《读书月刊》及《新学生》、《南风》三种，联合书局办出《文艺生活》月刊，开华书店办出《中学生文艺》月刊，华通书局出有《中国新书月报》，明日书店近亦办出一艺术与科学综合的杂志。总之，这些杂志的内容，及其执笔者，多属温情主义这一派，前曾纵横一时之执笔者如鲁迅、田汉、冯乃超、蒋光慈、钱杏邨、华汉之流，近皆销声匿迹，不再现于文坛，故最近杂志界虽如洪水暴发，因执笔者号召的“神通”既不如前远甚，故内容亦乏吸引读者的力量。凡有素养之读者，仍感苦闷，智识恐慌，不免长叹有目而无书可读云云（本文参考《光华读书会刊》维善的《最近上海的新书业》）。

（载《晦鸣周刊》1931 年第 1 卷第 20 期）

一年来的中国出版界

沈子仁

要用最经济的笔法，来写出这一年来的出版界，这件事实在有点为难，我自量没有这种能力，但因为簾清兄的诚意，不得不把这个重担担肩上了，不过有错误与遗漏等地方，要请大家原谅的。因为一切时间与精神，都不能充分的允许我的缘故。

这一年来在中国的出版界，是非常热闹着。在各大书店的设立，是开了新纪元，我们看看上海吧，这一年来新设的小书店，真是不能胜计。而它们的性质，都是相同的。就是出版文艺与社会科学书籍，因为这二方面的书，在目下销路最好。但同时因蚀本而关闭的亦不少，如上海很有名的金屋书店，现在关闭了。而其余呢？除开几家大书店不蚀本外，其他的书店，都是勉力开着的，因为一方面各种作品的拙劣，失了一般读者的信仰。一方面因出版书籍的增多，与同业的增加的响影。

现在讲到各种书籍的销路方面，那要算一般儿童读物销路最好，如北新书局的儿童读物——《小朋友丛书》等——而开明书局的儿童文字读物，都有惊人的销路。在文艺方面，虽然出品很多，但都是不大精彩的东西！而译本的出版更多，但都不大使人满意。在文艺方面，在光华书局有《欧罗巴文艺丛书》之发行，这部由杜衡、施蛰存等编译，还有一点价值外。其余有价值的译本，如开明的《安徒生童话译本》尚算精彩。

在杂志一方面，这一年来很使人满意地，第一我要提到的就是水沫书店《新文艺》的停刊，这刊物完全是纯文艺的，半年多努力，很有成绩，但从二卷起，因负责无人，销路减少而停刊了。这是非常值得惋惜的。关于文艺刊物方面，在上海有老而不死的《小说月报》仍老当益壮外，又有《现代文学》的出现，这刊物为赵景深氏主编，由北新出版。内容照愚所评，则太琐杂。而内里有几篇译文，太硬外。在散文方面，很有几篇惊人的作品，如缪崇群君底、罗念生君底东西。而短篇创作方面，有很好的收获，其余在南京有《文艺月刊》的出版，亦为一般人所注目，北平有《骆驼草》等。在广州方面那民俗学的刊物。而还应该提起的：是关于学生方面刊物的增加，这很使我们欣喜，亦是中国出版界欣幸的事。如商务的《学生杂志》刷新外，开明书局有《中学生》的发行，内容开中国杂志界的新纪元，里面多兴趣之作，在青年的修身方面、作业方面，都有真确的指导，关于中学生出路问题的讨论，又有成绩，因此震动一时。其附刊《开明》，内多评话之作，而亦有很正确的书评，值得我人的注目。上面是关于杂志方面的大情概形，明年在杂志方面，又有很多种出现，今以愚探闻所得，写出以供大众。在光华书局方面有《新学生》的创刊，《读书月刊》的发行。而大东书局的《现代学生》已发行外，北新有《小学生》、《青年界》的发刊。世界有《世界杂志》的发刊，现代有《戏剧运动》的发刊，联合有《文艺生活》的发刊。其余还有许多，以后供世时，我人必能相见到的。

上面写了许多，是偏向文艺方面，而出版界是偏向上海一隅。这多是作者能力的关系的缘故。其他的书出版亦还不差，在水平线上，并无激增的现象。现在结束了，还应报告二事，就是商务之《东方杂志》得到了世界的好评，而《新生命》杂志亦得到一般的称许。这二事是中国出版界的荣幸！

一九三〇岁暮完稿于沪北江湾路之寓楼。

（载《葫芦》1931年第1卷第2期）

出版界应努力的两条道路

胡哲敷

十几年来，国中受新文化运动的敦促，出版界总算是有些进步。但是因为世界潮流的冲荡，人家是坐火车乘飞机的狂飞猛进，其势自然不容我们一步一步的从容缓踱，则此所谓些须进步，就太不足以满足人望了。我们常听出版界的宣扬，是一方面要介绍新文化，一方面要发扬旧文化。然而环顾国中，究竟所介绍者如何？所发扬者又如何？走进书店里，多半是陈列些《绿林剑侠》、《黑幕大观》、《火烧红莲寺》、连环图画等，五千年民族的文化，原来如此？此亦可哀已！

我以为经营书业的人们，除开赚钱的目的之外，还应该有辅助文化进步的责任，和改正国民心理的责任。我们看中小学生课外缺少良好读物，教师闲暇时间，无丰富优良的书报，他们的精力，安得不走向卑污的方向？整个的民族都是如此，其文化又安得不日益低落？这种现象，出版界能辞其责吗？再就改正国民心理言，则出版界的责任更大，国民熟读了《封神榜》、《七剑十三侠》，其心理自然是天神天将，可以扶清灭洋，熟读了《黑幕大观》、《绿林豪侠》，自然是诈伪相高，强夺相尚。现在国民的知识饥荒，总算是达于高度，此中原因，虽然不是一端，而改进之道，更须多方努力，然出版界的人们，也应该认定它的努力方向，才能奏效。我以为现在最急要者有两条道路，为出版界应该努力的：

一、普遍。现在国中除较大的商埠还能有几家书店外，较小的县分，莫说书店是绝无仅有，纵有一两家门面，摆着几本书籍，也很难得有人问津，这固然是人民智识程度的问题，但是我要问何以那些《自从盘古开天地，三皇五帝定乾坤》一类的唱本，就卖得掉？《刘关张桃园三结义》和《老鼠告状》一类的图画，就卖得掉？不但卖得掉，并且生意很好。自社会立场来看，这不是社会教育的书画吗？这种书画支配人民心理的力量，远在“子曰”、“诗云”之上，我们不要看小了它！因为中国素来只有高等教育，而没有初等教育，小孩子初进书房门，便要读《论语》、《学》、《庸》，便是这个原故。至于社会上一般失学的人们，更无通俗书报，以为补助。他们于不得已之中，自然只好把读书兴趣，寄托在这些乡俗唱本和无聊小说上面。现在出版界就应该依据他们这种兴趣，而稍稍改正其心理趋向，编成多种浅近通俗的书报图画，更以极浅显的文字，就农工商各业上作简易的指导，使他们一面可以读书识字，一面又可以得职业进步的实益，又能以极低廉的定价，使普遍于全国的各县乡镇。果能如此做去，十年之后，国民心理，定可大变，智识程度，亦必大增，即以营利的眼光来说，一种货物既普遍了全国，其利益必定不小。近来出版界对初级教育到很注意，儿童读物，似可以日益增多，不过全体国民中至少有百分之五十，系略识之无，可以看乡俗小调而不能读高深书籍的人，散处在农工商界，这些人好像都不曾引起教育家的注意，更没有力量能使出版界为他们另编几种书报，使他们文字智识可以增进，职业技能可以增高，这实在是吾国民众教育上最大问题，亦是出版界应该努力的第一条道路。

二、精深。现在国内较大的书局，自然也有许多差强人意的译著。不过这是一面的看去如此，假如分门别类，作专科的研求，便要随时随地感觉书籍的枯窘。政治、经济、法律、教育、哲学、文学、史学、科学、艺术……那一门不有同样的感触？稍稍高深的学科，就不能不仰给外人的原著。中等学校，有时且以采用外人原著教科书为荣。呜呼！文化低落的国家，国民心理，应该如此？我们看日本原是毫无文化的国家，他前半截的文化，全是中国的，后半截的文化全是西洋的，但是西洋每出一书，他能在三个月内，翻译出版，就是他的长处。我们国内的出版界，既不得政府扶助，资本又不甚雄厚，而国土之广，人口之多，需要量又如此之大，出版界不能满足人望，自然也确有相当的困难。不过我觉得有些著作家，往往不问中国需要与否，挟泥带沙照样的把人家东西搬来，而文字又或古文欧调，夹杂成篇，结果则令读者不敢请教。这虽然是著作家的责任，却亦是出版界的责任。假如经营书业的人们，有整个的计画，要介绍国中所需要的书籍若干种。再有整个的系统，要使每一门类都有很丰富精深的译著。担任译著的，都是平时对于该科确有研究，确有心得的人们。著述出来的东西，就确足以为后学津梁，学者购得一书就可以得到一书实益。每一学科，无论是哲学，是文学，是自然科学，是社会科学，都能有很纯一深造的见地，研究者既不感困难，出版界亦更有进步。现在吾国的出版界，好像很少有这种现象。明明学的是农业，偏偏欢喜写文学与哲学的著作。明明学的是自热科学，偏偏欢喜讨论政治与社会。明明是工学博士，偏偏要写些古典文学。大概是不如此不足以显其渊博吧？有人说：中国学者，多半是万能博士，而幼稚的出版界，遂不得不由这班万能博士显其神通。于是出版界遂充满了驳杂肤浅的出版品。后学的人，往往购得一书，书的名目甚好，而内容则大糟其糕，现在出版业所以不能长足进步，大半为此。故力求出版品的精纯深造，是出版界应该努力的又一道路。

这两条道路——普遍、精深，换句话说，就是普及与提高。“普及”与“提高”这两个名词，在教育界已叫得很久，而不知在教育界背后还有个出版界在那里做枢纽。出版界假如不认定这两个努力方向，教育界虽把这两个名词喊得震天价响，我终觉力量是有限的。全国的出版界！努力向这两条大道上猛进吧！

（载《中华书局图书月刊》1931年第5期）

现代中国之出版品

自五四运动以来，中国的智识阶级，特别是学生们，口中所谈的是新思潮，心中所想的也现新思潮。在这个时候，出了不少的新书和新杂志，大多数是将西方的思潮介绍到中国来的。像教育、科学、德谟克拉西 Democracy 是人们最欢迎的。五四运动的时期除了介绍这几种重要的思想之外，也曾经讨论过人生观问题。像《科学与人生观》一书，就是这种讨论的结果。这时候的学生却是渴慕着新思潮，只要书坊中有什么新书出版，大都以“先睹为快”。不过在近十年的头几年，教育、科学、德谟克拉西，已不是像“五四”的时候那般热闹了。中国的思想界渐渐的转到另一方向了。

共产主义之传入中国，国民党一日日的得势，和民国十五年的大革命，都促成中国的学者移转他们的视线。从前是向着教育、科学和德谟克拉西的，现在转向社会问题了。因为他们如饥如渴的寻求新思潮，所以近五六年来，书坊中出版了不少的新文化书籍，以供给他们的需要。从前书和杂志都是由少数的大书店出版的。近来只在上海一处，至少有五十家小书店是专门出版新文化书籍的。无论谁，只要在星期六或星期日的下午，到四马路中段各书店去看看，总可以看见各书店都有很多的顾客，特别是学生们。

很多以前从未见过的作家，现在是很有声望的了。有很多作家的思想太激烈了，他们大多数不从事于著述，而只写写小说，或翻译西方作品，所以现代各国的社会思潮却由翻译介绍到中国来了。虽然列宁、马克斯或斯达林整个的书籍，在书坊中未有译本，不过他们的思想，老早一点一点的介绍到中国来了。

在以下的分类表中，商务、中华和其他在五四运动以前成立的各书店出版的书，都不在内。这分类表中的书，是四马路中段的廿四个小书店的书集合成的。虽然不能说包含所有的书，至少包含了百分之九十。

分类	著述	翻译	总数
小说	379	232	611
文学	61	53	114
小品	99	1	100
诗歌	83	17	100
社会学与社会问题	44	50	94
经济	28	50	78
戏剧	35	36	71
社会主义	13	52	65
儿童文学	20	24	44
历史	25	19	44
美术	13	25	38
政治	19	14	33
劳资问题	9	23	32
两性问题	6	25	31
国际关系	22	7	29
科学	13	16	29
妇女问题	11	14	25
哲学	11	13	24
中国文学	8	9	17
教育	6	8	14
农民运动	6	8	14
新闻学	8	4	12
论理	1	10	11
三民主义	9	0	9
帝国主义	5	4	9

续表

分类	著述	翻译	总数
心理学	4	3	7
音乐	1	6	7
合作	3	2	5
普罗文学	0	4	4
宗教	3	1	4
节育	0	2	2
演说术	1	0	1
运动	1	0	1
不平等条约	1	0	1
家庭	1	0	1
共产	0	1	1
总计	949	733	1682

由上表看来，小说在出版界竟占了很大的一部份。在一六八二本书中，有六一一本是小说，占全数百分之三六点三。在全数小说中，有三七九本是创作，二三二本是译本。除小说在出版界占最多数外，其次就是文学书，计有一一四本的百分之六点七。再次的就是诗歌和小品了。每种都有一百本，共百分之一一点八。共是将以上性质相同的各类书籍拢统放于文学一类里，那就要占百分之五一点八，已过半数了。再往下看，社会学及社会问题类有九十四本，约百分之五点六，社会主义类六五本，约百分之三点八；经济学类七十八本，约百分之四点六；政治学类三十三本，约百分之一点九八；合作类五本，约百分之零点二九；佃农运动类十四本，约百分之零点八三。这以上各小类却很可以放在社会科学类之下，共得三五一本，占百分之二〇点八。这两大类——文学类和社会科学类——已占了出版界的大多数。表中只有一本是“共产主义”书。这并不是只有一本“共产主义”书，不过因为这是一译本，也更是“反共”的书。有很多别的书虽未标明“共产”二字，而实在书内精采的地方着实染着很“红”的颜色呢！由这表，我们可看出中

国的新文化出版界到底出版些甚么书籍。表中虽然还有很多别的分类，不过在数目上他们占的位置很小。这也可以使我们知道人们对于这些书没有多大的兴趣。

在出版的小说中大概可分为二类。第一类是写爱情的。这类的小说是今日青年最欢迎的。张资平可算是这类代表作家之一，他的作品都是很精细的描写男女间肉感的爱。有一部份人是欢迎他的，因为他写的是人们最欢喜看的。另有一般人是反对他的，因为他的作品都是一律的，没有 Varieties。郁达夫也是这类代表作家之一，他的作品对于青年人是有极大的影响的，《日记九种》可算是他的代表作。他写小说的格式，使人看了不易释手。不过他的思想是太悲观了，结果差不多都是很悲惨的。

第二种小说是用今日社会情形做背境的。有许多小说是专门描写社会不好的地方，劳工和民众受经济压迫的情形。这类小说中有一本是作者看过的，叫着《最后之胜利》。这书中所写的全是上海租界内巡捕房囚徒的情形，工厂中工头的恶劣和劳苦工人的生活。除了这类小说外，还有一种也是很受人欢迎的。这类的小说是写民十五的革命运动的，这类的作品有茅盾著的《虹》和《动摇》二书。

由翻译方面看来，大概世界各国的作品都有，不过大多数是由日文、法文、俄文和英文译出的。近代苏俄的作品当然是有特别的色彩的。以前托尔斯泰的作品很受人欢迎，只是现代的潮流是改变了。现在最出风头的当然是普罗文学了。由美国小说译出的代表作，可算是郭沫若译辛克莱著的《石炭王》了。这本书的销路着实不少。雷马克的 *All Quiet on the Western Front* 在中国已有两个版子了。新文化出版界出版了这么多的创作和翻译小说，大概有两个缘故：（一）许多的作家利用小说将各国激烈的思潮介绍到中国来。（二）书贾知道小说是容易销售的，所以在营业上，他们乐于多出版小说作品。

再看到第二大类——社会科学类——差不多五分之三的书是翻译品。这种不好的现象的缘由，可说是因为许多的作家不敢将自己脑中的思想直写出来。“共产党”和“反革命”这两个口号压制了不少的著作品。在翻译的作品多数是由俄国、法国和德国译出来的，很少是由美国译的。激烈作家的书不是全部份介绍到中国出版界来的，是一点一点介绍过来的。

苏俄的文学作品在新文化出版界也有相当的地位。对于这类文学鼓吹最力的，当然要算鲁迅了。不过这些译品在书坊中早已禁售了。从前鲁迅是很努力于写小品文章的，现在已转向普罗文学了。因为看他的作品的人是很多的，所以他一旦由小品作家变为普罗作家，当然对于青年们是有极大的影响。

除了苏俄的新文学外，在新文化出版界还有一派也是很有势力的。这派就是新月派，这派的作家有胡适、梁实秋、罗隆基、徐志摩、潘光旦。这派一方面不代表资本阶级，一方面也不代表劳工，有些人称他们为代表小资本阶级。这话或许是对的。这派的作家时常与普罗作家发生冲突，特别是鲁迅与梁实秋。

除了表中的各书外，还有很多的共产书籍都是秘密出版的，所以不易调查。上面表中所列的各书，都是近五六年出版的。现在的趋势是有不少的新书店跟着要开设，那末将来所出的书也要较以前多了。只是日后出版界趋向那一类的书籍，现在谁也不知道呢！

（载《上海青年》1931 年第 31 卷第 12—16 期）

出版业与读书节

化　鲁

最近得到欧洲各主要国家的出版物统计，列表如左。表中所列系一九二八与一九二九年各国新出版物的种数，再版重版书不计在内。一九三〇年的统计至今还没有发表，但就以前两年各国的比较，可以知道大概的情形。

国别	一九二八年	一九二九年
德国	二七，七九四	二七，〇〇二

西班牙	二，三一〇	二，四三四
法国	一一，五四八	一一，〇九六
英国	一四，三九九	一四，〇八六
匈牙利	三，四一八	二，一八二
意国	七，三一八	八，四四二
荷兰	六，二六四	六，五二三
苏联	二四，五〇〇	二九，四七四

上表中德国的统计，把一切德语国家（如奥国等）包括在内，但大部分却是在德国出版的。西班牙的统计把曲谱包括在内，意大利的统计把曲谱及新出定期刊物包括在内，荷兰的统计把定期刊物包括在内。此外各国的统计，单指书籍，曲谱及定期刊物均不列入。

就上列的统计，欧洲各国中，一九二八年的出版物，德国占第一位，苏联次之，英国占第三位，法国占第四位，其次则为意、荷、匈及西班牙。一九二九年的统计，各国的位次都没有改变，只是德国与苏联先后互易而已。德国出版书籍之多，向占世界第一位，现在这第一把交椅，却被后起的苏维埃联邦占去了。

去年是空前的世界经济恐慌的第一年，出版业也不免受了影响。可惜别国的统计，一时还无从找得。单就法国近十年的统计，列表如左：

年代	新出版物种数
一九二〇	六，三一五
一九二一	七，六二六
一九二二	八，五一五
一九二三	八，七八四
一九二四	八，四六四
一九二五	一五，〇五四
一九二六	一一，〇九五
一九二七	一一，九二二
一九二八	一一，五四八

一九二九	一一，〇九六
一九三〇	九，一七六

由上表可见欧战以后，文化的生产量，逐年增进。到一九二五年，世界经济恢复战前的平准，出版事业也达到了全盛期。但到了去年骤然低跌。比较一九二九年，新出版书籍减少了二千种。这全然是受了经济恐慌的影响。

因为欧洲出版业与其余的工业同样的入于不景气状态，所以各国的书店老班［板］，都尽力设法推广销路，销纳过剩的生产品。其中有一种方法，乃是规定每年某一日为读书节。在这读书节日，各书业联合起来，广事宣传，激发一般人民的智识欲，教他们多出一些钱往书店里送。在这一天各处都张满了书店广告，报纸都出书籍批评的专刊。书店都售廉价，或优待赠品。这样不但在这一天内可以销售去许多新书，而且可以引起一般人购书的兴味，平时的书籍销售，就格外容易。这方法在德国已试行数年，定每年三月二十二日，即大诗人贵推生日为读书节。而且每年的读书节，都有一个特殊的倾向。例如今年的读书节，定为“妇女与书籍”节。凡妇女读物及关于妇女的书籍，出版的格外多。法国则从今年起方开始实行，由书业公会、著作人公会、印刷公会联合发起，以今年的五月十四、十五两日为读书节，于此时到处宣传，各书店都赠送书籍，听说成绩很多。这种办法，在目前中国，似大可仿效。

（载《新社会》1931 年第 1 卷第 4 期）

出版界与读书欲

继　驹

去年英国出版界之书籍，共计有一万五千三百九十三种，较之一九二九年增加一千种左右，说者谓打破近数之最高纪录。就中最多者为小说，占出版物四分之一，其余如历史、宗教、社会学、生物学、美术、旅行记等亦增加不少。方今世界各国皆呈不景气之现象，英伦尤甚。何以在此百物萧条之时，而出版界物兴旺。此无他，已受教育之人民，在不景气状态之下，反足以发达读书欲。盖平日出入于游艺场者，今以经济困难而消遣于图书馆。故读小说书者人数最多，出版界因读者之需求，当然发行小说书为各书籍之冠。可见不景气虽为经济困难，然利用得法，能引起群众读书兴味，无形中得纠正旧风气，斯亦合理化之一良方欤？——见《时事新报》二十年二月一日星期评论。

一九二七年美国出版之图书，共计为227，495，544。其中教科书为83，849，664。儿童书为31，047，094。农业为282，801。传记为3，075，121。小说为36，553，507。美术为943，952。历史为1，462，193。法律为2，393，510。医学为1，168，755。诗与剧本为6，281，165。宗教与哲学为23，220，546。科学为2，392，044。经济与社会为875，191。游记为1，190，569。其他图书为33，619，332。见《一九三一年世界大事年鉴》。

（载《武昌文华图书科季刊》1931年第3卷第1期）

从世界书局想到大世界

郎　当

世界书局，是继“商务”、“中华”后起的一爿书局，他那红色的房屋，虽不能媲美于“商务”、“中华”，筑遍国内的有名大埠，可是，总还算得是营业之蒸蒸，堪称书业中的杰出，实在，这不是容易事，像“北新”、“开明”，都还赶他不上啊！

这犹之乎大世界在上海游艺场中一样，什么“楼外楼”，什么“花花世界”，什么“新世界”，都先后的凋谢了，只让他硕果独存。世界书局，虽然还没有将“商务”、“中华”以至于“北新”、“开明”，挤到“凋谢”之域，可是，他的事业，却日在猛进之中。

不过，凡事“其进锐者其退速”，这也是事理之常；像大世界（从创始到换主以前的话）便是一个榜样，一切一切，弄得一塌糊涂，甚至于“日夜银行”的存款，只得个“十分之一”。

因此，我们对于“与文化有关”的书局事业，总希望他不要步“游戏事业”的窠臼，不必别出心裁的筹集资本，万一不幸，这便不仅“十分之一”的损失，一国的文化，也是要蒙受着影响。

（载《时时周报》1931年第2卷第26期）

救国抗日运动中出版界应有之特殊的贡献

苏　生

沈案暴发以来，国人懔于亡国之惨，翕然群起以作救国抗日之运动。于是集会、讲演、通电、请愿，街头满标语，报端满记载，耕者舍其田，工者舍其器，商人则忍痛而封其货，学生则激忿而休其课，军士有枕戈待旦之表示，绿林有舍身救国之请缨。为数历来之爱国运动罕有如此次之热烈而普遍者。足见人心未死，民气犹存，国事尚可为也。

虽然救国抗日之运动乃至难至艰之运动，如上述之举动，初不外为一般民众应有之共通的表示方式而已，以之作唤醒民众，激厉人心之刺激的手段则可，以之作救亡与抗日之主要方策则未可。吾人果欲达彻底的救亡抗日之目的，则非于此之外，确立不易之方针，以努力推行之不可。

此种方针维何？即分工合作是也。即各界于此共同的表示方式之外，当于其本业，加紧工作，冀以固有之能力与效率，贡献于全体，以收挈举之功是也。

吾出版界中一分子也，请以出版界为言。最近上海出版界亦有参加集会者矣，亦有联名通电者矣，亦有宣言不进日货者矣，亦有自动参加军事训练者矣。上海出版界如是，全国各地出版界当亦如是。其热烈之忧，以吾所观，当不下于其他各界。

虽然吾出版界列于工商业之林，但以吾人之职业而言，则固介绍知识吸引思潮之文化机关也。故其对于一切社会运动实负有部分的领导职责。处兹国家存亡危急之秋，自不能自视例外，不参加共同的表示方式，然亦不能旅进旅退，绝无其他特殊之实际工作。自吾观之，出版界如专肆其力于特殊之实际工作，则虽未遑参加共同之表示方式，亦无伤其声誉，苟斤斤于共同之表示方式。而无特殊之专门工作，则其结果将仍空言无补。此吾出版界不可不注意者也。

吾出版界之特殊的实际工作维何？

其详者非片言所能尽。惟是，约而言之，不外左述数点而已：

第一，出版界须谋彻底的团结。此种见解容或见谅于多数同人，盖吾中国人最大之缺点即在于不团结，中国人之不团结毕见于各界，而出版界尤为露骨。试以出版为例，凡有新刊，一以己身之利益为衡，有利于己者虽严法峻令当前，亦必力趋赴之，无益于己者虽美名令誉在后，亦必求却避之。以致年来之出版物，无论新旧，皆无系统，皆无组织。重复者有之，抄袭者有之，甚至掠取者有之，陷害者有之。其间不知予劳力、金钱、时间、品物以多少之损失，此种无政府状态下之生产在欧、美巨大资本制度之下，已足以破坏而有余，何况在吾国薄弱资本之下。以故年来出版界中绩起续仆者不知凡几，国富民力之浪费不知若干，而学术文化之进境，则几等于零。何况于兹物力维艰，危机隐伏之时，何忍更出此种自残之举。故吾甚望出版界先谋彻底的团结，当作合理的分工（即开诚布公，不诈不虞，各视其力之大小，随其性之所近，专事一业，力避冲突，同声同气，群策群力，人尽其才，物尽其力）。勿以私利而忘公益，勿以小嫌而忘大仇，盖出版界能自存，乃足以存国家，能自强乃足以强国家。言救国者必自此始，言抗日者亦必自此始。

其次，出版界既团结矣，即当举行芟夷蕴崇之工作。即自动的制限或且禁绝无谓之刊物，以期一方杜塞歧路，造成统一之思想界，一方挽救颓风，养成清新之浩气。举凡异端邪说，横言诡论之足以耸视听者，凡淫歌、艳词、性书、秽史之足以摇惑心身者，凡佛经、语录、符谶、塑像之足以隳志气者，均当尽量排斥。须知中国民众所以如是倾轧，如是堕落，如是颓唐者，皆此等殽乱是非，激动性欲，奖励利己之作品，有以致之。倘此恶不除，则出版界又持何种力量以救国与抗日？况救国抗日之运动绝非一朝一夕所能成就，其功效之大正在潜移默化之中。此种消极的工作而不为，则一切运动皆不外粉饰上层社会之虚伪，终不足以唤醒下层民众之觉悟。种因生果，毫厘千里，幸出版界其努力之。

消极的工作既已前进，积极的工作亦当后继。积极的工作维何？不外左列二点而已：

甲、为极力灌输科学智识于民众　今日之社会不啻完全筑于科学的基础之上。不特经济上之发展胥赖乎此，即军事上之进行亦胥赖乎此。不观乎德国乎，其能雄视世界，至今不肯示弱者，庸非科学之是赖乎？其造成此伟大而坚牢之基础者虽为职业教育，而辅之翼之，以收如是宏效者，岂非杰出于全世界之德国出版界乎？德国出版界有科学研究室，有科学实验室，有科学旅行队，有科学编译部，其出版物之关于科学者，有通俗丛书，有详晰字典，有定期刊物，有发明特刊，有研究纪录，有海外科学通讯。其国人视出版界为其最高咨询机关。故虽以数千方哩之土地，数千万人之民众，竟能力敌全球，以与环境作最后之奋斗。日本即效法德国者也，其出版界之方针与规模，近年来益复效美国、德国，亦步亦趋，大有青出于蓝之势。返观吾国出版界则何若？科学之书籍、杂志，寥寥可数。中学以上之科学参考书不出一二种，而且陈旧不堪，年来出版物中以此类作品为最少，本刊历期之新书目录可以为证。以言科学研究之设备，则尤几等于零。以出版界巨子之商务馆尚未有简陋的科学研究室之设备，其出品非因袭则稗贩，从无独特之创作，切实之绍介，敷掩挡塞，志在渔利而已。其他书局则以或缺资本，或缺人才，力与心违，是用不举。以故海通以来，垂数十年，而人民尚具迷信之观念，百工尚用盲目之陈法，社会无科学之改革，教育无科学之洗礼。一切举措设施莫非任意任情、毫无准备、毫无系统。归纳言之，皆缺乏科学知识有以致之，教育界于此固不得辞其咎，而我出版界又安能无歉于衷。予甚望今后出版界中之雄于资力、富于设备者，竭其全力以事科学作品之介绍。其小焉者亦当充其能力，于科学界中，任其轻微易举之务。至如经藏、史鉴、文库之书，要为不急之务，似可先束之高阁，而移其力以事此基础之工作。是诚切望于出版界诸君。

乙、为极力灌输国际知识于民众　二十世纪之世界乃国际之世界，立国于此世界上，倘对国际情形，毫不了解，则其危险何堪设想。以故现在各国对于国际之认识，无不竭全力以赴之。即就日本而言：其通讯机关、研究机关、招待机关遍布全球，国际间无论发生任何事件，其新闻界即有灵速之报告，其出版界即有详尽之纪载。故其人民对于世界大势，莫不了如指掌。其对于我国之国情则尤注目！政府有对华侦察机关之设立，人民有对华侵略团体之组织，远之如中国之历史，近之如中国之现状，大之如中国之地理，小之如中国之昆虫，无不殚精竭虑，以求彻底之认识。其人民侨居上海不过三万余人，而有数家报馆，数种杂志，大规模之研究机关，有系统之侦察组织。举凡江防要塞，风土民情，无不历历在目。其谋我也如是其亟，其知我也如是其精。反观吾国人则又如何？执中流以上之国人而叩之以国际问题，其瞠目不能置答者十居八九，即对于实逼处此、夙夜不懈以谋我之日本，不轻蔑之则谩骂之，惟有消极的深恶痛绝之而已。而对于其历史若何，地理若何，经济若何，政治若何，其居东亚之地位若何，其与我国之关系若何，其强点何在，其劣点何在，类皆茫茫然莫明其所以。即就此次沈案而言，彼日本事前则以交换条件饵诱英、法，而换得默认，事后则以宣传政策蒙蔽列强，而施其狡辩，玩国际联盟于股掌之上，拒美国调停于千里之外。返观吾国，事前于列强毫无联络，事后于国际毫无宣传，徒乞怜于美国而不知美人之心理，徒求助于国际联盟，而不知国际联盟之内幕，甚至以敌方之宣传为消息，以他人之鼻息为立场。举国愦愦然，惟以一二新闻消息为喜怒忧乐之转移。持此种国际知识与外交手段以与日人较短长，何以异于“盲人骑瞎马，夜半临深池”哉？今则对日经济绝交，而不知所以绝交之法，对日准备作战，而不知所以准备之方，其危险曷可言喻？

如果吾人平素对于国际情形、日本情形，有充分之认识，何至国际地位如是惨落，对日准备如是疏忽。此种责任固不能全在吾出版界，而吾出版界至少当亦不能不负其中一部分。故此后出版界对于国际知识之灌输，当急起直追，竭全力以赴之，务使全国人民均能于最短时期中明了国际一切之情形，则无论于救国运动，于抗日运动，甚至于抗制一切帝国主义侵略之运动上，均可收神速之效，否则盲从妄动，其结果必与始期之目的正相反对。

呜呼！出版界诸君！来日大难，方兴未艾，发聋振聩，移风易俗，均在诸君！使诸君肩起此种责任为各界唱，则十年生聚，十年教训，何患国运不昌，国耻不雪！

最后，亦甚望各界同志，亦各纾其所长于其本业，以期共收合作之效，幸勿徒骛于共同表示方式之讲求，而舍此重务于不顾。夫如是则救国抗日之运动可以长持而不衰，其效果将与日而俱进也。望吾侪共勉旃！

（载《中国新书月报》1931年第1卷第10—11期）

中国出版家的使命

蒋梦麟

今世善于觇国的人，只要考察一个国家出版品的数量，便能断定该国的盛衰强弱。因为出版物绝不是普通的商品，而是代表一个国家的文化的，换句话说，就是代表一个民族的智力及其一切活动的记载。所以现时号称强盛的国家的出版品，无不是蜂起云涌般的出现于世界。据统计家调查，世界上七大出版国在一九二九年所出书籍的数目如下：计德国有三万一千五百九十五种，俄国有二万一千五百八十一种，日本有二万零二百一十种，法国有一万四千九百四十三种，英国有一万三千二百零二种，美国有九千五百七十四种，意大利有五千八百零四种。回过头来看看我们中国出版品的零落，虽未能有确实的数目可以提出，但若与上述七国比较，其为瞠乎其后，可以断言。

中国开化甚早而进步甚迟，以致今日文化程度远不若人，国际出版同盟没有我们的立足地，这是何等可耻的一件事。所以现在中国出版家所负的使命至为重大。提高与普及国民的文化程度，同时增进我们在国际上的地位，这都是出版界应负的责任。至于实际上的办法，我以为至少应有下列三种：

（一）尽量介绍外国名著。中国现时需要外国科学的智慧，有如饥渴的人之欲得到食饮一般。只就高中以上各学校而言，有许多课程没有一部中文写的可以找得出来，致教员们不得不选用西文本子。而学生的外国文程度，又往往不够，感受无限的困难。现时中国的出版家，亟应选择欧、美、日本有价值的各科书籍，尽量翻译介绍，以补青年们欲读无书的缺陷。吾国汉唐时代，有蔡愔、法显、玄奘等精心翻译佛典，佛教因得以大行于中华，儒家道家之言均为佛说所浸入，学术思想受佛氏的影响益以深远。今代吾人需要欧美学术的殷切，何只什百倍于昔人之需要佛学。故追踪蔡、苏、法、玄诸人的伟业，大批介绍外国的名著，确是中国出版家第一个重要的使命。

（二）努力本国学术著作。吾国原有书籍，如二十四史之类，非不“汗牛充栋”，惜多散漫零乱，统系缺乏。衡以现代治学著书的标准，百无一当。其合于现代化的书籍，率由外人着我先鞭。例如中国的古物，我们未能为有系统的研究，而法人沙望、英人劳斐替我们大著其书。中国的宗教，我们未尝有详博的考证，而荷兰人格罗替我们费尽心血。中国的地理，我们初未能根据科学方法去记录他，首先做这工作的，是法人若可侣。中国的美术史，我们初无可读的书籍，而首先撰作的是英人爱铿、法人白罗克们。这还不过略举三四为例，其余各科学术比较有价值的，亦均由外国学者启其端绪。吾人在自己生于斯长于斯的地域之内，直接有关于我们生活的学术，尚须借助西人，宁不可耻！前此还可推托人才缺乏，著作能力不够，聊以自解。现在由东西洋回国的留学生日渐增多，其能以科学方法撰作关于本国学术上的书籍的，当不乏人。这在乎出版家以合作精神擅事征求而已。

（三）改进社会实际生活。出版界与社会人士的生活，本是息息相关的。因为一个人的生活，原有物质的和精神的两方面。衣食住行及一切用具是用以满足物质生活的要求的。至于出版物，是用以满足求知欲的唯一工具。即是占一个人的精神生活最重要的部分。所以出版家必须时时刻刻考察国人实际生活的状况，看他们目前所缺乏而最需要的出版品是什么，因以定出版的标准。令国人读了一本书，便有一本书的益处，身心方得安慰，精神生活方更圆满。美国大教育家杜威尝著《学校与普通生活》一书，力言学校教科书与社会隔绝的害处，因在芝加哥大学内附设一个学校，即以人类实际生活做工事标准。略分三部：一为手工，如木工金工之类，二为烹饪，三为缝织，而描画模型等都附属在内。即由此授以学理，如因烹饪而授以化学，因裁缝而授以数学，因手工而授以物理学、博物学，因原料所自出而授以地理学，因各时代各民族工艺及服食的不同而授以历史学、人类学等，以求学校与社会融贯一气。吾人尽可以杜威的方法应用于出版物，以求出版事业与社会生活打成一片。例如因社会实业之不发达，就可多出关于改进工商农业的书籍。社会上失业的人多，就可多出关于职业指导和提倡勤俭与储蓄的书籍。国人身体太羸弱了，则多出体育书籍。国人生活太单调了，则多出美术书籍。总之针对国人弱点以图补救方法，使一般的苦闷生活，得以逐渐改进，则国人受赐良多矣。

大东书局创办迄今，对于中国文化，已有相当贡献。今值十五周年纪念，用摅鄙意如上，尚望本局同人，能本着勇往直前的精神继续不断的努力，以完成出版家的使命，勿令七大出版国专美于前，就是鄙人所馨香祷祝的了。

（载《大东书局十五周年纪念册》1931 年）

我对于中国出版界的希望

章衣萍

数月前，胡适先生来上海，住沧州饭店，我同两个出版界的朋友去看他，谈及上海出版界的情形，胡先生很神气的说：“出版事业是操青年生杀之权的。几年来，中国出版界表面上总算热闹了，青年们也比较从前肯得买书。但是好书出版的实在不多。出版界对于青年是很有权的。我希望出版界的人要善用这些权，不要专为了牟利，应该给青年一些益处。耶稣说得好：需要面包的，不要把石头给他。……”

胡先生的话引起我们很大的感触。近来我常常想，中国出版界的有名书局，有几个不把石头来当面包出卖的？我们又要问，我们这些以著作为职业的人（恕我僭妄的说这句话），近十年来中国出版界的著作，无论哲学、科学、文学，有几本能在国际学术界占一个位置的？有几本能给青年们一些益处的？

我们放眼看看欧、美、日本出版界的情形，不由的令我们十分惭愧。

我们觉得中国出版界不免有趋时髦的习气。社会科学书籍流行了，大家出社会科学书籍；学生丛书流行了，大家出学生丛书；“小朋友”流行了，大家又赶着出“小朋友”。

我们要改造这赶时髦、凑热闹的习惯，对于中国出版界不由的抱有两种希望：

第一，是希望把著作的内容提高，无论政治、道德、法律、艺术、科学、文学的著作，都应该以现在及未来中国的实际需要为中心，参考世界最新学说，充实作品内容，提高作品价值。

第二，是希望把刊行本的价格降低，参照日本及欧、美“普及本”办法，以最廉的价格，使国民容易购买。

为了要实现以上的希望，我们需要一些有理想、有计划、有远大眼光的出版书局。

因为出版事业是操青年生杀之权的。出版界的势力可以转变青年思想，改造社会习惯。所以我们希望能有一些有理想的出版书局，出版许多积极的、科学的、使人向上的书籍。

因为出版界有趋时髦、凑热闹的习惯，所以我们希望一些有计划的书局，执行以下的几个计划：

一、大规模外国名著的翻译

二、有系统的中国旧书整理

三、有价值的政治、道德、法律、艺术、科学、文学的新著作之刊行与奖励

因为出版界关系一国文化的前途，所以远大的眼光也是重要的。古

人说："十年树木，百年树人。"出版家不应该专注重书籍一时的销路，应该把眼光放远，印行一些造福社会、有益人生的书籍，促人类进步，谋出版事业的永久发展。

大东书局为吾国有名的出版书局。近年以来，总经理沈骏声先生、总编辑孟寿椿先生努力发展有理想、有计划、有远大眼光的刊行各科书籍，嘉惠社会，声誉日隆。兹际十五周年纪念，我忝为本局编辑，敢把个人的一点愚见写了出来，供给出版界诸君的参考，并祝大东书局千秋万岁，进步无量！一九三一，四，十一。

（载《大东书局十五周年纪念册》1931 年）

出版事业与国际平等

孟寿椿

政治家的忙碌，教育家的努力，实业家的苦心经营，革命先烈的奋斗牺牲，以及一般国民的孜孜工作，可以说无一人不是在殷殷希望，将我们的国家，做到国际地位平等。考究现时我们的国家，何以未得平等。这个问题，原因虽然复杂，可是一般人都以政治不良，以致财力不富，武力不强，受了平等待遇，而无如之何，为其主要原因。其实，政治不良，尚属其次问题，文化低落，才是根本原因。

政治力量的发展，必需要文化力量为之基础。文化力量的发展，必需要政治力量为之扶助。这两句话是事实问题，想来谁也不会否认。我们有了十足的政治力量，固然别国不敢再轻视了，可以得到平等待遇。但是别国未必佩服，不佩服的平等待遇，算不了真的平等待遇。不如有了十足的文化力量，贡献到世界上去，引起别国的佩服，由佩服得来的平等待遇，才算是真的平等待遇。何况若无十足的文化力量为基础，十足的政治力量是万难办到的。可以说国家的政治力量，好像一个人的力气，国家的文化力量，好像一个人的智识。一个人被别人轻视，与其谓为力气不强，不若谓为智识不够。一个国被别国轻视，与其谓为政治不良，不若谓为文化不够。所以说文化低落的国家，要求国际待遇的平等，好似粗俗的乡下人，妄想和时髦女子讲恋爱，十分之九是会失败的。反过来说，究竟要怎样才能得到国际地位的真正平等呢？可以摘要的回答："努力文化事业，是唯一不二的法门。"

我们中华民族，在过去悠远的历史上，对于世界文化，确有不少的贡献。如火药、印刷术、指南针等的发明，舟车、房屋、衣服等的应用，图画、音乐等①美术、史籍、辞章等记载，以及伦理、道德等学问的研究。无论物质方面或精神方面的文化，皆足以引起当时别国的敬佩。所以在过去时代，能够享受优越的国际地位。近世纪以来，我们这老大民族，着实有些不长进。与别国比较起来，文化地位，竟至低落了。甚且弄到别国看不起了。这句话或许有人责备我说得过分一点儿，可是这是事实，并不是自己菲薄自己。第一宗，拿出版权来说，国际出版同盟，我们是未加入的。虽则得了可以翻印别国出版物的小便宜，这却是被别国看不起的明证。第二宗，拿一件关系美术的事体来说，曩年在美，曾读著名地理学家汉丁敦氏（Huntington）所编各国美术思想比较表，分别等第，以百分为最高级，法国独占此席，其余欧美大小诸邦，各得分数不等，东邻日本亦得九十分，独于我拥有数千年历史的中国，仅列国名，而分数则付诸阙如。当时见着他这样歧视我国，心中颇为愤懑，因想汉氏曾来我国游历，对于中国文化，并非懵无所见者比，为什么一点儿分数也靳而不给，后来见着他，很不平似的质问他，他答称："我并非有意和中国过不去，实因中国旧有美术品散漫零落，使外人无从稽考，找不出一个评判的根据来，至于近代美术，中国才在萌芽，自然比不上人家，无庸讳言，所以在表上未便给予分数。"我听了他的这些话，为之爽然若失者累日。我国的美术思想，何尝应该落第，不过仔细想来，散漫零落使外人无从稽考，则确乎不错，不但外人无从稽考，即本国人又何尝容易稽考呢？结果还是自己的不是，人家看不起我们，他不公平的待遇，何足为怪哩？这两桩小小事情如是，推之其他文化事业，无论关于物质方面的或精神方面的，几乎无不如是，试一自

① 此处疑有缺文。

问，我们对于世界文化上的贡献，近代来有些什么？便可想见我们文化的程度了。不但与别国比较起来难乎为情，就是对于自己的祖先，也未免惭愧罢！

可是我们文化的低落，并不是祖遗的旧文化无价值，也不是人民的脑力够不上接受近代的新文化。可以说，旧文化零落散漫，缺乏集中与整理，不能充分作用，新文化可望而不可即，少于介绍与宣传，不得充分作用。如果要努力于文化事业，便要从这集中与整理旧文化及加强宣传新文化着手。这是谁的责任呢？固然谁也有责任。负有促进文化使命的学者及专门家自不待言。尤其是共同负有促进文化使命的出版界，责无旁贷。因为出版是文化的表现，出版发达的速度，可以代表文化进步的速度。在这应该积极努力文化事业，去挽回国际地位的时候，出版的需要更是急切的需要了。

大东书局于过去十五年间，既造成了光荣的历史，今复大加扩充，愿偕出版界同人共同努力，以求有裨于中国的文化，自然是深可庆幸的一件事。所以当这十五周年纪念的吉辰，我忝为本局总编辑，敬谨的把贡献世界文化和挽回国际地位的真平等，两个重大责任赠送给它，希望它担负着大踏步的前进，于最近期间跑到了目的地，然后回头来接受国民的欢呼罢。

（载《大东书局十五周年纪念册》1931 年）

时代思潮与出版家

——为大东书局十五周年纪念而作

杨幼炯

人类文化之进展，常随其时代思潮而变迁，学术之发皇，又全赖出版事业之精进。近百年以来，世界学术日新月异，而出版事业之发达，更觉光芒万丈，不可向迩。吾国向来闭关自守，自西力东渐以后，学术界蜕变革新，蔚然成一时大观。而影响所及，于吾国出版事业上亦渐有更新之象。惟回顾二十余年以来，出版界未尝能与时代思潮相表里，以致处此时代更新之际运中，吾国学术上迄无伟大之收获。吾人以为学术思想必有赖于出版界之努力，始能有充分之发展，而吾国过去出版家往往甘落人后，不能为时代之前锋，实为吾国学术思想发展上最大之症结。故吾人今日甚望吾国出版家改弦易辙，毅然以宣达文化与提高学术之使命自任，不故步自封，以期成为促进吾国学术之中心势力，此则读书界一般之愿望也。

近年以来，吾国社会进化速率加紧，社会变乱复层迭而起，国民经济一落千丈，以致出版家受物质之压迫，更日趋于萎顿。年来定期刊物之延期与书籍出版数量之减少，在在令人对于出版事业生无穷之杞忧。乃于此种时会中，大东书局复本其在出版界悠久之历史与旷大之眼光，以再接再厉之精神，为扩大革新之计，吾人于此，弥觉欣幸。今从不绝如缕之吾国出版界中已有一线之曙光，则学术前途之发展，更有赖于本局者甚大。今者适当本局十五周年纪念之期，敢以平日感想与对出版界之希望，略为缕述，聊作野人之献芹，借志作者对于本局庆祝之微意也。

（载《大东书局十五周年纪念册》1931年）

出版界应有的努力

沈骏声

宇宙万象，人事万变，莫不为学术家智虑所及。然而负此学术，以深入社会，则非出版界之努力不为功，国家文野之区别在是，民族智愚之分途亦在是。窃以我中华五千年之历史，践世界文明之高峰，中古以来，代有发皇，乃自世界沟通以后，觉昔日文明之荣誉，今乃渺然无以自立。而彼后进诸国，踔厉奋发，浸浸然以世界为角逐之场，一日千里，势不可御。此奚故哉？一言以蔽之曰：彼能为积极之猛进，我则为消极之墨守而已。骏服务本局以来，蠡测所及，深知出版界责任之重大，实握文化渐进之枢机，十五年来，兢兢惕惕，不敢自忘其职志。然以频年内战，影响所及，收效未宏。兹幸约法告成，国事渐定，此后发展，或易为力。复值本局十五周年纪念期，会宜有再接再厉之方策，谨就鄙见所及，缕述一二，傥亦为贤达所乐闻欤？

（一）努力介绍新知识。我国新知识之恐慌，实较饥渴为尤甚，穷僻之处无论，即都会群众，亦惶惶然以无书可读为虑。然试观全国出版界，鸿篇巨著，及零星刊物之发行，不为不多，但其中或因时代之变迁，或因需要之不合，遂致失其价值，其真能助文化事业之推进，乃仅存什之一二耳。而此什一之书，则往往朝刊夕罄，每致供不敷求，现象如此，新知识需要之孔亟，可以知矣。故此后出版界所定之计划，首宜从此着想，凡现代之学术，均须作普遍之介绍，国内不足，则求之国外，撷彼菁华，疗我饥渴，毋失时间，毋错标准，译述之工作，不容稍存忽视也。

（二）以国内需要为本位。世界学术，浩如烟海，不特合于昔者难合于今，即适于此者，未必适于彼。故出版界于取舍之际，必以国内需要为本位，始可无往而不利，如科学可以救国，而我国以工商业所需者为尤亟。平民教育，为救济知识恐慌之良药，在吾国为尤甚。其他如优美之文学，高尚之艺术，虽不足谓即全民之教育，然亦可供一部分民众之浏览欣赏。凡此种种，出版界如能举一反三，缓其所缓，急其所急，则今日奄无生气之文化事业，十年以后，未必不因出版界努力之功，而突飞猛进也。

（三）加快出版以应需求。出版界所负之使命，既如上述，然迅速出版，亦为要素之一。盖一种学术之确立，在研究者本已穷年累月，始获此结果，其心中之欲亟于贡诸社会，正与社会之企求其学术之发表相等。故出版界允宜运用最敏捷之技术，俾在短时间内，得公诸社会，此不特为文化运动所应采之方策，抑亦我知识恐慌下之民众所渴望者也。

（四）大量供给，减低成本，以期普及。自金贵银贱以还，凡百企业，无不因受汇兑之影响，而成本昂贵，揆之出版界，何独不然。然此种现象，只能为一时之隐忍，未可任其作为永久之定律。盖出版界既握文化之枢纽，出版物之成本既昂，则社会之购买力，势必薄弱，长此以往，则所谓发皇文化、普及教育之语，讵非等于梦呓欤？故为出版界自身计，亟宜利用科学，利用机械，利用空间，以缜密之步骤，新颖之思考，大量出书，以期减低成本，庶几进可与国际抗衡，退可普及社会之需要。如是，则我国文化之前途，庶几其有豸乎。

上述荦荦四端，虽不敢自谓独得之秘，亦属经验中语，用据所怀，借以自励，愿与出版界同人共勖之。

（载《大东书局十五周年纪念册》1931年）

吃亏的吃亏了

——出版界的怪现象之一

涛

有名的多产的文学家小仲马氏，为要自己在世界文坛上占一点位置的缘故，不惜雇用好多所谓作家替他自己写作，写作成功之后，用他自己的名义出版，因此得到多产的文学家的称号。中国的有些著作家，对于这一点却学得很像。然而这一是怪不得他们的，因为在现在的资本制度之下，著作和翻译品，也都是一种商品啊！

书店老板买稿时，是按照字数计算的，而每千字的价格是按照著作人在出版界的地位来估定的，因为这个缘故，每个著作家只能顾及作品的量，而不计其质。同时更发生了一部分的已成名的作家，向未成名的作者以低价收买其作品，然后签上自己的名字，而以较高价出卖给书店。这样一来，成名的更成名了！书店老板呢？发财了！只有那不成名者大倒其霉与我们这些读者大吃其亏了！

（载《前路》1931年第3期）

随风转舵的出版界

俞斯锦

时代是文明了，连许多“书店老板”也灵敏了。应时而起的变幻，可以给他们加上“玄妙”的高衔。

自开明产生《中学生》之后，直到现在，上海的书店的出版风，已变更过好多了。

跟《中学生》来出版的，是《现代学生》、《新学生》、《青年界》、《学友》、《世界杂志》、《读书月刊》、《读书杂志》和《少年时代》等。大家知道的，这类是应时青年们的读物的出版。

在同时——相差不远——自从光华书局设立了一个读书会，好了，应降而起的又有许多读书会，如现代、神州、新月、新华等书局都设立了。对于这点，我始终疑问着，书店是要赚钱，可是他们只要牺牲——并且都喜欢牺牲，试问这是什么缘故，读者们，这也可以说是我们求知欲犯盛的青年底幸运时代！

还有，儿童书局创办以来，儿童读物也活动起来了。北新接应着有《小朋友丛书》和《小学生》杂志出版着。现在更加联合书店也来了，从读书会中分歧出一个《儿童读书》来，并且也有好多种儿童读物在出版！

读者们！我们看！上海的各书局，其出版风恐怕也会趋入儿童读物的倾向。

（载《书报评论》1931 年第 1 卷第 6 期）

先天不足后天失调的现代出版界

古焠锋 华狷公

中国的出版界，近几年来，像煞有蓬蓬勃勃的发展。讲到“新书店”和“新书”的“量”，的确也比往前增加得多了。从表面上看来，好像是绝等的好现象——有一般人认为中国出版界的“黄金时代”降临了。然而，像这样自欺欺人的安慰，只要把内在的黑幕揭穿了，来探讨一下，是不难破灭的。

中国的出版界，照我们看来，现在大多数差不多都是“徘徊歧路”和“舍正路而不由”的景象了，只充塞着“投机”、“取巧”、“欺骗”、“剥削”罢了。出版事业在这样劣环境下面生存着，怎样叫人不失望呢？我们敢武断地说：“现代的出版界是患着‘先天不足’和‘后天失调’的毛病啊！”

出版界先天不足的毛病，原因当然很复杂；像：“教育不普及”、“国民读书欲的薄弱”、“书店创立时无正确的准备”以及“资本不充足”——等等，都是荦荦大者，但是这些毛病，虽然说不是尽关“人为的”，如果“后天不失调”，倒有补救的可能性。我们希望经营出版事业的诸君子，善为调摄此“先天不足之后天”，使他们千辛万苦，费尽心血，从呱呱而襁褓，从襁褓而孩提之事业，不至于夭亡殇折，是岂独文化前途之幸已也！

兹请将“后天失调”之原委述之：

中国出版界里，有长久历史的不过几家，所谓“新书业”，它是跟着“五四新文化运动”才产生的。新文化运动的初期，出版家都追逐着印行什么“白话运动”、“社会主义学说”以及“新文艺”……这一类书籍，但是那时候“新书业”还没有几家。往后，因为受军阀的压迫，新书业竟陷入于“毫无生气”的时期，这样一直过了十余年，到了革命军兴，新书业才得古井重波，重蹈光明之域。同时陡增出来的新书店，用小小的资本，靠着印行关于孙中山先生的著作，和党义书籍起家的，也不在少数。在此时所产生的书店，大半是为投机而产生，所以“先天不足”的毛病也免不了。在民国十五、十六、十七三个年头里，新书业真是风起云涌，不可一世，的确也赚了不少的钱。到了十八年以后，一直到现在，因为种种“后天失调”的缘因，便“竿头日退”地渐渐衰落了。曾赚过钱的店家，还可以勉强支持，出几本新书。不曾赚过钱的，只想支撑门面，也非常吃力。他们几乎都弄到啼笑皆非，开着大感吃力，关门又觉可惜。不景气的现象，可算是到了最尖端了！

照上面的话看起来，现代的出版界，有的是徘徊于歧途之上，有的是舍正路而不由了。将完全失去了以作家和读者为本位的任务了。他们过去自己标榜着“打倒书贾”的旗号的，现在自己也与“书贾”、“书侩”同流合污，变本加厉，施展其卑鄙龌龊的手段，无所不用其极了。我们敢武断地把他们的缺点写在左面贡献给他们的。并不是幸灾乐祸，也不是寻他们的开心。是希望他们因为读了这一篇文字，对于“后天失调”的毛病有所补救，重觅坦途，共履康庄！

第一便是投机。出版家纵不敢自承为文化的媒介者，至少也不能与其他营业目的完全在乎赚钱的一样。应当在这不健全的社会里，怎样去纠正那有害的思想，贡献些正确的学识才是。然而事实上却大大相反，他们竞相在投机心理支配之下追逐着，把原来的感觉都麻木了。他们看到一般青年都富于性的追求，便抢着印行许多浪漫肉感香艳刺激的性爱小说，爱的角度写的愈多愈好卖钱（像有位张姓的作家，便是善于写多角爱的能手而享盛名）。小书店的经理不吝每千字以十元以上的代价来收买它。他们又看到一般青年都不满意于现社会，于是便大量地从外国搬过来，封面画着“□□□□”的书籍，尽量东抄西割，印成本子，美其名曰：《××革命思想》、《××主义的批评》——来骗钱。不管这些货色合不合需要，只要是你搬了我也搬，一种东西，不妨几个人来搬。正像孙行者，拔根毛，呵口气，说时迟，来时快，街头巷尾，满是××大革命家的□□之论，□□之法了。……我们政府一辈子忙着演武剧，根本上放任不管（编者注：现在内政部已开始办理书报登记了），轮到了那一个倒霉的，买了这一类书，被检查机关查到了，只看着书名，便把反革命的罪名加到他们头上，这岂不冤枉吗？最近这种书籍的风头都出过了，大家便顺风转舵换着方向印行什么活叶文选以及不三不四的教科书（像世界书局新主义教科书，竟把武侠小说搬到书里去，岂不笑话?），又有甚么画报、武侠小说以及关于供给中学生读的什志……，无不尽其投机的能事。洋洋大观的“书店街”里，不做投机的，怕是很少吧?

第二便是剥削。剥削要分二方面来讲：一方是对作家；一方是对读者。在各国时常可以看到出版家扶助作家的实例。在我国出版家对于作者不但不扶助，并且是极尽剥削的能事。像极力拉拢已成名的作家，不管他稿子的好丑，用着较高的代价收买印行。对于无名作家，任你作品如何，送到书店里，总是什九被拒，就是有小小的幸运，能够中选了，你的稿费，终归不及有名作家的十分之一二。讲到版税呢?普通的，大约只有百分之十五。一个作家从写稿起到了出版，中间已经经过了许多时间，出版以后，又要等结账。结出的账，是否应得实售数，尚是疑问。结账以后，是否就会付款，又是一个疑问。至于对于读者，不但高订书的定价，而且还要增加一成，又有什么“读书会”、“大赠品”、“××周纪念”、“×季大减价”等等，间接直接都是剥削读者的工具。他们太过于牟利化了，其结果，给读者的只有个失望。所以顾全信用的书店，是不愿做这一套把戏的。

第三便是欺骗。欺骗是商人自认为巧技，并不算是不道德。目前的出版界，也染着这个时髦病了。一方面收买名作家的稿子做幌子，在广告上替自家大吹大擂，他方面以最低的代价，收购烂污的稿子，或且利用剪刀浆糊，把别家的书籍和什志，东剪一段，西扯一篇，凑成本子，混在名作家的稿子一堆里，来欺骗读者（像鼎鼎大名的××书局，抄袭了别家稿子，曾三次被人警告）。一般读者，惑于他们天花乱坠的广告，便大上其当了。在上海的，还有选择的机会，在各埠，以交通不便的缘故，出了钱换得的是不堪入目的东西。物质精神两受损失，读者们不但不能信用出版家，而且会起着反感。出版家原想欺人，反而自损，未免大糟蹋了。

第四关于出品。各国出版的书籍，不但内容充实，即对于纸张、植版、印刷、装订等亦非常的考究。我国的出版物，除商务等一二家以外，那一家可以说“差强人意”。格里格达的字句，阿毛阿狗的译文，且不说外；单就“起马货的纸张”、“粗细不一的铅字”、“参差不齐的装订”拙劣的内容和外观，在在都足引起读者不信任和不快感，而减少读者的兴味。像这样还能够使读者们“惠然肯临”，做他们的顾主吗？

第五同业倾轧。同业竞争，原是必然的，但是竞争的目标，要认清楚。现代出版界，不肯注意到作品的好丑和出版技术的优劣，仅仅以“减低折扣”、“加给回佣”去吸引各埠同行替他们推销烂污货，弄到乙低于甲，丙低于乙，那一家顶低，那一家便有生意，反是，就门可罗雀。最近还有几家新书店不顾一切，在“减低折扣、加给回佣”之外，还借×季大减价的机会，订立什么“各埠同业在廉价期内付款办法”，再加给回佣百分之几，藉敛现金。其结果弄到各埠同业看透他们的弱点，在平日大家观望着，总不肯爽爽快快地把款子交来。饮鸩止渴的政策，不但自陷，并且已经影响到全出版业了。

第六出品过剩。供过于求，便演成过剩的现象。书籍是知识的粮秣，何以亦会过剩的呢？上述的诸原因，当然有联带的关系，最为致命伤的，便是雷同书籍太多了，象布哈林的《唯物论》有七种译本，阿志巴绥夫的《山宁》有三种译本，雷马克的《西线归来》有七种译本，就是一个明证。可怜这些过剩的出品，就让他大廉价了十次，也出不清积货。那么，只好巧立名目，叫做“水渍书”，一元的定价，只卖到一角二角。其实这些书并不沾着水渍，因为过剩的缘故，万不得已，加上“水渍书”三字的头衔发售，总比讲斤头当旧报纸卖，来得得价些。新书业会弄到这地步，谁实为之？

总上所述，出版界“后天失调”的毛病，已昭然若揭矣。若出版家仍是徘徊歧路和舍正路而不由，不想些法子去挽救前此的覆辙，那么，夭亡殇折，真是指日可待了！

讲到补救的法子又是另一问题，因为各书店各有特殊的情形，不能一概而论。差幸，病未及死，药犹可为，深愿出版界诸君子自寻出路，对症下药。庶我们局外人越俎代庖之愚见，或亦有裨于万一也。

（载《中国新书月报》1931年第1卷第6—7期）

出版界的形形色色

茅 勃

你一学生杂志，我一学生杂志，但学生杂志其名，内容则或为教师而非学生，或竟与普通杂志一般无二。

你一读书会，我一读书会，自己必觉得我所出版的书，是每部都应该读，没有一本是“粗制滥造”或者错误连篇的。

你一检字法，我一检字法，但我有大书馆可以利用，我可以出字典、辞书、百科全书，以及无所不包像垃圾堆样的文库，我可以改变大图书馆的目录，而你不能，于是我胜利了，我成功了。

《康熙字典》被打倒了，否定部首检字法的不是教育部的通令，而是资本家的独占的经济势力。是政治支配经济，还是经济支配政治？

十月份的杂志，可以记十一月份的事，倘若不知道这是编辑先生的预言，将来的考古家，怕卒不免于茫然无从考证罢。

有登报征求稿件的编辑，有登门征求稿件的编辑，也有用恐吓手段迫人作稿的绑票式的编辑，也有不得他人同意，将其姓名登之广告，以为号召而招摇撞骗的编辑。

有真实地写其研究心得的作家，有烧直外国文的作家，有把各大学的讲义支离灭裂地加以杂凑而出卖的作家。

有把无名作家的作品，低价买入而用自己的名字，高价出卖的有名作家。也有雇佣许多人作编辑或翻译，而当作自己的著作出版或出卖的有名作家。前者犹如交易所的经纪人制度，后者则竟具有工厂生产制度的规模了。

名义上是便利学生读书的读书会，然而实际却是经理人拿了读书会的钱而出洋读书。

有名的艺术家，身在邮船上，虽没有到埃及，却能写埃及游记寄归中国，在大报上发表，因为埃及游览指南，固亦一本极好游记也。

有名的艺术家，收买了穷学生的文章，自吹自捧地宣传其在外国的行动，中国的读者看见大报上每天登着起居注式的游记，于是知“艺术叛徒”的反叛性，乃有人匪夷所思者。

（载《社会教育》1931 年第 21 期）

出版热急应打倒

诛　心

近年来国内出版物风起云涌，开历来未有之新纪元，表面上似为社会文化之进步，究其实，出版物中之无聊赖、无意识、无价值者，乃占大半数，此又不容隐讳者也。

吾尝发为狂论曰：若与人有深仇，可劝其办报，若与人有小仇，可劝其著书行世。若我，则宁劝人上吊，亦不敢劝人出版。余为此论，诚苛刻矣，然自身所经历，余痛犹存，故知之深而言之切耳！盖处今之世而办报，足以贻害终身，印书行世，足以为虑数年，反不若自杀之为直接了当也。今日国内除三数大书商不轻易邀其青睐者外，尚无大规模之出版机关，吸收著作品，故著作家恒自费出版。经售之书商，向不肯畅缴书价，于是赔累者乃为著作家个人。办报之难，开销之大，其为害更人所共知，无须赘述。再则今日中国所用纸墨，无一非舶来品，是出版者不啻为外国商人谋销路，助长外人之经济侵略。凡著作家类多富于血性及有为之青年，今则徒快一时，而贻不爱国之诮，诚余所大惑不解者矣。虽然，余非谓社会上不应有所出版，因噎废食，断乎不可。余只以为一切无谓之出版品，应极力取消，一则以裕社会经济，一则稍杜漏卮，吾想明达之士当无不赞许者也。今更引法国上年出版统计，以明书籍销路之涩滞，固不但在吾国为然。特吾国无出版统计，遂无从而知其详情，然一入书肆，便不难知书籍之供过于求。可惜著作家不详审时势，往往为虚荣与利欲两者所驱使，自堕于不可救药之境而不自觉耳。据法国出版统计，去年出版新书约万种，平均每种印一万部，共得万万部，购者在百万人以内，此百万人，每年每人平均购书十部，是销出之书仅一千万部，所余乃得十分之九，堆积书商库内，不得销路，渐成废纸，亦遂成为社会上之一大经济问题。

今日国中实际读书之人并不多，无谓之书则甚夥，书籍最大主顾之学生，又不尽有购买能力，可见书之销路，当更不及法国，则社会无形所受经济损失为如何，更不问可知矣。是以打倒出版热，确为当务之急，惟是限制方法殊无法施行，则惟有望明达者广为诰诫，与乎著作家之早自觉悟耳。

（载《北洋画报》1931 年第 15 卷第 702 期）

论出版界的不平等

郭安培①

一

我是一个出卖劳力以为生活的人。在经常的出卖劳动力之外，偶然高兴，也会在闲暇的时候，例如夜间人静，电灯格外明亮——说来可怪，我们敝地的电灯是到了午夜才会明亮起来的——之时，写些文稿投到各杂志社去，得些格外的收入。惟有这些额外的收入，在我个人的经济上，才有额外花费的权利。因为所谓正则的薪金是早已支配到家用上去，毫无自由使用的余地了。这些额外的收入，使我自己的枯寂无聊的生活偶然发生一分半厘的活气。例如，做完了一篇短文，得到若干的所谓“稿费”时，我便胆壮气豪的走到好友 Y 君的家里，对他说道：“喂，Y，今天一同出去喝酒好么？”

Y 君一诺无辞的，但有时也不免带几分被强迫的，同我走到我们时常光顾的一个酒家去了。

---

① 这是一个“笔名”，当然；但作者觉得他的真名没有给人知道的必要，所以使用着这个笔名了。

“对酌”的味儿真是异常的隽永的。我们一杯一杯的将琥珀似的流液斟到红面白里的宜兴杯中去，各自斟各的，谁也不用客气。下酒的东西只是盐煮的毛豆、花生，以及牛肉、猪脑之类，吃的却很有味。我们有时高谈阔论，什么话都谈，甚至谈起过三次四次的话，也还谈之不厌。有时却一声不响的将酒杯擎到嘴边，一抿一抿的喝着酒。

往往由午后五时直喝到夜间九、十时，由座间寂无一个人直喝到酒客满座，直喝到酒客星散。

陶然的带着几分酒意，又跑到快要散市的几家旧西书铺中，随意翻检他们摊上、架上的书。本来没有存心要买什么的，但结果总要在腋下挟了一大包的破书回去。——这里边，有时也不免有些很好的东西。

成反比例的是一只“空空如也”的钱包。

所谓额外的收入，便常是这样任意的耗费掉的。但其中的趣味，恐怕不是富贵人所能领略得到的。

为了有这种的趣味，便也常引起写稿的趣味与决心来；虽然有时也未免要发恨：“为什么白天出卖劳力还不够，更要连夜间也要出卖呢!”但究竟耐心写下去的时候为多。

这三五年来，我写的东西确是不少；为了投稿频繁之故，便与各杂志社的主干先生们也有了相当的友谊。由这样关系而结成的友谊，在我个人是觉得很有趣的。

我既成了一个“老投稿者”，在读者社会中，自然已不是一个“生面孔”的人。因之，我的文稿不仅在几个熟悉的杂志社里容易售去，即偶然投到不相干的毫不相知的杂志社去，也从来不曾受到拒绝过。

我自认我的“投稿运”确乎是很好的!

但是我常常在许多“同好者”或“同志们”所组织的小刊物或定期报上读到无数的咒骂那些大杂志社的编辑先生们的短文，他们咒骂的理由十九相同，总是说那些大杂志社虽挂着什么“投稿简章”之类，却都是装装场面的，骨子里还不是有关系的人、有名望的人的稿子方才肯登载。有的更十分露骨的责骂他们压迫青年作家，不肯鼓励青年作家的创作的勇气。

有一次，我更在某一个著名的杂志社里看见了一封信，那封信的内容大略是这样：

“我早就知道你们是不肯登载无名小卒的稿子的了！我早就明白你们是某某人所包办的机关了；然而我还要试试，试试你们有没有真心，能否真正为中国文艺界服务，所以我又厚了脸，再投寄这一篇名为××××的稿子。你们假如还有鲜红的血的话，应该仔细的读过这篇东西，再说别的话，不要连看都不看便退回了，或抛到字纸篓中去了！”

那位主干先生读了这封信之后，脸色铁青的，好久的时光一言不发，显然他是受了伤了，受了无谓的诽谤了。

过了一会，他对我说道：“C 先生，你是明白的，我们又何尝有过像这封信上所说的事实呢！我们的存心又何尝不欲鼓励青年作家的创作的勇气，多登载些所谓‘无名小卒’的作品呢！你是明白的，即如你，C 先生，当初我们又何尝是相识的。且读今年已刊的好几号里的作品，又有几篇是相识的人做的。像 G 君、L 君、X 君等等，还不是至今都还不相识的吗？像名为 Y. E. 的那位作家，连他的真姓名，我们都还不晓得呢。说我们什么‘包办’，什么‘不肯登载’，真未免太冤枉人了！”

我不知用什么话去慰藉他好，只好默默不响。

“这也难怪，”他又说道，“做了稿子，辛辛苦苦的，谁不愿意和读者相见。但是为读者着想，刊登了次等的较为低劣的作品出去，他们的损害是如何的重大！偶然我们也想通融的刊布几篇比较不大高明的作品出去，但是，读者纵不来责备，我们自己良心上却万分的过不去。有一次，偶然狠了一狠心，将自己认为不甚高明但也不十分低等的作品刊出一篇。老实说，那位作者在文坛上还是有小小名儿的呢。但其结果，却由读者方面来了不少的责备的信，且有几封是好几位联署的，他们都直率的表示他们对于本杂志的爱护，婉曲的忠告我们以后不要再登像那样的幼稚的东西。我们对于他们的忠告，当然是异常的感谢而且甘受的。所以，我们对于投稿的登载是比较的趋于严格的。宁愿得罪少数的投稿者，决不愿意损害读者的信用。所以，像这一类的诟骂的信，我们一年中也不知要接到多少，像这一类的诟骂的话，我们在种种小刊物上，一年中也不知要读到多少，可是我们不肯变更了向来的态度，虽然时时的不免感到气愤。”

我对于这位编辑先生的意见是很表示同情的，虽然我自己也是一个“间歇性”的投稿者。为编辑先生设身处地计，假如一味顺从了一般投稿者的要求，他们的杂志要变成一个何等样子的东西，倒确是值得研究的一个问题。别的编辑先生不说，单论到他，我很知道，他确是不会故意压抑所谓“无名小卒”的美好的著作的。我想，即其他许多编辑先生也决不会如此的。果有真实的好稿本，大约十有七八是有露脸于出版物上的机会的。

老实说，现在中国的文艺界确是在“稿荒”的时代。这只要看各杂志社之很努力的向相识者们“拉”稿子的事实，便可以知道。不说别人，便是我，一个投稿界的“客串”，却也常常的被他们所包围，所需索，有时要感到无法应付，常常一月之中，同时有三四个杂志向我索稿，我真的不知答应了那一个好——而我的时间又是那末少！

所以，我常说，中国是世界上一个最容易使投稿者露头角的国家，将来不敢说，现在确是这样，只要是“像样些”的稿件，很少有不被刊登出来的（当然，或许也有少数的例外）。

这个意见的形成，也许是应为我不曾吃过“投稿不登”的苦处之故。假如这话是说错了，务请“同阶级”的投稿者们原谅我。我虽是“客串”的投稿者，但对于写稿的辛苦艰难是身受而深知的。满腔的热忱，当然是在投稿一方面。不过觉得我们如果过于酷责“编辑先生”，未免有些不大近“理”耳。

二

但我为什么要说“中国是世界上一个最容易使投稿者露头角的国家”这句话呢？

这有事实可证明。由于那些事实的证明，我们便可以明白中国现在的“出版界”确还不至如一般人所想像的那末黑暗。——虽然将来不可知。

第一个证明是日本。关于日本文艺界的详细情形，我因为没有到过日本，不大明了。但就报章杂志以及小说上所宣布，友朋们所传说的，大概也可以十知二三。

初次出世的作家在无论那里都是很难立刻知名的，在日本似乎尤甚。你捧了一部“处女作”，要想找一个出版的地方，实在是谈何容易的事。杂志上的篇幅已都给有名望的作家们占据去了。你要不是有大来头，你便不用希望进入那个已挤满了先进作家的“文坛”中去。你的一篇精心结撰的“处女作”在杂志社的主干们看来，万万敌不过一位著名作家的寥寥几十行的“不知所云”的杂感随笔。但假如你找到了一个“大来头”，能够将你的“处女作”出版了。那末，你的运道便来了，你以后的第二、第三作便比较的容易受出版家们的青眼了。

所谓“大来头”云云者，便是所谓著名的作家。你假如得到了他们的推荐与奖许，那末，你的地位便可以稳稳的站定了，你的稿子也不怕没有人收受了。假如你得不到他们的推荐，单想靠自己之力，赤手空拳的奋斗出一个世界来，那是极不容易的事——虽然不敢说绝对不能成功。

所以后备的作家总是营营的集合于已成名的作家的左右竭力求其吹嘘——其热忱较之直接去包围出版家为尤甚。已成名的作家往往以此为苦，但又有什么方法可以摆脱这些魔障呢？“一登龙门，声价十倍。”出版家既以那些已成名的作家的耳目为耳目，又何怪那些初出茅庐的新作家以他们的推荐为一生升沉的关键呢！

仿佛曾见过日本有几位已成名的作家在他们的文字中很不客气的揭出这种“黑幕”而视为不满的了（其中有一位似乎是菊池宽罢，他曾有过一篇《无名作家日记》，里边讲的就是这件事）。

但在主干者们具有自己的独立的辨择力以前，日本已成名的作家们之被“包围”的祸是不会终止的。

还有一条路，也是新近作家们的出路，那便是他们集合了几个同志们，用起决心来办一种新的“同人”刊物。这条路，只要有力量，也是可以走得通的。——但在日本，于种种的重压之下，新杂志的产生实在不易。

新的“同人杂志”办得出色之后，那几位新进是作家自然而然会为一般人所认识，而便也成了知名的作家。几个重要的杂志社或出版家的主干者们自然也会光顾他们家中“拜求大稿”了。

说道“拜求大稿”，我们可以说，所谓出版家与杂志社的主干者们所忙的差不多全在于此。他们似乎是生来为已成名的作家们服役的。凡是一个有名的作家差不多都免不了那些索稿者的纷扰，有的时候，几乎一次两次三次的跑，他们不怕跑穿了门限，也不怕跑脱了“屐齿”。至于无名的新作家，他们却是连正眼也不看一看的；而新作家的稿件，他们当然更视为淡漠无关的了。

这个现象，大约在日本那样的商业化的“书籍世界”中总是免不了。

三

在欧洲，投稿界的情形也不比日本高明了多少。在从前的时候，我们晓得俄国的许多著名作家都是受前辈的鼓励与推荐的。杜思托也夫斯基（Dostoevsky）的第一部小说《穷人》，假如不得到诗人尼古拉莎夫（Nekrasov）的鼓励，他以后能否成为一个大作家，确是一个疑问。高尔基（Maxim Gorky）的出名，第一次也是由于前辈作家科洛林科（Korolenko）的介绍的，以后高尔基成了名，便又介绍了不少新的作家到文坛上去，在其中，安特列夫（L. Andreff）便是一个。此外，赖高尔基之吹嘘得以成名的，更不知有多少人。

在法国，罗曼·罗兰（Romain Rolland）也成为了文坛上的教主。他不知介绍了多少作家给读者社会。在他所介绍的人中有一位是特别有提起的必要。

这一位被介绍的无名的作家是南欧的罗马尼亚人，他出身很苦，生活潦倒不堪，差不多什么事都做过了，有如早年的高尔基。最后，他到了瑞士（?），住在一个小栈房中。生活穷困无聊，他感到没有再漂泊的可能，且没有再生活下去的勇气了，便于某一夜，写了一封极长的信，怀在身边，叙述他自己一生的经过，最后并且说起他要自杀的事；同时便执了一把刀自刎。

罗曼·罗兰知道了这事，马上跑到这位青年的旁边，发见了这封长信，读毕了之后，大为感动。幸亏割的不深，喉管没有割断。

罗曼·罗兰连忙将他送进了医院。到他伤痕快要痊愈之时，罗曼·罗兰又去鼓励他，对他说道："只要写出你自己的遭遇，已是一篇很好的东西了。"

他便立下决心写出他自己的遭遇来，写成了之后，经罗曼·罗兰的介绍，得以出版。出版后，立刻得到广大的读者界的欢迎，不久且有了好几种的译文。

他自己在这部书上写着，罗曼·罗兰不仅救活了他的身体，也救活了他的灵魂。

这位青年便是 Panait Istrati。

这部著作便是很有声誉的《基拉·基拉林娜》（Kyra Kyralina）。

假如他那封长信不写给"爱才若渴"的罗曼·罗兰而写给任何一位冷酷的书店主，那末，他的"得救"便真要成为一件不可能的事了。

罗曼·罗兰还在《欧罗巴》杂志上介绍了不少中国学生的译者。

还有住在巴黎的一位法国诗人保罗·哇莱荔（Paul Valery）也介绍了不少东方人的著作给法国人。

在欧洲，总之，没有"介绍"的"处女作"，也是极不容易得到书店老板的欢迎的。

四

在欧洲中的英国，出版家购稿的情形似乎更为黑暗。这也难怪，因为英国印刷纸张等等皆较大陆上为昂贵，所以出版家对于书稿皆抱十分谨慎的态度，轻易不肯印行一部书。因了这一层，新进作家便更难于寻到出路了。

在英国，有所谓"投稿介绍所"的，伦敦一个地方便有好几个这样的机关。这种"投稿介绍所"原是在新进作家与出版公司二者之间做一个媒介的。大约总是为了实际上的需要，所以才会产生那样的一个奇怪的机关。

原来著作家与出版家之间，除了素享盛名的作家以及学术界知名的大学教授之外，是很难得发生什么关系的——而这种关系却又是必需发生的。著作家之需要出版家正如鱼之需水；出版家之需要著作家，其情形也正相同——这当然因为出版家根本上不信任新进作家之故。

老实说，在英国，新进作家也实在太多了，每一年每一出版公司所收到的投稿，不知道要以千计好或以万计好。对付这许多投稿，当然决不是每一公司中的几位编辑者与读稿者们（readers）所能胜任愉快的。所以他们对于新进作家们的投稿，根本上实在没有仔细审阅的余地。

据说，老牌的出版公司，像麦美伦（McMillan）之流，其对于未知名的作家的办法是很可怕的。他们收到了一部投稿后，先要看投稿者是否知名之士，如果他的名字不太熟悉，便先去查查最新的《人名录》（Who's Who）上有没有他的名字。如果没有，这部稿子便不必再看了，立即退了回去。

这当然节省了不少时间与金钱（因可以省了许多读稿者的人数与报酬）。

假如这个投稿者是《人名录》上有名字的人，这才把稿子交付一个读稿者，看看他的题目。

题目不对，或太沉闷枯燥，不合时代的需要，便也不必再看内容了，仍然是立即退了回去。

假如题目好，他们认为有审阅内容之必要，方才着手去审阅内容，以定去取。

所以一部书稿，即使仅仅要叫它的内容与“读稿者”见一见面，也是一件并不容易的事。

这种经过，当然不是每一个出版公司皆然。然在“时间即金钱”的社会之中，对付无名的新进作家冷酷无情，不加以仔细考量，那是必然的事。

因了这个缘故，便有所谓“投稿介绍所”应运而生，这种“介绍所”是专门收受无名的新进作家的稿件，加以审查，考察其有无出版的可能。假如不能出版，其原因究竟何在？如果增删了几段几节，或改易了一个题目之后，是否能使原稿眉目一新，得以出版？

这些问题都是“投稿介绍所”要代新进作家仔细解决的。——当然他们决不是白费力的，他们先要从作家们的腰包中取得若干的审查费，方肯开始审查。至于审查费的多寡，那是视书稿的性质而定的。

经过了他们的审定之后，认为那部书稿可以介绍给出版家时，他们便将书稿介绍出去。当然，这个介绍不一定完全成功，但成功的机会总比较的多些。

介绍成功之后，他们又从稿费中取得一笔巨大的介绍费。

有一次，我听到一个笑话，关于这种介绍所与一位女作家的。

女作家们，在英国，我们要知道，大都是阔小姐们；她们吃饱了饭，没事干，便写写稿子消遣。好在她们并不靠此为生；卖出与否，在她们看来无关重要。但既写了稿子，她们总希望能够出版；一方面当然也是受了虚荣心的鞭策。她们的稿子大都先要受教于所谓“投稿介绍所”。

我现在所要说的A小姐，正是此等人物中的一个。

她偶然乘兴写了一部中篇小说（novellet）。她自己很高兴。但因为不认识任何出版公司，便跑去和一家“投稿介绍所”商量如何出版的方法。

“投稿介绍所”中人翻了翻这部小说稿，说道：“我们可以代您设法。但须先交我们审阅一下。”

“要多少的审查费呢？”A小姐问到。

“介绍所”中的人答道：“非十五镑不能办。”

A小姐便交付了十五镑的现款。

过了几天，“介绍所”中的人对她说这部稿子有什么什么缺点，有什么什么不合时代需要之处；若不照他们的话修改过，他们不能负介绍之责。

A小姐绝对的信任他们，一一的照他们的话将稿子仔细的修改一过。

A小姐的这部中篇小说被介绍到一家出版公司，果然被收买去了。

到“介绍所”去取稿费时，“介绍所”中人说道：“××公司只肯出二十五镑现款，您卖不卖？”

A小姐本来志不在钱，便点点头，同意于这个数目。

当付款时，“介绍所”又扣去了五镑，说是他们应得的“介绍费”。实际上，你们想想看，A 小姐这部中篇小说得到的稿费是多少钱？——不多不少，只有五镑现款！

然而“介绍所”中却得到了二十镑的现款！（审查费十五镑，加上介绍费五镑）。

A 小姐对人谈起这事来，又气又好笑，没有钱的作家们，老实说，“投稿介绍所”的门也都不容易进去呢！

这是一个实例，可见英国出版业中黑暗的一斑。但也有好些小出版公司，他们也可以代替新进作家们出版几部书——大约他们和那些小公司多少都有些认识，或经过了某某友人的介绍。然其条件之苛刻，却不是我们住在中国的人们所能梦见的。

小公司为一个新进作家出版一部书，大约的条件都是这样：印刷一千部书，工本共费若干镑，在其中著作家需先交出若干镑，以赔补出版家的损失。

在英国，“穷措大”的新进作家要想出版一部书真比“骆驼穿针孔”还要难呢！

在美国，出版业黑暗的情形未必亚于英国——也许要变本加厉。新近在美国的一本杂志上读到一位专门家论美国的出版业趋势的好几篇文章；其中警辟之处颇多。有一段是论到美国出版业购稿的情形的。他说，近来美国的出版家都感到“投稿”的靠不住。有销路的书稿，决不会自己投上门来，而要他们自行托人去编著的。所以他们现在都趋向于物色相当的著作家，代替他们编稿，而对于“投稿”，则较前更为冷漠。

原来他们是要根据社会上的需要或事变而去物色相当的书稿的。这一类应合社会需要的书稿，销路总是不会差的。例如，支加哥发生了一件惊人的银行盗案，盗首也被捕了，于是出版家便亟亟的物色著作家，写盗案小说、盗首传记等等。又如大探险家安特留的遗骸在去年被发见了，在发见后的两个月，关于安特留的传说及其探险事业的书，便已陈列于市场上了。

他们手段的灵敏真不亚于 Wall Street 的大投机家！

纯正的新进作家，在这样的黑暗情形之下，怎样会有扬眉吐气的可能呢？

五

要论到报酬等等，那更是可笑。在英国（大约在别的地方也是一样），发财的作家只是那些已享大名的作家，像 H. G. Wells，H. Walpole，Bernard Shaw 之类；普通的作家们都是十分清苦的。不大知名的文人要想以其作品易现款，那真是很难办到的事。出版家对他们的支款，往往是故意的百端阻难的。

什么酬报都是爽快的，只要做了工，便可得到酬报，只有著作的酬报却是绝对的靠不住的！

在著名的作家们看来，所谓“稿费”，那真是小之又小的问题。他们根本上便不知道有什么“稿费”云云者的存在。他们享受的乃是其额绝巨的“版税”，在“版税”之外，更有所谓“出版费”。当他们一书告成，百“家”（出版家）竞求时，他们要看那一家“出版费”出得高，便交给那一家付印。而这一笔“出版费”，在“穷措大”视之，已较所谓“稿费”者不知大过多少倍了！

而在“穷措大”的作家，有时便连区区的“稿费”也取不到，更有时还要自己先垫现款去印书。

世界上不平等的事更有过于此的么？人世间的炎凉之态更有胜于此的么？

至于同一稿费，在日本，一个有名的作家与一个不大知名的作家，其间的相差是不止三五倍的。

例如，以创作论，菊池宽他们便至少以二十元一枚原稿纸计算，平常的作家则至多不过四五元而已。

又如同样是杂志上的论文，在英国，如系出于有名作家之手像 H. G. Wells 或 Chesterton 他们则至少以百镑计，若系出于一位不大知名的作家，则至多不过以五镑十镑计而已。

为什么对此现象觉得不平等的人并不多呢？难道学术界与文坛真有

极严格的阶级存在么？

又要讲到中国了。老实说，中国现在的“出版界”确还不至如一般人所想像的那末黑暗，出版家还不到决不考量“投稿”的地步。即以稿费而论，许多杂志社于知名者与不知名者，大概都是一律的；出版公司对于一般投稿者最高度的相差，也不过是每千字二三元的差别而已。至于“版税”，则大都是照书价的百分之十五——不管作者是一位久享盛名的大学教授，或是一位初出茅庐的中学校的在校学生！若说到平等，我们中国的出版界真可谓“平等”之极的了！

努力，新进作家们！相信我的话：“中国是世界上一个最容易使投稿者露头角的国家。”努力，新进作家们！

至少现在是如此——虽然将来不可知！

（载《中学生》1931 年第 13 期）

批评与谩骂

——对中国出版界的一点小小感想

何德明

显然，批评及谩骂是两桩不同的事情，可是在我们中国毕竟把这两桩各异的东西，拉在一起，而变成一贯的难以分离的事实了，尤其是在出版界。在一般差不多都共认，批评与谩骂是决不相融合的，但一切事实所给与我们的终适得其反。我们知道所谓批评是对于某种著作或事件，以客观的态度，不偏不阿，毫无成见地加以相当的检讨和估价，这原是件很值得赞颂的好事。至于谩骂，那是谁都知道专以主观的成见和固执的立场来吹毛求疵，隔靴搔痒，结果固然与原著作的价值丝毫无损，而所留给我们的也只有莫名其妙和许多不值嗤笑的片段印象罢了！

“中国没有批评家！只有谩骂家！”这不仅我个人感想如此，就是一般人也都同样地共认这话无非难的余地。那是很显著的现象，简直随处可找出证据来。记得在最近的过去，新月派胡适之、罗隆基、梁实秋辈，因见中国人的人权的扫地和被剥夺，就在扰乱的政治氛围里，漾出了“人权运动”的呼声。于是《我们什么时候才有宪法》、《人权与约法》、《论人权》……的文章，就一篇篇似大小炸弹般震人耳鼓了。无论任何人，我觉得只要他想作个“人”，尤其是想作个现在这般混杂情况下的“中国人”，对于这人权运动的鼓吹，都应赞助，并且都应参加进去努力地干，这可说绝不需要再去怀疑的了。但一般人竟大不以为然，仿佛他们不要人权，且有不欲为人的趋势，人发牢骚，作什么《论人权的批评》、《读人权与约法后》……的书后，当然，他们的目的，是想把人权运动加以否定，以为是不需要；这当然也不能说不是好现象，只要他们批评态度公正，理由是非常的充分。但是事实告诉我们，他们对于人权运动者，竟绝对的谈不到批评，只是随处狗血喷人，任意污辱谩骂而已，他们对于胡适等的文章的内容、理论的本身，毫没有批评和检讨，他们只斤斤于作者的人格的谩骂，什么“好人政府”、“胡博士”、“将何以适之”……作了长长的一大篇，累得排字先生费神排了五六千的字。而结果只是空虚，充满了狗的吠声、蛙的鸣音，隔着靴儿一点都摸索不到痒处。试问这是批评吗？（当然他们自己是会绝对地肯定说是批评）我想只要有点批评常识的人，谁都会给以这样的论断说：“不过是信口雌黄，毫无理由地谩骂罢了，莫得是批评吗？梦！十万八千里！”写到这里，我又记起我自己和我许多友人看了那反人权运动者的谩骂结晶品的一本口口口后，都在那书的最后一页写了“隔靴搔痒”四个大字时的愤叹情况了。

中国文坛的寂寞，真是平静无战事，过去的普罗文学，毕竟把锣敲破了。现在的所谓民族主义文学，又只是自吹自擂一点，引不起人们的注意，像这样的结果，批评先生自然是英雄无用武之地，退避三舍了。而谩骂太太竟侥幸的交了好运，姗姗地有娇嗔的多余时机了。本来在这般的荒芜中国文艺田地里，非但须有鲜丽花朵的招展，碧青草丛的蓬勃，而春风的爱抚，秋雨的滋润，也终是重要的。而中国的文艺花朵毕竟是太病态太柔弱，经不起春风秋雨的宠爱，同时这宠爱又是不含好意，所以结局竟成了僵化，竟成了化石般了。在先前（？）中国整个的文坛浸染了普罗文艺色彩的时候，批评与谩骂也同样地无从分野，在普罗文学方面，有个自命为中国文艺批评家钱杏邨者，尝著有《中国现代文学作家》（已出两卷）、《文艺与社会倾向》及《文艺批评集》等书，把中国过去与现在的文艺加以探讨批评，且对于未来的文艺趋势作了相当的推测和臆断，这当然也是很值得注意而高兴的，况际此中国的幼稚文艺作品，充溢了书铺市廛的当儿，尤其需要这种有力的批评家的出现。但是钱杏邨的所谓一切批评，归根结底，仍不免踏了普通专事谩骂的覆辙。在他的一篇《死去了的阿Q时代》里，就很明爽地漫布了谩骂的气息。他简直把鲁迅骂得一钱不值，一般人认为不可多得的杰作，他的《呐喊》、《彷徨》竟被他弃若敝屣而下了死刑。自然，只要著作是真的幼稚浅薄，那就是再加增毁坏工夫也未尝不可。但鲁迅的著作在某一时代，自有他那时代的价值，决不能以现在的不同的时代精神去妄自辱骂（因为钱杏邨在许多地方，对于批评的态度是有莫大的缺点的）。况《呐喊》、《彷徨》终已给与中国文坛相当的影响了呢？不过钱杏邨是个以普罗文艺的立场，来批评和他们立场不同的其他作品的人，这当然也有他的理由，不过在这里我不能说他们的立场怎样。我只能说他的批评态度不能令人满意。因为很显然的当我们读了他的所谓文艺批评以后，觉着他的谩骂态度使人太冒火愤怒，而对于他的人格方面，常会呈着怀疑和不敬服的情绪。实在像钱杏邨这种有力的批评家，毕竟是现代中国所极期待的，读了最近的他的文艺批评，比较的已有了发展，于态度方面也比较的严整，决不像批评《死去了的阿Q时代》的那般故意辱骂了，尤其他近来做了一篇《鲁迅论》，再把鲁迅作一个更深刻的批判，于理论方面也有了相当的凭依，决不似以前的空口胡说，毫无证据了。不过在这里我得向钱杏邨君竭诚地说几句话：“谨望以批评的态度批评文艺作品，否则，谩骂的结末，只有损害批评者的自身，于作品及作者个人竟可说毫无增损的！”

自从新诗的奇异花朵，在中国静寂文艺园地中占有地位而洒吐了幽香以后，到如今已有多年的史迹了，虽然说是并不十分久长。在成绩方面我们不能说已至最高峰，但我们可以自信新诗是一步步地趋于进步了。在最初期的新诗，是幼稚得不足道，这当然是不必掩蔽的事实；可是现在的收获，终蕴蓄着无限的春笑了。郭沫若、徐志摩、朱湘、闻一多辈也终于值得我们提起的了。在最近所出版的唯一《诗刊》，可说是冲出了云围的一轮明月，也可说是炎热长夏的几滴雨点！赞爱，自然要使人赞爱的了。但在这里我又要谈起批评和谩骂了。好像是去年，在上海《民国日报》的报屁股里，有某君（大名已忘记）作了一篇关于新诗方面的批评短文（题目怎样？也竟同时遗忘），这当然又是好事了。在幼稚时期的新诗，正祈望着这些春风秋雨的爱抚与扶养，好慢慢地走向成熟的大道。可是那篇短文终究使人失望，终究不是批评，只是不相干的谩骂。且所被谩骂的地方，竟于新诗毫无损益，简直可说是在谩骂自己于新诗没有认识一般！的确，他不是在谩骂新诗，他只是在诉告而暴露他对于新诗探究的不精深！最可令人发笑的，是这位所谓批评者，竟毫不注意于现在的新诗的进展情况，他竟只把过去的初期的新诗，随便引来几首，把它的一切都抹杀掉，大骂新诗的无聊浅薄，而把它上了断头台，宣布了它的最后命运。记得去年是十九年，新诗自然比较民国八九年胡适之等刚提倡时进步得多了。可是这位批评家，他仿佛只读过许多年前的初期作品，对于现在比较成熟的竟丝毫未注意及，这也许是鉴赏力太薄弱了吧？不过，我总觉着这类批评者聪明太过的批评，实在太可怜悯了，既然来批评，起码就得把整个的新诗坛，作一次约略的鸟瞰。像这样只把初期的，并且是特别取些初步幼稚的作品来胡乱批评！不！胡乱谩骂！这真好像批评一个人好坏，不管某人目前的景况怎样？只说他小的时候，连话都不会说的，拉屎是往床上拉的，试问阁下的幼年景况是不是这样？总之，凡是一件事物的进展，都有一定的相当的程序与步骤。像这些一点心都不愿意操，只看到了事情的一小部分，就毫不客气的大放歪词，破口乱骂，这正如北方人有句俗话："看见了骆驼以为马肿了背。"一样的粗心，一样的浅薄，一样的不值一笑！批评者！不！谩骂者！你们是井底的蛙呵！你们也知道井外还有浩大的海洋吗？

信手写来，证据的竟多是这般的出人意料之外。其实，乌烟瘴气的中国现在出版界，何尝有甚么批评，有甚么真正的批评家！谩骂，谩骂才是独一无二的能事呢！在这收结的时候，我还得拖一条尾巴，说及一点出版界的“捧场”把戏。在上海的各报附刊上，特殊的是×报的书报介绍栏，常常是捧场角色在闹着滑稽大会串。什么××……等很少有人注意的刊物，当它们每期出版之后，照例是洋洋数十万言的介绍文字，不，捧场文字！歌功颂德，说是没有一篇不值得读数十遍的。那些捧场者，当然是某某刊物的关系人物（当然也许有点出入），一方面固然尽了友谊而得着某刊物的好感与欢心，他方面一千字起码有一只洋的代价，且借此又可成个小小批评家（?），一举数得，那又何乐而不为呢！哈哈，你捧我捧，彼吹此擂，文学家、诗人，于是乎似粪蛆般的日益增多而蠕蠕终日了。朋友们！你如果要批评某种著作或事物，在先，我要警告你，你须记得，你只是在对他的著作的评价，你须用客观的态度，毫不参以主观的偏见，你须对于它的技巧、思想、文字各方面，平心静气的作种种忠实的批判。你切不可在这些之外，对于作者人格及其他加以任意的污辱！尤其是对于批评的态度，务要严正，切不可流于刻薄俏皮。朋友们，假如你在批评某某著作之前，我望你先要认清你自己是在批评不是在谩骂！你须是个批评的忠臣！你决不可是个谩骂的走狗！

（载《萍影》1931年第1卷第5期）

有闲阶级与图书

若　虚

什么叫做有闲阶级？便是士大夫阶级（关于士大夫阶级不必是知识阶级，吾友陶希圣君已说过了，在这里不必再提及）。形成士大夫阶级的是社会上的特权取得，形成有闲阶级的是经济上的搾取成功，所以有闲阶级之形成是在士大夫阶级形成之后的。多少取得特权的人，其出身虽不是士大夫，然而也可跻于士大夫之林。进了士大夫阶级之后，生活自然解决了，他可以不再劳动了，由是第二步便也跨入有闲阶级。

有闲阶级有了“金钱”与“时间”，当然什么事都可以做。像茶楼、酒馆、妓院、赌场，乃至时下的一切新娱乐场所都是有闲阶级享乐，甚且是他们单独享乐的领域。这是谁都知道，谁都肯定的。

关于图书这捞什子，未免十分寒酸气，和它有缘的似乎只是知识阶级和学生阶级，而不是有闲阶级。

然而不然！在我看来，连图书这种生意经也免不了靠着这万能的有闲阶级来维持。尤其我们贵国的图书业，非抱这位不倒翁的佛腿做靠山，一定站立不住。

话要说回头，图书固然非靠有“金钱”的来维持不可，然而有“金钱”如果不肯或且不高兴替他维持，那么图书就无法可想了。所以在有“金钱”的肯维持或且喜欢维持这“文化”门面的黑幕里面，也有几个原因。

有闲阶级所以肯和图书结缘的，第一就是他的闲暇。无论有闲阶级怎样呆笨，然而他们毕竟是人，人毕竟是有知觉的动物，有知觉的动物除了用劳动（包括精神的及非精神的）来消磨时间之外，便是休息（这是广义的休息，如吃饭、散步、睡觉、梳洗都包括在内）。休息不了便是闲暇，闲暇不了，便生烦闷，烦闷不了，便要找娱乐。这是有知觉动物的生活起居注。这有闲阶级是最有闲暇的时间与消磨闲暇的资本的人，所以他也最会找娱乐。可是娱乐有两种：一是比较形而下的，一是比较形而上的。这有闲阶级当然先找形而下的娱乐，像“声色狗马”这些的把戏就是属此。可是无论那一种娱乐都不能够永远满足有知觉动物的欲望。所以到了某时期某程度为止，这有知觉动物的心理上必定发生一种变态，就是烦腻，烦腻的结果必定驱使他另找他种娱乐来替代；于是他不免从比较形而下的娱乐逃到比较形而上的娱乐上面去。图书这捞什子便是其中之一，所以有闲阶级也终不免来找它。因为有闲阶级富有“金钱”，所以他只要能得消遣，便满不在乎地化些金钱来买它。可是他们的知识是有限的，所以他们嗜好的图书大半不是研究性的，而是娱乐性的，现在花花绿绿的小说、卿卿我我的剧本所以会风行全国，就是探投这种有闲阶级的心理。促使有闲阶级和图书发生关系的。

第二原因便是身分。身分这东西乃是社会的基础，阶级的形成完全是建筑在这身分上面，所以各个阶级无不努力培植他的身分。有闲阶级既然自认为士大夫阶级，当然想取得士大夫的身分。士大夫的身分是斯文，斯文的顶端是博学，博学的象征是富有图书，所以有闲阶级在不知不觉间和这图书发生了极密切的关系。我们看见有些自认知识阶级的学生——尤其是大学生、留学生——，在他们的修业时代乃至卒业期间内，第一是购置书籍，把他们的书房摆得琳琅满架。这种心理的表现正和有闲阶级完全相同。我们倘若用同样的注意力，跑进有闲阶级的家庭，那末，在他的华丽的客堂上必定见有名人的字画、珍贵的古董，在他的秀雅的书房内必定见有丰富的图书、精美的文具。固然他们多少不是文盲的，然而我断定他们在这些里面享受过读玩的娱乐的必定很少；甚且不曾抚摩过它的也有。这是不可掩的事实，他们占有这些也不外像占有声色狗马一样，然而对此唯一的动机就是身分；所谓"撑门面"、"摆架子"、"力争上流"、"点缀斯文"，都是这种心理的注脚。所以现在的书贾多不在书的内容上精进，反只在书的外表上——封面、装璜、书架等等——讲究。一部《二十四史》定价几百元，一部《道藏经》定价千余元，在民穷财尽的中国都能够一销而尽，在这里可见维持图书业门面的不是寒酸的知识阶级，而是面团团的有闲阶级了。

第三个因子在帮助有闲阶级和图书发生关系的是"嗜好"。嗜好在一切人类原是免不了的，姑无论嗜好的种类是千差万别的，读书是嗜好，购书又是一种嗜好。知识阶级对书的嗜好多半是"阅读"，有闲阶级对书的嗜好多半是"赏玩"。一部书倘把来"读"便须多少时间，倘把来"玩"便只靠多少金钱，所以知识阶级买书率是远逊有闲阶级。书贾心头里实在欢迎有闲阶级远过知识阶级，可是表面上却不得敷衍知识阶级，甚且违心地强把有闲阶级算作知识阶级。知识阶级还要靠有闲阶级的资助才能够生存，所以也往往依附有闲阶级而引之入于士大夫阶级，而促进其买书率，有闲阶级受了这两方面的推崇，乐得假充斯文，越发肯破钞来买书。于是买书这回事，在他们方面积渐由身分而成为嗜好，所谓过瘾是也。在这里还有一种心理帮同促进有闲阶级买书率的：就是所谓"好胜"。他们办不到的是"阅读"，办得到的是"购买"，于是越发从"购买"方面发展他们的特长。所以有闲阶级家里的藏书，论部数总是几万几十万册，论版本总是孤本秘笈。你争购那一种，我争购这一种，买得到的便是有面子，得不到的便是失身分。最后的目的便是：盖了一座藏书楼，在图书上面印上某氏某藏书楼（或馆或阁）的钤印，在社会上得个某某藏书家的头衔，就这样地进入士林了。许多南北的藏书家，其形成的素因多半不外如此。此所以年来百业凋零，独所谓旧书肆在那里大发其财。

除了上述三种积极的原因之外，还有一种消极的，也可说是有闲阶级作成图书业的，这就是“衰败”。有闲阶级在过去中是由取得特权而成功其榨取的，所以他们现在的地位不啻是享受他们过去的成果（不待说，这成果在社会方面看来是很坏的），同时也在那里替他们掘将来的坟墓。他们因为惯于闲暇，惯于享乐，于是对于劳动，对于事业都不免逐渐懈怠。不但如此；他们的家庭——他们的子弟——便也不免沉于骄奢淫逸。其结果，他们的财富不久必消失殆尽。于是从前所谓最贵重最能增进其身分的图书，到现在竟成为最笨重最讨人厌的捞什子了，有的散失了，有的贱卖了，甚至有的当作旧报纸做包皮纸用了，有的当作草材作为生火用了。同时这些旧有闲阶级的财富由于天演淘汰的关系，竟沦入那些“新有闲阶级”的手里了，而这“新有闲阶级”，竟也受社会自然律的支配，不期然而然地重踏“旧有闲阶级”的前辙，在那里大购而特购其图书以增进其身分了。在这一转移与进出之间，不知作践了多少图书，新开了多少的图书销路。所以最不易吞纳蚀化的图书也会像动植物性的食品一样新陈代谢地消费了之后又复生产了出来。年来旧书的影印和新书的重版大半就是靠这有闲阶级的“衰败”所引起的资产转移。

由这样看来，所谓高尚的图书业，名为以知识阶级与学生阶级为推销对象，其实又何尝不仰着有闲阶级的鼻息。

试问在这种畸形的社会状态之下，图书的制造与出版，对于文化的裨益，到底有百分之几呢？由这里可以看出，几千年来的读书运动之结果，不外造成极少数的知识阶级与极大多数的文盲阶级而已。要想文化普及于广大的民众层，恐怕须在理想乡的将来罢！

（载《中国新书月报》1931年第1卷第9期）

商品化的文艺出版界

澈 之

倘若我们有上两三个礼拜不出街门，偶然走出到那些小书铺小书摊上走一走，你一定看见那里摆放着不少的新书。这新书的数量使我们特别惊奇，真让我们不知道有多少文人在著作，在缮写，多少工人在排印，在装订。这样多的新书里面，尤以文艺的作品为最多，所以有人常说，倘若你一天到晚什么事情都不做，专门的看那些文艺新书，你一定不能追赶得上，不到几天，一堆的新书就要积在你的眼前。这样多的新书，并且此后还有许多人从事著作，许多人从事印刷，许多人从事售卖，将来的收获正是一个不可知的数量，这岂不是一件很可喜的现象？

这些文艺新书，大概都是漂亮的封面、新巧的命题。漂亮的封面钩引我们的视线不能不去注意它，新巧的命题刺激我们的意识不能不翻开它一看。然而只这一看啊，真是五光十色，无奇不有——可是糟的程度有许多都是一样的糟到不可救药的地步。青年人爱看《性史》，许多小说不惜将《性史》所写的做为他的小说的材料。青年人喜谈革命，许多自称普罗文学家者，便把“起来呀，团结呀，暴动呀”一些口号写下来算做新诗。这些描写卑鄙的内容的，以口号标语作为文学的所谓文艺刊物，有人会以为他们是胡闹，是蛮干，实际说起来他们绝不是胡闹，绝不是蛮干，他们很懂得青年心理。他们的作品除去引诱青年以外，还要得到不少的金钱供他们挥霍，供他们享乐。封面的漂亮、命题的新巧，为的是售卖的多，售卖的快。这样的动机，使用如此的手段，我们称之为“商品化”。

这个名词应用到文艺出版上也许有人以为不大妥当。请不要怀疑，让我找点证据出来。

原来在这资本主义势力笼罩了全球之下，无论什么东西都是要“商品化”的。起先工业被变做“商品化”之后，接着农业也变做“商品化”了，到现在什么事物都被“商品化”了，文艺出版界也被“商品化”了。

前面所说的那些不成名的卑鄙的文艺搁在一边，暂且不论，且看胡适的作品。胡适的《国语文学史》的稿本十年前就已写定，他自认为不满意，总想改订，总没成功。到前年因为合伙开了新月书店，想尽“股东的义务”（也就是想享股东的权利——赚钱）。于是才把《国语文学史》改订成《白话文学史》，在序里明明写着这样的话：

“恰巧那时我的一班朋友在上海创立新月书店，我虽然只有一百块钱的股本，却也不好意思不尽一点股东的义务。于是我答应他们把这部文学史修改出来，给他们出版。”

我们读过这一段文字，知道胡适的《白话文学史》有意去作商品，已是“商品化”的了。胡适创作的本心或不在此，然而他无形中是受此影响吧。

至于郁达夫的作品竟是有意的做为商品了。郁达夫的作品在各报上各杂志上发表之后，又印全集，全集印完，又印“代表作”。在序里说：

“达夫代表作的出世，本来是因为救济几位失业的朋友之故而想出来的方法。……”

“后来，我也因为这几年的失业的结果，连日用的几个必需的金钱都来不转身子，所以也乐得作一次买卖，再来改订一遍，让他们去出去。”

我们看，“乐得作一次买卖”，是不是有意的去作商品？胡适、郁达夫的作品是上乘的，尚且逃不出这“商品化”的范围，那些无名作家，专是为利主义的、诱惑主义的，更是专门的制作商品，希望在市场上销行，它的性质与普通商品也就相差甚少了。

郭沫若、蒋光慈，也都会跟着郁达夫学。他们的作品全是发表过的，现在又重印全集。郭沫若的《猫》与《黑猫与塔》，其中只差一篇文章，然而他故意的印成两个册子，他的用意可查而知了。

汪静之向上海某书局借了二百块钱无法偿还，便胡乱的（他自己这样说）给书局标点了一部小说算作还账，许啸天把什么《诗经》、《史记》、《经史百家杂钞》等书胡乱标点，加上些似通非通，隔鞋搔痒的不恰当的注释，也大出其版。这些，都表示文艺出版界的商品化。

本来，著书印书全是很赚钱的勾当。一千字的文章就要买到三四块钱至八九块钱（像郁达夫的恋爱小说）。二三百页的小册子，起码在一元以上。北新书局自从迁到上海之后很是发财，听说赚的钱又开了一个纱场，更想大发其财。别的小书局也如雨后春笋一般，一天比一天的多起来了。

北平的小书铺眼看着上海书局发财，可是自己没有本钱买稿子，只有眼热而没办法。在没钱购买稿子之后，便妙想天开，把上海出版的书大翻印而特翻印，翻印的书比原版的便宜许多，很受穷学生的欢迎，销行很广，结果，小书铺也会赚到不少的钱。

总之，无论翻版书或原版书，这些文艺作品已经变成了商品了。在著作与书店夥谋利益之下，我们这些读者是受了多末大的剥削啊！

（载《河北前锋》1931 年第 22 期）

检讨现在的出版界

编　者

在新年中，偶然在“久未一临”的“书店所在地”的福州路、河南路一带走走，从五色缤纷的市招和灿烂夺目的陈列，感到中国之所谓“出版界”，不禁亨出老夫子腔调“呜呼！夫何言欤”。然而，任其如此之“乌烟瘴气”，缄口不一言吗？天津《大公报》，有文一篇，特为转印，下气乃泄——盖所感到的只是“下气”中的资料：

自从李小峰老板，因创设北新书局而大发洋财后，上海滩头以播扬新文化自命的小规模的书店，真有如雨后春笋般的蓬发起来，这些书的老板或者是后台老板大抵是些所谓文人学者之流，像胡适之、徐志摩等之以新月，张资平之以乐群，曾孟朴父子（即东亚病夫）之以真美善，张友松之以春潮，汪静之之以水沫，邵美洵之于金屋，语丝派之以北新，率皆双料的头衔，即老板而又兼编辑者也。

无疑的，书局的勃兴，出版物当然亦随之增多，所以一二年来出版物，风云蔚起，已达到狂飙时期，我们有暇不妨到市场去绕个湾子，书摊上成千成万的崭新的刊册真是“汗牛充栋”令你目眩眼迷，如其你有胡子的话，定会拈须而笑，默默的称赞我们贵国文化事业发达是如此的神速啊！

我们意为，以文人自身来致力于文化事业，当然决不能与庸俗的奸商市侩相比，何况他们还口口声声的喊叫着给读者谋利害呢。其实呢，大谬不然，他们一样的“唯利是图”或者更比一般无识的商人敲竹杠的手腕，更巧妙些，不信，请拭目一观现在出版物的内容。

质的方面，实在太贫乏极了，我们固不能一笔抹煞，但差堪人意的作品委实是“寥寥无几”，而无聊、浅薄的东西，却触目都是，更可令人齿寒的便是章衣萍先生的《枕上随笔》，把鲁迅剃头、胡适修脚一类的所谓文坛的台柱子的“起居注”，他居然拿来问世，而且还恬不知耻自吹自擂呢。再者，像我们的大小说家张资平先生，一年之间居然出版了几十部名著（?）从前摈弃在垃圾桶里的《天孙之女》、《上帝的女儿们》，而今也出版了。而且这些人也太博学了，一方面坐在五层的洋楼上执笔写三角、四角、N 角恋爱，一方面又跳出“爱的圈外”着手翻译马克思的唯物史观，这来无怪乎新出版物这样的充斥市上了，原来“著作”是可以像写流水账目样的呀！

内容尽管“一文不值”，而装璜方面却不能不斤斤注意，三色版的封面，无疑的是出诸艺术家（?）手笔。纸呢？不消问不是桃令，便是洋宣，至于古色古香的仿宋字连史纸，更是别开生面了，若用报纸来印书的那真是寥寥中之寥寥了，但是呵！“金玉其外，而败絮其中”，“以金盘着狗屎”，我们只为那些纸张的厄运一哭啊！

内容尽管是“一文不值”而定价却是那样的昂贵，一本薄薄的三五十个 Page，不足两三个钟头阅读的一小册子，定价起码便定二四角大洋，而且不折不扣之外，还是“同业公议，照码加一”呢。就是著名的在读者口袋里摸铜版的商务印书馆，也实有点“望尘莫及”啊。

定价的奇昂，小部分的原因，固然是由于装璜美丽，而老板们不稍顾读者的利益，只知“赚子儿”，却是更大的原因，北新书局以一二千元的成本，现在李老板竟腰缠十万，便是极好的明证。还有一本东西，我们买原版自然是十足定价，而买翻版呢，有时一二扣便可购得，像《屠场》、《石炭王》之类，这若大的悬殊，愈证明了他们是大赚子儿了。这里容我说个笑话，现在不是有几家书店亟亟的以提供“普罗”文学标榜吗？像张老板主持的乐群，叶某主持的现代，真是太滑天下之大稽了，一方面尽管喊无产文学万岁，一方面却抱书价抬得那样奇昂，莫说一般无产家不敢轻易问津，就是稍有点资产的我们穷学生，也只有“垂涎一尺”，只有一般“布尔乔亚”的哥儿小姐们拿来作茶余饭后的消遣品罢了，这正和坐在洋车上高谈人道主义，抱着娇妻美妾间论妇女解放一样的滑稽可笑。

还有，书局的老板既然是一些文人，他们都亟亟于援引“臭味相投”的党友，他们是具有野心的，想着以出版的权威，来维系文坛的地位的，所以某个书局为某派包办，“异己”的人，休想插足。所谓提携新进作家，那根本是“鸡儿撒尿”，没有那回事。这来真不知埋没了多少杰作，更不知白白的糟踏了多少纸张。唔，还有这些老作家们，似乎太会想钱了，一篇杰作（？）既在定期刊物上发表了，既印成单行本问世了，但翻一翻花样，改改书名，就又是一本东西，在他们也不过多抽几文版税，但害得一般穷苦的读者好哇！有人说买全了《创造月刊》，郁达夫、郭沫若、张资平的作品就可不必再买了，这实非虚言，总之现在的出版界黑幕重重，真乃“罄笔难书”，我现仅代表穷苦的读者要求于以两事。

第一步是建立出版界的水平线，莫使一般低能的、幼稚的、浅薄无聊的作品再行羼入，免得“误尽天下苍生”。

第二步是减低书价，稍稍的也体谅我们一些穷苦的读者，装订尽可不加注意，能用报纸印刷最好，果能如此，对于我们穷苦的读者，真是胜造“七级浮屠”，我想这并不是怎样的奢望吧！

（载《时时周报》1931 年第 2 卷第 2 期）

成“名”捷径

英　烈

在现在，要在出版界立足的，非用种种方法求得“名”不可！但，我既没有钱可“出洋镀金”，又没有钱可向“国货的”大学买得硕士学士等学位，更没有谁的名肯给我假借，未免悲观！我想，和我一样的人们定然不少。

幸而我从第六期的《读书月刊》，学得一“成‘名’捷径”，现将这求名秘诀告诉那些求名不得之人们：

《读书月刊》底编辑顾仞千，在第六号上“将第二卷的计画大纲预告”我们，说：“我的读书经验，我们计画在第二卷第一期出一个《我的读书经验》专号，聘请国内著名学者撰稿，各述其自身之读书经验，作为青年读书之借镜。现已有来信允许者，有郁达夫、赵景深、章衣萍、顾均正、林语堂、周作人、谢冰莹、王平陵、余楠秋、谢六逸、黄天鹏、王礼锡、贺扬灵、马仲殊、匡亚明、贺玉波等。”所列举的人物，除了那些包括在“等”字之内的“国内著名学者”为我们所不能知道之外，大部分确是有“名”的人物。我因为要知道被包括在“等”字之内的“国内著名学者”是哪一位，故将“第二卷第一期要目预告”中所载的《我的读书经验》底作者名字仔细地核对一次，就发见了被包括在“等”字之内的“国内著名学者”原来就是《读书月刊》底编者顾仞千自己！

这样，当读者们想拜读“国内著名学者”所述的“其自身之读书经验”，以为“读书之借镜”时，就可在诸“国内著名学者”底大著中读到了顾仞千底《自学的经过》，因而，读者就都会以为顾仞千是“国内著名学者”之中（英注——预告有十五位名人，他排第九）底一位了！顾仞千岂不就从《读书月刊》底主编一跃而厕身于“国内著名学者”之列吗?!

这种方法，不仅省力，而且见效甚速，诚不愧为“成‘名’捷径”！

（载《书报评论》1931年第1卷第4期）

敬告新书业家

羚 郎

中国是自诩为精神文明的国家，但是中国的文化事业，却幼稚得这个样儿，实在可怜得很！自从新文化运动以来，以提倡新文化为职志的新书店，就渐渐地多起来，给中国文化事业的前途，总算留下了一线希望。实在的，除提倡新文化的新书店以外，谁还能担负创设新文化的责任呢？许多旧的迎合社会卑鄙心理的书店，不但不能替新文化事业负一点责任，并且还要使国民心理堕落，为新文化事业的障碍！所以能为中国新文化事业负责任的，只有新书业家；而中国新文化事业所希望的，也只有新书业家！

照目前的情形看来，中国出版事业，似乎很发达了！单就上海一地来说，新书店是这么多，新出版书籍差不多每天都有几种，一种有名的译品一出，就跟着有好几种译本出现！表面上看起来，这似乎是出版界的好现象，读书界的幸运，中国文化事业前途的光明。然而实际上却不如此！新书的销路渐渐地失去了，读者对书店的信用，也渐渐地不稳固了，每版书最多的不过印三千本，普通印一千本已经要算好了，而一版新书，如果非是轰动社会的，就非一年或一年以上的时间卖不完。因此作家的生活，也渐渐困苦起来，作品也不得不粗滥了。以致整个的读书界，只见得混乱，只见得消沉！许多资本不大的书店，若非他愿意蚀本、关门，就不得不想出许多卑鄙的方法来赚钱，弄到读者的信用益失，新书的销路益滞！结果，必定达到两个地步：（一）整个的文化事业破产；（二）被大资本的书店所吸收所垄断！

这两个悲惨的结果，已很明显的摆在眼前，不容我们讳认！目前许多小书店杂志的停刊，许多新奇的吸引主顾的方法的出现，许多比较有名的作家的作品，渐渐的向大书店里输送，这就是最好的明证，谁也不能否认的明证！所以新书业的危机，已明显地摆在我们眼前，也就是说中国文化事业的危机，不远就要到来了！

我们应当用什么方法去挽救这个危机呢？要挽救这个危机，就不得不先来研究何以到这地步的原因。为什么新书的销路沉滞了？为什么读者的信用失去了？为什么读书界的空气会如此沉闷混乱？这些，仔细研究起来，虽则有许多说不胜说的原因。然而其中最大的原因，还在新书业家太为自己目前的利益打算了，不但不顾到全盘的文化事业，并且连他自己的信用也不顾了！只要知道了一本可以赚钱的书，就争着出版，争着翻译，不管粗滥，也不管低劣，广告大登特登，淆乱读者的耳目。这样，还能教他在读者中建立信用吗？整个的出版界，怎还能有一个学术的系统呢?!

出版事业，是一种文化事业，是一种高贵的神圣的事业，虽然不一定教你蚀本，然而也不能像别种商业一般的唯利是图；若是单是要挂文化事业的美名，而实行其图利的主张，那真是一种无耻而卑鄙的行为！不但努力于文化事业的要攻击他，就是政府也应当取缔他！中国新书业的危机，也就是这个原因造成的！也就是各人以谋利的目的来从事文化事业的缘故！如果要挽救新书业的危机，挽救中国文化事业的危机，也只有从这一条路着手——就是要希望中国新书业家，蠲除相互的意见，大家联合起来，以文化事业为前提，为中国的读书界谋一点幸福！那末，我想非但对读者有利，就是出版家自身也是非常有利的！

下面这几点，就是新书业家所急需实行的：

（1）同业的组织。新书业的危机之所以造成的原因，最重要的还在出版家的各自为谋，各人只顾着目前的自己的利益，不管全盘的文化事业，不管读书界的信用所致！所以同业间的联络，同业间的组织，为挽救这将颓的新书业的第一要务！新书业公会，现在虽有一个，但是这个公会，会员既少，事情又没有，又不能解决同业间的互相倾轧。除了增加书价以外，几乎就等于虚设！同业没有组织，出版物就不能统一。

譬如就译书一方面来说：《唯物史观》有五种译本，《转形期经济学》有三种以上译本，《山宁》有三种译本，《西线无战事》有二种以上译本，这是近时最通行的书，大家都争着来译，其他三种二种的译本也还很多！虽然译本多是一种好现象，便于读者的研究。然而在这出版物贫弱的中国，在闹智识荒的中国，却只有害而无益了！就如上面几种书看，布哈林的著作诚然是急需翻译，但是马克思的著作、列宁的著作、亚丹斯密、理嘉图的著作，以及其他许多重要著作，都已经完全翻译出来了吗？为什么其他许多重要的著作，都可弃置不顾，而争着译已有译本的著作呢？这种事体，就是同业间缺少组织的缘故！所以为新书业的前途计，同业间的严密的组织，是急不容缓的事体！虽然不能组织得像托辣斯一般的严密，至少亦要能够解决同业竞争，以及把出版事业放在一个整个的有系统的计划上面！

（2）系统的出版。同业间有了组织以后，然后才能谋出版事业的进步！中国的出版界，向来是极混乱的，今天你出一本《中国文学史》，明天他出一本歌德的研究，后天别人又来译一本辛克莱的小说，从来没有把作品或译品有系统地出版过！就是有许多译丛、论丛，也没有系统地出版过，这家出世界名著译丛，那家出欧美名著译丛，别一家出文艺研究，从来没有过联络，也从来没有整部的出完过，结果越弄越混乱！所以要廓清这混乱的现象，必定要有系统地出版：

a. 一般的研究，就是从概论起，以至原理、历史、思想史等的研究，这是纵的，主要的灌输基础知识！

b. 分类的研究，如社会、科学、自然科学、政治、经济、社会、宗教、哲学、文学等的分类研究，这是横的。

c. 专门的研究，如论丛、译丛，或作家全集的介绍与编辑。

同业间若有了组织以后，照着研究的系统，选择作品或译品，作有系统的，各同业分别去出版，那是很容易的事！出版一有系统，读书界的信用才能恢复起来，文化事业的前途，才有光明的希望！

（3）出版物的选择。出版物的选择，是出版家第一的要事，目前的出版物中，差不多有一大半是犯了选择不严的毛病，虽然有几家的书店，选择出版物是很严的，但出版粗制滥作的书籍的，却也不在少数！

他们藉广告的力量，以为是总有人买的，却不知道人家上了当之后，你的信用也就随着那本骗人的书卖了！所以出版物的选择，不但予读者以利益，实在也是维系自己信用的所在！译品固然要求其真实，没有错误，就是作品也应避免空洞，求其内容充实；没有好的作品，宁使选择译品来代替！

（4）定价的统一。这不但要求定价实价折扣的统一；并且某种版本，某种材料的书籍，售价也应以同业组织的力量求其划一！现在有许多书店的书虽然卖得便宜，但有几个书店，一本报纸印的杂志，就要卖三角四角呢！定价虽不要怎样便宜，但同业间的统一，却是极要紧的！

以上四点，是我希望于各新书业家的。希望背负着中国文化使命的新书业家，不要再似从前一般的混乱，再似从前一般的各自为自己的利益打算了！新书业的危机，中国文化事业的危机，已经摆在你们眼前了，不要把它看成儿戏，忘去了你们所负的文化的使命！不然，悲惨的结果立刻就会发生！来吧，一致的团结起来，有系统地有计划地出版各种书籍，为中国的读书界谋一点利益，为中国的文化事业负一点责任！

二十年一月五日晚。

（载《中国新书月报》1931 年第 1 卷第 3 期）

读了羚郎君《敬告新书业家》之后的一点感想

周子滨

中国文化事业的危机，已被羚郎先生不客气的由黑幕里取了出来报告给读者。我对他所拟的挽救中国文化事业急须实行的几个方法，有一小点意见贡献给羚郎先生同读者。

在我的意见，是要由上海的各新书业家共同推举职员，组织一个新书业联合会，又由会内成立书稿审查部，每家书店推举一位居心公正、学识渊博的人，为该部审查员。凡有作者或译者将自己所作内成立的稿子卖给那家书局之时，首先将价议定，然后把那稿子交在书稿审查部内去审查该书有否出版的价值，待审查完毕，认为可以出版的，才由该买稿家，照价付款。若大家都认为不对的，就可以将原稿退还卖稿人。倘能如此，那么出版界就不会有不值得看的书出现了，读书人对于出版家的信用也容易恢复。不但恢复旧日状态，恐怕还要加倍的亲切信仰了。

周君这种办法是理想的，不但实行起来颇费周折，单说上海新书业联合会从前何尝没有组织，其结果都给把持和猜忌结果了性命。目下上海各家新书业如亚东、北新、开明、太平洋、华通、光华、新生命、泰东、联合等十家书店每月聚餐一次，其目的先在第一步联络感情，然后再行正式组织联合会，正与周君所拟的办法恐怕尚更在其次。来函所谓审查委员会说来很好听，其实审查书籍本是很不容易的一件事，若再交第三者去办，结果不免成为敷衍或延搁，所以我看还是各书业自己留心些还好，不知周君以为然否？——编者

（载《中国新书月报》1931 年第 1 卷第 9 期）

关于买书的零零碎碎

楞　定

没钱买书倒也罢了！可是常常有拿出许多钱，买不到好书。还有化了钱，买不到书，这都是内地读书人的苦楚。我是化了许多冤枉钱，换得了不少的“买书阅历”。不敢自秘，用特公开于好买书的同志之前。

小书店未必不出好书，大书店的书未必都是好，不过资本雄厚的书店，他有力量买好稿，出版的书，内容比较靠得住些。但是这种书店，拒绝收受无名作家的作品，这又未免太抹煞了。新兴的小资本书店太多了，出版的书，真使你目迷五色，什么书报、评论、新书介绍都是靠不住的，差不多都是书名极好，内容不堪。我们要买一种书，真是要费斟酌，不是在代销的书店里，或者朋友的书架上亲眼看见了，不能断定。

不然，化去冤枉钱，得到的是失望和懊恼罢了！

有一种书店，舍不得化钱买新的稿子，只把旧书东割西撕，换一个好的名字，欺骗读者。这一种办法，无异乎实施其自杀政策。

买商务印书馆的书，如果是请上海的朋友代买，不如邮购，邮购不如在各地分馆或分销处现买。因为请上海朋友代买，费了朋友的精神，化了朋友的车钱，书价寄费，一个少不了，空承个人情。而上海那些书店里的营业员，面孔多是铁做的，寒酸的读者，常碰一鼻子灰不算，有时还叫你练习腿劲。有一次我在商务买一部书，本版柜说楼上美术柜，美术柜上又说在本版柜，上楼下楼，跑了几个来回，依然两手空空。我于是感觉到，还是笔头儿上来往，到底客气些，省力些。

邮购固然是简单省力，不过你在本省，至少要等一个月，须得预备点“大学眼药”、“日月水”之类的东西，医你那盼望欲穿的眼，而且明明是一本八五折的书。连邮费、汇费，算下来，差不多是实价了。

在内地买上海出版的书，有时比上海还要便宜，比方九折的只要八折，实价的只要九折，而且不须邮费汇费，这一层，我很以为奇怪，问了几个人，也都莫明其妙。

求普通智识，买书不如定什志，因为专科书籍，是单纯的味儿，什志却五花八门，材料既不一，文笔又不同，而且取材上又日新月异，说到代价，更是便宜上几倍。不过定什志也容易上当，常有一两个失意政客，没处发泄他的高见，或是失业的文丐，饭碗没处着落，随便捏做一个刊名，大吹大捞起来，二三期后，不幸短命死矣，定的人只有喊几声倒霉而已！所以刊物的出版处如不是一个书店，而是某路几号，或是某弄几号几楼，那是很危险的。

（编者按，这种情形多得很，真是防不胜防，好在现在上海有二三个很靠得住的邮售社可以替你们效劳，像《生活》周刊社的书报代办部和华通书局邮售部等，他们都是读者们忠实的服务者，并且华通邮售部他们还可以免除邮费及其他便利呢！）

（载《中国新书月报》1931 年第 1 卷第 5 期）

书贾与低级趣味的读者

涛

书业者是传播文化的媒介，至少也不能与其他营业的目的完全在乎赚钱的一样。然而，理论却不一定是事实！在这样资本制度支配之下，又那一种事业能够脱离了商品化？即令是自承为文化的传播者与最纯洁的书业！他们唯一的目的就是在赚钱，他们也竞相在投机的心理支配之下追逐着。适直又遇到这样的读者，——在阎氏蹂躏二十年的教育所陶冶下的青年，更其是我们底大学生们！他们是除了残缺不完的几本功课书外，其他的书籍是很少有工夫去看的，不，他们看，而且……什么演义，……武侠，……肉感，……这是他们用以消遣的主要之一，究竟只有太原书业的老板们眼光明锐，知道投合读者之需要是可以赚钱的，于是贩卖、翻板、发财、盖洋楼，如果有些要去买本最新的世界著名的文学书籍或社会科学书籍，准可以十回有九回以上碰钉子。有是读者必有是书贾，两美相映，真所谓无独有偶了。

（载《前路》1931 年第 3 期）

青年出路与出版界

在目前情况下生活的青年，莫不为“出路”问题陷于烦闷。在与烦闷苦斗之后，乃得如下的结果：一、根本对人生失望，以消极的自杀而为积极的解决；二、根本认明人生，而作勇敢的进取的，以谋彻底的解决；三、以不得结果的结果，抱着“得过且过”的态度，而为不解决的解决。此三种结果的前二种，是弱与强的明白的分野，自杀固非出路，然亦总算归入于大的出路。勇敢之进取的方式的立意固各有不同，然其原则和精神，亦可谓是正确的人生态度。唯第三者，则是最普遍于目前的一种了，而且这一种是特别的与出版界发生了奇特的关联。

由于陷于烦恼，于是所谓“苦闷的象征”的文学就出现了。——失恋的悲歌，受了社会刺激的泄愤，不得志的牢骚，性苦闷的叫喊……——对于女人、事业、黄金等的渴望不得，乃书之纸而成文艺的书了。迨书印刷成册出版后，被一般处于相同境况的人所购读，于是出版诗的，就被誉为某诗人了，出版了小说的，就被誉为文学家了。既得稿费，可以为文学材料的生活，又得虚荣地位，可以作社会存在的立脚。所以，自新书店风起云涌的起来以后，平地增加出版物的数量，更随此情况又多出了几许的青年作家。“青年作家”四字，在最近几乎是陷于不得出路的青年，所共同的视为赴出路的捷径，或竟依之为非出路的出路。——盖最能烦闷的青年。都是知识分子而且知道的事物较多的。

这种现象，在正面视之，是社会发展的一个病态，因为社会所需要于青年绝不仅仅如此，而青年对社会所负的使命，当有超于这以上的更重大意义的工作。而何况我们尚不能论及出版物之质！如再从侧面视之，更有种种不能已于言的现象，即如青年一致的趋于出版，事实自然就有天才与否，人缘有否，努力与否的竞争。所以较低能者则有抄袭与偷窥之举，较狡黠者则追随依附既成的名家，或竟不惜出不道德的手段所以达到目的，这都是已见于事实的。似此所予社会的影响，又怎样呢！

青年之努力著述工作，就其字面本身言，是社会的进化。我们何敢反对。然若如以上所述，是我们为青年自身，为社会前途，不得不将本心不愿一道者而道之。青年若真是潜心于学术而努力著述者，则盼更努力。若不学无术而欲斤斤以出书为出身捷径者，则希有以省悟。

（载《文艺新闻》1931 年第 7 期）

出版界底新趋势

——中学生读物

英　烈

今年的中国——其实是上海——的出版界，有一种与去年不同的新趋势。去年的出版界，是倾向于社会科学的著作和翻译。不仅是昆仑书店和新生命书局继续地从日本搬过来了许多的社会科学著作，也不仅新开办的小书店如平凡书店、辛垦书店、华兴书店、春秋书店等皆以出版社会科学为标榜——联合书店甚至挂起"唯一的社会科学的书店"这招牌来，就是那些开设较久的北新书局、光华书局、现代书局等也不得不出版"社会科学名著译丛"、"新世纪社会科学丛书"和"社会科学丛书"，甚至连真美善书店、卿云书局和大东书局也跟着出新社会科学的书，然而今年就完全换了一个新的局面了。本来是以出版中学生的课本和补充读物为主要营业的开明书店，继续其《中学生》杂志和其他的中学生读物。在去年秋季，别的书店都或多或少地转向这方面来：春潮书局跟着《活叶文选》的例，出版了《活叶英文选》；大东书局跟着《中学生杂志》的例，出版了《现代学生》；北新书局则出版了《英汉对照读本》。这个倾向，到今年就越明显了。光华书局出版了《新学生》，北新书局出版了《青年界》，开华书局出版《青年修学指导丛书》，南强书局出版《写景文作法》和《英文文法辞典》，北新书局出版《作文法讲话》，准备出版中学教科书的更多。总而言之，今年的出版界是以中学生读物为中心的！

出版界这种转变，自然有政治上的原因和营业上的原因。但我在这篇短文所要讨论的，不是其原因而是其本身。第一，我们要问：出版界之趋向于中学生的读物，是不是一种好的现象？第二，我们要问哪一种的中学生读物是目前所最需要的？第三，目前已出版的中学生读物是否适合这种需要？

中国近几年来的出版倾向，从出版文学书籍转变为出版社会科学书籍，再转变为出版中学生读物；这种转变倾向是不是一种好的现象呢？我对于这问题底回答：这是一种好的现象。在社会科学书籍盛行的过去二年中，关于新社会科学的重要著作，大部分都已译成中文本了。然而，这些译本，因为大部分是名著而不是通俗的入门书，故内容比较高深，非具有相当的基础的社会科学智识之人，就不能充分理解。还有，这些译本，其译文大部分是过于“日本化”（因大部分是从“日文本”重译过来的），不很容易看得懂；这更加使人不能充分理解了。所以，我们在这二年来虽然看到介绍了许多社会科学的名著，但能读这些名著底译本的，只是极少数人——大学程度的基础智识比较丰富的青年。至于大部分的中等程度的青年呢，他们很少数能看得懂这种过度“日本化”的译文，更少数能理解专门的名著！中国的读者，中学程度的青年是占绝对大多数的，因此，我们就需要“通俗化”，即必须有适当的入门书，使一般的青年获得了研究名著的过渡桥梁；而且，必须使译文通顺浅易，使一般的青年能够看得懂名著的译本。换一句话说，我们今后应该注意这些内容为中学生所能理解，文字为中学生所看得懂的读物。

中学生所最需要的书籍，是哪种书籍呢？良好的教科书当然是需要的，但良好的课外读物是更加需要的！养成学生自动研究学问之习惯的，并不是教科书而是课外读物；使学生获得最新鲜的智识的，也并不是教科书而是课外读物。故小书店出版中学校的教科书，以打破大书店的对于教科书的独占，使中学生能够有比较良好的课本（例如《开明英文读本》就比商务或中华所出版的许多英文课本好得多了），但更应出版良好的课外读物。中学生所需要的课外读物，可分为四部门：第一是关于语言的，如国文、英文以及其他外国语；第二是关于自然科学和数学的；第三是关于文艺的；第四是关于社会科学的。因为学校的功课对于第三和第四部门比较少，故他们对于这两部门的课外读物之需要更加迫切。因此，出版界对于这两部门的课外读物应该特别着重。

然而，现在已出版的中学生读物，是不是适应着这种需要呢？我们看一看各书局的图书目录及出版预告，就可看出：第一，有许多书店是计划出教科书，开明书店已出有《活叶文选》、《算学课本》和《英文读本》。世界书局有中学教科书，大东书局也有中学教科书之出版计划。春潮书局出版有《活叶英文选》，现代书局出版有《现代文学讲本》，北新书局出版有《国语读本》，光华书局也有出版国文教科书的计划。第二，有许多书店已出或将出版外国文课外读物及参考书，如开明书店之英汉对照小说，北新书店之英汉对照读本，南强书局之英文文法辞典，新宇宙书店之日语辞典，开华书店之将出版日文读本。第三，有许多书店已出版或将出版“什么法”的参考书，如南强书局之出《写景文作法》及将出《日记文作法》，开明书店之出《文法及作文法》，光华书局之将出《读书法概论》，开华书局之将出《修学指导》等书。然而，由于文学和社会科学的中学生课外读物呢？现在还看不见有这样的出版计划！

总而言之，今年之出版界之倾向于中学生的读物，并不是一个坏的现象。但各书店只知想争出版教科书和外国语补充读本，而忽视了青年学生所迫切需要的文学和社会科学的课外读物。青年的中学生不会买学校所选定之外的第二种课本，对于外国语的补充读本之需要也很有限，因中学生决不会把课余的全部时间完全用于读外国语。目前偏重于课本和外国语读本而忽视文学和社会科学之倾向，不能充分地适应中学生的需要，故这种出版计划很有失败之可能性。因此，在最近的将来也许会再发生一种新的趋势——着重中学生的文学和社会科学的课外读物。不知有哪一个书店老板会先见机而行呢？！

（载《书报评论》1931年第1卷第1期）

漫谈青年读物

默　之

中国的文艺作品，在未曾趋向正轨的当儿，就由消沉而渐渐地陷于没落了。这种不良的现象的形成，一方面固然是因一般青年读者没有艺术鉴赏力的修养，它方面还在那些书店老板日趋商品化，口头在高调宣扬文化为唯一的宗旨，实际上只是口与心远地乞求营业上的发展，用尽了所谓市侩的手腕，怎样以自己出版的书籍来迎合读者的低级趣味，怎样将这本书出版之后能得到意外的重利？这样，根本上就消失了固有那种创办文化事业的旨趣，俨然成了偎依于青年界之下的一个营利的机关了。

固然，一种事业的创设须顾全营利的本身，以血本来牺牲却是不可能的。但是企图过甚，如这里所述的文化事业，那除了影响于青年的前途和读书界之外，还有碍于整个国家的本身，这是含有多大的危机呢？像现在，我们跑到四马路各个书店里巡查一番，突现于眼前的只是大批的迎合读者爱的心理的变态的恋爱小说，内容大有近于淫秽，……其余，就是那些新起的一种对于青年们大施剥削的青年读物了，什么中学生、现代学生、新学生、小学生，在预告中的青年界；还有什么中文活页文选、英文活页文选、国文读本、小品文选、散文甲选，以及大批的供给大朋友阅读的小朋友丛书，真使我们看得头昏眼花，不知所云。

本来大可以介绍一些世界名著，供专刊有价值的文艺杂志，定价低廉的刊物，但是，这都不能吸收整个的大多数青年的对象，所以，有些纯文艺杂志是突然地改变为专供青年必读的刊物；停止印行有世界价值的文艺书籍，一心一意地编印所谓青年读物和儿童丛书了。这无非是为了营利的目的，使真正的文学产品堕落——商品化。在稍有见解的人看来，是多么痛心的一回事呢！

在我们中国，无论经营那一种事业，都有一时的高潮，这高潮越过了这个时期就渐越低落而消化成泡影了。这根本的原因，是没有打定稳固的基础，只片面的迎合那一时的社会环境与民众心理。有若数年前的影片公司是盛兴一时，但是后来，有的倒闭，有的亏本，没有一些美满的结果。其次，是模仿赛马的跑狗场，也极盛兴过一时，虽然经当局取缔这变相的赌博而封闭，但是如果让它经营下去，直到现今它的生命仍是不能久持，因为民众所具的一种好奇的旨趣已经悠然地消逝了，现在，我们回头看看所谓最高尚的文化事业，难道不是如此吗？

当新文化运动的初期，一般青年都患了买书狂，书店里的老板也为了供给读者的要求起见，只是大量的烂污地出版新书，而以类似小孩子讲话的白话诗集为最多，但过了这个时期，所谓诗歌集简直没有一点销路，于是书店老板便很机警地转变了方面，对于具有真正艺术价值的诗歌也加以重压，既不要稿费也不愿有所印行。为了营利和逢迎读者的需要，又不得不大量的印行什么类于性史的多角恋爱小说，以后当国民革命高潮澎湃之际，又不管有碍青年的思想界与否，大印□□小说，因为读者的鉴赏力已达到相当的程度，不愿多看这些烂污制造的小说产品，于是，这类作品的销路又低落了。……

到现在，贫弱的中国出版界，还没被发现一本真正有世界价值的文艺作品和具有正确思想的社会科学的专书，这却言之有愧，况且，新文艺运动到现在已有悠久的历史了。商品化的牟利的书店老板，当然愿意不到这样的许多。所谓发扬有价值的文化，只要能够是一本万利便满足了他们的欲望，达到了他们的目的。所以，在社会科学书籍销路低落的时期，这正在盛典的青年读物就充满了营利的书肆里了。

关于发售青年读物，多智的开明书店实赚了一笔钱，因为它，是最先编印所谓现今中等学校中最通行的活页文选，这种没有版权的好生意经，大可以做它一下，于是，其他几个新书店，就“东施效颦”起来，但是，这“续貂丑”是不能避免了的。因为弄巧成拙，编法不善，那销路当然是不行了，愈后发行，销路愈是没有起色，这也是必然的道理，假使不是这样，那么随便什么阿猫阿狗都来编选什么活页文选了。开明，它所出版的书，是准备抵制商务印书馆各种书籍和刊物的，在先前所出版的《新女性》，谁也晓得是抵制商务的《妇女杂志》，它的销路曾盛兴一时。不过妇女运动在中国或许已不须再鼓吹了，所以开明老板把出版三年的《新女性》废刊，牵着缰绳，转过马头，那抵制《学生杂志》的《中学生》就突现于青年学生的眼前了。

在一般青年学子都以为《学生杂志》带着一些暮气，同时大家又具有喜新厌旧的求知心，而且《中学生》的定价廉，内容偏重实际和具体的探讨，包括着各种科学，固有一很少量的文学作品以调剂读者的口味，在此，可以得到许多基础的常识，所以，正在求学的青年要读，跨出了学校之门的青年也要读，当然，它的销路就冲过了定期刊物销量的最高点。其它书店，看着别人赚钱有些眼红，同时在现今的市场上，同业竞争是无论如何是免不了的。这随《中学生》杂志而起的是大东书局的《现代学生》，它的营业手腕也很高妙，一方面拉几个挂名编辑，不惜重金的来购买所谓名作家的大作。据说，客串玉堂春的徐诗人的诗是二十五块大银元一首？其价真开我国卖稿的新纪元，如果这样，美国五万个穷诗人到中国来倒不必做那潦倒的替别人擦皮鞋的生涯了。并且，这大东书局为了甘愿牺牲血本，彻底的说，还是在乎吸收青年读者的现金，将这样厚的所谓《现代学生》，预定全年仅收大洋一枚，真是何其廉矣！它命名为《现代学生》，当然不像《中学生》杂志那样在名义，似乎只限于中学生阅读，换言之，是个现代的学生都可供之阅读，除非你是另一时代的学生。因为这样，它的销路倒还不差，大有压倒《中学生》杂志之概。光华书局老板，看了眼红起来，那《新学生》就随了青年刊物的高涨而出现了。它的定价比较贵，它的内容又不偏重于实际，所以销路似不能有所起色，然而最大的原因，是现代的青年们大都属于穷苦的，至少是不能生利，已定阅了《中学生》和《现代学生》两种刊物，实在无暇或无钱再来预定价值高昂的所谓《新学生》了。在这种青年必读的刊物潮似乎已要消沉的期间，北新书局还预备出版着什么《青年界》，其容量如何，销路如何，当然要视它出版之后才能断言呢！

接着，北新书局出版了《小学生》，同时发行着堂而皇之的《小朋友丛书》，看他们的广告，不下数百种，真是大有惊倒一般小朋友之概。在最先出版的儿本，却具有相当的价值，如童话、诗歌、故事、寓言等，但是到后来，为了要包罗万象，只要在书名上凑了“小朋友”三个字，便成为供给小朋友们的读物了。有人说，这丛书出版到最后，一定有什么小朋友吃饭，小朋友拉屎，小朋友性生活一类的作品出来了。这话却含有相当的真理的。但是，结果这已出版的《小朋友丛书》还是大朋友来购买，定价是这么的高，大都是在三角之上，小朋友那里有这样的经济能力呢？中华书局的《小朋友》，商务印书馆的《儿童世界》，它为何销路是如是之广，就是因为它的价廉，还有这两大书局所出版的儿童丛书，什么《小王国》，什么《兔子的故事》，都是定价仅有四五分，所以大朋友们供给他们零星食物之外，还买几本儿童丛书给他们看。我想，北新出版的《小朋友丛书》以后不免要陷于“烂”，同时销路方面也难免没有起色，这该明眼之人总以为然吧？

很爽直的说，中国的现代的青年实在不幸的很，在不能生利的当儿，随时随地都被别人剥削着。最鲜明的，书贾剥削的对象唯一的就是青年读者。营利者将书名定的很动听，引起青年们的好奇心，价格则拼命地在抬高，只要将青年们骗到手就好了。现在，不但青年们被剥削，即是少年们（神州国光社又出版了一种《少年时代》半月刊），小朋友们都被这般书贾尽量地剥削了。这是宣扬文化吗，这是有利于青年们求智的前途吗？我们（至少在我）始终都不能了然。换言之，关于青年读物和从前文艺作品的一样烂污地充满于书肆，亦不是良好的现象，这样，真正具有世界价值的文学作品在贫弱的中国出版界是不会有希望产生的了。

最后，要晓得，我们现代青年所需要的读物绝不是这样的简单，趋于商品化的一类烂污的作品，在知识上在学问上都不能使我们花费了父兄的血汗而得到相当收效。这类书籍，使我们读了真是没有丝毫代价，不过青年们是受这般书贾（或可称市侩）之愚吧？我主观地说一句切实的话，我们青年现在所需要的读物，是一种实际的具体的辅助学术上有所进展的文字，那种玄而又玄的思想不正确的东西在现今是一概不需它的产生。最重要的，还是定价要特别低廉，切莫口是心远地一面在高嚷减轻读者负担，一面把所售出的书籍除了所定的最高卖价之外，再依照所谓“同行公议，照码加一”的赚钱把戏。钱固然要赚，那深负着的宣扬文化的使命却不要付诸黄海，这也可以说是青年们赠与新书业者的箴言。

否则，在青年读物的高潮低落的那时，所谓新书业的末路为期是不远的了。

（载《时代青年》1931 年第 29 期）

中学生的读物

菲　吾

每一个中学生，当他开始他那一学年的功课的时候，都要自己计划一下，算算这一学年中可能读到的是什么功课。而且高兴课外自修的同学们，总要预算那一学期他能够读几多课外的书籍。我们不能说这种习惯是不好的，因为一般的中学校里，有许多学生还没有这个习惯，他们匆匆的到学校来打开自己的书本；假期到了，又匆匆地收拾起书箱来，起先他们并没有“预算”，末后他们也没有“结算”。在这样的中学生中，也有不少成绩斐然的份子。不过，如能时时注意自己“将要”读些什么以及“已经”读了什么，进步更要迅速些。然而，有这种好习惯的学生，也常常犯许多毛病。其中主要的倾向是对课外读物的预计太过分了，自己很高兴的说：“这一学期中我要读某种某种书籍”，于是他为自己开了一大堆书名，或者请教师开（不消说教师对于这样的学生是很高兴的，说不定可以写出许多中学生三年也读不完的书来），但等到期末，这一批书并没有读了许多，甚至于买了一大批书放在书案上，到了收拾书箱的时候，叹息着把这堆不曾读的书收进箱子里去。

我们这里特别说及课外的读物——而且也只是说的课外的读物。一般爱读书的学生之所以犯上述的毛病，是因为他以为多读书是很有益于自己的。我们虽然觉得“炫学”是最无意思的事，然而我们却不能以为想要成为“博学”的人也是不对。不过，如果多读书做到“好读书，不求甚解”，即所谓“涉猎不精”，已经不是读书的好现象，何况这种“好读书”而“不曾读”许多书的倾向呢！这一个缺点的形成，并不单只是由于中学生空想要多读书，而主要的是由于不知道选择课外读物的方法。

有名的哲学家狄慈根说过：“不论是谁，他欲求智识，他就一定要专研究或一特殊的部门，而同时，不忘却一般性，不忘却无限。”这不单只是哲学上思想的方法，而且一般智识的求得，也是如此的。想要博览群书，结果不是涉猎不精，便是一无所得。中学生对于自己课外的读物，能够集中在某一方面，根据自己力量所能及的，选择几种有限的数量少的书来读，总比开一大单子漫无头绪的书要好得多。

这样便发生了一个实际的问题，便是如何去具体解决课外读物的问题。不消说学校的教师可以帮助学生解决，但学生如能自己知道一定的步骤与范围，也许更为有益吧。对于这一点，我把我所想到的几点说一说。

第一要说到的是学生本身的倾向与嗜好。一般中学生对于读书都具有各各不同的倾向；有的喜欢文字，有的对自然科学特别有兴趣，这种各各不同的兴趣，是选择课外读物的最好标准。大概说来，中学生的读书的嗜好可分作四种：

（一）属于文学的，在教室外国语科之外，总想能够得一些小说、诗歌、论文杂记等来读。

（二）属于史学的，喜好知道历史的事实；在读一般的历史读本以及特殊的历史记载的时候，无形中培养着对人类全部社会发展的认识。而且必然的一步一步要求了解历史发展的公律，要求知道各历史阶段的相互作用及因果关系。虽然中学生所能知道的历史发展的公律是很幼稚，但总不失为初步的认识。

（三）属于数学的，好运用精密的计算及慎重的思想；在初步的数学中，学会了某数与某数的固定的关系，由而逐渐去接近高深的数学原理，这在智能运用的范围也非常之广大。

（四）属于初步自然科学的，特别富于搜集性；种、属的分类，物体的变化，现象的并列，成为有趣研究。在教室里自习室里有研究的对象，在草地上、水池边，也有多搜集的材料。

想要使课外读物成为有效的事件，最好是依自己的嗜好去选择课外的读物，其他的书籍可以暂时不列入读书的预算中。

其次，分级读物（即某一年级读某些书）虽然是必要的，但并不是主要的。中学生最好就自己所选定的书籍，作为几年来反复阅读的材料，同时，在同学中很可以共同嗜好的某种书籍不分年级地共同选择来读（自然内容要适中一点）。在读书的过程中，个人单独的看书与集合同一倾向的同学来研究，应当相辅而行。目前许多中学生完全离开了社会的研究精神，我以为这是很不好的现象。由一个学会或研究会来考虑应读什么书，怎样读法，怎样发表各人的心得，对于中学生是极大的帮助。个人埋头看书的结果，往往是流于偏见、独断，以及过于自信，这是我们不可不注意的。

此外，我想在中学生的时代培养文艺的及历史的认识，是一件中心的事体。现在的学校何以无形中认为国文是首重的学科呢？因为它是学识的基础。对于文艺也是如此，文艺是以全部社会的生活为根基的，它可以非常之普遍的涉及社会内各种生活的部份。历史，同样的是涉及了社会进化的事实，中学生能够从这中间去锻炼对于社会的认识，对于一切历史的变化的原则，以及了解自己生活的意味，无论如何比普遍的漫无头绪的找课外读物好一些。

有几册书是我所认为中学生必读的，那便是：《爱的教育》、《太古的人》（英国房龙著，任尽译）、《人类社会进化史》（陈翰笙著）、《贼史》（迭更司著，商务印书馆有文立译本）、《洋鬼》（Jim Dollar 著，谷非译）。其中虽然有内容全然相反的，但读着也有相当意义，尤其是对比着来读更可启发思想。

（载《光华读书会月报》1931年第1卷第2期）

由书店老板说到男大学生

景　杨

近两年来，我国的出版界，比较的有些生气了。无论出的东西内容如何，总算有书可买了。不过出书的标准，除去教科书以外，无论它是关于什么学的，都以大学生阶级为中心。其理由，当然是因为大学生比较的有钱，购买力大些，这是书店早已认识清楚了的。

近来书店老板们，又把他们一部分的视线集中在中学生的身上来了。因为他们发现中学生的课外读物太枯窘贫乏了，同时，中学生的腰包，亦颇有注意的必要。虽说中学生的购买力比大学生要弱一点，但是数量，则比大学生多的多。于是乎，什么《中学生》、《现代中学生》、《中学生文艺》、《读书月刊》……触目皆是的陈列于各书店书摊了。

和书店老板集中视线于中学生相类似的情形，要算男大学生找“辣夫”了。本来，男的大学生“辣夫”的对象，应该是女的大学生，似乎才品类相当，固然，有一部分女大学生，自觉“奇货可居”，非待价于镀金的洋状元不可。不过，事实上有些变了。男大学生对于找“辣夫”对象，有好些趋向于女中学生。这不是偶然的事。其原因，大概不外女中学生比较纯洁，而未完全失掉“赤子之心”；物质的欲望，比较女大学生低的多，并且“辣夫”起来，还是“事半功倍”。所以征婚启事上男的大学毕业，对于女的，却只以“中学程度”为标准。

反过来看女大学生呢，那就不然了。她们比较的不大好伺候，“没主的”比较少，物质要不充足的话，干脆就不要去找“没意思”，免得“劳民伤财”。

五，九，北平。

（载《大公报》1931 年 5 月 26 日）

上海出版界的过去与现在

最近五六年间，上海先后设立的新书店，风起云涌，盛极一时，往者福州路（即四马路）中市的商店，大都普通营业，至今日则变为繁盛的书肆，陈列玻璃窗的刊物，林林总总，五色缤纷，就表面观之，好像中国文化，颇有进步，惟事实上殊不尽然。据书业中人所言，去年各店状况，均感萧条，营业不振，都未如前岁之佳，听说新书业去岁年终营业额的总数，大约高者只二十万元，次者十余万元，再次六七万至一万元，中以开明书店与北新书局状况较佳，光华、现代次之，其他十二三家，有则仅敷衍开支，有的亏蚀更不在少数。推其营业不振的原因，则因受战事障碍，交通阻梗，各埠同业批配书件，每停搁中途，致交易锐减，而各地同业的账款，又皆按期不能清结，南昌、长沙各地，……去岁又多不冒险寄付。……一般左翼作家，结合自由同盟，宣传普罗文学，旋当局令行通缉，并扣留刊物，凡曾发刊普罗之书肆，至此概受影响甚巨。加以最近二年新书业，年有增设，此类书肆之产生，除泰东、亚东二家，已开设十数年，余则以新兴文艺勃兴，有利可图，应运而生，书局增多，刊物既充塞市场，而购者经济与时间，究属有限，著作愈多而生意愈坏，于是乃有改位易辙者，刊政治经济社会等科学书，然新设各店征稿殊滥，取格不严，购者以阅不胜阅，每择取声誉较著作家的刊物，其他购者殊尠。同时以纸价涨高，再版书难以加价，民众购买力低弱，故均受重大打击焉。

沪上俗谓老书业与新书业，初仅以营业之范围及刊物性质分别之。前项即先进商务书馆、中华书局等，后即新进先后开办之北新、光华、开明、现代、真美善、泰东、亚东、太平洋、金屋（已停）、新月、卿云、华通、群众、联合、芳草等书局，及学丽等四家联合书店，江南等三家联合书店，乐华等五家联合书店，水沫（现已并入光华）书店等十余家。新书业之刊物侧重在新兴文艺，推其发展之初步，北方得力于新潮社，与南方之创造社，努力倡导者半，军阀治下，压迫綦敢，而人民倾向于革命文艺热，故赖于革命军进程者亦半，卒有今日之轨范。新潮社创设甚早，由晨报副刊主编孙伏园及北大学生李小峰等主持，多受北大师生之灌溉，与刘半农、吴稚晖、顾颉刚、周作人、鲁迅侪辈，均当时新潮社之健者。创造社为沪上一般新文学作家之组合团体，主要人物，即郭沫若、王独清、郁达夫、成仿吾等，嗣以倾向各殊，就形式上观之，俱属创造社之生方［力］军，实际则分门别派，各有所宗也。

北新书局一般人视为新书业巨擘，总店原设于北平，著述多属新潮社的作家供给。鲁迅的《呐喊》为北新奠基的刊产，闻《呐喊》集中《阿 Q 正传》，外人已译成英法日文。周作人、谢冰心等著述，乃北新刊物之基本，后张作霖部队入平，北新遭封，于民国十三年冬，迁总店海上，营业甚盛。嗣后刊物征稿方面，原新潮社与创造社作家及一般薄有声名作家，均在被征之列，近年因同业增多，渐更趋向，加刊教科书、儿童文学。北新历年刊物，综合已出至三百种以上，去岁虽新书业大体萧条，然北新仍较有起色也。

开明书店，由章锡琛主持，为股份公司性质。五年前，章办《新女性》，由光华书局寄售，继因文艺勃然，召股合办开明，最初亦全力侧重新兴文艺，二三年来，多刊教科书，营业尚佳。各类教科书之著者，有林语堂、夏丏尊、章克标等。史地丛书刊出者有十余种。章氏曾任商务书馆《妇女杂志》主编，妇女问题，为其专长，故该肆此类图书甚夥。销路畅者，有《妇人与社会》、《妇女问题十讲》、《新性道德讨论集》、《结婚与幸福》、《性的故事》等近二十种，闻章与沪市学校感情素洽，去岁营业，为各局冠。

光华书局，开办已六年，过去的刊物，与北新仿佛。近日注意社会科学，去岁成立读书会，广召会员，营业方面，次于北新，然与他同业相较，殊占优势。过去善刊爱的文艺，作家若金满城、张资平、叶灵凤等，创作小说亦丰，长篇及短篇达六十余种，《新闻学丛书》，计有八种，综合全部刊物，约三百五十种。

现代书局，成立已三年余，一般人均视为普罗的大本营，去年《拓荒者》诞生，遂被当局查禁，该局寄往外埠书件，不拘何种，检者每全部扣留，该局定期刊物，现完全停刊，近日多刊社会科学，去岁营业尚不恶。

新月书店，一般刊物，过去有陈西莹、徐志摩、闻一多等著述，陈氏等均昔日《现代评论》诸作家。《新月杂志》原为纯文艺刊物，自增加政治论文后，销路日畅，定户由七百增至七千，销路总数一千二增至一万五千，作品由胡适、梁实秋、罗隆基、潘光旦等供给，刊物销路，最佳者为胡适之《白话文学史》、《苏俄评论》、《人权论集》、《近世资本主义发达史》等。

亚东、泰东，亚东图书馆，为新书业中资格较老者，惜所刊各书，营业平浅。亚东经理汪孟邹，与胡适之均安徽绩溪，故胡适及契友著作，汪得拉拢刊布。亚东过去之发展，胡适作品有力焉。泰东书局开设已十余年，创造社初立，一切著作，皆该局特约刊行，过去若《少年维特之烦恼》，为销路中之最佳者。旋该局营业昌盛，创造社作家与该局屡生意见，故创造社曾一度自设出版部，第以组合销费浩大，不久亦停顿。泰东近来所刊书籍，亦致力社会科学，新刊小说，且时举行廉价。以上二家，去岁营业尚称不恶。其他十余家目的在营利。总之沪上各书店，类多好事模仿，盖目的多在营利，其他概可不闻，故每遇一家新翻花样，则他家相率学步，故能敷衍者有之，亏蚀血本，亦不在少数。

开明书店编刊之《中学生》，出十余期，定户达二万，大东书局近亦出《现代学生》，因广告之力，本外埠定户亦达一万以上，世界书局尤善模仿，不落人后，亦出《世界杂志》，创刊号已出。光华书局，继刊《新学生》，闻北新书局不久将有类似此项学生杂志出版，大致再过数月，此类刊物又将成为陈货矣。

按观察所及，十数家新书业，营业总额，尚不逮商务印书馆十之二，但迈进之精神，有过之无不及，所惜目光尚嫌短浅，除逐利以外，于文化方面，多半均缺乏一定之目标耳。

（载《时时周报》1931 年第 2 卷第 4 期）

上海出版业工会成立宣言

据四月二十七日《时事新报》上海市出版业公会发表宣言云：本会业经本年二月二十八日举行第一届代表大会，依法正式成立。于兹组织伊始，敢将所负使命及今后努力之途径，略述如左：关于组织方面，先就会员数量言之，全市出版业工友数字上虽尚无正确之统计，但至少当在二万人左右。而目前已集合于本会旗帜下者，仅商务印书馆事务所所属会员，为数不满四千，此外一万六千人，竟无一不在铁腕资方压榨下，度其憔悴呻吟之桎梏生活，言之实堪痛心！本会于此，誓必以决心在最短期间，排除万难，促其组织，互相提拔，庶几人权与自由，方有争得之一日，而本会会员数量上，亦将与之俱增。次就会员质量言之，本会原有会员（即商务印书馆所属），已经七年之团体生活。若将七年之生活实况与现状相比较，当可见其有所改进。本会惟恐其生活上稍得改善，即自满足，反使团结精神，转向疲乏，以至本身组织，蹈于崩溃。劳资契约，无形消灭而不自觉，其危险性之严重，殆无伦比。本会应致力振刷其固有之团结性，并矫正其一般谬误之见解。同时将其义务观念提高，所冀质量上得以进展与实充。

关于经济方面。（一）会员工作报酬上之一般待遇，原有劳资契约及福利事项，除继续维持外，并在可能范围内，一方面直接图谋劳动条件更为改善；他方面筹办各种福利事业，间接减轻会员经济负担，及增进知识与技能。至于新加入之会员，本会尤当先就下列三项，求其初步之解放：（1）目前工资之跻于水平线，并确定最低工资额。（2）八小时工作制之普遍与实施。（3）其他劳动条件，及劳动生活之改善。本会一再考虑，认为非使全市本业工资超于水平线以上，及一切劳动条件普遍施行，则本业工人殆永无同臻于共存共荣领域之可能。（二）对于产业合理化之态度。自国际工业资本组织极端发展之后，因之连带产生合理化运动，各国承其流弊，发生二种极严重而无法解决之大问题，一为失业工人不断的增加；一为商品生产巨量的过剩。因失业工人不断的增加，足使国内购买力的锐减；因商品生产巨量的过剩，足使国内市场之狭隘疲滞。种种象征，互为因果，其外表虽为工业资本组织之具体化与财富之集中，但其中已潜伏社会之不安宁与动摇，将促成阶级斗争之爆发，反映国际资本主义崩溃之一时期，是为国际资本主义盛极而衰必然之归宿。中国产业之衰颓，固为国际经济落后国家，复受不平等条约束缚，被国际间视为销售过剩商品之唯一市场，目下各国在华之倾销政策，日益显著，因而引起国内产业界之恐慌。乃有一般工商业者，主张实施生产合理化，以图生产能力之增加，而于合理化所发生之恶影响，则均不计及，似此情形，实为社会莫大危机。本会默察国内产业之状况，非急图发展，诚不足以抵抗国际经济之侵略。但发展之方略，须以生产手段社会化、商品分配社会化为原则，以谋生产技术之科学化，而不妨害工人身体健康；使商品适应于社会之供求。如必欲将产业合理化之方式，勉强移于国内，削足而适履，则未有不蹈国际资本主义之覆辙者。本会为社会安宁民众幸福前途计，对于违背社会民生之原则者，必筹严整方策以制裁之。

关于社会方面。在资本制度之下，吾人从事生产工作，固为资方雇佣之条件，但本业工人在社会上实负有发扬文化、改造社会之重大责任。倘吾人仅为履行雇佣条件而工作，是无异自承为奴隶。因此吾人必以适应社会之需要，为生产之目的，亦必为社会服务而努力工作。盖惟有整个社会之进化，吾人始得与之俱进。

关于政治方面。欲求工人群众之真正解放，必待真正民主政治之实现，必先求工人群众取得政治上之地位。因工人革命情绪最烈，其推动政治之力量亦最伟。政治被革命势力所推动，非但无开倒车之可虑，且有进步之可期。即吾人目前迫切之需求，例如（一）集会、结社、言论、出版之自由。（二）罢工权。（三）选举权、参政权。（四）地方自治权。（五）其他一切民权之确立等等，均待工人群众取得政治地位之后，方有贯澈之机会与实现之可能，而后各阶级民众，始得在政治上享有平等之政权，而真正民主政治之胚胎，庶可形成，乃至完全建立，以臻于巩固。此不特本业工人所希冀，谅亦全市全国各业工人所企图者。是以吾人所欲取得政治地位者，盖为群众，非为私人。远此原则，则一切皆属虚伪。离此精神，虽奔命呼号，亦仅尽其呐喊之能事，而无所裨于实益。综上所述，欲求其一一实现，必须以最大之牺牲与努力。所谓“不入虎穴，焉得虎子”，本会同人自惭力薄任重，愿与全市本业工友共勉之，谨此宣言云云。

（载《教育杂志》1931年第23卷第6期）

故都闻见录

铢　菴

……明胡应麟《少室山房集》云：“燕中书肆多在大明门之右，及礼部门之外，拱宸门之西。每会试举子，则书肆列于场前，每花朝后二三日则移于镫市，每朔望并下浣五日则徙于城隍庙中。镫市极东，城隍庙极西，皆日中贸易所也。镫市岁三日，城隍庙月三日。至期百货萃焉，书其一也。”此明代鬻书之情形，与今大异。今书肆除琉璃厂及其附近外，以隆福寺为最多。头发胡同小市亦有之，而品稍下。若近年东安市场书肆林立，则多新籍，供普通学生之浏览而已。

故都百业凋零，惟旧书业愈亦发达。盖学术昌明，需要弥繁。从前冷僻之书无人过问者，今或以为专门之业。例如各省志书，从前几于论斤买者，今每部必值数元，罕见者至值数百元。家谱之类素不入藏，今亦见收于北平图书馆，而犹苦于无处可觅。加以日本欧美皆有专驻之员，日事访求，不吝重值。国内好事之流，广有金帛，竞搜善本，声气交通，此呼彼应，皆以北平为绾毂之区。琉璃厂、隆福寺各书肆，多以干员分驻各地，犹患肆应之不及也。近年城内旧家之藏，多已罗掘无余，唯外县僻远之区，尚有珍蕴未发者。书肆中人虽于学术源流，懵无所知，然名目版本，则如数家珍。苟欲访求一书，但任语一肆，彼自能辗转穷搜以报命。即或中止不购，亦无怨色也。凡每年岁首，厂甸陈列之品，非必上乘，好事者徘徊消遣于冷摊之畔，偶或以廉价得残本。若真欲购书，不必拘拘是时也。其购古玩字画亦然。

（载《申报》1931年11月20日）

“分店”与“北平”

奚　行

想起北平文化最盛时期，当然不消说是在五四以后，那时的书店蜂起，刊物纷飞，俨然是全国的重心，这是谁也不能否认的，但以后是怎样了呢？不独是不能保持原有的地位，所见的只是日甚一日的消沉，这情形一直到最近才有些转机，换句话说，即是自一九三一年起，北平的文坛才有了一些活气。

自从北平失掉了文化重心后，取而代之的便是上海，于是上海便又成为近四五年来的文化重心了，在这一得一失的中间，当然是有政治的或其他的原因存在，因作者本文只是论及书店状况，所以这里不能继续探讨它的内在原因。

虽然话这样说，但北平终是学校的中心，能够读书的人当然多一些(特别是能读新书的)，所以书贾们也当然不肯失掉这个好市场，因而相继的便有许多的“分店”成立。

除去争夺书的市场之外，另有一个重大的原因也是上海的各书店急于在北平设立分店的最要主因，这事件读者也许知道，便是因为小商人的翻印原书以极廉的价格出售，因而在北平的书市场上的原版书的销路大受损失，所以都以十二分的力量来准备斗争，而为本店的原版书谋出路。

现在便用四个段落来叙述“分店”与“北平”，除去几个较老的分店另立一章来叙述外，此□关于新的书店便自一九三一年作分水岭，而划作两部来叙述它。最后我要叙出“最近的这一个转机”，以及“这才有一些活气”的原故，而加以简略说明。以下便一项项地说起：

I　几个老资格的北平分店

（A）商务印书馆——无论从任何方面讲，商务印书馆终是要首屈一指的，它的资本、它的印刷、它的书籍，以及它的分馆的建筑，在平中很难找到第二家来对抗，况且它又有了三十年的历史。所以我们若谈到分店，则不能不推商务印书馆北平分馆为第一家。

（B）中华书局——中华书局也在琉璃厂，和商务印书馆相距不远，而建筑则远逊于商务。至于营业状况只能及得商务一半。仿佛是它的历史是只有十五年。它对儿童读物是非常的，又是最早的注意者，关于儿童丛书一项，中华书局的销路很好。

（C）广益书局——这个书局似乎不甚见得有大的名声，但他们的势力在作者看来却非常重大，虽然它们是设置在一个店（即旅馆）里，但它的书籍的销路也着实可惊。现在，谈起来好像石印品已是过去了，但广益书局却正以石印的通俗小说，以及《三国志》、《岳传》……等，每年在民间不知要销若干万部，这销路岂是一般新书业者所能想到的。

（D）世界书局——以前世界书局也是以通俗小说来维持。自前年起，除了经营一些小学课外，又增出“A B C 丛书”及“生活丛书”。此后，他们的营业才慢慢发展起来，最近，他们却正在从事印行中学教科书的事业。

（E）大东书局——大东书局虽然成立较晚，但他在北平的分店又增设了一个分店在西城。他是一方面出售本局的书，另一方面又代售其他书店的书，最近又发刊了四种杂志，其中以《现代学生》在北平的销路较畅。并且最近他们又有大的革新计划，若实行后，恐怕较比其他的小书店还要充实些，这当然是资本的关系。

Ⅱ 一九三一年前的新兴分店

（A）光华书局——光华书局是设分店在王府井大街，因了地势的关系，所以销路颇畅，但后来，因政治关系，终于停办，现在另有一家“大华书局”来代替它。好像它和光华尚有相当关系，光华的书它代售的很完全。

（B）乐群书店——乐群书店是一方面营书业，另一方面又作咖啡馆的生意，但现在却因营业不振，已于本年内停办了。据人说，有恢复的希望，在最近。

（C）北新书局——北新书局现在是和一家纸店合作；一部份归北新，一部份归纸店，营业情形并不见太好。最近曾廉价过。据作者所知，它的销路以英文小丛书为最佳，因是英汉对照，很适宜于学生们的自修。并且注释者又多是名人。

（D）昆仑书店——昆仑书店好像是成立得很早的一个分店，在小摊上儿几乎一本昆仑的翻版书都找不出。昆仑是以社会科学书著名，在最近，一方面因为青年购买力薄弱，一方面因为政治关系，所以没有什么新书出版。最近在北平举行着本版七折，外版八折的廉价。

（E）民智书局——民智书局是以“党化”的书籍为销路的大宗，地势非常好，它在东安市场的斜对门，它们除了卖本店的书之外，还代售一切刊物。

（F）神州国光社——原先以卖碑帖画本等为大宗的神州国光社，现在对于出版物也是很努力的经营。它的《少年时代》杂志在北平销路还不错。此外它们以《唯物文学史丛稿》的两本书，似较比受欢迎。据说：它们卖得最多的不是书籍，而是一些歌女或明星的画片，此外，他们还代售几家别的书店的书籍和杂志。

（G）开明书店——开明书店的刊物《中学生》在北平卖得很多，至于书籍却卖不了多少。它代卖上海现代书局的各种书，以及其他杂志。最近它自上海运到大部的《十日谈》及《社会主义与资本主义》等物，廉价发卖五十册，但因为定价过昂（都在三元以上），情形也不见很好，不过几十部却还可卖得动。这实是一般的现象。

（H）春秋书店——春秋书店以《实用经济学》及脱落斯基的《我的生活》两本名著为骨子的，营业也不很好，不过去闲看书的人却很多，论销路也是以女人的画片为最好卖。

以上八家完全是自上海分来的，并且都在一九三一年以前；或者也许有遗漏的书店，但据作者所知的，也实尽于此了。

Ⅲ 一九三一年后的新兴分店

（A）卿云书局——自从各报上登出《古本金瓶梅》的广告后，我们便可知道是云卿书局有了分店，这分店是设在“西单商场”的对过，地势很好，又兼以学校的缘故，所以营业还不坏。但它至今还未开张，因为它是“先行交易，择吉开张”，原因是“书未到齐”，他们发刊了一种《学校评论》，这杂志在北平的销路也不错。

（B）辛垦书店——辛垦书店因了代理“科学的、综合的、批判的、理论的”《廿世纪杂志》以后，很受北平一般研究者的注意，而最近它的分店又成立了。

（C）新月书店——新月书店这次移平立分店，是有很大的意义，它们并且希望将来《新月》杂志将在北平出版，所以这次的布置很周到，地方也很大，或者将来总店移来北平亦未可知。现在在廉价中，并将《白话文学史》及《人权论集》，特价到一元和二毛五分以和翻版书来对抗。

（D）××书店——这个书店的名字尚不得知，据作者所知的，是有些大学生，已集资自己办一个半图书馆式的书店，定价绝对低廉，并且欢迎随便入内翻书，这情形，好像是蓄意想和分店来对抗，另一方面，又可给翻版的小商人一个打击。

Ⅳ　不是“分店”的四家书店

（A）东方书店——这书店已于本年三月中停办，它出的书有《转变后的鲁迅》、《血泪英雄》……等，虽然不好，但它是近几年来第一个出书者，据说者有力，则仍然很容易来恢复。

（B）新亚洲书局——以出版《新东方杂志》著名，出书并不多，但《新东方杂志》却是很有价值的。

（C）未名社——未名社的地位本来是很高的，近几年来陆续出版的有《建塔者》、《英国武学史》及《罪及罚》等，一九三一年还未有什么新发展。

（D）震东图书公司——他们好像和“狂飙社”特别有好感，出书很多，以狂飙社的著作为最多。最近出了一本诗集名叫《寄魂诗》，大得北平文坛的一致的称赏，允为“近几年前很难见到的一本好诗”。好像他们经济很有把握，计画之中的书，将出版的书都很多，所以对于它，不能不抱一个大的希望。

以上不过是简单的略述一下北平的书店概况，其他的，以后另文供献给读者。

一九三一年四月里，于北平。

（载《书报评论》1931 年第 1 卷第 6 期）

最近北平文化消息

野　农

“北平是全国文化的中心”，有好多人在那里这样叫噪。实在呢，北平不过是有如古城围墙般的沉寂！沉寂得没有半点活气！！

关于文化方面，值得我们注意的，就我所知道的，出版有下列几件：

《现代青年》，现代青年社出版，东方书店代售，但因该书店被封，第二期虽已付印，也无法取出出售。据该社编辑说，拟于最近更名出版，稿件已经编好云。

《时代文艺》，第一期已经发售，内有古人祭一篇，乃追悼文艺战士的哀歌。其他几篇亦佳。第二期三五日即可出版云。

《社会与经济》，系半月刊，内容注意实际问题之分析和科学的社会主义理论的介绍。第一期已付印，不日出版。

《新妇女》，妇女解放会编辑，第一期于五月上旬出版，二期亦已付印，内容充实，理理正确，询堪一读。

《新社会》，现已出至五期，最近已声明停止出版。

《前夜》，中国大学文字研究会编，每星期随北平《益世报》出版一张。登载些新文艺理论和创作，翻译第①。

《初步》（*First Step*）师大初步社编，随《益世报》每周出版一次，载文艺作品和文艺理论。

《转换》，系我们（our）读书会用“转换社”的化名出版的不定刊，三期早已出世，四期正在编印中。

最近几十天来，各学校的读书会风起云涌般的起来了。如初步社、烽火社、今天社等，每个读书会都有二十人至五十人不等云，这也可见一般青年学生读书兴味的程度和要求实际理论的切迫了。

（载《书报评论》1931 年第 1 卷第 6 期）

南京出版界热闹得来

克　基

南京的出版界近来似乎更其热闹了，几位在南京有名的作家，都高兴出来干一下，办一个什么刊物。从前就有的（一）《文艺月刊》，现

---

① 疑有误，原文如此。

已出二卷四号，内容比以前丰富，有金满成、沈从文、巴金等作家的作品，中国文艺社出版；（二）《流露月刊》，由左漱心编，现出二卷特大号，内容比以前较好，内有精采之随笔数篇，如卓麟、曼尼女士等的小说，诗歌较前都生色，二卷二期现在编辑中，下月即可出版；（三）《开展月刊》，现已出八期，封面由洪正论画，为在首都刊物中为最有力量者，内有曹剑萍之《某老人》等作品，尚有一篇《有钱可买女作家》，完全骂女诗人虞岫云的文章，颇饶趣味，惜作者已忘，九期将在是月出版；（四）《新声月刊》，由中央大学新声月刊社出版，现出三卷三号，为地方自治专号，有庄心在、陈毅等关于地方自治的问题作品，附有地方自治开始实行法，及地方自治训练章程，定价一角二分；（五）《创作月刊》，由汪漫铎编，五月一号出版创刊号，内有沈从文的《夜鱼》、沈撄女士的《歧指》、漫铎的《风烛》，诗有陈梦家的《命运的谎》、聂绀弩的《现制度讴歌》，戏剧有马彦祥的《一天又过去了》，又有叶鼎洛的《北京随笔》，不胜枚举，大小同《文艺月刊》，由拔提书店出版；（六）《青春月刊》，出版不多日，由戏剧专家向培良及作家朱之倬等编辑，内容丰富，有培良之《艺术与生活》、朱之倬之小说《湖南文丐》、缦郎之绘画及《小姑娘之死》等，可说是一本很好的月刊，封面是一流画家王道源氏手笔，定价二角。是月二十日出版创刊号。至于半月刊中（一）《海鸥》半月刊，中有新进作家吴苹霞创作数篇，劈栗及稚吾之译作，一卷二期将在最近出版，亦由拔提付印；（二）《光明之路》半月刊，已出五期，为国民会议专号；（三）《问题》半月刊，现代问题研究会出版，内容系研究青年两性及社会政治一切问题，故名。已出一期。

以下关于周刊：（一）《大学生》，编辑者致知学社，现出二期，内容大半于中大同学之作品，是关于大学生一切讨论问题的刊物；（二）《活跃》周刊，由卜少夫编，已出八期；（三）《政治评论》，内容对于政治问题颇有公允的评判，现已出三期；（四）《狂泻》，由狂泻社出版，都是中大出风头的一班大作家（？）编辑，现已停刊。

《中央日报》之《青白》、《青年文艺》、《橄榄周刊》、《戏剧运动》……《建业日报》之《黎明》，《新民报》之《胡芦》，《新京日报》之《雨花》，《民立报》之《曙光》，《大同报》之《飞轮》，《妇女晨报》之《浪花》，《南京晨报》之《南晨》，《晚报》之《星光》……总之南京报屁股可谓多极。

关于创作集，有拔提书店的《钟手》，罗西作；《沉痛的暴露》，伟起作。南京书店出版有《巨盗》，尚钺作；《定慧和尚》，周乐山作；《光明》，罗西作；《春雨》，卢冀野作；《中国文学体例谈》，杨启高著。

此外尚有路线杜之《橄榄》月刊，现已出十二期，内有郭敏学的一篇《任戏剧运动没落下去吗?》对现在戏剧运动多有检讨。《俄罗斯研究》现出二卷四五期合刊，新出《日本》，已有二期。

一九二　·，五，二八。

（载《中国新书月报》1931年第1卷第8期）

南京的出版界

白　石

自从北平的出版界冷落以后，除上海之外，南京的出版界就一跃而为坐第二把交椅的主人了。许多人都是这么说，而大家也以为南京是首都，理应如此，故谁都相信了那句话。可是，这里面的情形，外埠的人或许不会知道，只要是在南京稍稍留意的，就会了然看到所谓南京之出版界是如何的可怜。别的不谈，单就文艺一面而言，则其冷落简直不亚于古都之北平。且听我慢慢道来：

南京书局甚多，街上随处可以见到。但门市的居多，真正能自己有出版之能力者极少。那些少数有出版能力的书店，又大部分致力出版军用图书、□的记录，以及古文丛书和儿童读物（这类还很少）上去了，其中稍能向新时代刊物发展者，只有拔提书店一家。拔提很能注意到适合阅者的需要，所出版各种书籍如《军人小丛书》之类均不失为有价值之读物。但这些均非我所想读的，我要读的只限文艺一项而已。

它出版了为数很可观的许多文艺书。就像罗西（以前似乎在广州的一个作家）同它似乎有些关系，罗西的作品之在拔提出版者极多。这一位作家我还未见到有人批评过，他却仿佛看到在那里有人说他是一个中国第一个多产作家。我们可看到他在广州出版许多东西，上海光华许多东西，也可看到南京拔提出版了许多东西，这大概是好现象吧，不要去管他所作的东西是好是坏，只要看他作的东西那样多，而拔提又为他出版得那样多。“用功”和“高兴”，这个批评我们至少可以承认了。罗西之外就是汪漫铎。这个人作品也很多，小说、戏剧、散文都会写，归拔提出版之作品甚众，而且他又为拔提编一个刊物，名《创作月刊》，拉沈从文、巴金、叶鼎落之辈作稿，得读者好的批评固多，坏的批评也有。以前狂飙队伍里的向培良出版了一本《人类的艺术》，论文，抱着实一的主张，虽不一定金玉，却是他血火之作。向也编一个刊物名《青春月刊》，归拔提出版。他们另有一个团体，即名青春文艺社。该月刊撰稿者大多该社社员。该刊不拉名人，不尚漂亮，不仰给翻译，是真实地干着，也真实地提携和鼓励着青年作家。青春文艺社员在我所见到者，都是真实的青年，他们都肯牺牲自我，而努力于他们团体的生活。他们没有钱，拔提给他们的五十元的《青春月刊》的编辑费，供给许多人的生活，但他们设立画室，创办刊物，致力戏剧，这些皆非空说，可见之事实。所以在南京，我觉得倒还是青春有生气一些。

拔提共有三个月刊，《创作月刊》、《青春月刊》、《流露月刊》。《流露》是流露社所出版，也都是一群无名人物，工作却也很起劲。他们也不拉名人，不尚漂亮，动机纯粹。只可惜作品大多尚未成熟，而且除有时有一二篇严肃点的论文外，其余小说、诗歌，以至于戏剧，又大多是病态的柔性的东西。

拔提书店以外，无第二家书店可谈得上。稍微过得去的文艺的集团如中国文艺社，所出版《文艺月刊》及《文艺周刊》二种，前者单行，后者附《中央日报》副刊地位发表。他们似乎有一种习气——贵族化。撰稿者沈从文、巴金、韦丛芜、沉樱、顾仲彝、陈梦家、方玮德等，融未名、新月，及其余各流派于一炉，使读者一如吃着扬州名菜什锦菜，而编者手段之高妙亦于此可见。《文艺周刊》比较解放些，还登些无名作家的文章。

开展社显明的竖着民族文艺的旗帜。出《开展月刊》一种，较文艺月刊好，但脱期很厉害。有些地方也太做作了一点，有时会造作一些不实的事情来反衬自己的有为，在《开展月刊》的开展线下一项内可见得出来，这似乎是很笨的事，有时也不免过分了一点，仿佛记得有一位作者说鲁迅该枪毙。其实鲁迅虽然思想同他们背道，且走入左翼线去，但究竟还有他过去的功绩在，即如他写作的技巧还可说是中国有数作家，“要枪毙他”这句话，未免太过激一些。

《流露》、《青春》已约略述过，不赘。

线路社的《橄榄月刊》。他们似乎很努力和真实，在他们的刊物内容里可看得出来。笼统看来技巧是并不见得比《开展》、《流露》美。有许多作者是学生，是极热烈从事于文艺的。陈大悲、杨昌溪曾在他们的一行里驻过脚。月刊外还有《青年文艺》一种周刊，借《中央日报·青白》（副刊）地位出版，现已停刊。

此外还有不大见声息的甚么诗社，金满成等的结合。出有《甚么月刊》二期（?），内容尽是诗，现在好像是停顿了。

文艺的集团以上几个外没有什么可说的了。再谈报屁股。

副刊中也有个把较精采的，我以为还是《新民报》的《葫芦》好些。金满成所编。质地很像后期的《语丝》。在那里，有刺的玫瑰时常可以摘到。

《中央日报·青白》有钱。编者何双璧。纯是规矩（?）的文艺作品。但未见出色。

《新京日报·雨花》以前是聂绀弩编，颇像《葫芦》。现在以前的编者走了，开展社的一位接替者。于是质地就跟着改了开展化。

《建业日报·黎明》，编者大名忘了，别个副刊所不录的东西它都登了出来。

副刊之可说者亦尽于此。以下是系补白：

卜少夫办的《活跃周报》是生活式的刊物，虽然他自己竭力骂着上海的《生活》，其实，以我看来还不如《生活》来得精采些。

《新兴中国》杂志一种，似乎是属于社会性的。

中央大学致知社的《大学生》，有严正之态度。

南京出版界之热闹尽于此。我说得或许也过分一点，但假使来南京一走，看看这首都之出版界，就只会给你带去可怜的印象。唉，南京的出版界！

（载《中国新书月报》1931 年第 1 卷第 12 期）

一年来的广州出版界

石　青

一

据说，广州的出版界从来是不景气的，自然这一年来也不能例外。不过在这一年内，随生随灭的刊物，在量方面是有点异乎从前的。从去年双十节到今天，我们总算是备尝艰苦走到了一个段落，回念起一同开步的同行伙计，不是半途歇业，便是宣布召顶，我们于庆祝周年的欢筵席上，心头微觉一点日暮途远、独行踽踽的孤寂！

无须矜夸，无须怯懦，只要我们还有生命的活力，还是加点柴薪罢，继续走我们的路罢，独行踽踽抑是济济跄跄，倒不在乎。

二

我们是怎样开步的呢？

我倒记起去年双十节前前后后的事情。那时候的广州的出版界，是像死一样的沉寂。除了从报章的副刊上些微窥到一点文坛的音讯，在书局永翻不到一本像《十日》一类的刊物。

不甘寂寞，于是我们起来了。

起先依旧是寂然无闻的，一直到第三期出版，把初到广州神气十足的樊迪文拦腰一棒，书局催送催得要命，马上由一千的数目增加到二千，大家颊边开始挂上笑容。

于是就这样继续下去。

三

后来同伴是络绎于途了。

如厉厂樵主编的《细语》、火星文艺社主编的《火星》、培正四二六剧社主编的《向日葵》、中大时代社主编的《时代》、中大学生主编的《×旬刊》，其他还有如《社会与艺术》、《艺术春秋》、《葱岭》、《大风》、《冰块》、《象牙之塔》等等。

毕竟是胜会不常，如今你试到书局找找上面刊物，也许偶然在书架的一隅发觉到，已经铺满尘土了。

理由很简单，第一是经济不充裕，第二是稿件的欠缺，第三是人要吃饭，人走开了，刊物自然也停了。

四

那是就所谓小刊物说，大规模一点也不能例外。《万人杂志》、《万人月报》，也曾在一个时期煊赫过的，如今也一样消沉下去。报纸的副刊更不用说，编辑先生的拿手把戏，是摊派文债和较剪，一篇索然无味的文章，往往连续登到一两个星期以上。在何子恒先生主编《民国日报》副刊、姚濬明先生主编《新民报》副刊，也曾是起劲过一时，可惜那个时期是过去了。

可是作家者流，倒如过江之鲫，在影戏刊物上投过几篇稿的，也厕于作家之林了。大约物以罕为贵，人也一样。

五

无论从质和量方面，广州出版界空虚得有点异样，差不多这篇几乎也无从交卷。

返身看看自己，竭力挣扎的结果依旧是不充实。批评过我们刊物的已听过很多，最新鲜的是有一位先生用他自己的所谓辩证法作武器。离开中国革命问题来放言高论，恕我们不再周旋下去，开口闭口“不自省悟”的说法，好，让他慢慢自己省悟一下罢。

六

近来广州文坛似乎又有一点活跃，刊物新增了几种，如晨曦社主编的《晨曦》、新艺术社主编的《新艺术》、野花社主编的《野花》、《社会与艺术》听说是快出版了。大约广州出版界第二次“胜会”又快来临了。

我们真高兴，我们就快增加很多旅途的伴侣了。

（载《十日》1931年第3卷第37期）

四川的出版界的杂谈

曾蜀鹃

一提起四川的出版界，就好像有点令人头痛。因为要在这交通不便、风气闭塞的边陲，凡百事业都感觉落后，何况再加以干戈遍地、兵匪纵横的抑制的魔力。不特出版界在它的铁蹄下苟延着残喘，就是其他的一般的事业，谁又能够拒绝它的厚赐！

在这样的凡百受制的情形下面，自然什么也谈不上，关于文化事业的出版界，那更是创巨痛深，苦不堪言！但是，四川人不特有点忍耐性，而且还能在困苦颠连中富有一些创造力。不怕从反正到现在足足有了廿年的惨痛的磨练，然而，一般的民众，确能在兵连祸结、灾患频仍的环境中，努力地向前挣扎、奋进，这不能不令吾人钦佩，而加以敬重！

现在为叙述便利起见，特将四川出版界分为两方面：

（一）定期刊：四川的刊物，在一般的城市中，是难得见面的，这还是说的从外面寄去的话。如果说到它本地有什么刊物，那可要认为希奇之谈了。以全省而论，自然要以成（都）渝（重庆）两地为中心。尤其是成都方面，刊物是很不少的了。在五四运动以后，新思潮一日千里，成都得过去的少年中国学会成都分会的会员提倡，把一个瞌睡正浓的四川，从梦里惊醒过来。所以京沪一带的新刊物，大半要以四川的境内销得最多，这是许多书店所知道的。但是，四川境内虽说是新刊物的销纳场，然而，它自己可没有什么出产的。犹幸在外面留学的一些新青年，先后一批一批地毕业返里，在各地——尤其是成都，纷纷组织定期刊，以图唤醒民众，提倡文化，因此各地不断地呈露着新生的报纸。所以，川中文化之得以发扬，不能不归功于一般的努力的青年。虽说间或也有出风头或其他企图的。现在，成都已有日报十余家，晚报十五家，其中虽良莠不齐，然而，值得一看的和努力上进的也还是不少。惜乎报纸不能以营业为本位，大多还不免以津贴为生命的泉源，这一点似乎是一种不良的现象。成都的报纸，最近很有几家大报合并，据说集中力量以资宣传，俨然成了新闻报托辣斯化。如像《四川日报》、《新日报》、《新四川日刊》、《成都晚报》等四家合并，改为《川报》，日出三大张，内容确比四家分出要高一等。《成都快报》又与《日邮新闻》合并，内容亦较前充实，尤以该报副刊的《大千》，在川中可首屈一指。《川报》多转载京沪各报文字，但该报能为特约撰述者负责，常有优美作品载出，确值得一读。重庆方面，较成都稍逊，但是，日报亦有十余家，晚报二三家，在川中可居第二位。惟成渝报纸有绝大分别，成都报编制新颖，版式优良，为渝报所不及。但渝报则以纸张较好，为人所欢迎而订购。因成都报纸，处于交通不便，普通新闻纸到省，其价值常超越京沪纸价五六倍，普通劣等报纸，每令亦需大洋七八元，有时缺乏，更为昂贵。故省报均采用土纸印刷，虽不美观，然能用自制国货，故吾人当予以提倡。所惜成渝两地，印刷均恶劣万分，阅报常觉刺目，印刷不良，影响报纸销场不少。且川中因交通不便，而印刷原料，多使舶来，近年虽已有仿制国货出现，但是，制作恶劣，怎能与洋货相抗。即以油墨一项而论，川中有土广之分，广墨印品，清晰美观，而土墨印品则模糊不明、油浸满纸。有时更一塌糊涂，令人不能辨识。试问此种印刷谁能乐意阅读？故川中报纸，无不感受印刷恶劣之痛苦。新闻事业不发达，虽说是教育不普及的罪过，然而，印刷技术的拙劣，也不能不负相当的责任。

（二）单行本：在这个沙漠似的四川，一说到有什么单行本出版，那可算是一件顶奇怪而罕有的事。在这里，我们首先就要归罪于书局，因为四川的书局，照例是没有出版那么一回事的。他们历来就是作书贩子生涯，只知道死板板地把上海的一些有聊和无聊的书籍，一批一批地向川中贩运；从来没有听见那家书店自出心裁地出版过一册什么书。实在，他们的脑筋也太简单了，手段自然也不十分高明！就是京沪书贾顶盛行的什么××大廉价，××大赠送的极平常的把戏，他们也是少有的，除开师傅们传下来的照码加二或加三的老办法以外。

最近，很值得吾人的欣慰！这算是四川文化的进步，在这一年以来的时光中，居然有一二册创作的文艺的或非文艺的长篇专著陈列在吾人的眼前，这是比较值得赞美和高兴的！成都的《四川日报》和《新四川日刊》，在去年都有长篇的创作，在该报按日刊载。《四川日报》载的是任筱庄作的《西康诡异录》；《新四川》载的是张拾遗作的《妇人书简》和明公君作的《上海生活》，这几部作品，都算是一种文艺的创作。在两报载毕以后，都自己印成了单行本，独可惜明公君的《上海生活》，因经济的问题而没有出版！《新四川》最近刊有乳燕君作的《粉，水》与《新川报》刊载的某君作的《玫瑰的梦》，都还值得一读，但将来能不能与世人见面，那可要碰它的运命！在重庆，似乎单行本这三个字是没有机会出现的，虽说某君曾经写了一部长篇创作，但是，预约价是收了很久，然而，他的大作至今还没有出世！其他的小都市，能看报的人已经很少，会写几个狗脚迹（这是某党委说的）的人自然是更少了，除开成都、重庆两个人文荟萃的都市以外。

我们看了上面的纪述，已可得到四川出版界的一个概念，但是，我们仔细地想：四川的出版界，为什么枯燥得这样厉害。据我个人的观察，大概不外下列数种原因，乃得促成。

A. 民众智识的浅薄：因为教育不普及，所以识字的人太少，又因为教育上设备不完善，受过高中教育的更不及百分之五，这是最大的原因。

B. 兵灾匪祸的不息：民国迄今二十年，战神没有一年不到四川来玩玩，因此干戈遍地，民不聊生！一般读者，均感逃生避死之不暇，谁有闲心朗诵出版物？有智识的已如此，不识字的同胞，那更不消说了。

C. 交通经济的阻滞：四川因为交通不便，而印刷用品，又无一不是从上海来，时而战事爆发，输运有阻，时而原料用毕，赶购不及。又兼川中出版机关，大多资本微薄，印具尚不能齐备，焉有余资收买稿件？

D. 作家环境的恶劣：无论何等作家，如要专心致志写成一部不朽的杰作，至少总要有一个适宜的环境和安定的生活，这是谁也不能否认的。最低限度，物质方面虽不要怎样丰裕，而生活的安适与烦闷，与内心的沉静与燥急，是有绝大的关系的。在中外古今的一般名作家的生活中，这是极容易寻得例证。但是，四川虽僻处在川西的边陲，然而，现代文坛中享有盛名的一般名作家，委实在四川是产生得不少。可是在家乡的环境里面，而能写出一部伟大的作品的，那是很少见的。因为，在四川，一般中上层阶级的人物，镇日累月的都扶老携幼地在逃奔着，有时还迫着你在狂风骤雨的深夜中，颠仆着摸索着残枝断藤而在悬崖陡涧中逃命！请问谁能够在这样安静（?）的环境中去从事创作和著述？

除上述四项，是造成四川出版界的荒凉景象的原素以外，其他的原因，也还是不少，但是，都比较这里所说的要轻微得一点，所以不再琐琐地陈述了。将来有机会的时候，或许可以详细地作一个系统的叙述，以作本文的缺陷的补正。读者们！这是怎样的萧条而荒寒的出版界？我们要如何才能使它繁荣？要如何才能使它滋润？这是我们读书界的一般的责任！虽说这是关于局部的问题，然而，牵连着的或许还是整个的全中国的出版界。

中国科学社。

（载《中国新月书报》1931年第1卷第12期）

著作界的奇耻

一 弹

抄袭他人的著作已经是很可耻的事，而况将“无”作“有”，完全把事实弄错了，还敢大吹着“改制”，诋毁原作者不留余地，那真是无赖之尤了。

数月以前，读开明书店的“开明三十三号”《王易教授底名著溯原》，知道他所著的《修辞学通诠》完全抄袭岛村抱月的《新美辞学》，而自序却吹着“参合中西”、“发前人所未发”又说“挽近……士耽躁进……杰黠者方乞异域之祭余，以骄于国人……呜呼文献乃至于此”，我已不禁哑然若失，不料无独有偶，又有人揭发胡先骕、邹秉文、钱崇澍三先生所编的《高等植物学》，其中分类学部分，是抄袭日人齐藤、佐藤两氏的《内外植物志》。而且将“无”作“有”，一切否定都译作肯定，竟至数十次之多。还在序里吹着“此书具改制之意，凡旧日因袭日本而不合学理之名称等，概予改定”，难道叶上“无”托叶之植物，改作“有”托叶，叶上决“无”透明之小点，改为“有”透明之小点，茎上“无”乳液之植物，改为“有”乳状液汁等，都是按着学理而改定的吗？（参看本号“新书评介栏”《高等植物学之勘校与商榷》）。

胡、邹、钱三先生是我国鼎鼎大名的大学教授，中央研究院的主任研究员，他们的学徒遍天下，所以他们所编的《高等植物学》，各高中都采作教本，现在已经再版五次了。且教育部的《中学课程标准草案》里面，还替介绍，称为良好的参考书。不料内容竟荒至此。他们把日文看的太轻了，以为只认识汉字，便可以望文会意，连日文的否定都不知道，竟敢抄译日文起来。他们的胆子真佩服。然而这些高中程度的植物学知识，他们都会将“无”作“有”，这不独是强不知以为知的罪，简直对于他们植物学的基本知识，不能使我们无疑的了。不然何至于有无至于此极。

近来留学欧美出身的博士们，大著作里常含有抄袭日文的成分，然而他们肯下功夫研究日文的实居少数，他们多半只看书中汉字便生吞活剥的引用起来而且掠为己有，仔细不要露出马脚，蹈胡、邹、钱三先生的覆辙，反使人知道你的学问不过如此如此。

（载《中国新书月报》1931 年第 1 卷第 12 期）

评中国著译界

若　虚

从前的中国学者有一种通病，就是“述而不作”，所有时光大半消磨在故纸堆中。古人的是非，大半就是自己的是非。中间虽然也有特立杰出之士独往独行地自辟蹊径，然而这总算是少数，而学界中因为不敢多所称述，由是大半工夫多注于品评鉴赏的方面。社会上因有了谨严的批评，由是学者对于著作，越发“审慎将事”。因此，有的人终身不著只字，即有著作，也不外乘兴而已，过后一看，便复不当意，由是或焚或毁，竟至一字不传。有的人自信力极强，而极鄙视俗眼，宁可存诸名山以待后来的知己，不肯轻易示人，他的著作往往随其身后而归于消灭。加之印刷术不进步，付梓甚难，徒恃一二抄本，展转间甚易散失。此所以数千年文化学术进步甚缓，图书载籍存留甚少。

然而这种现象，一方面也有他的长处。就是审慎的结果，自然而然地，在品质上受了精炼的洗礼。我们现在翻开古书一读，姑无论其思想或许陈旧，然而其中总有难能可贵，甚且为一般人不可几及的地方。姑不说，只就称引及校勘二点而论，其精确处，简直远在今书之上，这是极可称颂的地方。总而言之，古书所称益于今人处，固然不多，而其误人处实远较今书为少，此是可断言的。

现在交通进步，消息传播亦速，印刷精良，书籍流传亦易，一般学者得此二大工具。自然于思想的表示及学术的贡献上得了莫大的利便，试一审查，近八十年来的出书率比之前三四千年简直可以匹敌，而最近三十年来的出书率，简直又十倍百倍于百年前。这实是可以称贺的事。

然而同时在品质上，比之古人，未免相形见绌了。固然世界在作进步，文化与学术也在作进步，但是学术深邃的人毕究不可多得，所勃然增加的还只是一般摇旗呐喊、冒充学者之徒。固然生活与时间的关系，再不容一般学者像作赋十年的那样审慎了。但是“欲速则不达”，和“大器须晚成”总算是千古不易的金科玉律，一般学者对此好像不加措意，所以往往粗制滥造，误己害人，于今为烈，诚非虚语。

外国著译界，姑且不论，现在单就中国著译界的怪现状一说罢！

请先就著作界一说！

以文化中落的中国，本来谈不到真正的学者。关于国学方面只有少数老头子在那里墨守旧章，恭维古人。他们几乎对于文化没有何种新贡献与开发。至于一般新进作家，除了一二位私淑先进，或且继承家学的大人先生之外，简直于国学尚未涉猎其皮毛，居然也带起整理国故的眼镜睥睨一切了。至于科学呢？更是肤浅幼稚，真正的学者当然找不出一二，就是黾勉的研究者，也如凤毛麟角。于是一班好弄玄虚的滑头作家，就在那里立社结会，互相标榜，互相称引，一个个想作领袖，一个个想享大名。于是把大好的作坛弄得一塌糊涂。读者不信，容在下略举几个“名人”做例证看看。

记得某博士做了一篇《中国哲学之研究》，当时才出版的时候居然轰动了读书界。待我翻来一看，却也觉得才博识超，非是数十年的经验和积学，简直办不到。当时只觉得中国哲学不至周秦以后而斩，何以此书只说到古代？到如今事隔许久了，而这位先生还未有续集贡世，这才使我因疑生异了。后来调查的结果才知道，这位先生却原是家学渊源，拾祖父之牙惠而已。他原来把家藏的秘本，用新书体裁和语体的文字，演绎出来，做他的成绩，因为这秘本只说到古代，所以他只好说到古代。这便算他的黑幕之一。

又记得有一位教授在那里论什么中西文化，说什么中国文化是怎样，印度文化是怎样，西洋文化是怎样。说得天花乱堕，简直弄得局外人五体投地，叹为天才难得，殊不知这位先生却也有他的秘密。他当然没某博士的先人余荫，只好另找一条生路了。他原是不大懂日文的，说也奇怪，他倒会在不大懂的日文书中找他的法宝。他的那本大著的目录简直和某日文书的不约而同，这真是“孟德《新书》”，与古人暗合了。其中还有若干议论，却被大限伯抢先说了，这岂不是大触其霉。

还有一位小说家，在从前也曾出过风头，他的文学，本来是很平常，不过在小说中会把日本下女，乃至青年的性爱，连缀起来，使一班蝶荡蜂狂的青年们心醉神迷罢了。然而他居然在新小说界里高高的占了一位置。近来他老先生的心思也逐渐抽绎尽了；有人说他从前的小说因穷而工，现在他老先生居然由无产阶级一步步爬到小资产阶级，当然他的小说也逐渐不工了。殊不知其中还有一段生意经。他老先生自料文名够大了，自己忙于运筹经商，当然没空去做小说。于是他奇想天开，去收买未成名而颇有一顾价值的新进小说家的作品，然后换了自己的名字，卖给书店。书店只顾他的名字买稿，那里还顾得真假和好歹，于是书店钻了钱，他老先生也钻了钱。只挖苦了那位费尽心血的无名小说家和欺骗了一班慕虚名而不知品评的读者。

还有两个弟兄，他们俩在三年前在□□队里颇露过头角，现在却改名换姓在著作界里鬼混着！论他们俩的文字简直拖泥带水，别字满篇。但他们却也有一段鬼斧神工的手段。他们可谓无甚专长，不过略通日本文罢了。但是在最近两年——尤其在前年冬至去年夏——间，居然关于社会科学的作品有了靠五十种上市，算来字数当在一千万字左右，以这短的时间，写这样多的文字，简直令人看也不了，何况执笔构思；这真叫人莫名其妙了。再看其内容，文字精通的也有，语句干涩的也有，思想高超的也有，结构离奇的也有，弄得一班读者对于作者本身的神秘，越发莫知所谓了。却原来他们做书的本领真大，家里养着太太、舅爷乃至许多半通不通的书记，教他们先就从前《北京晨报》等新闻附刊中找出许多材料，然后拿一日文书，就里面抄出许多目录，生吞活剥地，硬镶进去；镶不了时，更随意穿插进去，所以他们的作品看来斑驳淋漓耀人眼目，其实堆砌成章毫无纶绪。尤妙的是把同样的材料，用异样的回目，编成二种的作品，拿来向各书局投稿，各书局只震其名，那察其奸，于是一本本地出版，一本本地卖钱，而这两位大作家却名利双收，大走其运了。

还有一位旧小说家，他是惯做章回小说，从前因做了一部什么外史而著名的。后来他奇想天开创作武侠小说；现在武侠小说这样流行，当然是他作俑之功。他的文才本来不错，所以开头那一二集颇有精彩。但往下写去，他搜索枯肠，无话可说，于是东扯西拉，老着脸孔竟把前人的纪事甚至小说专书都拉进去了。并且全书结构毫无，只是平铺直叙，呆呆地替一个个人物作注脚，后集叫应不到前集，后回叫应不到前回。一个个像走马灯上人物一样招展过去，毫无结果。甚且见神见鬼，大吹大擂，不但把小说的体裁与价值摧残无余，甚且诲淫诲盗，弄神弄怪，简直不顾道德，不顾批评。这真是文人之魔。还有一班书贾在那里趁火打劫，由第一集而第二集，第三集逐步出版下去，价目则逐步飞涨，叫一般无知识的读者不知不觉地破钞不了。而他们两方面却在那里笑嘻嘻地收钱。

现在再进而说译述界罢！

本来译述比较著作容易多了。可是译述也有一番难处，第一须通中国文，第二须通外国文，第三须娴于所译的学科，第四须明了译书的款窍，然后才可以下笔。至于工巧流利，尚看译者的天才和经验。所以译笔佳的，不但会传作者的神，并且还会增作者的色。现在中国译者可谓多矣，然而堪得称为译者的，到底有几人？译者原都是由外国书译来的，可是这其中又有东西之分。东文——就是日文——因为和中文是同文的，所以名词等等倒可以将就引用；因此翻译日文好似翻译西文容易些。而中国人素来轻视日本的，所以学术上也轻视日本，于是一班投机的译者都从日文中找到外国书的译本，糊里糊涂地译了过来，在广告和封面上却大吹大擂说是由西文原书直译。其实日译未必都是坏，西译未必都是好。只要译得不错，何妨就用日译呢？还有一种文丐勉强学了一二年日文。就动起笔来翻译一切日文的书籍——上自文哲，下至科学——弄得读者莫明其妙，那真是糟透了。最是恶作谑的是东洋小鬼，他们做书，往往不用原文真名，偏偏喜用片假译名，因此弄得译界里生了无数笑话，记得从前某君把“伊甸之园”译作“雅典之园”，在文坛上引了长篇辩驳的文字。其次日本文关于否定肯定的文字往往教初学者弄错，以致译出的书往往生了许多毛病。以上许多弱点，在现在一般译界里，都可以常找得出。

因此，出版界里虽产生了许多新书，但是求于其中能得一二本是用真实本领写的，或且译的；简直是千难万难。此外如援引的错误，思想的依扶，甚且剿袭古人的心得，摽窃外书的精采，借他人的门面，装自己的金身，更不知多少。最妙的是处处偷取日人的贡献，还在跟人拼命鄙薄日人的作品。翻开新书一看，十有八九是东洋的来路货，这岂不是新文化上一重大的污点。我写了这篇，自知不免招了许多文人的怨恨，其实我所说的只是对那些挂羊头卖狗肉的著作家、译述者而发。至于那些真正忠心于文化，而努力于研究的作家和译者，我不但不敢信口雌黄，并且还在馨香祷祝其平安长寿，能替出版界多尽一些贡献咧！就是那些蒙虎皮的驴子，我也深望他们少减其鸣声，多竭其驽力，那末将来也许于文化上也有多少贡献罢！

（载《中国新书月报》1931年第1卷第4期）

在中国可以卖文度日吗？

君　羊

我们的前编译所长王云五先生“下野”时（因为当时大家至少作者并不知道王先生将做我们的总经理，故这里书“下野”而不书“高升”，请原谅），记得曾有人问他以后的行止，王先生的回答是“卖文度日”！我当时就这样的想：中国的武人政客下了野便呐喊“出洋考察”（吴佩孚可以除外，但最近不是又有“出洋考察”的趋势么？）名流之辈一碰了钉子，便是“病体难支，急须调养”，而王先生独想卖文度日，这是何等的“书生本色”！不过王先生在那一个时期中，我们并没有见到他有什么文字写了出来，这可以证明王先生实在不曾“卖文度日”过。

所以我现在干脆的先把我的结论下了：在中国要靠卖文度日，无论如何是不可能的。

在变态的工业社会的上海，似乎今夜写完了一篇文章——商品，明天便可以卖出去，同时也就可以取得你的货价或工资——稿费，几乎是一手交货，一手交钱。这样倘使可以维持若干日的生活，用完了，再写一篇，明天又可以换钱。读者必问，这不是卖文度日吗？我的结论岂不是推翻了吗？

然而，不是的，实际上并不是这么一回事。内地我们不说，因为内地还配不上讨论这个问题，天津、北平、广州也说不上，我们这里只说为中国出版界中心的上海。

上海出版业的巨子有商务、中华，近数年来新兴的书店不下六七十家，这个现象可与影片公司的蜂起等量齐观，好像社会上确有这样一种要求似的，只要有几百元以上的资本，便可以东拉西凑的开一爿书店，于是乎我们可以借经济学的原则说，拉稿的需要增加，卖文的供给随着扩大，这似乎就是造成许多人企图卖文度日的机会了。

然而，究竟可以做到卖文度日的一步么？我们试来看看，假如你是赤条条的没有别的经济背景而单靠卖文度日啊，那末，你无论如何首先便不能写一部成套的书。写一部书，质的好坏不论，可是，在这写作的过程中，你在那里去取你的生活费？预支么，寅食卯粮，而且你如没有人情书，店老板也决不会允许你的，就是说你得先要拿出一笔本钱。这中间你如果硬要装傻子像陆士衡说的“理翳翳而愈伏，思乙乙其若抽”，那你只有束紧肚子（设如你是“一人男”的话），让它慢慢的停止消化，学仙人才行。虽然也有靠“版税度日”，而且度得像富家翁一样的人，这些人当然令我们羡煞。可是，那也得先拿本钱出来的，况且要是你的名儿不显灵，没有人替你“叫座”，书店老板不大出其广告费，你的冷庙决不会有许多居士来烧香。

要单靠写一本书来换取生活费，照上边的情形说是不可能。那末，卖短文，又快又可以马上换钱，肚子虽然受亏两天，二房东亦未必登时就贴召租条，总可不至成问题。可是，你得知道文字这东西，现在已经纯是一种商品了（你尽管以为你写的内容是不食人间烟火，贱却人间玉帛的那么高贵超逸，然而骨子里你不是要稿费吗？）制造商品是要原料的。因而有些人很想做小说家，因为小说家只要一枝笔一张纸，坐马桶时可以写，靠着电杆也可以写，可是，小说家离得了观察么？（我不要说“烟士披里纯”，但我不是小说家，这些我不大清楚），这观察不是等于考据家的考据么？所以小说家也不能例外，都同在这个命运中。

现在假如你的商品制成了，送到杂志社去，要是你的稿子不是特约的或者你与老板不认识，你的稿子虽然可用，但未必马上就可换钱；你如果不是名流（名流当然不会卖文度日），那末，你的“酬金”也逃不了阶级的（此所谓阶级，是指“名流”或“高等华人”阶级与非名流阶级）限制，不管你的东西是费了几个月做成，甚至如左太冲那样十年才成的三都赋，仍是五千字三五一十五元，或二五十元。而且你能够像机器一样一天必能制出一千字么？否则，你确可卖文而不能度日。

老实说，在中国——只说上海吧，文字的买卖单位这样的低贱，要想卖文度日真是梦话，只有些人才拿这话来装门面，以表示其清高。美国卖文度日的 two-cents-writer，社会上已觉得他们够穷困潦倒了，可是，到底一个字还能值两分金价，中国则五个字值一分银价，现在中币将近五元兑换一元美金，那末，在中国要二十五个字才值一分美金，二十五个字在美国当值美金半元，合中币二元半，这个比例的悬殊，真是惊人。固然中国的措大不能与美国措大的生活程度相提并论，可是，中国文字酬金的普通标准，实在低贱的太可怜了。以这么低贱的代价，要想买得优良的商品，还口口声声喊着提高文化，促进学术，文化怎样可以高，学术怎样可以进啊！缘木而求鱼。

Verse-makers were generally beggars，我奉劝诸位打算在目前中国卖文度日的人，记取福兰克林的父亲叮咛这位少年的话，免得“自贻伊戚”。

（载《编辑者》1931年第1期）

出版家公开状

兰　若

民国十九年十六日，国民政府公布《出版法》以后，一方面可以说出版界得了法律的保障，但《出版法》如何适用才能适当，政府与出版界两方均应十分注意。惟出版同业中人不一定都具备法律的知识，偶尔不慎，恐怕此四十四条的条文，就变成严酷的枷锁。说到《出版法》的“罚则”、至少为“百元以下之罚金”，至重还要“处一年以下有期徒刑拘役”。出版自然科学者固无甚关系，若是社会科学一类的书籍，更容易被“比附援引”到《反革命治罪法》第六条上面去。

出版家应该遵守《出版法》，这是合理的。《出版法》所规定命令与禁令的法规，出版家无有不愿意奉行，其有违反《出版法》的罚则者应受处罚。若是遵守《出版法》的命令的，国家的法律也该当予以确实的保障。在国民政府治下的出版品如果有“宣传与三民主义不相容之主义及不利于国民革命之主张者，处二等至四等有期徒刑”，有这样情愿以身试法的出版家，即使受了此种严格的制裁，还有什么可以抵赖。

惟是“与三民主义不相容之主义”到底是那几种主义，我们从未见以中央党部或国民政府之名，用正式公布的形式，昭示大众，那一种主义与三民主义相容呢？

“不利于国民革命之主张者”到底是那几种主张，我们从又未见以中央党部或国民政府之名，用正式公布的形式，昭示大众，那一种算是有利于国民革命的主张呢？

我们注重出版社会科学的出版家只有服膺《建国大纲》、《建国方略》、《三民主义》及《全国第一次代表大会宣言》……等，本此主义与主张来做我们编著的原理根据。此外无论那一个时人所说的，我们仅仅当是他一个人的讲话；出版家的出版品就不去理会他，也不见得会触犯什么罪名。

出版家以文化的营业为前提，绝不是宣传，宣传乃有作用，而出版家本属营业。更切实些说：除却□□□□□书店外，那一个出版家容易忘记其自已为文化营业商人的地位。普通一册书籍的出版，除却故意带有色彩外，莫不经过著作人若干的研究和写作的时日，除却粗制滥作、恶譒译及荒唐譒译外，莫不经过编辑人详慎的审定之后，才敢发排印刷装订销售。出版营业手续的繁重至此，绝不是如卖空买空的投机可比。

出版家纵不敢自承为文化的媒介者，而卖书营业至少亦与他种营业一样。那一个正当的出版家肯去出版“宣传与三民主义不相容之主义及不利于国民革命之主张”的出版品？

政府对于出版家宜用《出版法》，对于反革命者宜用《反革命治罪法》。细揣《反革命治罪法》立法的意旨，并不是以出版家为对象，乃以反革命者为目的。出版家如果真实有反革命的所为（所为二字为刑法用语），那么才得适用《反革命治罪法》，这不可轻率看过。

现行的出版法全部抄袭日本的《出版法》、《新闻纸法》及《出版物法案》三种，囫囵制定，没有三民主义的意味，名称虽为出版法，内容偏重于新闻什志，关于书籍出版不过寥寥数条。我们出版家还不认为满足，此时希望政府从速创制三民主义国家适用的《出版法》。

（载《中国新书月报》1931 年第 1 卷第 4 期）

对于书报检查的我见

李鼎龢

劈头一句话，先行交代清楚：我对于书报检查是赞成者，不是反对者。

可是我不是盲目的赞成者，却是具有微见的赞成者，也许我的微见值得一般出版界注意，值得当局采用的。

最近出版界里的确闹得不成样子。谁都晓得有些□□□□在出版界里面兴风作浪着，弄得出版家、发行者，甚至寄售者个个吃他们的暗亏。最近□□□□雷厉风行地起来实施书报检查的工作，这是很适当的，很需要的。因为不但积极方面，□□□□负有纠正思想的职责，就是消极方面，一般出版界和读书界也都希望能够因此得个保障，免遭□□□□暗算。我所以赞成书报检查的，就是在此！

可是书报检查看似很微细的工作，其实可谓难极！稍一不慎，反足以害人。

书报检查本来不是新花样，而是老方法。这种政策在法国大革命以前早就实行过了。欧洲各国从前也都竞相励行过，到了现在差不多各国都不大采用它了。惟独□□□□俄国还在那里极力地推行，而其结果听说也不大佳。这不啻是历史上对于书报检查都没有相当办法的一种证明。

现在党政当局□□□□既然采用了书报检查的手段，我们当然表示遵从。可是我觉得向来书报检查的失败，大半由于左列二点：（一）不彻底。这“不彻底”三字应分做“对外”、“对内”二段来说。“对外的不彻底”就是从来对于中国书报，或是中国人办的书报机关，多半采取严厉的检查，而对于外国的书报，或是外国人办的书报机关，不但检而不查，甚且不敢检不敢查。“对内的不彻底”就是对于没有□□□□背景的书报机关或是作家，不惜用起严厉的手段来对付。对于有□□□□势力的书报机关或且作家，甚且有名些的人，却只装聋作哑，不敢理论。书报检查的目的乃防微杜渐，而今对于“微”、“渐”却这样宽恕，那能够收到好效果呢？第二点呢就是：（二）不集中。□□□□对于书报检查，向来是取集中制；《宣传品审查条例》之设，《出版法》之定，都本乎此，可是天下事往往理论与事实背驰！中央的规定固然是如此，而地方的执行又忽如彼。甲地有甲地的党政机关，乙地有乙地的党政机关，他们秉其职责对于书报当然都有检查的权限。可是他们对于检查的效果，不但有时不呈报中央，甚且完全不通知各地，所以弄得乙地的书报，只销行乙地，到了甲地便遭了没收。甲地认可的，到了乙地却遭了驳斥，甚且连中央批准的，到了各地也都遭了违难。彼此不接头，彼此不统属，弄成书报销路分崩离析之局。还有一层最为出版界所痛心的，就是即在一地之内，书报检查的权限也还有分不清楚的。党的机关、政的机关、军的机关对于书报都有检查权，甚至都有处分权。好像从事于出版业的都是反动派，都是反革命，人人均可执而诛之。其结果，弄得甲机关放行，乙机关拘捕，叫出版业者啼笑不得。有所扣押，只好听其扣押；有所拘捕，只好听其拘捕；有所封闭，只好听其封闭。到了法庭，还有《反革命治罪法》赫然当前，连法官也不敢主持法律的公道；于是乎一般出版业者，甚且寄售者只好束手待毙了。

由于上述两原因，所以从来的书报检查都没有良好的效果，甚且愈其操切，愈其偾事，这不是全由于办事人的不忠实，却是半出于当局者的无办法。

所以我甚希望党政当局对于上述二大前提先求完满的解决，然后再可以说到书报检查的本身！

其次关于检查自身也有几点值得注意的：

第一须有主管机关　书报的门类、件数以及内容是很复杂的，所以没有主管机关来检查，是绝对不行的。其结果必定仍旧不集中。主管机关到底应属于何方面，我个人却以为最合理的是最高党部中另设一种超然的学术机关。因为书报是文化之母，有的书报是属于研究性，有的是属于宣传性；这只有学术机关才能够分析清楚，然而纠正思想的权限却又在党，所以我主张党部中设立一种超然的学术机关。可是以中国的幅员之大，于各地非多设分机关，又是不行，这一笔经费恐怕又很可观咧！

第二须有迅速手续　一种书报在未发行以前，已花了不少时间、金钱、心力。如果不经检查，马上发行，还不能够说到畅销！如果再经检查，那末不幸不得认许的全亏了老本，就是幸而得到认许，也不免迁延时日。有的书还可以，有的书却有时间性，而杂志尤有关系；至于报纸更为刻不容缓。如果先准暂销，徐待批复，那末无论“宣传”的效力业已发生，就是吊销的办法也极费周折。况且邮寄呈递的时间更占了不少，这也是不能不算及的。只这一点，依我浅见，很难得到相当办法的；不知主张书报检查的当局对此有否妥善的办法？

第三须洞察内容　书报的内容不尽和标题是一致的。尤其□□□□的书籍绝不肯用激烈或且触目的标题引起检查者的注意。□□□□所以我深望检查者应审慎地洞察每本书的内容。

第四须慎选人员　检查的用意在乎为出版界作指导，而现在的书报检查几乎成为出版界的桎梏，这固然是由于该制度的奉行未尽妥善，而其大半原因也由于用人未得其当。现在书报检查员，不敢说个个都是欠通。然而其中少数容亦有令人不满意的。不待说贪污的，还靠着检查的幌子做“生意经”，就是固执的，或且疏忽的也会误事，不是漏了吞舟之鱼，就是害了无罪之人。有人告诉我说，某检查机关检查员往往把一好销的书籍，尽量没收，暗里托人廉卖，对于行了贿的□□书籍却故意放行。这种弊病都是由于用人不慎而生。大凡政策本身未必是坏，却往往坏于奉行的人手里，这也是一种实证。

第五须有详密纪载　书报本不胫而走的东西，它们的销路凭着广告或邮寄，才可以达到各地。书报又是容易雷同的东西，甲种书的书和乙种的书尽管内容不同，甚且相反，然而名字也许会相同。因此甲地禁了甲种的书，如果不详审地载明该书的内容、出版者、著作者、发行者甚且出版年月，糊里糊涂地通知了乙地，乙地于是只好根据书名来取缔，其结果难免冤屈了乙种同名的书，像此次上海市党部颁发了禁售清单一本，内有《战争》一书，并不标明是何家出版、何人著作、何种性质、何时发行。于是华通出版的《战争》却无辜受了扣留。那知被禁的《战争》是俄国某文人著的一本戏剧，而华通发行的是德国路易棱著的一本小说，而且经过□□□批准发行的。你看，如果不明白这一点的，人岂不是错认了它为□□书籍。这岂不是很危险而滑稽？然而党政当局推行了书报检查许久，至今对此尚是这样怠意。这其间受了冤屈的不知多少。这一点算是最容易办的，然而至今还是未办，可见从来书报检查并不十分慎重举行的。

以上五点是检查的要件，我们认为缺一不可。也许还有许多重要的，可是我们一时还想不到。总之，书报检查不是容易推行的一种对策，既然想要推行它，便得预先想个周全妥善，切不可孟浪从事，更不可寓改善于试验之中！须知文字之狱本非玩意。深望当局审慎将事，勿将“爱民”的善意，弄成“病民”的稗政。如其不然，宁抱“人言何害”之心，幸勿陷于“防口如川”之嫌。至于检查后的处置，却又是一个问题；容俟另篇再陈。

（载《中国新书月报》1931 年第 1 卷第 5 期）

谈言论与出版之自由

言论与出版的现象，是整个社会文化现象的表映，社会文化发达，即言论界与出版界之发达。此种浅近理论，已成为世界各国一般的事实。但言论与出版的现象之中心的代表，则厥唯报纸。故某一社会是否为文明的进步的社会，即可由报纸的出版与言论的自由与否为测验。所以，要谈言论出版的自由问题。必须先看报纸的言论是否出于客观的尽情的发挥，出版又是否真有自由的可能？

中国文化的现象，我们也可以按此理而在中国之所谓报纸上去观察，我们处以绝对客观的立场，敢说中国的报纸无客观的言论，无自由出版的可能。质言之，即中国现在当面的社会，是不允许有言论与出版的自由的。在此局势下的文化现象若何？吾人切身所受者若何？不待言的较之其他国家，是落后而又落后的了。但我们既生于二十世纪而欲作一现代的人，谁人当都不甘为一落伍者。对言论与出版之自由的要求，这是必然要起的。

然而，“要争言论出版自由”，这一名词，是已惯见于标语传单，已熟听于口号了。现在一究其实际怎样，则争者自奔走呼号，而言论则仍受制如故，出版则仍毫无自由，反日见其甚。吾人于一巡望□□街与四马路之后，即感得乱糟糟一团，文化程度的低落，尚还能讳饰吗？

这种病态，我们绝不能笼统的、委过的说是一般群众之无智识。我们实应当考察现在社会的组织，及其组织存在的基础与力量的问题。因为中国现在的社会经济是在一种畸形的崩溃与成长的过程，所以社会组织也是在畸形的崩溃与成长中，尤其是政治的形态是被这个决定而处于不安定的状况。所以言论出版之无自由是有它根本的病源在。在未指摘出这病源而未谋其根本的医治或变革之前，若徒作空泛的摇旗呐喊，其无济于实际自是必然。

现在，先必要澈究目前现象，此必然的理由有二：一、即统治的责任者对言论与出版怀着畏惧的心理，为巩固其政治权力的存在，乃以权力以苛限言论及出版的发展。二、即现在言论界（专指报纸而言，姑如是名之）。与出版界的本身，不能健全有力：不屈于权势即附庸于资本主义，是故亦不能获得大众的信仰与拥护，乃更不能形成舆论的力量，和凭此力量以邀得统治责任者之信服。有这双重矛盾，所以标语口号之要求言论出版自由者，成为浮浅之谈，甚或以此为漂亮的号召。而执司有责者于是亦欺其愚懦而有所御之；一般大众读者（社会群众）的意旨与利益，则当抛掷非其所愿一顾的。

事实现象，既已如是。"要争言论出版自由"，当不能无时或懈，且须厉力而行。唯赴"争"之道必须要导向正确的。如从事出版事业者，其动机的出发，必须是要以"为大众"为立场。如执役言论者，其态度必须要以绝对之客观，对一切作代表大众之意旨与利益之严正的批判，至低至低我们要建立本身的力量，用这文化之社会存在的大众的力量，去取得最小限度的自由！即退万步而言，亦当需有一般的资本主义文明国家的不自由的自由。设若并此亦尚成梦想，则我们即疾呼于"争言论出版自由"者之前，请先致力于促动社会组织向未来的变革之间的过程的短缩。是则希望或亦即将给我们以勇气，言论出版之真正自由的时期，也必将由努力而来到。

总之，欲求言论出版之自由，其唯一的首要的先决要件，仍为言论与出版之本身问题，即我们要求有正确的 journalism 的出现。并属望读者能于认辨之后而以群力获之！

（载《文艺新闻》1931 年第 7 期）

论今日之言论界

日前，曾论今日之出版界，今再进而论今日之言论界，所谓言论界者，即指一切定期或不定期之报纸杂志而言，就中尤其报纸最能转移风气，影响社会，而为一般人朝夕不可或离之刊物。吾人平日希望民主政治实现，惟知要求政治之公开，政权之参与。而不知具有特殊权威之言论界，实为推进民主政治之原动力。欧美各国之报纸，除以敏捷方法传递消息外，复能监督政府，指导社会，代表舆论，伸张公理。其与全国政治关系之密切，不亚于一国之国会，而其所处地位之重要，则尚有过于国会者。

我国受数千年专制政体及封建思想之流毒，民智本极低下。本党①致力国民革命，以求中国之自由平等，其第一步工作，重在唤起醉生梦死之民众。而最有效力的唤起民众之工具其实为报纸，是以今日之言论界，不但负有推进民主政治之责任，即民族自由之恢复，国家地位之增进，三民主义之实现，亦在需要言论界之努力与奋斗也。

往昔军阀专权，言论界处高压之下，不敢批评政治之得失，除刊布片面的消息外，无所谓主张，无所谓政见。既不能代人民申述痛苦，又不能为社会辨别是非。于是此类噤若寒蝉之报纸，乃不为一般民众所重视。本党肃清军阀，统一中国，一切政治上之措施，均以三民主义为原则。政纲上既已确定，人民有集会、结社、言论、出版、居住、信仰之完全自由权，而最近国府公布《出版法》，并停止新闻检查，尤足表示尊重舆论、保障自由之精神，言论界既已恢复其法律上应有之地位，即应竭力尽其对社会对国家应尽之天职也。

记者为言论界之一份子，初不敢退居第三者地位，妄事批评，故作高论。顾记者为中国之国民，既对国家有深挚之情感，自不应放弃国民之职责，心所谓危机不得不言，敢就管见所及，列出数点，以与我国之言论界一商榷之。

其一，吾人处□□□帝国主义重重压迫之下，国家既成外人之次殖民地。同胞颠沛流离，水深火热，尤为至可恶痛之现象。本党秉承总理遗教，建设新邦，深知不平等条约不取消，国家之自由平等不恢复，不但人民之痛苦无法解除，且我民族不绝如缕之生命，亦将由危殆而濒于毁灭。言论界日以救国相号召，对于关系国家存亡之种种问题，实不应

① 即国民党，后同。

如越人之视秦人之肥瘠。对于本党反抗帝国主义之精神，尤应予以热烈的同情与赞助。吾人对于政治上之主张，□可互□。而对于一切危害民族生命之仇敌，除以联合的战线一致抗拒外，实无法可以自求生存。苟其别有用心，必不至自忘国民之立场，而反为外人张目也。

其二，军阀时代之言论界，对于任何问题不敢有主张。一部分主持言论者，则取敌视的态度，以政府为嬉笑怒骂之对象，报纸不能监督政府之实施。政府亦无法运用报纸以传达政见解释政策。今者，时势转变，军阀消灭，代表人民之国民政府，方为国家独立自由而奋斗。三四年来之施政方针，尤处处以人民福利为前提。主持言论者需改变历来之态度，履行其监督政府之职务。政府措施，如与民意相背驰，吾人应起而纠正之。官吏行为，如不合乎廉洁政治之原则，吾人尤应鸣鼓而攻之。此仅就消极方面而言，吾人若认清言论界之地位，更应力尽国民之职责，督促政府实行三民主义，为人民谋幸福，为国家争荣誉。政府如真能奉行遗教，尊重民意，吾人尤当以全力拥护之协助之。言论界处于人民与政府之间，一方面既为人民做喉舌，一方面当作政府之臂助。政治而不能澄清者，吾不信也。

其三，中国社会之黑暗，实有甚于政治者。是非泯灭，黑白淆乱，毫无正义公道之可言。所谓君子道消小人道长之现象，实为今日中国社会之写真，政治上短时期的黑暗不足忧，若整个的社会不辨是非与黑白，斯诚可谓心死也已。言论界对于社会所负之责任，绝不止于普通政治的批评。天地正气之保持，人间公道之伸张，是均有望于今日之言论界。他如教育之提倡，实业之振兴，文化事业之改善，社会运动之推进，无一不需要言论界之鼓吹也。

其四，再就言论界之本身言之，吾人今日不仅不能在政治上、社会上发生应有之力量，且吾人经济之能力、营业之规模，以及一切物质上之设备，若与外邦同业相较，亦无事不落人后，国际间若有重要之问题发生，各国报纸竞为政府作宣传，其行动之一致，步骤之整齐，尤非国人所能梦见者。吾人既不能在国际上占一发表言论之地位，即在吾国疆域之内，亦无法与外人相抗衡。一旦与外人有何交涉，吾国在宣传方面实已站在必败之地位。吾人若不彻底觉悟，振作精神，改弦更张，不但言论界终为外人所压倒，恐吾国亦永不能在外交上获得胜利也。

总之，今日之言论界，负有极伟大之时代的使命。其所应有之觉悟，及应持之态度，决非此文所能盖其万一。以上四端，仅就一时感想所及，濡而记之，以为我中国言论界尽其一得之见云尔。

（载《中央日报》1931年2月3日）

淫书淫戏之自害害人说

邵逸飞

天律之最严者莫如淫，人祸之最烈者亦莫如淫。然而律既严矣祸亦烈矣。而世之淫邪事实接踵而起，触目皆是。果何乐而为之何苦而不绝之乎？推源求本，例以春秋责备贤者之旨，盖皆淫书淫戏为階之厉也。青蛾扑火非不欲其生也，徒以有灯火以引之耳。鱼类吞饵非欲求其死也，徒以有香饵以诱之耳。若淫之为祸，虽由自作之孽。而福善祸淫，君子垂为深戒。养身寡欲，古人尤有明文。为之者，岂其人独异于人类，而好为堕其人格，毁其名誉，戕其身体而不自惜耶？是盖有引导者在焉。引导者何？就其最大者而言之，厥有二：一曰淫书。迩来坊间主人、著作名家多以金钱为目标，迎合青年心理为职志，以淫书之足以牟利也，而好为之，而好售之。所谓淫书者大般描摹桑间濮上之行为，叙述逾墙钻穴之事实。窃玉偷香，窃比于多情种子，拈花惹草，犹称诸风流人物。尤云滞雨，温柔乡里，不啻销魂真个怜我怜卿，销金帐中，敢称乐意无双。凡我青年，血气方刚，意志薄弱，阅之者目迷心眩，有不淫心遽萌，性欲冲动乎？窃恐非特少年如此，即壮强人阅之，亦有未免有情，谁能遣此之感耳。况人非木石，世无鲁男子，几见有坐怀不乱之真君子乎？其二曰淫戏。以假衣冠为狂且写照，借真面目为妖艳传神。男女欢爱之情，栩栩欲活。云雨翻覆之状，跃跃台上。甚至月上柳梢，人约黄昏，床笫间琐屑淫佚不可言传之事，莫不尽态描摹，极情妆点。围而观者有不目醉心迷神飞魂销者乎？故吾谓性欲由于触动，淫心由于引导。则淫书淫戏二物，世上导淫之术，蔑以加于此矣，以其迎合于社会青年人类之心理也。于是淫书淫戏到处可观，满地皆是，以致开卷有益，反来诲淫之媒。及时行乐，俱作纵欲之机。而况祀祖酬神，岂无亵渎神明。披简执卷，何任荒谬学业。是以淫书淫戏。官厅早有禁令。惟是奸商书蠹，竟视为一纸具文而毫不顾忌，遂令淫书淫戏，光怪陆离，层出不穷，五花八门，变幻靡尽。有心人不禁殷忧无已矣。惟望乐善君子、有道志士，两肩担道德之责任，锦口尽祛恶之义务，到处鼓吹，随地宣传，使为父母者家喻而户晓。尤愿有社会风化之责者，剀切告示，悬为厉禁。遇有著售淫书、扮演淫剧者，予以重惩，不少宽贷，则淫书淫戏自然绝迹矣。盖若辈同属人类，未必全无天良者，徒以谋一己之生计，遂贻世界无穷之罪恶。清夜扪心，亦当知咎有应得，律有难逃，而惕然思反矣。呜呼！青年天真未鉴，情窦初开，读圣贤遗训，聆古人格言，以勉学羁勒。设法范围，犹虑欲之为害，如溃堤之水，有横流难收之虞。如决枥之驷，有一往莫阻之概。况又引之以淫书戏乎。有不放僻邪侈，失足千古者，未之有也。虽然吾侪文人以笔墨为消遣，若辈优伶以粉墨为生活，固尽夫人而知之者也。惟是哀感顽艳之事、离合悲欢之情，随在可以著之于文字，编诸于戏剧者也。著之于文字，编诸于戏剧，而果文字有灵，声容得宜，未必不足以耸人听闻，动人欣赏者也。设文字而不灵声容而乖宜者，虽极淫冶之事，极秽亵之情，亦必遭人厌弃使人作呕耳。要之，书籍为学子学问之工具，戏剧为社会教育之利器。著书与编剧者，宜如何重其人格，保其道德乎。奈之何甘为名教之罪人，敢冒世界之不讳而惟淫之是趋乎。语有之曰：作善之家，必有余庆；作不善之家，必有余殃。淫，恶之尤者也。是故著淫书、编淫戏者，非特生前当受相当之罪律，窃恐死后不堕泥犁地狱不止耳。观于此其亦可以幡然悟矣。凡吾同志勉旃之。

（载《崇喜》1931 年第 7—8 期）

翻版书的黑幕

吴铁声

据一位在出版界服务的人说，翻版书当中，有一种不费翻版手续的翻版书，这种翻版书的由来，大概是一个著作者自己要出版一部作品，把稿件交给小印刷所去排版，等到全部稿子校定之后，这家印刷所就自己多打一副纸型。然后把正文印好，封面换过，定价改低，有的甚至将书名、编著者的姓名都改变了，装订完全之后，就可以发售了。也有怕受法律制裁，把纸型带到远地去印刷发售的，使著作者追究困难，于是他们得逍遥法外，获利十倍。

这种不费翻版手续的翻版书，其手段的厉害，实在其他一切翻版书之上。我们知道普通翻版书错字多得很，懂得这种情形的人，是不会去买的。而这一种翻版书的正文，却与原版书一般无二，而定价比原版书便宜，因为合乎物美价廉的原则，就可以畅销一时。

造成这种情形的原因：一、由于书局方面对于著作者的稿费菲薄；二、由于书局方面出书无期，一部稿子卖给书局，就完全要听他们的处置，普通不关紧要的稿子，书局方面把它延搁数年，还不曾出版的是很多很多，有的甚至给它一个无期徒刑。著作者写成一部作品，固然要得到一点稿费来维持生活。然而他最大的希望，是要这部著作能与读者早日相见，因为书局方面出版的无期与稿费的苛刻，迫得他只好自己去印了。

（载《中国新书月报》1931年第1期）

看他横行到几时的“翻版书”

狷　公

据许多人说，国内翻版书最多的地方，要推北平和广州，还听说，他们是有组织有计划地，专做这种勾当，靠此谋生。曾有一次，我还看到某种的“翻印本”。

事实是有凭有据的呈示给我们，所以引起我们感想的，也就是这个对象。现在我们根据着这对象，来说几句话。

我们所要讲的“翻版书”，是指翻印或仿制“版权（著作权）所有，不许翻印（复制）”的出版物，也就是《著作权法》上第一条所规定：“……依本法注册专有重制之利益者，为著作权。”以及第二十三条所规定“著作权经注册后，其权利人得对于翻印或仿制……提起诉讼”的著作物。换句话说，就是：一切出版物，在已完毕合法注册之手续后，不许第二者翻印或仿制。否则，此种侵权行为，在民法上刑法上，皆有所抵触。

照这样看来，那么“翻版书”是作奸犯科的产物，早应绝迹，已无存在的可能了。可是，理论与事实，老是背道而驰，所以“翻版书”仍是横行无忌，流行不衰。说到这里，我们又起了疑问：就是怀疑到“翻版书”，在过去中的成因到底怎样？是谁放任翻印者肆无忌惮畅所欲为呢？还是执法者不去制裁他们呢？对此问题应该怎样补救呢？凡此种种，均有研究的价值。

我写这个问题，也许出版家很愿意听，不过说得太肤浅些，只好算做研究这问题的“导火线”罢了。现在让我分别写在左面：

一、翻版书的成因

翻版书始于何时，莫从究诘。成因的做成，当然很复杂，姑就推想所得，举其要者言之：第一，原版书求过于供。求过于供，可说是绝对好现象。其实，这里所说的，是指某一地方求过于供而言。近来出版界里，有的因为资本不充，不能多印，有的因为各地代售店不负责任，常有“代而不售”。有的是受不能多印的支配，分派到各地销售的，一家代售店不过几册或十几册。像学府荟萃的北平，和购书率较高的其他地方，如果是有价值的书，何难一售而罄。当地小书贩或印刷者，看到某一种书销路好，有利可图，便乘隙而入，“翻印本”由是就降生了。

第二，原版书有相当价值。一本书到了有被翻印的资格，大半是因为内容有相当的价值。被翻印的书籍中，据调查所及，而以翻译之名著居最多数，国内名家作品次之，最低限度也具有哄动观听的书名。他们眼光很正确，像：《资本论》、《山宁》、《西线无战争》、《石炭王》、《子女选孕法及自然避孕法》……等，都有翻印本呢。

第三，原版书售价过昂。在过去中，出版物的售价都很高昂。比方：一本卅二开排五号字二百面上下的书，用卅七磅报纸印成二千册，连稿费计算在内，真实的成本，每本不过大二角五分左右（参看后附之第一表）。而售价却要五六角，再加上各地代售店“酌加邮费”，那更是贵之又贵了，这就是一个实例。在目前社会经济恐慌万状的中国，当学生的，学费膳宿，还是勉强支持，那能买得起昂贵的图书？但是书籍到底是他们所需要的，如果有同一低代价的书籍发现，你想他们还会来买高代价的吗？固然翻版书有许多劣点，可是占了便宜，也顾不得这许多。这个成因，是谁造成的呢？

第四，翻印本的成本低。翻版书第一着就不要化稿费，其次更利用较简便的技术去翻印，成本方面，自然而然比原版的低得多。像前述的卅二开二百面印数二千册的书，在原出版家的成本要四百九十余元（如第一表），而在翻印者方面充其量也不过二百元左右（如第二、三两表）。两相比较，则成本之低昂，也是成因之一。

第一表

项目	稿费	排工	印工	纸厂	纸张	装订	校对费	广告与开支	约计
价目	二五〇元	七〇元	二六元	一三元	七四元	一四元	一〇元	四〇元	四九七元

第二表

项目	排工	印工	纸厂	纸张	装订	校对费	约计
价目	七〇元	二四元	一三元	七二元	一三元	一〇元	二一二元

以上两表系专指铅印而言，若用石印，则成本上较省许多。兹以第三表示之：

第三表

项目	制版	印工	纸张	装订	约计
价目	四〇元	二六元	七二元	一三元	一五一元

第五，印刷业及出版业中之人工过剩。人工过剩，失业者的人数也跟着增加。这些失业者，在失业以后，改业既难，又不能坐以待毙，不得不想出一条生路来。那么，他们既“实迫处此”，那只好运用其“当行”的本领，做此违法的生涯。

第六，出版界向无澈底的追究。许多出版家一向对于版权被侵害的事件，初发现的时候，无不赫凛凛地想去追究，一转念到路途遥远，鞭长莫及，过了几天就淡然置之。不肯化些旅费，派个专员，到出事地点，澈底的诉诸法律，惩一儆百，藉戒效尤。我想版权被侵害的店家，在上海方面一定不少，如果肯联合起来去对付，是不难“一鼓成擒”。

上述诸因，故不仅如此其简单，此不过言其大略：现在再揭破翻印本的劣点。

二、翻版书的劣点

翻版书的劣点，晓得的人，固然很多；不过我觉得还有一说的必要，因为讲穿它的劣点来“普告大众”，“俾众周知”，也未始不是消极的防止办法。

“翻印本”大概利用石印术翻印的居多，用铅印的很少。因为用石印术来翻印，成本既低，时间上又来得快而且捷。铅印则反是，像排版、校对等手续，是多么麻烦的事。但是石版术翻印，虽然说可以“依样画葫芦”，如果原版书错了，它也免不了跟着错。同时还会脱漏去许许多多的“字爿”和“笔画”。而墨色不匀、字迹模糊，犹在其次。而铅印比石印还多一个“校对敷会，错字连篇”的毛病。他如纸张的丑陋、装订的脱落，也在所不免。希望读者们不要贪这些少有形的便宜，受着极大无形的损失。而营此业者，因受此罢买的影响，以销路闭塞，则将不禁而自绝了。

三、翻版书与法律

著作物既依法注册后，即已取得法律上之保障。如有侵害其利益者，得依法控诉，予以法律上之制裁。此固于《著作权法》上明文规定之矣。惟尚有应注意之点者数端：

第一，被侵害人之起诉。被侵害人依《著作权法》第二十三条之规定，于发现侵害人确有侵权行为后，提起诉讼时，在公诉部份：可依据该法第三十三条之规定，使其受刑事上之制裁。在私诉部份：可依据该法第二十九条之规定，估计损失，要求赔偿。此种民事上损失赔偿之起诉，最好附带于刑事起诉时一并提起，较为便当。不然，在刑事判决确定以后，再依民事诉讼程序，另行起诉，未免多费手脚，此亦不可不注意者也。

第二，被侵害人与侵害人之私行调解。此种私行调解之实例，在出版界里，数见不鲜，但是否合法，颇有研讨的价值。前此未见有所论列，即在《著作权法》上亦只有"经著作权人之起诉"及"其权利人得对于他人……提起诉讼"等字样。若"不经"权利人之起诉，则此辈违法翻印他人之书籍者，尽可逍遥法外。又如被侵害人为息事宁人，或经人调处，由侵害人赔偿些少损失，没收几本伪书后，即一了百了，化为乌有，这岂不是太便宜了那故意为违法之行为的人们吗？在我个人的意见以为："公诉部份，必需提起，而私诉部份却可通融办理。如果，公诉部份也由私人了结，这是不合法的行为，也不足以弭止翻版的恶风。"

第三，翻版率因法律制裁之效果。"翻印书籍罪"，也可算是"伪造罪"之一种。其他伪造罪，检察机关都有起诉的权限，我想此种侵权行为，也未始不可由检察机关来检举来起诉。并且现在内政部已根据新颁《出版法》实行办理书报登记了，往后的出版物，都合于《著作权法》第一条之规定，而有起诉权。那么，如果采用前述办法，交付检察机关实行办理，所得的效果，将不难由逐渐减少，而至于消灭。

上述三端，系抒一得之愚，就正于读者，甚望能引起读者作更深进的研究。言至此，偶忆及《出版法》中仅为惩罚之条文，并无保障之规定，不禁使我起莫大之怀疑。

四、翻版书之防止

宇宙间一切的事情，只怕不肯做，不怕做不到。翻版书反正是违法的，如果对付有方，总不难逐渐消灭。兹试拟积极与消极两种防止言之：

（一）积极的防止

第一，注册。往昔出版家未必都具备法律的知识，大多数的出版物，都不送去注册，得不到法律的保障。等到了发现“被人翻印”，因为自家尚未完毕合法之注册，那能提起诉讼，以对抗侵害人呢？往事已矣，来日正长，此后每出一本新书，马上就要送到内政部注册，有了保障，他们那敢随便翻印呢？

第二，加贴印花。加贴特制印花，从前多数用于抽版税书籍的版权页上，我想现在一切出版物都可以仿照这例子贴上印花。因为翻版者于翻印书籍之后，欲“以伪乱真”，或许必需连同伪造印花。而伪造印花之罪，在《刑法》上，系科以三年以下六月以上之徒刑，非若《著作权法》仅科罚翻印者以五百元以下五十元以上之罚金已也。故加贴印花，亦足以遏止翻印率之继长增高。

第三，售价减低。出版物售价，若能比较低廉，读者则无望洋兴叹之感，同时也不会去买较低代价的“翻印本”。业翻印者，以销路迟钝，无利可图，自然而然地不再从事此业，此非较积极的防止办法吗？

（二）消极的防止

第一，悬赏侦缉。重赏之下，必有勇夫，要想破获那些翻印机关，悬赏购线，也可以收局部的效果。

第二，根究经售书贩。翻版书，大多数散在小书摊上发卖，他们的来路，小贩们当然肚里明白。假使想法子去根究他们，蛛丝马迹，自不难寻觅，至少也可以破获一二家。

第三，奖励各地同业调查。委托各地同业调查，这法子已经有人行过，结果，都是“泥牛入海，消息毫无”。因为这些不是他们切己的事情，谁肯替人家白出力。惟有以条件附的物质奖励他们，委托他们去调查，或有所得，于防止办法中，不无小补。

末了，我在上面说过：我写这篇东西，只能算做“导火线”。在这里呢，更希望能够因为这“导火线”，爆发出整个强有力的战斗力量，去消灭那些出版界的公敌吧！

“翻版书”！“翻版书”！看你还能横行到几时?！

（载《中国新书月报》1931年第1卷第8期）

关于编译工作的一个建议

觉　敷

近十年来，国内出版的书籍在分量上，固然比前增加，在质地上，亦复比前深入。这不能不令人高兴的。但是假使这里有一青年好学之士，不善读外国文，或虽能读外国文，却买不起外国书，他要我们替他介绍几部著作，使他对于某一学科有系统的智识，我们能满足他的需要吗？至少，在目前的中国，无论就那一学科而言，入门的书籍虽不缺乏，但欲不假外籍之助而作系统的研究，则中国书便难敷用了。我们在学校里教书，每当学生要我们介绍中文参考书的时候，便苦无词以对。编译的书籍，原也不少出版，但是这个人编著这一部，那个人编著那一部，从来没有一个系统的计划。就翻译说，更是令人失望。拿到一本算一本，往往第二页尚未看完，第一页已经译出。所以这书有无翻译的价值，一概不管，译出来有稿费可拿便够了。这种无计画的出书，在其他较进步的国家之内或无不可，但在各科的基本书籍尚未出齐的中国之内，则弊多而利少。为补救这个现象起见，我曾拟为自己主管的科目，如哲学、心理学、教育学等，作系统的有计划的介绍。胡学诚先生对于此事，尤为热心，因为他擅长哲学，去年曾拟有基本哲学书目，其缘起有云：

哲学一科，关系思想至巨，西洋哲学因科学之影响，近年来有伟大之进步，其对于社会人生之关系亦日切。我国学制，高中及大学均有哲学课目之设，社会上之有研究哲学兴趣者，亦不乏其人。缘就研究斯科必备之书籍，拟为基本哲学书目，以应时需。

一、本书目以自初步而进于哲学知识之大备为标准，故名之为基本哲学书目。

一、本书目以西洋哲学为限。

一、本书目是狭义的，故论理学、心理学等均未列入，当另订计划。

一、本计划期以五年完成之，然后当再从事于名著之介绍、高深问题之阐释，以及各科哲学——政治哲学、教育哲学、科学哲学、历史哲学等——之编译。

胡先生虚怀若谷，以为一人之学识有限，如此伟大之工作，势须遍征各友好之意见，以收集思广益之设。因此，我们乃将此书目印成数十份，分寄各友，请求批评。后来各方面来函，对于此举都表示赞成，对于书目中所列各书，则多持异议。某君且以他个人编著的经验，劝我十分慎重。因为国内治哲学者的意见如此分歧，所以这个空前的壮举遂被搁置至一年之久，到今日尚未实现。我的初意，本拟待胡先生的计画可期完成的时候，为心理学及教育学等也提出一个相类似的计画。或者以国内学术界的协力合作，好学青年对于哲学、心理学及教育学等可不假外籍之助，也能作有系统的研究。胡先生的计画既遭停顿。于是其他计画也陷入流产的情境之内了。

其实，为救荒计，无论那一学科都可作胡先生的那种计画。不过要注意的，我们最好勿将各书拟好，只须替某一学科分列门类，然后请各专家为每一门或每一类选列名著当译的若干本，又定出当编的若干种。第一期由普通的入手，第二期更进为专门化。各专家的回信既经汇集之后，我们便可用为根据，制成一个较完善的书目，分请各人编译。这或可为青年好学者的救荒之一助，值得我们以全副的精神去做的。

（载《编辑者》1931 年第 2 期）

怎样才能够得上做编辑？

炽　甫

我所谓编辑，是对有价值之刊物（杂志）而言，就是说这种刊物，至少是大部分人类的写真。并不是对什么拍马屁的新闻纸、放狗屁的宣传品的编辑而言。所以现今中国的书坊上的各种刊物，简直说是汗牛充栋了，然而求一堪入目者，实在绝无仅有。这固然由作者们，日趋低下，但是多半由一般够不着做编辑，而不自量的硬要做编辑的先生们所使成。我意如能够着做编辑，总得具有下列三种：

1. 判别力。具有判别力，当然要得有丰富的学识，就是说要宏博，要精微，还要脑筋清晰。不然，不是把昆冈之玉，认为他山之石，便就把臭鱼目，当作夜明珠了。试想现今做编辑的，具有判别力者有几？

2. 忠实。对于作者来稿，总要平心静气，忠忠实实，深深刻刻的至少念读它三遍，然后才能玩味出它的好坏来。若走马看花，那样草率一过，甚至开卷便觉无味的把它抛入纸簏，那就不啻未经医生诊治，便活埋了，岂不冤哉枉也么！试想现今做编辑的，能忠实者有几？

3. 尊敬作者人格。我一向以为文章是作者自己人格的代表。阅者对于这篇文论，就是认为不好，径可退回叫他自己修改，甚至拒不登载，亦未尝不可。我意总不可擅自删改，若果妄自改篡，不但不啻戕贼作者人格。并且不是成了狗屎和沙糖，便就成为荆棘中之牡丹了。试想现今做编辑的，能不夜郎自大的胡改乱删者有几？

（载《三民半月刊》1931 年第 6 卷第 2 期）

希望各机关编纂各种年鉴

王善政

一、写这篇文字的动机

最近我在弘文堂书店——日本人在沈阳西站设立的书店——发现了两本书，很使我受些刺激，一本书《满蒙年鉴》，还有一本是《中国年鉴》，两本书都是用日本语记述的，当然是日本人编的了。满蒙是我的家乡，中国是我的中国。我的家乡，我的中国，是应当谁来料理呢？是应当谁来编纂年鉴呢？在东大的图书馆里，又有一本书，很使我注意，就是 China Year Book—1931（中国年鉴——一九三一年）。这本书是用英文记述的，大约在天津出版，我记不清楚了。可爱的中国，除了日本人爱护它外，又有黄发碧眼儿，为它编辑年鉴了。

前几天到奉天图书馆（又是日人在沈阳西站设立的）走了一回。这次我特别注意，关于统计和调查的书籍。据我所看到的，最少有数百种。最显著的如《日本工业年鉴》、《朝日年鉴》、《日露年鉴》、《关东厅要览》、《满蒙情势》、《满洲大豆》、《吉林省之矿业》、《满洲产业统计》，诸如此类的书，实在多极了。在中国的书店里，很少有此类书籍出现。调查东北的书，只有汤尔和先生译的几本书可以看。关于年鉴的书，只有最近东北文化社编了一本《东北年鉴》。料理东北的人，总算有几位了。可是料理中国的人——编辑中国年鉴的人——还没有出现吧。

自家事应当自家办理。假设自己要不能办理的时候，自然得让给能人了。中国的各种年鉴，就应该中国人去编，可是现在却等着外国人替我们编了，我们能不害羞么？我们配不配当中国的主人翁呢？

现在把日本人替我们编年鉴的害处说说吧。在日本人编的《满蒙年鉴》里边，写了六七百页，但是把满蒙是谁的领土，都没有写清楚。据此书的记载，东北的天下，他竟和我们均分了，因为这本书，有一半写的是：日本方面的行政、法务制度、军备、教育、外交、通信、财政、金融。如果东北是中国的东北，能允许第二个国家存在这些设施吗？噫！东北竟是谁家之天下?!

二、编纂年鉴的需要

在汤尔和译的《到田间去》这本书的序里，曾有这样一段话："无论谈到什么事，我们最觉得苦痛的，就是我国人绝没有统计的观念。即以东省而论，要不是海关，一年出产多少大豆，恐怕也没有人知道。譬如吉林的木材，一年出多少，鸭绿江的木材，一年出多少，假使没有海关册，我们竟丝毫无从知悉，又譬如东三省家畜，共有多少头，总算中华民国有农商统计，合辽、吉、黑驴马牛羊猪，共约一千四百万头，鸡鸭鹅一千六百七十八万只。但是这种约数，是那一年的调查，无从知道。近年有无增减，也不知道。痛快说罢，连人口有多少，谁也说不出确数，还问那些闲事，我敢大胆说，从今以后，若不在这种地方切实注意，不但研究、改良、比较、整理一切建设方面，都无从下手，就是抽税，怕也没有标准罢。"从这一段话，可以看出统计的需要。年鉴就是统计结果的记录，在中国现状中，需要编辑各种年鉴是无异议的。年鉴不但可以比较过去的得失，并且可以计划将来的发展。现在中国，固然不敢奢望像苏俄那样五年计划，就是民国二十一年的设施进行，恐怕也没有全盘计划吧。即以东北而论，时常听到开发东北富源的喊声。然而东北的富源是什么？东北的富源在那里？都一点不晓得，还喊着开发，岂不是笑话吗？所以要想发展中国的各种实业，计划中国的各种建设，应以编纂各种年鉴为第一要务。

三、编纂年鉴宜由政府机关及新闻界办理

编纂年鉴，至少得适合下列两种条件，第一，搜求材料必须正确，第二，定价必需低廉，要想达到这两种目的，绝不是个人能办到的，要由政府机关办理，便没有怎么困难，譬如工商机关编纂工商年鉴，教育机关编纂教育年鉴，对于统计数的调查，一定没有错误，关于定价一

项，也可以抽出点经费来办理。新闻界也可以编纂社会方面、娱乐方面、体育方面各种年鉴。我想这种事情是一般人不办，要是肯办，没有办不到的。

再有一项必须注意的事情，就是我们应当编纂那一种的年鉴？记得东北《满洲报》每年刊一本《东北人物志》。据我个人意见，这类的统计，满可以取消，因为对于国家、民众都没有什么利益，只能引动一般人升官的观念。现在的中国，将来的中国，还可以不需要这类的统计。现在应当编的年鉴，是关于民众的活动方面和解决民生方面，像工业年鉴、商业年鉴、教育年鉴，都是应当急速办理的。

四、尾语

我们都知道，二十世纪的人民，无论什么事情，都得利用科学方法。编纂年鉴，便是利用科学方法的一种。希望科学方法，在中国也急速的利用了。希望明年这个时候，各埠书局中，都摆着各种年鉴，更希望华北报界领袖的《大公报》，能在明年这个时候，编出来一本华北年鉴。二十年七月十四日。

（载《大公报》1931 年 7 月 18 日）

书店橱窗广告

孤　家

广告是商战的利器，近几年来一般店家，尤其注重橱窗广告，现在闲话不提，来谈我们本行的话吧。

我们书店的橱窗广告，就现在书店街里所有几家有门面的，对于橱窗的装饰，不过花花绿绿的绉纸和色纸剪的字（书名、作者等字样），他们说，这是艺术化，我觉得这是太无意义了。

书店较有意义的店橱广告，我想废除花花绿绿的装饰，除却陈列几本新书以外，把窗的背面和侧面，用大幅的纸或布像宣传品或电影广告一样做法，画或写着许多关于“提倡读书”、“勉励读者”或“不识字的苦处”……以及古今劝人读书的格言，警惕刺目，使人见了都能有所动于中，引起一般人读书的趣味，这岂不是较有味义吗？

现在我举一个例来证明我的话，像麦家圈某家专印行侠义小说或连环图画的书店，他们窗橱里的装饰，是用图画来表现，我常常看见他们窗橱的前面，总站着许多人。姑无论，他们看图画的人是不是就是买书的人，而这一家店因此就会引起许多人的注意，这是一定的，这样日子多了，这一家书店的印象也深深地印入一般人的脑膜上去，当我说这个话时候，有一家书店的老板说：“这种办法只能适用于侠义小说和连环图画这一类书，其他的未必有效力。”我对他说：“事实虽不同，其因果相生则一也，君盍试诸！”我对于这种的建议，当然不能说尽得其当，希望出版界来试一试吧！

（载《中国新书月报》1931年第1卷第5期）

“读书会”

彭　年

书贾之善于骗钱，是人所共知的。当张竞生的《性史》被禁，而一般读者又欢喜这一类书的时候，书贾便投机买了《性史》式的小说稿来出版，于是乎，像狗屁不通的叶灵凤一类的肉感小说，乃大走其红运。当大革命失败，一般青年感觉到时代的烦恼的时候，于是书贾大出其所谓“普罗文学”的出品，而李初梨、冯乃超辈，居然也出风头于一时。当一般青年读者读文学书籍读得厌了的时候，于是书贾又大投其机，对于所谓社会科学书籍，大出特出。如果这些肉感小说、普罗文学、社会科学的书籍，如果是还可一读，倒也还有可说，然而究其实际，真是可怜！以肉感小说而论，像叶灵凤这一类人的作品，究竟有什么价值？文字尚且不通，居然著书行世。以普罗文学而论，写些穷呀！

苦呀！饿呀！冻呀！叫几句“打倒帝国主义”、“打倒资本家”的口号，就算是普罗文学，可怜他们连“普罗”两字的意义还不懂得。以社会科学书籍而论，我们且以自诩为“中国著作界最负盛名（？）”的高家昆仲——高尔松、高尔柏（即高希圣、郭真的真名）而论，他们的著作之多，真可谓著作等身了。今天出一本三十万言的什么大纲，明天又出一部二十万言的什么概论，后天又出了一本五十万言的什么全史。论他们著作的数量，真是超过中外古今的一切著作家。马克思费了毕生的精力，只写了一部《资本论》，而高家昆仲在一二年中所写成的东西，其数量何止十部《资本论》！我想马克思死而有知，对于这两位中国“最负盛名”的大著作家，也要五体投地了。可是如果一检查他们著作的内容，那真是糟糕！东抄一段，西录一节，一段一节补起来，补成了一件不像样子的破衫子，买一本来看看，化钱还不算，而且还糟蹋了光阴。但是，书贾是发了财。

不幸，普罗文艺的书籍是被禁止了。社会科学的书籍是卖不出去了，但书贾的大烟却不能不抽，老婆的花会不能不打，于是乎，只得另想办法。好在书贾是生财有道的，亏他们的头脑真不坏，又利用青年的求知欲，发起什么读书会，来骗取读者的几个钱。

所谓读书会者，大概是收会费五元或十元，而入会之后，所得的赠书，却往往两倍于所缴的会费。读者贪其小利，纷纷入会，而办读书会者，乃大发其财。因为入读书会后，书贾虽须赠与两倍于会费之书籍，但这些书籍，都是些本来堆在书橱内无人顾问的废纸，以之换现钱，虽照码打对折，比之泰东之半价，犹有厚利。现在上海的所谓新书店，几乎十家有九家设读书会，甚至有一家书店设几个读书会者，其骗钱之手段，真是高乎其妙矣！

以现代书局作例：现代书局现有“现代读书会”、“现代妇女读书会”、“现代儿童读书会”共三个。为明了真相起见，将这三个读书会的章程抄录如下①……

（载《时时周报》1931年第2卷第38期）

---

① 底稿不完整，此后内容缺失。

读书会

一 飞

自从金贵银贱的风潮起后，我们中国受了很大的影响，人民的生活程度，不知提高了多少倍，就从书籍一项说，增加到有三四倍，一本书原售两元的，现在竟售五六元了，原来定价书籍有七折或八折可打，现在是实价了，实价的要照码加一。呀！不幸的中国学生，教育经费的负担已很重了，书价还要加上去！

不见得吧！中国的学生，还算幸运哩！当物价腾贵的现在，海上一般书店的老板或股东，热心于中国的文化事业，眼看到失学的读者增加起来，就不惜牺牲其目的——其目的大概是牟利吧——为中国青年学子谋利益，解放经济困难购书的痛苦，我们当百二十分十二万分的感谢他们哩。

他们怎样补救呢？并不是把书价减低，也并不是书价有折扣打，更不是实价书不加价，而是唯一良好绝妙的方法，设立读书会，使一般困于经济购书的同学，用低廉的代价，兑换多量的书籍，生在现代的学生，真是幸运儿了。

创设读书会最早的，是泰东书局，入会的会员，只缴纳五元的会费，购书有折扣的便宜，更有资助留学的希望，但须会员一百人中获选一人。继泰东而起的，有光华书局的读书会，现代书局的现代读书会，还有什么新月书局的三五读书会，神州国光社的读书会，真是不胜枚举，总之，他们是抱牺牲的为了幸运的青年。

读书会真是书店老板股东的巨大牺牲；只缴纳五块老洋，马上就有十大利益把在你眼前：实价书券有七八元，赠××月刊，赠信笺信封，赠杂志优待券、长期优待券、预约特价券……实实足足的有十项大利益。

我们尤感注意的，读书会除了给我们不关痛痒于购书之外，更有一点伟大的使命负着，是促进时代文化，所以光华读书会扩大起来，举行介绍会员竞赛大会，征求员一万，使他们的使命早日实现。他们促进文化的唯一计划，便是推销他们的本版书籍，所以无论书券、优待券，完全以兑换本版书为限。但我总觉得他的量太狭小，只促进他们自己的时代文化，丝毫不肯尽一些义务，替其他书店的时代文化促进，但或许含有神秘意义在。

读书会的创设，一天天的多起来，我想不久的四马路，或许会变成读书会的清一色吧?!

现在我们大家拭目以待读书会的，

促进时代文化成功!

达到互助精神!

减轻读者负担!

（载《萍影》1931 年第 1 卷第 5 期）

关于读书笔会的几句话

流 水

物价腾贵的现在，尤其是书籍，在我国新文化的书籍，还没有十分发展，再受到了这价贵的影响，读者们更觉稀少了。所以光华书局乘机设立读书会，以鼓励读者：什么入会者可享很多的利益呀！什么书价的减低呀！内容的充实呀！这种的口号不能不呼醒读者，所以纷纷入会的很多。我亦是会员的一个，我觉得会员享受这种的利益，不能加以读书会的名称的，这是我个人的意见。他的所以设立读书会，完全以牟利为宗旨，推销本版书，是他的目的地，什么以低廉的代价掉得内容充实的书籍呀！（这是读书会章程所说的）我以为这句话完全不合事实；它所说的充实的书，是代表本版书而言的。会费五元而掉得的书券，为什么只限换本版书而不准换外版书呢？这不是推销本版书而牟利吗？至于书的内容充实不充实，那么，他的本版书未必都是丰富的，别家的书，未必都是腐败的！还有会员介绍竞赛会，更可明显他的牟利手段了。

既然，我已成个读书会的冤家，但是，到很愿意做个读者们的亲家哩！

读者们！你们要得到便宜的书籍么？有个机会到可以趁的，就是当书店门口贴着“污积书一折至五折”的时候，这种的举行，各书店都有的。我想污积书倒比读书会便宜而且自由。这类书的内容，同新书完全一样。不过书面上有些缺点，只是污秽些罢了！漂亮的读者或许会不同意。但是，看书的目的并不是看封面，虽然封面能使人注目，他的目的总是观察内容的丰富哩！

（载《开明》1931 年第 31 期）

谈所谓“读书会”

明　真

一、要不要入会呢？

光华书局最先创办所谓“读书会”，“虽然不过仅仅半年的历史，但是……现在已经有二千多个会员了。最近加入的更为拥挤，本埠入会的平均每天十余人，外埠入会的每天有二三十人”（语见《光华读书会月刊》第一期中《扩大我们的读书运动》一文）。各书局看见了所谓“读书会”具有相当的号召力，故现代书局设了“现代读书会”，新月书店设了“三五读书会”，神州国光书社设了“神州读书会”，在不久的将来，也许各书店都附设“××读书会”呢！

不论是上海的一般读者，或各地的一般读者，当看见“××读书会”底宣传品——其广告、简章、月刊等——的时候，也许会发生这个问题：要不要入会呢？

二、是专为读者谋利益吗？

《光华书局读书会缘起》说：“光华书局为什么要办这个读书会？简单的说：是谋读者得到廉价的书，是谋读者读到良好的书。”这说得何等地动听。(可惜后面不当心地露出了尾巴:“光华书局的读书会同时也就是为发展书局的前途”!)

“现代读书会”呢,据其《缘起》所说,其目的是:“本书局……甘心牺牲一部分利润,来创设这个‘现代读书会’,以求与热心读者谋永久坚诚的结合,以实现减轻读者购书的担负,增加推广文化的目的……有志的青年,热心的读者,为了你自身的利益的原故,为了促进全中国新文化的原故……请迅速地加入现代读书会!”也是堂皇得很的!

“三五读书会”呢,据新月书店的广告“我们发起三五读书会的目的和希望”所说,是:“(1)我们的目的是要使读者能以低廉无比的代价,得读中意的切用的书籍……(2)我们希望藉此知道大多数读者欢喜那几类书,和每类书有多少基本读者,同时观察国内所缺乏的是什么书,以定出版的缓急和发行册数的适量。”这虽不很堂皇,但我们觉得切合实际得多!

三、书店是专为着吸收现金的!

我们决不能会相信那些堂堂皇皇的话的!第三十一期的《开明》登有流水君底《关于读书会的几句话》,说:“物价腾贵的现在,尤其是书籍,在我国新文化的书籍,还没有十分发展,再受了这价贵的影响,读者们更觉稀少了。所以光华书局乘机设立读书会,以鼓励读者:什么入会者可享很多的利益呀!什么书价的减低呀!内容的充实呀!这种的口号不能不呼醒读者,所以纷纷入会的很多,我亦是会员的一个。我觉得会员享受这种的利益,不能加以读书会的名称的,这是我个人的意见:他的所以设立读书会完全以牟利为宗旨。推销本版书,是他的目的地,什么以低廉的代价掉得内容充实的书籍呀!我以为这句话完全不合事实。它所说的充实的书,是代表本版书而言的。会费五元而掉得的书券,为什么只限换本版书而不准换外版书呢?这不是推销本版书而牟利吗?至于书的内容充实不充实,那么,他的本版书未必都是丰富的,别家的书,未必都是腐败的!还有会员介绍竞赛会,更可明显他的牟利手段了。”

我想一般读者大都会知道各书店之所以设立“××读书会”并不是扩大新文化，也不是专为读者谋利益，但是“完全以牟利为宗旨”。这样的认识虽是很对的，但并不充分。各书店之设立“××读书会”，其目的完全是在于吸收现金！企图从读书吸收得巨额的现金，以维持及扩充其牟利的营业！

四、有名无实的“×项利益”

书店用什么方法来诱读者入会呢？“光华读书会”最先设立时，是用这样的方法：“只收入会费大洋五元，入会后即可享得左列之‘八项利益’：(1) 赠送书券五元，书券购书，概无折扣；(2) 赠送易坎人近译《煤油》一部；(3) 赠送长期优待券一纸，凭券选购本书局出版书籍，一律七五折，代售外版书籍，一律照原价再打九折；(4) 赠送特别优待券一纸，凡在本局廉价期内，凭券选购本书局出版书籍，一律七折，代售外版书籍，一律照原价再打八五折；(5) 赠送《萌芽月刊》优待券一纸；(6) 赠送‘社会科学讲座’优待券一纸；(7) 赠送《文艺理论研究》优待券一纸；(8) 介绍利益，凡会员介绍入会会员同时满五人者，赠送书券二元，多则类推。”

所谓“八项利益”，在实际上不过是：(1) 纳费五元，可得书籍八元（书券五元及《煤油》一部）；(2) 以后购买书籍，得享七折至七五折；(3) 预定杂志，得享六五折；(4) 介绍一人入会，得书券四角！而且在许多利益，是“不兑现”的！书店收到了会费，就会立即将杂志停刊的！故预定什么全年的折扣之利益，就成为诱人上钩的“口惠而实不至”的饵了！

我们对于光华读书会现在的“十项利益”，以及其他读书会之“×项利益”，都可作如是观。

五、书店毫不吃亏

读者不论加入什么“读书会”，实际上所能获得的利益，只是购书打折扣。但这是不是书店“甘心牺牲一部分利润”呢？不是的！书店是丝毫没有损失的！

光华书局自己告诉我们说：譬如以一本四万字左右，印三十二开，一百页左右的书，共印二千本，印版时成本如下：

“稿费”：全稿四万字，约一百二十元左右（真注：这是夸大的，凡只能卖一版的书，书店断不会出每千字三元的代价。作家卖稿的；马宁氏的《无办法的恋爱》只卖得二十五元，就是一例）；

“纸费”：用六十磅道林纸印……需洋四十五元五角；

“排工”：每千字七角，计洋二十八元；

“印工”：每令纸二元二角，计洋七元七角；

“订工”：每一万字八角左右，计洋十元；

“纸版”：约计洋十元；

“封面”：约计洋二十元；

以上共计成本洋二百四十一元二角，另加广告费，开支消耗费一百余元，共计洋三百四十余元左右。书价每本以三角五计算，二千本共计洋七百元。如照光华读书会的办法，以对折计算，计洋三百五十元，适与本钱相似。该书如有再版希望，尚望可省去排工稿费，那么可以赚一些钱了。(见《光华读书会月刊》第一期)

我们知道上面关于成本的计算，是比实际的来得大的。但就这夸大的成本计算而言，书局就使将书打五折出卖，第一版还是不亏本，第二版还可得净利一百五十元左右呢！然而，就“光华读书会”现在的章程来说，读者付入会费五元，只得：（1）书券五元，（2）得书（《新文艺辞典》或他书）二元，（3）得杂志一元（《读书月刊》或《南风月刊》半年），合共只得书八元。书价八元，打六二五折，恰值五元。所以，入会读书的，并没有享受五折，而只享得六二五折！这即是说，书店还是大赚钱！

至于其他的读书会，就使实行了五折，书店还是不但不会吃亏，而且可藉此吸收入巨额的现金，以维持并扩充其牟利的营业！

六、吃亏的是读者

一般的读者，不论对于哪一个读书会，最感觉不满意的，就是不论哪一个读书会，缴纳会费后所换得的书券只能购该书局的本版书，而不能购买外版书。诚如流水君所说：“会费五元而换得的书券，为什么只限换本版书而不准换外版书呢？……至于书的内容充实不充实，那末，他的本版书未必都是丰富的，别家的书，未必都是腐败的！”每一个读者所要从每一个书店购的书，常不过三元或四元，若入它的读书会，就不得不以有用的钱换得无用的书！若是把换得的书券留起来，等将来购买所要的书，则上海没有一家书店有信用，不仅它所预告的出版物靠不住会出版，但它也说不定吸收读书现金后就会关门大吉。读者都这样地觉得不满意，故“神州读书会”不要五元或三元的入会金，而只要预定《读书杂志》一年（照特价计算为一元五角），就得加入“神州读书会”，入会后得到书券一元二角，并享到购本版书打八折的权利。这很显明地指示出藉“读书会”吸收读书者一笔入会费的现金这种手段，已濒于破产了！

其次，“光华读书会”以及“现代读书会”，用“赠送什么名著”的名义强制读者购买该书的。这也是读者吃亏，因为读者未必要那些书。所以，“光华读书会”后来不得不在赠送《新文艺辞典》一部这条文之下，附加上“如不要此书，可另换本局其他书籍”这通融办法。所以，新月书店的“三五读书会”就以“我们的目的是要使读者能以低廉无比的代价，得读中意切用的书籍，所以，我们不主观的赠送书籍或杂志，而给与读者以自由索阅与选购的机会”为号召！这很显明地表示出“赠送政策”之破产！

七、读者所要求的读书会

现在的书店，毫无疑义地是牟利的，书店想种种法子来吸收读者的现金，也毫无疑义地是只为书店的利益的。故现在不论哪一个读书会，对于读者都是不利的！我现在代表一般的读者提出一个对于书店没有损害而对于读者有利的“读书会组织法”：

1. 凡尝直接向本书店购书 次者，皆得加入本书店所设的“××读书会”；

2. 凡会员购书，皆打六折（或五折），外埠加邮费；

3. 凡会员预定什志，皆打七折；

4. 凡会员预约书，皆照预约特价再打九折（或八折）。

这样的"读书会"的组织法，对于读者，当然是有利的，因为读者不纳一定数额的入会金（"神州读书会"最少也要纳一元五角的入会金，去预定《读书什志》），就不被强制购买那些不中意的书报；他对于某一书店出版的书籍，所要购买的有几本，就购买几本，不受限制，而享有打五折或六折的利益。

但是，这对于书店，也毫无损害的。因为诚如光华书局所告诉我们，每本书籍的成本（连书店的开支在内）不及该书底定价底五成，故即使书店对于直接购买的读者照定价打五折卖书，还是不吃亏，而有薄利可得（若再版书就有厚利了）。不仅无损害，而且有利益的。因为上海各书店将书批发给本外埠各书店时，大概只有七折，每年结算三次，虽说结算时还清，但实际上至多只还七八成，有的只还三四成。而且，外埠书店常有倒闭的危险。所以读者买书直接用现款向各书店购书，就使打五六折，书店还是合算的！

所以各书店用不着"专以读者的利益做我们（指书店——明注）努力的标准"（语见《光华读书会会员介绍竞赛大会章程》），只要稍稍顾及读者的利益，就能接受我上面的建议了。

八、读者自动的办法

我相信各书店若不稍注意到读者的利益，不改变现在的所谓"读书会"的组织法，"××读书会"一定不会为一般的读者欢迎的！

读者在各书店没有更改其读书会的办法时，自然不要加入"××读书会"，而可采行下列这些自动的办法：

第一，诚如流水君所说："读者们！你们要得到便宜的书籍么？有个机会可以趁的，就是当书店门口贴着'污积书一折至五折'的时候，这种的举行，各书店都有的。我想污积书到比读书会便宜而且自由。"可惜这只是本埠的读者可用这方法。

第二，各书店每年至少有六七次廉价，有时打八折，有时打七折，读者只要耐心等到书店举行七折廉价时去购买就得了。本埠和外埠的读者都可用这方法。

第三，各地的读者，可以集用若干喜欢买书的朋友，组织一个小规模的合作书店，用现款向各书店批出（大概可打六五折或七折），转卖给各会员。或者，就在自己的家里或学校里，假设一个书店，用现款向各书店批书。或者，托地方的或学校的图书馆代向各书店购买，因图书馆购书可享特别折扣。

各地的读者，若加入现在的“××读书会”，所得的利益很少，而吃亏却很大，故若各书店不根本更变其读书会的章程，读者还是用别的方法来买得便宜的书罢！

（载《书报评论》1931年第1卷第4期）

关于读书会的讨论

陆保康

最近看到二个小刊物上关于读书会的批评，一位是流水先生，一位是明真先生，他们二个人都是不满意现在的读书会的组织的。现在我拿他们二个人的话归纳起来，站在客观的地位上，加以一番考察。

流水先生说：“他的所以设立读书会，完全以牟利为宗旨，推销本版书，是他的目的地……”明真先生说：“我想一般读者大都会知道各书店之所以设立××读书会，并不是扩大新文化，也不是专为读者谋利益，但是‘完全以牟利为宗旨’，这样的认识虽是很对的，但并不充分。各书店之设立××读书会，其目的完全是在于吸收现金！企图从读书会吸收得巨额的现金以维持及扩充其牟利的营业！”同时，明真先生更指出所谓“×项利益”，都是有名无实的，他说：“所谓项利益，在实际上不过是：（1）纳费五元，可得书籍八元（书券五元及煤油一部）。

(2) 以后购买书籍，得享七五折至七折；(3) 预定杂志，得享六五折；(4) 介绍一人入会，得书券四角！而且在许多利益，是“不兑现”的！书店收到了会费，就会立即将杂志停刊的！故预定什么全年的折扣之利益，就成为诱人上钓的‘口惠而实不至’的饵了！”

他们二人的意见大都是这样，本来对于这些没有常识的话，不值我们一笑，惟恐有些浅见的读者，不免为他们所惑，而失却了我们组织读书会的根本意义。所以现在逐条的答覆如下：

拿他们二个人的意见归纳起来，可得下面几点：

(1) 读书会完全以牟利为宗旨；

(2) 读书会完全在于吸收现金；

(3) 读书会完全是以推销本版书为目的；

(4) 收到了会费，立刻就将杂志停刊。

关于 (1)，他们认为读书会并不是扩大新文化，也不是专门为读者谋利益，完全以牟利为目的。致于为什么以牟利为目的，他们并没有说出理由来。现在我们就可以想，光华书局未组织读书会时，和已组织读书会后，在书局方面的“牟利”是那一种来得大？在未组织读书会时，出售的书籍，都是以实价计算，丝毫没有折扣的，即一年举行二三次大廉价，也仅仅以八折为限（外版九折）。现在已组织了读书会，除了会员拿出五块钱，立刻可得到八九元的书籍外，以后对于会员购书，就可永远享受七五折的优待（在大廉价时会员七折）。到底是不是为牟利呢？如果专为牟利，那么不组织读书会时牟利不是更大么？我想流水先生和明真先生，对于这一点是太没有常识了，他们全凭感情而不顾事实，真是“瞎了眼睛狂吠！”

第二点，他们说组织读书会完全是在吸收现金，这里，我又要骂明真先生太无常识了。他好像认为读书会完全是一个骗钱的机关，骗到了读者的五块钱就算了，他没有想到读者出了五块钱，就立刻可以得到许多书籍呢！这许多书籍不是钱么？以五块钱而立刻可换到八九元的书籍，这在书局是完全赚不到钱的。而且读者拿了五块钱进了读书会，换了书以后，并不是就和书局的关系终了，我们组织读书会，还有更大的意义，这在下面再详细说吧！

致于第三点，所谓组织读书会，完全是以推销本版书为目的，这是更可笑了。流水先生说："他的本版书未必都是丰富的，别家的书，未必都是腐败的！"那么，我们也可反过来说："本版书未必都是腐败的，别家的书，未必都是丰富的！"而且，读者在加入读书会的时候，他出了五块钱，他一定认为有五块钱的本版书可以值得买而后才加入的，他如果认为那一个书局根本没有他所需要的书籍可买，他也决不会加入那一个书局的读书会了，致于会员换得的书券不能买别家的书，更有一个极大的原因，就是买本版书，会员可享到六折或七折的优待，买别家的书，那怎么可以享受到这样大的折扣呢？

还有第四点，明真先生说："收到了会费，立刻可将杂志停刊。"这是他瞎了眼睛不看事实的造谣！明真先生啊，我看你非独没有常识，而且你所用的手段，真是尽卑劣之能事呢！就拿光华书局来说吧！不错，从前有几种杂志是中途停刊的，但是都是有不得已的原因，都为当局所禁止出版，并不是想骗读者的钱！这在别家书局也有同样的事，就说没有读书会，书局也常常发生这种事情的，我以为问题不在于停刊，是在于停刊后怎么办？在光华书局，过去有几种杂志停刊后，一律以余下的书款，还给读者！明真先生所谓"收到了会费，立刻就将杂志停刊"，不知从何所指而云然？现在《读书月刊》已经出到第八期了，那么照明真先生的推测，早就应当将《读书月刊》停刊了，明真先生，不料你造谣生事的伎俩马上揭穿了。

同时，我们看明真先生所主张的读书会是怎样的？

1. 凡尝直接向本书店购书一次者，皆得加入本书店所设的"××读书会"；

2. 凡会员购书，皆打六折（或五折）外埠加邮费；

3. 凡会员预定杂志，皆打七折；

4. 凡会员预约书，皆照预定特价再打九折（或八折）。

明真先生，你这个办法是很好，不过有些矛盾而无常识。既然向本局购书一次即可加入读书会，那么对于所有读者都是会员，因为每一个读者向书店购书一次的机会总是有的，第一次购书即可马上享受五折或六折的优待。这样看来，所有的读者都是会员，不来购书的不是会员，当然也不是读者。换一句话说，就是书局举行长期五折或六折的大廉价，那么为什么不干脆拿书价减低不是更好么？譬如实价一元的书，干脆改为实价五角或六角好了，何必再这样五折六折的麻烦呢？好在每一个读者都是会员，也用不着打什么折扣了。那么这样下去，读者直接向书局购书，即可享五折六折的优待，外埠书店向书局购书，当然还要打折扣，至二折三折了，这样一来，书局当然马上关门，而读者呢，也至多只能享受到与读书会会员同样的利益。所以我说明真先生是太无常识和太不会计算了。

末了，讲一讲我们组织读书会的根本宗旨。

我们组织读书会的根本宗旨，就是书局与读者的切实合作！书局与读书会会员的关系，并不是完全建筑在经济上面，还有其他更重大的关系在里面。如（1）读者入了读书会，可与书局发生一种经常的关系，我们经常地将一切出版品、印刷品寄给会员，经常地报告会员以出版界、读书界的情形。并负责与会员讨论学业上、修养上、人生上种种问题，与会员与会员间互相介绍通信交谊等等。（2）读者入了读书会，即与书局发生直接的关系，以后无论关于购买本版书或外版书，都可享受特殊的优待，至于经济方面呢？“是谋读者得到廉价的书，是谋读者读到良好的书”，这也是实在的，因为会员和非会员比较起来，当然是会员的利益来得大！而“光华书局的读书会同时也就是为发展书局的前途”，这也是实在的，并不是像明真先生说是我们“露出了尾巴”。在现社会，经营书店是为了文化事业，同时当然也要顾到营业方面，没有一个书店是愿意开了不久而亏折而“关门大吉”的，我们不过是在可能之内，极力拿利润减少，以增加读者的利益，或者甚至没有利润，只要我们的书店能够维持过去。所以“读书会也就是为发展书局的前途”，这并不是说收了会员五块钱的会费，即可因此生利而“发展书局的前途”，而是能够与会员发生经常的关系和直接的关系，同时，我们的读书会扩大了，就是增加了我们的基本读者。譬如光华读书会，现在已将近四千会员了，那么书局有了这四千个会员做基本读者，互相合作，当然是“可以发展书局的前途”了。

读者们，你们只要细细一想，计算一下，就可知道读书会完全是一种消费合作的意义，不是牟利的组织，致于对于流水先生和明真先生的别有用意的没有常识的话，在此不多说了。

光华书局的读书会入会会员已将近四千，这四千个会员难道都是盲目的么？而且大部分的新会员都是旧会员介绍的，那么旧会员一定得到了利益才肯介绍新会员入会，不然，自己上了当，为什么还肯介绍别人来上当呢？现在，光华读书会入会的会员更见踊跃了，所以事实俱在，到底入会后的利益怎样，这是有四千个会员共同来证明的。况且光华书局办理这个读书会，是拿光华书局的全部资产来作担保的。

读者们，光华读书会是永远为读者谋利益的，会员们也永远与书局合作的，况且我们的小书局，我们的读书会，都能切实的接受读者们的批评与指导的，我们非但欢迎，而且感激！读者们，会员们，我们永远携手合作起来吧！

一九三一年五月六日。

（载《读书月刊》1931年第2卷第2期）

关于读书会的我见及其他

张　蓦

我是一个01129号的会员。凡是在一个读书会的领域里，是内中的一份子，必得有半分的见解所贡献。现在呢？我也是读书会的一份子了，所以竟敢不揣冒昧的倾心吐胆的说上几句话！也不是挟嫌攻击，也不是有意捧场，说一句实诚话："真情流露！"关于读书会这种组织实在是使读者得到很多利益的，别个读书会不来作证例，即是现代书局的一个吧！五元大洋的光景，无须我提所得到的利益，大家会员一定是知道的。再论到赠品，名家创作二部、世界名著二部、杂志全年与半年等等，按照我们中国经济落后万物昂贵的当今，就是买垃圾箱的烂纸也是买不到的，何况内中还是当代文人的著述呢？有人说："读书会是收敛金钱的，名义上是便利学生读书的读书会，然而实际呢？却是经理人拿了读书会的钱而出洋读书，并且还是大洋一到手还管他什么赠书不赠书，反正是远路的不能搭车来取书。”这样的话达到耳膜里似乎好笑又好怒！假若是书局有意骗人么？为何我私人的书籍已经接到手里呢？若不是骗人吧！为何他们还说这样的话？不过这番问题要分两方面来论。即是读书会上海也是多多哩！有的五元，有的二元与五元，有的不一元，而写几篇稿子寄去那么也就入了会员籍了！致于他们内中的组织是否皆都是良善的！我个人是没有去亲临，不敢冒着这样的无根据的事实去证明，即是我的一个研究文学的朋友，也是入了某一读书会了，自从寄去大洋后只是来了一本很薄很薄的图书录。不错，内中也有×元的赠券，并且附了一个信，其意是：“邮局查禁，不便购邮，后日再为奉上”，这话真是说得有理么？接联着去信问，委故说是：“书籍与先生奉上了！没挂号失迷，本局绝对不管单保。”心想这×元的书券或许多点利益吧！不料又是如大石投海里，一去永不回音。这事固然是很少，可是事情被假着读书会的名义骗欺了！由这一点作为证见，所以他们说读书会是骗人的。这话说的有点太泛泛，莫非读书会都是骗人么？不然的，要深刻的认识某水平线上与水平线下之分而已。

窃窥现在复杂的社会上，试问问那一个人不是感着经济的困难呢？除非是那些身居高官的政客们或许不感到穷迫的苦味吧！下等社会的人，尤其是处在二十世纪的盲目青年，关于读书方面往往寻不出途径，瞎头乱碰，皮破血流！终久深陷于沟壑而不能挽救！还有那满囊充充的孔方，沉溺在一般娼嫽卖妓的淫窝里，脑膜昏昏的而不寻一相当有价值的地方去读书，这也是一个重要的问题呢。再如我们看看出版界的形形色色，问一问那一份杂志，那一本书籍不是使着那些 poor students 望洋兴叹呢？着重大的定价没钱购的缘故。说到这里似乎是离题很远，应当归根结蒂的拐到“读书会我见”的本题里。上面已经说过，我是一个现代读书会的会员，我对于他内中是如何的感想呢？且听我在这里述一述。

（一）他完全是减轻一般缺乏经济的学生购书难，设“会员借书部”。

（二）一般会员指导修学的言论及各会员的创作、读书心得、书报评论、读书讨论等——故设《读书俱乐部半月刊》。

（三）各方会员的伟大创作皆以《半月刊》发表，其优点是打倒了稍有名望的作家“包办制度”。

（四）专为谋利益与会员，扩大读书运动，减轻读者负担，灌输新学术，提倡文化，故设伟大“读书会”。

此外还有等等的利益也不须我多插这一番嘴，大家会员一定是知道的。以上几条在我昏濛的脑海中，感出极寥寥的一点，也不足以代表伟大读书会的真义的。最后我要贡献一点拙意，即是关于我们的《读书俱乐部半月刊》本头太薄，假若是各会员都有长篇巨著，拥挤的时候，那是等待几期能以足够登载完呢？最好的几千字或是几百字总要在一期内刊载。凡是一个作者，皆没有不期望他的作品早时间与世人接见的，负着很大热心写出来的东西，在这一次没有见到，那作者是何等的心房踌躇呢。也不知这《半月刊》是随着稿件的多寡规定厚薄呢？还是固定的呢？望答覆。

再者现代新进作家，也不知是埋没了多少天才哩！自己的创作欲，必得有一种外界所刺激而写的，或是一种必须得写的。费尽许多的毅力完成一篇文字，未有不欲接触世人得点报酬的。这《读书俱乐部半月刊》欲想扩大增进知识，必得对于作者稍有一点鼓励。凡是一种刊物欲其生命延长，绝对是公开的，绝对不是几个人创办的。欲想提倡文化，必得是大众的文字，南北通衢采集的。现在不知是本《本月刊》的各会员文字有点微微奖励没有？望答覆。

不说了！已经说的不少了，拉杂无味的饾饤了这几百字，粗涩的文字是不能表现得很细腻，我所仰望的实行读书会宗旨，多加“指教”的。末了，我敬告咱们的些读书会员们！咱们往时不是感到读书的苦闷么？现在已经有解除苦闷的田地了！这刚垦的原土，我们要得努力合作鼓起勇气，把那生疏的土块调剂得匀匀和和的。像这个读书会是咱们全体会员的读书会，我们是何等的欣慰呀！我们是何等莫大的盼望呀!?会员们！全体起来努力！努力！奋斗！奋斗！同悠游在我们的“读书俱乐部”的闪耀辉光扉里。

于泰安省立三中。

张蓦先生：

读书俱乐部的篇幅，是随稿件多寡而增减，会员作品自然有相当报酬，承奖，以后益当努力，以副期望。

（载《读书俱乐部》1931 年第 7—8 期）

关于现代读书会

效　勾

自从不知道那位“活见鬼”的祖宗发见了“有钱能使鬼推磨”的奇迹以来，钱的功用一直到现在科学昌明、迷信废除的时代仍然保留了它底无上的权威，虽然天下熙攘的人未必如古谚所说“皆”为利而来往，但以“逐什一之利”为宣言的商人，绝无疑义，是在这熙攘的人们之“例内”的。

同样的论证自然可以推及于书店了，但是，书店“逐利”的机会究竟比普通商店要少得多，因为书既不能够当衣以御冷，又不能够当饭以充饥，书店老板眼看着整部的书籍长卧架橱，觉得利虽“多多益善”，但他是不适宜于这样地追求的。于是，今日大廉价，明朝特别折扣，后天空前优待……努力“加油”，实行他底“新经济政策”，这个政策的原理，便是：多不如少，少不如现。

在各种政策之中，最“摩登”的一个，自然是大家抢办的“读书会”了，任你缘起说得多么堂皇正大，广告吹得如何天化乱坠，拆穿西洋镜一看，第一块玻璃是“吸收现款”，第二块是“推销本版书籍”，“如此如此”，总归如此。

我就是内幕如此的读书会中现代书局所举办的现代读书会的一个会员。现在根据我亲自的经验，除开以上二点通弊不提，将现代书局的几个“法门”，公开出来：

一、剥削外埠会员。照各家“新兴”书局的通例，邮购是只有挂号费由购者担负的，但现代读书会的五元书券，外埠会员掉换他本版书的时候，一定要寄费加一；换句话说：五元书券，只准买四元五角的书。再换句话说：每个外埠会员，应该“敬赠”他半个“大拉”！我们假定现代书局已经有一千个会员，而其中六成是外埠的，那么他无形中便“笑纳”三百元了！三百元，我的天！虽然给阔人们只够买一打廿五元一双的丝袜，但在我们穷小子却要忙一年多哪！

二、发行无期预约券。在广告上，他说要赠送四大名著，但等入会之后，才知道有三部未印！张质平底《脱了轨的星球》本来也可排印了，但却硬要刊在《现代文学评论》中，做两次买卖，其余更莫明其妙了——什么时候才发行呢，我敢引用鲁迅先生现成的一句话：“答曰：没有准儿。”

三、饵诱会员。因为“爱护”会员，所以他设了一个借书部，凡想享受这项“利益”的会员，应先缴保证金贰元，外埠另加邮费一元。目下“人心不古”，所以保证金之举，我们倒也不能说他又是吸收现金，但是，“撒尿也能当镜子自己照照”呀，自家还有三部“名著”没有寄出，还怕人家扣书吗？再，借书章程说外埠寄还须挂号，否则遗失就要扣钱，但他寄出时并未声明挂号，假使遗失了，又应该由谁负责呢？而且，你不挂号，谁又能查考你究竟寄出或未寄出呢？

四、蔑视邮购者的求知欲。我向真善美购书三次，最多一次往返十天，其余仅需七天，真可谓办事敏捷了，但我向现代邮购，第一次是四月一日寄信五月一日才接到书，第二次四月十七寄信到现在（六月八日）还如“小鬼晒太阳”一样，影子都没有！

以上已经举出“金钢”之数，我也懒得去“检讨”了，希望热心的同志们，各本其个人的经验，将一些“生意经”的玩意儿披露出来，使大家知所舍就，使大家不致牺牲了宝贵的时光与金钱！

（载《书报评论》1931 年第 1 卷第 6 期）

介绍“青年读书会”

记 者

在去年的七月里，本刊曾有“流通图书馆”与“妇女读书会”的提倡（见本刊第九卷第七期），其目的在唤起女青年读书的兴趣，并为她们打算便利读书的方法。过了三四个月，就听见上海青年会发起读书运动，同时又有青年读书会的组织，所以我们心中觉得非常快慰，也要竭力赞助这种运动。我们听说该读书会自成立以来，报名的人颇为踊跃。但女青年中加入的还是寥寥无几。这或者是因为她们没有得知的缘故。所以本刊特地要把该会的宣言和简章介绍一下，好使一般女青年们也有入会读书的机会。读者中如果要我们代为报名，那么我们也很愿意效劳的。

青年读书会宣言

世界上最痛苦而最足令人可怜的事，莫过于知识荒。如果一个人进入了这境界，那在表面上看来，他也许生龙活虎的整天活动着，但在内骨子里，他却已外强中干了。要这种人来创造社会，指导社会，戛戛乎难矣！现在中国政局的危如累卵，以及社会的杌陧不安，也未始非历年来在位在野者之知识荒所造成的。中山先生之所谓行易知难就是这个意思。

专读死书而不知从时代作品中另外去找生命的学生是不中用的。我们应当知道：教育这件事，不单指学校课本而言，此外，更有所谓参考和其他课外读物。而且丰富和活的生命，大概是后者而不是前者所产生的。可是现在中国的教育现象太糟了。不是读死书，就是不读书，试执一大学生而问之曰：最近中国出了什么几本重要新书？则不知所答者，十之五六。他们既不知道时代思想的内容，那怎能希望他们为时代的向导者呢？这种人愈多，一个民族的能力，是未有不愈减愈衰的。

其次是中小学教员。大多数人都以为：一旦毕业，无论其为大学毕业或中学毕业，在学业上，总算告一段落。从此，便可胜任而愉快的去教导那些在学问上比他们更低的人了。并且他们更以为他们所学的，尽可用之不竭，或至少可以使他们混饭吃了。其实，这是一种错误的观念，要知学问是无穷的，人生不单是混饭吃而已。即以混饭而论，毕业之后，倘使只知教人而不知教己。则数年之后，又安知其不为那在知识上比他更强的人排挤而流于无饭吃的地步呢？还有，教育是包括整个人生而无止境的。所谓学到老，学不了。难道脱离了学生的生活，就无可再学了吗？所以把求学生活只限止于毕业以前，这简直等于自杀而把教育的范围看得太窄小了。

再次，是经商者和那些与学校生活不发生直接关系的人。他们的假定是：教育不过是一种应世资格和工具而已，信既会写了，新闻纸既会看了，那何必再读书？所以弄到末了，除了蝇头微利和锱铢之较之外，更无所知了。孰知这种不长进情形之影响于人生是很大的。譬如经商的哲学和方法，而这种哲学和方法是依时代而变化的。倘使对于时代作品和思想不复过问，而老是固步自封，率由旧章的在原有的哲学和方法中讨生活，那在商业竞争的现代——虽然商业竞争的自身也许是一件坏事——怎能幸存呢？

最后是留学生。他们背井离乡，到外国去求学问上的深造，这种志愿，多么宏大！而且这种志愿，不但出国时有之，就是归来时，也未始没有，因为当他们在外国时，单单汗牛充栋的图书，已足以告诉他们：学问是没有止境的。孰知回到祖国，职务上的忙碌，竟然把这种志愿打消于无形。有的人拿着书包，这里教一点钟，那里又教一点钟，整天为贵族或半贵族生活而奔走着，那里还有时间去顾到读书呢。就是最简单的新闻纸，也是在电车或黄包车上看的。久而久之，他们便成了时代的落伍者。原来，民族的文化是应当属于他们的，可是现在我们对于他们还有什么希望呢？所以到现在，我们只看见留学生升官发财——因为他们这点本领无论如何还是有的——而没有看见他们在科学上文学上有所发明，有所建树。不错，这种拿着书包东奔西跑的生活，是经济条件所造成的。但是除了经济条件之外，难道不再有别的原因吗？如果能决然毅然摆脱贵族或半贵族生活，而多买几本书，多看几本书，那岂不也是一种出路？所以留学生之知识落伍，虽是经济所酿成的，但虚荣心之作祟，恐怕不在经济之下呢！可是十之八九留学生的虚荣心，却超过了他们求知之欲而任凭民族文化之日渐落，这岂不是一件令人痛心的事？

我们有鉴于斯，爰倡青年读书会，其目的在使那些还没有自暴自弃，而还是希望振作的青年同胞，在每一个月中间，至少能读到凡是智识在水平线以上的中国人民所非看不可的作品一种。同时，我们又请了国内著名作家数人为评批员，在每一个月一切新出版物中间，选择一种，由本会迳交举凡参加的诸同志。他们的责任，除了照付款外，再没有别的。如是，一般读者，既可节省时间，又可免滥读之虞。至于详细办法，可以参考《青年读书会简章》。

总之，知识是行为的向导，没有知识的行为，便是盲从，其结果，未有不失败的。现在中国盲从的人太多了。极目四顾，一切政治、经济、社会、教育上之淆乱，那一件不是盲从所造成的？为挽狂澜于既倒计，我们便不揣冒昧，发起了这个青年读书会，其目的在与诸君子共同切磋，共同努力，以登中国于荏席之上。不过其成功之程度，全视诸同志之合作如何而定。凡吾青年，盍兴乎来，是为宣言。

（载《女青年月刊》1931 年第 10 卷第 1 期）

青年自己的读书会

明　真

我在上一期的本刊，指明出现的各书店所设立的所谓“读书会”，只是各书店企图吸收读者现金和推广书籍销路之巧妙的组织。我们青年所迫切地需要着的，是自己所组织的真正的读书会！

不论是有钱可入大学、中学读书的青年或无钱可进学校的青年，若他有志研究社会科学或文学，必须依赖着自修。青年自修有种种的困难，而读书会（注意！不是书店所设的读书会！）可以解决这些困难之大部分。

地方公共图书馆，在现今的中国还是很少，而且大多数只有一块大招牌和若干册破旧书。故无钱入学校的青年希望利用公共图书馆来自修，是一定失望的！学校图书馆呢，说起来很可怜，中学的，大多数也只是一间几乎是空的房间，挂一块小招牌，放着几本旧杂志和一二份日报（连教员的薪水都要积欠，哪有钱可买书呢?）。大学的，虽然大多数向学生征收了一笔图书馆费，但所购买的，大都是与课本有关的参考书，尤其是教员编讲义时所需要的参考书。我想，每个青年自己都有这样的经验，不必细说。在这种场合，青年所要看的书，大部分要自己去买。假如每个青年都有充分的钱可以买书，固然是很好。可惜，肯用功自修的青年大多数不是阔少！所以，有志自修的青年，都或多或少地感受了这种因要购书而发生的经济的困难。假如青年用集体的力量，这种困难是可以打破的！

假如在学校之中，有十个高兴研究文学（或社会科学、自然科学）的朋友，就可以组织一个读书会。若每人每年有五元可以买书的，十人就有五十元了！没有组织的时候，每人每年五元只能买到七八本书（就使你进了某一书店所设的所谓“读书会”，享受了若干“大”利益，至多也只能得到十余本不一定是你所欲的书!）。有了组织，十人的力量就可买到七八十本书了！而且，用这几十元现钱，可以虚设一间书店（所谓虚设，就是不租房子开门面之谓，只要有一个图章，有一个通讯处就够了），用现款向各书店批书（大概总可打八折至六五折），凡读书会所要的书，自然由这虚设的书店经手，因而享受折扣的利益。就是学校所用的课本，或同学所需要的书报，也都可由这书店经手，照批发原折扣卖去（这对同学自然是有利的，但对自己也有利，因学校及同学的书由书店经手，就增加了书店与上海各书店来往的数额，数额加多，就可对各书店要求较低的折扣了），或更扩大为一种消费合作社。不在学校的青年，或与学校的学生联合组织，或单独集合不在学校的青年朋辈组织这样的读书会。若这种组织有暂时或永久解散之必要（例如，当放假、毕业、移居时），就将所共有的书瓜分给各组成员。

读书会不仅可以相当地解决买书的经济问题，还可以有一种更大的利益：互相切磋！自修的青年所最感觉困难的，就是看不很懂的地方，没有人可询问。若集合有同样研究兴趣的朋辈，组织成一个读书会，每一个星期或每半个月开会一次，讨论所读过的书中的疑难的地方。有许多地方，一人所解决不了的，经过几个人的讨论，常时可以得到相当的解决，故解决疑难是读书会的一种功用。

其次，读书会可以定期举行辩论会。就所读过的书中，找出几个可以争辩的问题，指定某几个会员主张正面，某几个会员主张反面，开会辩论。这样的辩论会能够增加读书的兴趣，训练心智的组织力，养成雄辩的口才，并帮助我们对于某些问题之理解。或者，当会员读完某一本书之后，各会员报告他读该书的心得，对于该书的批评。因为各人对于某一书都各有其意见，故这样的报告和批评常常带有互相辩论的性质。

此外，读书会还可定期举行论文宣读会。读书会的会员，虽然是所研究的科学大致相同，但各人所集中研究的题目，常时是不同的。假如，每半年能够开一次论文宣读会，各人把这半年来他所集中研究的结果，写成一篇论文，当众宣读出来，听者有不明白的地方，可以请读者解说，听者有不同意的地方，可以提出相反的意见，由读者答复。这也是一种很有效力的自修法。

我把上面所说的话，归纳成为一个具体的组织大纲：青年读书会组织大纲。

1. 会员　本会由有志自修某科学（文学、社会科学、自然科学）者组织之。

2. 会费　会员每人每半年应纳会费三元（酌量实际情形增减）。

3. 会务　本会主要会务为：

（1）合力购买所需的书籍杂志，买后由会员轮流阅读。

（2）每星期举行讨论会一次，以解决书中的疑难地方。

（3）每月举行辩论会一次，以辩论学理上或实际上的重要问题，辩论人由全体会员轮流担任，辩论题目由辩论人共同决定。

（4）每半年举行论文宣读会一次，会员各报告其专门研究的结果，论文题目由各会员自定。

4. 职员　由本会全体会员每半年重新公举出各列职员：

(1) 购书主任　负责保管本会购书款项，按月向各书店购买书报(如办有虚设的书店，则兼任书店负责人)。

(2) 管书主任　负责保管本会所购各书，规定书报轮流阅读之顺序。

(3) 总务主任　负责本会一切零碎事务，召集开讨论会、辩论会、论文宣读会；至于开会时主席，由各会员轮流担任，轮流次序由总务主任规定之。

5. 附则　本会遇必须暂时或永久解散时，所有书报，由各会员均分之。

(载《书报评论》1931 年第 1 卷第 5 期)

青年与读书会

默　之

现在海上的新书业，真如雨后春笋一般，渐渐地勃兴起来。在发扬文化的观点上，当然是一种良好的现象。但是这般书贾，其目的绝端不是这样的正确，只图营业的发达，不管这本书出版之后，对于中国文化有何损失，青年的思想又有什么危机。能够引起读者的注意，销路增广，便算达到他们书贾唯一的目的了。

所以，我们在四马路几爿书店的玻璃柜内，稍些留心的看一看，所摆着的是些什么书，古本的《金瓶梅》，因为这种香艳肉感的旧说部，商店里的店员一流的人是非常崇拜它的。鲁迅老先生的硬译，因为他已在中国文坛上获得最高的权威。张资平的多角恋爱的创作小说，因为他底作品一般少男少女，以及阿猫阿狗都喜欢读的。提倡人权主义的《新月》杂志，因为它谈论政治学，最引起青年们的欢迎的。浅薄的普罗作品是充满了书柜，因为书店老板说这是应读者的需要。其它还有什么《中学生》、《新学生》、《现代学生》等等，真是汗牛充栋，不可以数计呢！

这都是对青年们剥削的表征。

但是在经济落退状态的中国，百业都不能振兴，所谓新书业，当然也不是例外。这些新书的出版愈多，不管它是如何地迎合读者心理，内容如何的浅薄肉感，在读者为了经济的关系，却不能尽量的购买，所以它底销路，是不能有多大的起色。同时，读者对于新书选择的眼光，也高超了一些，不像在五四时代那时，大家都染着购买新书之癖了。新书业底不振，就是使书店商品化的最大的原因。只要能够赚钱，什么叫做发扬文化，什么叫做介绍世界学术，竖横这都不是生意经。

无疑地，中国出版界已趋于尖端的商品化。在上面已经说过，因为在读者方面选择书籍的眼光渐渐地提高，大部份的青年，已觉得普罗文学的作品是浅薄的而没有价值的，读了一篇，就不必读第二篇，写来写去总跳不出那套旧把戏，然而，普罗文学成了千篇一律的东西，实为盖棺的定评了。张资平的多角恋爱的小说，本来是最投合一般少男少女的心理，既香艳，又肉感，为了现代的潮流是革命的，张先生的善于投机的心理也就跳在时代的前头，把恋爱的小说加上一些不伦不类的革命插话，结果一部创作分了家，这就是说，革命的一半，恋爱的也一半，难道这即是所谓的“爱力圈外”吗？在张先生自己则以为他底创作可以把握着两部份的读者，其实大家看了他的一部小说也足够了，因为他所写的故事，不过恋爱方式与革命方式略为变更一下，已经和所谓普罗的作品一样的趋于千篇一律的旧套，使读者多看了生厌。因此，作［读］者现在要欣赏世界第一流作家的作品了，书店老板好似心理学家一样抓着了读者的心理，便不惜巨资的来请文艺界名流翻译什么辛克莱的著作。但是定价太高，读者为了经济问题又无力买来阅读，在这种情形之下，书店老板营利的宗旨也用尽了，只有跑上创办“读书会”的一条路上来了。这“读书会”，也不过企图剥削学生份子的现金，兑换一些书店所不能销畅的书。虽然还有什么十大利益，八大利益，其实是这五块钱的入会金还不足饱满书店企图的野心，另外再拿钱出来买新出版的著译。所谓利益，书店又可以借此□一笔巨大的现款，会员只是打一个普通的折扣而已。

书店之创办读书会，最早的是泰东图书局。凡加入该会之会员，年纳会费五元，购书时可得折扣，且□所谓资助留学之希望，但必须会员满一百以上方得获选一人，而资助办法，分国内、日本、欧美三个阶级，会费也须依照此项等级递加，名义上是所谓“互助精神”，其实还不是剥夺读者的现金。继泰东而起的是光华书局、现代书局，还有最近新月书店始创办的什么三五读书会，真是不胜枚举。我相信，各书局在筹备此项吸收现金的读书会当然不在少数，不久之后，所谓读书会在四马路也会成为清一色了。

这里侥幸获选的资助条列，与抽签开奖实没有什么差别，结果，在读者还受书贾的欺骗，我们只要看泰东图书局资助留学的有那几个？如果去责问它，至多回答你是会额未曾到足数。现在，我们拭目以待光华书局的竞赛奖金，是谁来得取？如果在书店方面能够吸收一万个读者的现金，它已成为一个大营利的企业家了。各书局创办读书会，其真正的在那里？难道是，互助精神，减轻读者负担吗？

（载《时代青年》1931 年第 27 期）

拖上一条尾巴

白　鹅

在本刊的第四期上，明真君已经很“不客气”的暴露出现在各书店所设立的“读书会”是完全以牟利为宗旨，吸收现金，企图发展各书店谋利营业。而同时也指出读者所要求的读书会及其办法。我现在所要写的，是把那后者稍加以补充。

读者加入读书会的动机若只是因买书较普通为便宜，那真是大错而特错（但我敢说，有很多的读者是因此而加入的）。他们忘掉读书会之所以为读书会，换句话说，就是他们忘掉读书会有它自身底重大的使命——讨论和研究学术，介绍时代思想，有价值的图书（不限于本版的）等等。

要使散在各处的读者们随时随地都能接受上述的“甘露”底唯一

的方法就是出版会刊，在会刊上，不能登载专门替自己（指书店）鼓吹、含有欺骗性的广告，而应尽量的发表读者们关于读书的成绩数；读书的心得、笔记和对于某一问题的见解等等，如此，才能使加入读书会的读者得到真正莫大的利益。

总之创办读书会，应该真直地为读者谋利益，不能借着“专为读者谋利益”的美名而却借此实行其吸收现金，企图发展自己书店营业的前途的计策。

（载《书报评论》1931 年第 1 卷第 5 期）

希望出版合作事业的实现

——致现代读书会俱乐部半月刊

李冷痴

我们中国的出版界大多是营利为目的的，无论他们的广告说得如何好听，什么宣扬文化，提倡艺术等等。终竟是商界的口头禅，招徕生意的手势戏吧！

如果我们不会忘记的话，我可指出一九三〇年七月号《出版月刊》所载的《出版家的趁火打劫》一文，给大家以一个明了的论证。

我们穷苦的低能读者，在这样的年头，已经没有求学的机会。更想不到这资本主义的世界，又给我们以金贵银贱的打击。在这双重严重的压迫下，我们想读书实在是十二万分的困难哟！

我现在只想把最近两年来出版界所计划的读书储书会和读书合作部，以及现在的读书会的组织实际分析一下，或许值得我们读者的注意吧！

最初提倡读书储蓄者是“世界”和“北新”两家。它们的办法是招引读者以每年少数的投资加入读书储蓄，不过储蓄者得享有特别廉价购书的权利——这就是读书储蓄的特点——此外是每年每股分配应得的红成。他的目的，不外吸取读者少数的储金，变成他们巨额的股本，以推扩它们的固有营业，换言之就是招股的变相名称罢了。

其次是“泰东”所办的读书合作部，他们广告式的宣传说得非常漂亮；如资助留学、介绍职业、论文竞赛种种。好像是在真正地努力消费合作事业一般。但是如果加以考察，所谓资助留学，究竟八百名中只有一人，谈何容易，结果实等于零。至于介绍职业当然难而又难了。以上所标榜的两点究何异画饼充饥？口惠而实不至，未免脱不了商场营利的机会主义，说不到什么合作，更谈不到什么互助！

唉！我们中国商界向来是充满投机主义者呵！在现社会制度下，人类公开的自私自利，这又何足深责呢！

现在说到读书会的组织，首先创办的，要推光华书局，继之以现代书局（此外尚有新月、三五读书会和神州国光社的读书会，均非大规模组织，兹不论列）。最近全国读书空气之浓厚不可谓非读书会的影响。我本人是加入光华读书会，同时又加入现代读书会的份子，对于读书会很想乘此机会说几句公道话。光华在创办读书会时期所有赠品和优益，是很值得我们的称许，可是到后来因当局的查禁，不得已改变方针，固属情有可原，但其后赠品和优待较前大为逊色，想关心的读者定能明其真相。即最近出版杂志，内容并不见得新颖和充实，且其价值亦无以前那样的优待。即区区《光华读书月报》，尚须读者预寄邮费方肯照寄，这实在使我失望而不能令人满意的地方。在这种相形之下方有现代读书会的产生，当然，我并不左右袒任何方面，只有根据事实说话。现代读书会的赠品和优待可说是比较令人满意得多。而且他们增设“读书指导”、“通讯借书”两部门的给与读者不少利便，虽然外部读者不免尚有向隅之憾。至最近出版的《现代文艺》和《现代文学评论》，内容充实，材料新颖，可称为文艺界的异年突起。这些实际上的好处，是大家有目共赏的，恕我不再多说了。

以上是就事实而谈事实，不过加以分析的考察，如能引起读者们的注意和讨论，那就无任欢迎了！

在现中国贫乏的文坛，当然还没有到产生伟大作品的时期。但是出版界与读者们的合作事业一定要快些实现，才能救济中国贫苦的读书界——他们大多数是经济压迫下的青年，每遇好书价值太贵只好付之梦想，这是多么痛苦的一回事哟！这不特读者的求知欲不能满足，而影响文化前进更非浅鲜！我甚愿出版家们切实的来宣扬文化，不可太偏重于牟利主义。更进一步，希望有真正出版合作组织产生，以应我们智识饥渴的青年们的要求。这是我为全国贫苦读者们请命，同时为读书界前途祝福无量！

——会员证第 698 号——

——一九三一，四，廿七，于福建将乐。

（载《读书俱乐部》1931 年第 3、4 期合刊）

谈谈读书问题

刘文声

我因感觉到读书的困难，不久前曾加入一个上海现在新流行的读书会。这样是否便解决了我的读书问题呢？事实的答复，很显然的是没有，因为这些读书会根本就没有为解决读者的读书问题而着想，只是以多多推销自己的出版物为目的。

我读了第四期明真君的《谈所谓“读书会”》之后，真是迷梦初醒，使我对于现在所流行的读书会，才有一个明确的认识。明真君对于现在上海新流行的一般所谓读书会，作了一个坦白而详尽的观察和批评，并贡献读者一些意见，这对于青年读者的帮助，实在不小，就我自己说，也是受了很大的影响。因之我也来说一点关于读书的话。

书店设办读书会，在目前的上海，实是一种新潮流，什么什么读书会，真是不胜繁数！而加入的会员，实在也不少，这个原因，一方面是全国一般青年对于读书要求的迫切；另一方面，因书店设办读书会，不但不受损失，反而可以得到利益，多多的推销自己的出版物，因之，上海各书店的读书会，一天多似一天！

但是我们对于这样以谋利为目的，而不与读者着想的读书会，是不是要加入呢？每个读者都应当有很清楚的认识。

空喊着为读者谋利益的读书会，我们当然不去加入，那么读书的问题，是怎样的解决呢？

首先要看到读者读书时所感的困难：第一是书价太贵，读者要买到自己所要读的书，便需有许多钱，而青年读者，尤其是穷苦的读者购买力是有限的，这样便不能达到自己所预定的读书目的。第二，各书店所设的读书会，又是以廉价出售本版书籍为限；而在读者所要读的书，绝不是一家书店所能全有的。每一个书店所出的书，也不能全是读者所需要的，因之，现在所流行的以推销自己出版物为目的的读书会，不是能够解决读者的困难的。第三，是读的问题，青年自修的能力有限，在读书的时候，便感到极大的困难，书中发生了问题，常常没法解决，以致阻碍学识的进步！

要解决读者以上的问题，我以为：

第一，是流水与明真两君所提出的办法，在本埠的读者，可以亲自到书店去购买廉价的污积书籍；再则可以耐心等到书店举行减价时去买自己所需要的书籍，这个办法，本埠及外地的读者都可应用。

第二，读者可以集合许多朋友，在学校或在家庭设立小图书馆或小书店，经常与新书函售社发生关系，在实质上，使为函售社的一个支店，托函售社向各书店，批买读者所需要的书籍，尤其在书店减价的时候，可以代远地的读者（即读者自己所设的小图书馆、小书店等）买书。这样批买书籍，可以得到拆［折］扣，再则远地读者在书店减价时，也可以买到自己所需要的贱价书籍，便利而又稳妥，实是一个很好的办法。

第三，青年读书问题的解决，不仅是能便宜买到自己所要读的书而已！我以为主要的还是读的问题，要解决这一个困难，读者可以集合许多读书的朋友，在本地或学校，组织读书会，并设立小图书馆或小书店，一方面可以廉价购买读者自己所需要的书。再则可以常常开读书会，在一块儿互相研究和讨论，并常常互相督促，这样读者的读书困难，不但可以解决，并可以使学识日益增进！

一九三一，六，六，于西安。

（载《书报评论》1931 年第 1 卷第 6 期）

读书会与出版法

自从青年读书会成立以来，雷厉风行，已为国内人士所注意。同时，那些再忙也没有的选书委员们也居然认真其事地干起来了。这证明社会一般人对于知识的渴望以及读书会之应时而起。

不过最近选书委员们却碰到了一重最大的难关，这就是市上新出版物的稀罕。不错，委员们已经把一月份和二月份的甲种书籍选了出来。可是严格说来，这两部之去应有的标准，还是很远哩！

那末，为什么现在市上新出版物顿形衰落呢？其最大原因乃是政府出版法之颁布，自从这法令施行以来，市上许许多多的书坊都被封闭了。还有，不合法出版物之被禁止，原来没有什么可惜。可是不幸的是因不合法的出版物而连合法的出版物也都被一网打尽了。谓余不信，试向四马路上那些被封闭的书坊中一看，难道在封条以内的书籍，没有一本是值得我们一读的吗？

在另一方面，据熟悉出版界情形的人说：目下在市面上销售最畅的，倒还是线装书。换句话说，长此下去，中国文化恐怕要开倒车！比如我们都知这《封神榜》是一种神怪之小说，在科学昌明的今日，是不屑介绍的。可是在无书可读的时候，这种书便乘隙而入，作了一般人普遍的读物。这种书不但白废了读者的光阴，而且又影响了他们的人生，这关系却非同小可！

禁止不合法的书乃是一种消极的办法。与其禁止不合法的书，那还不如鼓励合法的书的好。请问除了少数具有变态心理的人，那一个是故意要在不合法的出版物中讨生活呢？合法的书既然稀罕了，那末，不合法书籍之起而代之，乃是意料中事。况且在实际方面，不合法的书是禁不尽的。听说自从有许多书坊被封以后，那些素以保守自号的书店，却利市百倍了。因为做书店老板的，十之八九，唯利是图，何主义之可言？只要有利可图，只要瞒得过党部及警察的检查，谁也不管□□□或

□□□，居然偷偷地，而且奇货可居地畅销着，以满足那些少数具有变态心理和多数闹智识荒的青年读者了。

现在党部当局看到了这种流弊，觉得因噎废食，卒非计得。乃于有许多书坊中添上了忠实同志数人，负编辑之责。其孤心苦诣未可厚非。可是这也有他的毛病。因为这是一种赖乎包办或任用私人的办法。普通人要说："党部之所以封闭某书店，是因为要位置党员和抢人家饭碗的缘故。"这种不白之冤，至少在最近的将来是不能洗刷的。

那末要怎样才行？照记者的意见，禁止是消极的，位置党员有任用私人之嫌。说到这里，我们便不得不提出"读书会"三个字了。读书会是一种绝对积极的办法。其目的只在鼓励出版界，要他们出些有价值的书，因为没有价值的书是不会当选的。前几天有一位书坊老板向记者说："这样，我们便不敢滥出新书了，无论其销路如何。"是的，这就是我们唯一的目的。因为我们深信，有价值的书多了，没有价值的书是自然会淘汰的。到那时候，我们更何须乞灵于出版法呢？

（载《上海青年》1931 年第 31 卷第 12—16 期）

对于最近定期刊物的一点意见

B. A.

引　言

当每个评论者提起笔来写"评论"的时候，几乎没有一个不预先声明：我的观点是绝对客观的，或纯客观的。不管他在事实上是否对评论的对象有了客观的理解，有了客观的认识。似乎只要说了"我的观点是绝对客观的"，他就洋洋自得，自以为尽了评论的责务。所谓"客观"，他们常常认为是"毫无偏见"，但实际上，这简直是个大大的笑话。

所谓"客观"意义，是不仅理解事象的结果，并且明了事象的组成的多方面的原因。世界上没有绝对的真理，因人类的知识尚未能确定人在事象的原因上的全知！“绝对的客观”，我人是难以找寻的吧！例如潮的汐泛的事象，我们知道是因月球上引力的作用的结果。但我们不能说这已是绝对的真理，因为也许更有别种为人类所尚未知道的作用存在着。绝对的客观虽不能有，但一般的客观，终比主观进步，因为主观是只凭个人的感情，而客观根据事象的原果。

在文化的评论工作上，采用客观的方法是毫无疑议的必然。但A说我是客观的，B也说我是客观的，究竟谁是谁非，使人茫无所知。

所以我们在文化的评论工作上，第一要明了文化是怎样产生的。为什么要产生文化，因而我们决定文化是应当这样的，或那样的。我们根据这研究的结果作评论的立场，才是真实的客观的立场。违反了这法则，虽自称客观，那不过是不理解客观的意义的盲目者罢了。

我们的立场，我们知道：人类的文化的长成，是伴着人类社会的生产力的长成而一同长成、发展的，古典主义的文学只能在封建社会里得势，浪漫主义文学也只有在个人主义的近代商业资本主义社会受欢迎。最近新长成的新写实主义派的文学和文体，也只有在工业发达的现世有生长的余地。明白了这点，我们就可以确定我们的立场，从这立场上，再来分析评论现在市上流行的各式各样的刊物和杂志。

（一）《新时代》

中国的社会生产力是幼稚，同时，因列强帝国主义在内地从事资本的扩张，把中国的经济关系弄得十分混乱复杂。说中国是尚停滞在封建的生产形式中吧，那末上海、汉口、天津，各地都有机械的使用和国民经济的抬头了，但若说中国已上资本主义的道路了吧，那末在内地，在都市里，手工业依然占着很大的势力，最显著的中国的农村，依然承袭着五六百年前的老样。到了这几个年头，因为世界金融市场的恐慌，市面不振，列强都把大批的商品抛进中国的缘故，使中国的农村破产了，小商人倒闭了。只有一般做洋人走狗的买办阶级获了一点利益。这混乱的结果，在政治上产生了各式各样的政党和政见，有复古派，有亲俄派，有欧化主义者，到现在，民族主义虽在表面压服了一切势力，但在社会的内部依然纷争不已！在文化上——特别是文学上，也现着同一的混乱，有十八世纪思想的歌颂者，有浪漫主义的提倡者，有无产文学的倡导者，更有毫无能力的无聊文学者。真可谓“色色俱全，无恶不备”了。

《新时代》，它的名字虽很动听，但它是代表了无聊文学者的一群。他们写作是游戏，谈爱经，用他们自己的话来说：“《新时代》月刊，它没有什么政治的背影，也不谈什么主义，在我——编者曾今可的自白（B.A.注）——自己一向主张文艺不应该附属于任何主义之下的，否则便成为某种主义的宣传品了，这不能算作是文艺！我这主张，至今未变。”检阅他们的作品的全部，除了毛一波所译的《浪漫主义以后俄国文学》一文外，别的，都合你编者的主张，所谓无主义者即无主张也，无主张的文学是无内容的虚无的文字的堆积的玩意也。至多，也不过是一团糟糕而已。这种无聊的东西，我们自然是绝不需要的！

（二）《现代学生》

《现代学生》，是一种迎合市场商品，它虽比《新时代》月刊在内容上充实了一点；但也脱不了无聊的气息。它的对象是学生，但并不给学生们一条准确的道路，单单刊行了些可有可无的文字。在最近一二期，似乎比从前进步了些，但乌鸦终竟不能变做凤凰，怕它终不能负起指导学生的使命。而仅仅做了一般类似的学生们的消遣物！

（三）《诗刊》

这可说是在中国唯一的诗的刊物。他们自然是舍弃他旧的诗的形式。但并没有努力新的建立，这批诗人都出身于贵族之家，住惯了象牙之宫，一味的主张美，美，美。他们忘了，美并不是固定不移的，就是要主张美，也应该了解，美是一种人头脑中一时间所生的观念，美绝不是天生成功的东西。在古代人不能不劳作而生活的时代，人的劳作就被认为美——弗理契著《艺术社会学》——在中古时代的贵族中，不劳作、手足细弱便被认为美；而在农村中，大手粗足的反被颂为美女。到了近代，因资本主义的发达，人类的一部份可以不劳而获，于是想出种种装饰为美丽，女子也以面目白嫩秀丽为美了。这一批人，最初我对他们抱着很大的希望，但现在我认了他们是公子哥儿，他们做诗的目的仅仅是为了他们自己的美的获得！时代是在辗进的，他们不得不没落下去吧？

举个例：邵洵美的《女人》。

女人

我敬重你，女人，我敬重你正像
我敬重一首唐人的小诗
你用温润的平声干脆的仄声
来捆缚住我的一句一字，
我疑心你，女人，我疑心你正像
我疑心一弯灿烂的天虹——
我不知道你的脸红是为了我，
是为了另外一个热梦。

在这个时节，正千正万的人民都在向死亡挣扎，正千正万国人在向饥饿、寒冷奋斗，只有邵洵美诗人才悠悠然在他的书室里唱出这美妙（？）的诗句吧？但若同为了克里西利独立战争而丧身的拜仑比较，邵洵美等也许有些惭愧吧？

（四）《新东方》

这是一个专门研究东方问题为任务的刊物，它在混乱的出版界中，是颗值得欢迎的明星。

中国——在被列强两［帝］国主义侵略下的中国，如何是急须解决我们自身的问题呀！同时，何等需要认识自身的环境呀！《新东方》，是满足了我们这个要求，并且提供了我们一条出路：中国要解放，先联合东方的被压迫民族和“联合全世界被压迫者”，而作共同的反抗。最近出了册周年纪念，内容比以前更充实而有价值，如中国革命之经济的解释的第一段：

“世界是整个的，而中国是整个世界的一份子，那末世界经济的危机，无疑的要影响到中国经济的震动，尤其中国是在帝国主义支配之下的半殖民地领域，当然不可避免的事实。”

为了杂志的篇幅关系，暂时作断尾的蜓蜻结束。

（载《红叶月刊》1931 年第 1 期）

一年来中国杂志之述评

刑云林

绪 言

中国杂志自鼎革以还，数目激增，种类骤盛，效用亦渐宏大，其势力可以抗图书，退报纸，风起云涌，蓬蓬勃勃，居然独辟途境，别开生面，而为近日文化上之生力军，为读物中之娇健者，斯诚出版界之特殊进步也。关于杂志之起源变迁之沿革，以及其他种种，不佞曾草文，简述其梗概及其得失矣（见《文华图书馆学季刊》第三卷第一期）。兹又续有所得草成斯篇，用候明教，其意义约有数端，述于后：

（甲）为明了杂志之趋势——中国杂志近来可谓杂之又杂矣，数量之多不可胜计，质量之驳，分析殊难，变化倏忽，出没无常，有者朝生暮死，有者有名无实。观其广告宣传美不胜收，编辑主笔皆为当时文豪巨子。然若不详细考察，真确研究，不被其枪花所迷而坠于五里雾中者，几稀。耗费金钱尚其渺焉小者，而不能获得相当如意读物，实为憾事。本篇虽未按杂志详评，但对于年来杂志趋势之特点状况，以及关于杂志之各方面均为引申条论，读此或可稍助吾人得一清醒之概念也。

（乙）为杂志家备参考——我国杂志当时患一通病，即为趋向单独之发展，而缺乏多面之进步。甲登《读书法》，乙亦随之即刊《为什么读书》，异曲同工，实失于单调。此种现象匪特刊物内容冲突，而且于发行上亦多防碍。如果经理杂志之人熟谙利弊所在，力避冲突，而另求新奇进步以飨读者，岂特于营业有所裨益，同时辅助文化之推移，亦与有力焉。

（丙）为赓续前篇——前篇所草，自杂志起源以迄年前为止。虽将其沿革略为分析叙述，然自问殊嫌简陋，因当时参考材料缺少，竭力搜求，仅止于斯。今者既积一年之所得，虽系无多，但有终胜于无，故敢冒昧供诸同好，想当有补充前篇之简陋处也。

以上三点乃其荦荦大者，固然言之颇为动听，究竟能否达到此种目的，则不敢言必，不过鄙人之渴望如斯而已矣。

讨论范围

杂志云者，乃期刊物之一种，非公报、宣传品及各种章程之统称也。按吾国杂志之出版情形可分二种，一为营业者，一为非营业者。前者专为博利者居多，后者其目标则因志而异，为正式研究学术者有之，为宣传主义者有之，为求娱乐者有之，为求名者有之……各书店等发行之杂志则属于营业者，学校机关及各学会则多半属于非营业者（注意亦有假借学会之名发行刊物而从中渔利者）。然营业之杂志，盖非永久出版，即为暂存，其永久出版者无论矣，其暂存者，亦不过寄赠各处一二份，以供众阅，却亦无伤也。独营业者则不然，每出一种新刊，必大吹大擂，诱引订阅，特大号、大赠券、优待订户、减收志费等等妙术层出不穷。岂知利之所在即弊之所寄，宣传愈广利弊愈大，是以本篇注意于营业杂志处较多，而于非营业者较少，并非以杂志之本身价值而定其多寡，而实以其对于社会上之利害为先提也。勿谓详于此而略于彼，此因有应详应略之理在焉，幸读者察之。

一年来杂志之大势

凡事愈进步，则情形愈复杂，则研究愈为不易，此定例也。现今中国杂志，苟以学类详别，惟恐逾乎千百，以经营目的而论，为名为利又个自不同，以作用观察，有当为利器自卫而倒人者，有发扬文化而兴学者，种类繁多，良窥共见。然而再细追求，如经业、投资、发行、征稿、印刷、校对以及邮寄等等手续，一年有一年之改革，一年有一年之进步，各事之发展或退化咸与杂志发生直接之影响。若条分缕析，详征博引，一一细述，力所不能，而时亦不我许，兹为便利起见，仅叙述其大关节目于后，览乎此或亦能得一概念欤。

（甲）杂志《出版法》之颁布——杂志出版日盛，自然良莠难齐，停刊倒闭，欺骗顾主，言论狂谬，矢放无的，或专刊肉欲小说，以博厚利，或自谓普罗文学而宣传□□。倘就此以往，中国杂志前途颇难乐观。常有人云，中国言论过于自由，于他国不敢言者，于中国可以畅言无阻，他国不准出版之图书，中国可以印行出售，此种言论固然有讥讽作用，然揆之以往事实，未尝不如是也。然而其所以致此者，原因虽多，而不外乎缺乏正式法规，加以限制，而执政者又何尝熟视莫睹，不谙此种现象之糜乱哉。直至十九年末，立法院通过《出版法》，该法第二章即为《新闻纸及杂志之条规》，共计八条，察其内容，限制颇严，于本年起始施行引用。其全文见本季刊第四卷第三、四期合刊第五七七页。

政府如按此法努力施行，现时紊乱之象或可稍杀矣。

（乙）施行法规杂志丁厄运——自《出版法》颁布以来，政府为维持法律尊严及表现施行认真计，于是检查刊物，逮捕违者，翻云覆雨，闹得不亦乐乎。即以上海一隅而论，成绩足有可观矣。例如，一月二十一日上海巡捕房搜查北新、华通、乐群等书局。又传鲁迅被捕（按鲁案后经证实系谣传失真）。二月十一日现代书局门市部被查封，后具结不售违禁刊物乃启封。二月二十五日洪深因田汉一案连累，曾被捕，经解释真相乃放。三月五日上海封闭四书局，北新、联合、江南、群众，因代售华兴书店出版之社会科学刊物。联合书店为乐群、春潮、昆仑、南强四家组合而成。华兴系左翼作家所组，江南书店组织份子多属创造社，南华、中山，两家亦遭殃及——见《大公报》。览此数月间之消息，真可谓一波未平一波又起，经此风波凡自命为新文化书局一流，莫不受创至巨，而得明白之教训，于是普罗文艺杂志数量较少，如《拓荒者》、《新文艺》、《现代文学》及《北新》等，或停刊，或改头换面，另图出路。而书店老板破产败业，叫苦连天，自叹晦气而已。

（丙）法律森严下之反动——政府既然尽力注意杂志之刊行，出版者则当俯首依法而行。然而一经调查，依法者固有，而阳奉阴违，或不奉即违者亦复不少。且使我之不解者，为不能于南方销售之杂志，而于北平、天津则可以明目张胆大卖特卖。岂此种杂志有地域之势力欤，抑政府行政不能统一之咎欤？例如在武汉一带，想读《新月月刊》，曾询数家，均言《新月》已被禁止，不期至北平则见有“《新月》某期到了”之广告揭于门首，岂非咄咄怪事乎。又如有许多杂志所刊之发行所为“各大商埠各大书局及各大学号房均行代售”，又出版地则曰“某社编辑处，某大学号房转交”，似此含混之词，毫无征信可言，出版杂志视同儿戏，滑稽至极矣，出版法虽严，其奈此种杂志何？尚有云中国言论太不自由，吾不知如再自由，糜乱之情将胡底也。拟调查可知，按章登记之杂志，尚不如邮局挂号之杂志为多，盖因取小利而然也。呜呼，法规虽颁，效果何在，直迨目下，所有杂志，禁无从禁，查不胜查，只可任其自然而已。

（丁）内忧外患中之困难——统观全国杂志虽然仍在蒸蒸日上，但较民国十六、十七两年则瞠乎后矣，推其原因，国内灾害、强邻侵略实与攸关。今年春因同业加增，刊物流于浮滥，目光短小之老板趋向模仿，偶见某种杂志可以获利，即不甘雌伏，群起效尤，征稿发刊，逮干法禁，当局加以禁止，杂志扣留，编者通缉，资本富者或可支持，勉受其苦，小本营业，那堪蹂躏，收市歇业而已。至于信用如何，则无法顾及矣。入夏以来，长江一带，洪水为患，全国三分之一几成泽国，交通梗塞，人民流离，自全生命尚不遑，有何心肠发刊杂志或订阅杂志耶？此外小股土匪，国内变乱，诸如此类，一方面可以减低购买能力，一方面可阻碍邮寄顺利，又加金价暴涨，工人增薪，种种困难纷然而至，群知杂志可以博利，而曾念及此等困难乎？

（戊）营业中之唯一进步——一年之中不可泯灭之进步，即为杂志代订所之增加，不但家数增多，其经营手续亦见改善，于清楚敏捷中，而不失于公道，此乃可庆者也。例如：

北平大同书店	北平养蜂夹道二号
环球书报杂志社	上海博物院路廿号
上海新书函售社	上海牛庄路一号
大华杂志公司	上海四川路一三九号

均为后起之秀，先前之经营此业者，必须先汇半价作为押款，方为代理，而手续亦甚迟缓，今得此数家，图书馆订购杂志可省若干琐碎也。

杂志内容之大概趋势

从新闻纸及杂志《出版法》颁施后，文艺杂志损失最巨，社会科学及论政者次之，而其他专门科学之杂志则毫无问题。初以普罗盛称者，经此次教训，亦不得不转变风头，即普罗作家（其实不配）因迫于势，于无可如何情形之下，东投一稿，西发一文，以维持其笔杆生涯。而专刊此类作品者，因之较少。惟翻译作品则日盛一日，努力于此道者，亦大有人在，特别关于俄国文学译品尤占优势。政治方面译品亦多，凡欧美各邦论政之要著，不出月余，国中即有译文；虽不谙西文之人，对于他国言论，间接可以知其梗概。此种现象最佳，望诸作家继续努力，除文艺、政治、经济、社会等杂志均有相当进展外，而科学杂志国人似感缺乏，而思扩充，如电业、工程、水利、天文种种科学杂志，相继出版者不少，虽然难免夭殇，而当中优秀产儿实属不少，此乃可乐观者也。此外，本年特殊之点，可得而言者，尚有左列数端：

（甲）青年杂志勃然而兴——开明书店发刊《中学生》深受全国学生欢迎，销路极畅。上海书贾见之格外眼红，那肯令其专美，追风转舵，立起直追。《现代学生》、《新学生》、《青年界》、《读书月刊》、《读书杂志》、《学校生活》等等相似杂志，层出不已，所谓先进学者，大谈读书问题，然其现身说法，是否为己吹嘘，姑不具论，即以其注意青年一点而言，确为本年之新颖进益，想我辈青年得此恩惠，幸福诚不浅也。

（乙）儿童杂志相率以起——儿童杂志当以商务《儿童画报》资格较老，惟势力不大，自各大报增添儿童周报，轰动一时，而唤起国人注意。儿童书局，独具卓识，应时安锅起灶，专卖儿童饭食，生意甚为兴隆。北新书局亦加印《小学生》，一时颇呈活跃之象，可证我国儿童教育确进步多矣。

（丙）小刊物发达——《生活周刊》以巧小取胜，为消遣妙品，全国赏识，订户增加。效尤之辈，催马加鞭，尽力追仿，如《希望》、《艺园》等等小刊物，均系家常便饭，随意小酌，皆不失简静可啖。虽无若何永久之价值，却颇适国人脾胃，故不胫而走，大有洛阳纸贵之慨焉。

（丁）索引与书评杂志日见发达——《人文杂志》刊印索引，为我国索引杂志第一家，发行以来，社会甚为赞助。继以图书馆界努力提倡结果，而杂志加印论文索引者，日渐兴盛，如《中华教育界》加印教育论文索引，《商业月刊》附设商业论文索引，均为学者重要之参考。其他各志亦时有论文介绍，关于书评文章，先时每为各志之附属品，今竟有宣布独立，专以此为主脑者，如《书报评论》、《中国新书报》等均为此类。虽然当时销路并不十分畅达，但吾相信其有存在之价值。特吾图书馆界应竭力赞助以维持其生命耳。

（戊）美术杂志——亦有长足进步，因其专以小姐舞女、太太明星，为吸引人之利器。虽美而无特大价值，仅足供无聊之辈消遣而已矣。

对于杂志之评论

可玉君曾云：“我知道的中国杂志很多，觉得有趣味的却很少，内容贫乏是他们的共通的毛病。”吾思非但可玉君感想如是，一般读者之感想，亦未尝不如是也。“内容贫乏”一语，诚为一针见血，正中要隘，吾常谓中国之贫，非贫于货物之不足，金钱之缺乏，而所患者乃知识之不足耳。知识浅薄，牵动百业，杂志为知识之总汇，知识乃杂志之泉源，其源已枯，尚望其流长致远，不亦戛戛乎难哉。一纯君又谓：“杂志有几个统一性：（1）创造号是特大号。（2）初出版时减收定价或赠送书券。（3）撰稿者皆系名人。”

此种现象，一年来变本加厉，风行一时。奸商之欺骗手断固属可恨，而一般读者之见小利而忘大义，亦须负助纣为虐之咎。又如俞斯锦君之《随风转舵的出版界》一文痛言杂志之群相效尤之失。其他关于杂志之片面评论尚多，不及一一引证，然各文均非专对杂志而发，故甚简单，而杂志之得失，尚无翔实论断。今就管见所及，试详言之。

（甲）经营方面

（1）人材问题——除学术团体及行政机关外，其余大部份经营杂志事业者，多系书贾之流。固然不敢断定彼辈均为不学无术，究竟亦未可深信彼辈对于此业全然了解。若杂志专凭此等人材经营，势必弊病丛生。何则，书贾之视杂志也，博利品耳，至于杂志与文化关系若何，于社会影响若何，能顾虑者，殊不多睹。大半以销路畅达，赚得营余，则于愿已足，于职已尽。故普通之业此者，向不从根本入手，只图表面铺张，如特大号、大赠券、优待订户种种利诱办法，愈演愈奇，以为如此即可推广营业。岂知侥幸一时则可，时日攸久，真象毕露，势必终归失败。故特大号即为送终号者比比然也。此无他，经营不得人材乃最大之谬误。设经营杂志事业之人材一如现今之幼稚，将来前途之进展，殊难言矣。

（2）方法——吾国之经营杂志事业者，几无方法可言。群相效尤，投机谋利，为当前之唯一通病。试就当时所通行之方法，归纳言之。盖可分为三种：①纯赖宣传迎合读者心理；②乞怜于数辈学者，支撑台柱；③以利诱引读者。此乃就稍有组织者而论，其他朝生暮死、不守信用、欺骗订户者，更不足道矣。此三种方法，固亦可视为经营之一方面，若独依此类方法经营之，则亦陋矣。常见某杂志之广告曰："请看异军突起，书类拔萃，人人必读，中国唯一杂志……"皇皇大文，有声有色，然其效力如何，吾敢断言，则不如披露内容，按期出版，而受欢迎也。牛腿粗细，自有物在，何用吹为，以麻醉迷人，总不如以实质引人入胜，其力牢且大也。伟人先生当然为读者所崇拜，但彼辈文章未必篇篇精良，况且所讨稿费，又较常人为大，苟销路不畅，尚不足以酬报彼辈者矣。以利诱人，最为失策，吾言之屡矣，而一年来用此法者最多，盖社会趋向如是，一时尚难纠正。

（3）资本——"无本难求利"、"本固枝荣"二语为经商之定例。然而肯出资财经营杂志事业者殊不多睹，是以偶经挫折，则难支持，甚至倒闭歇业，本年内因内忧外患及金价飞腾，不堪赔累而宣布停刊者，不知凡几。而订户亦间接受其损失，呜呼，冤哉。

(4) 设备——设备与资本乃连带关系，既无资本，则设备自难设备。试观我国杂志，除几家大书店所附属者尚有设备外，其余则不堪问矣。即以印刷机而言，千百家中仅十数家能举办耳，设备简陋，其出版杂志最易发生困难也。

(5) 组织——书店包办之杂志无论矣，其小本经营者，组织如何，实无从说起，一人可当数面，撰稿、校对、发行等一手包办者，恒不足为奇。如此情形，望其杂志能精能久，岂非缘木求鱼乎。

(乙) 编辑方面

(1) 人材——杂志之优劣，多半关系编辑之得失，往往杂志因编辑之变更，而发生最大之影响。本年编辑工作未见若何迈进，大部仍师前规，概括言之，可别为三派：1. 自满派——勿论稿件如何，编法当否，凡能出版，则认为无上之胜利。江湖术语于编辑余话中大谈不已。分明平常作品，则必夸张其价值若何，并且预告下期登载某某名著，其实此文尚无着落也。此派情形最为可怜亦最可笑，大概营业杂志之编者多属此派。2. 敷衍派——此派乃迫于情势，勉为其难，东拼西凑，拉杂出版，敷衍过去，责任已结，大半学校等机关之编者，易流于此病。3. 自私派——此派分宗立党，界限颇严，某杂志一经包办，则该志即为彼辈私物，想骂天则骂天，想说地即说地，任意所为，弗顾一切。新文艺之编者大半有此色彩。现以上三派乃最普通者，一言以蔽之，均与编辑之真正目的不合。倘以愚言不谬，望各编者其改诸。

(2) 选稿——编辑责任第一即为选稿。现今选稿之病，大半流于宁滥勿阙，名为社会杂志，内容则大部份却为小说，以至名实不符，而成为浮滥不堪之杂货店式之杂志，虽云杂志，但杂之方面亦须有一定之限度，不然其于应用方面，则生困难。现有数种杂志业已宣言，抱定严选主义，盖深知杂志亦不宜太混杂也。

(3) 校勘——校勘一事，最为繁琐，最为重要，亦为办杂志者最易忽略者也。往往杂志因校对失慎，错误百出，以至全文不能卒读，虽有制勘误表以期补救者，然总不如事先细心校对为妙耳。

(4) 总目索引志名页——凡杂志出满一卷，即应随之备妥该卷之总目索引及志名页，以便汇订成册而易保存及应用。我国杂志关于此项工作尚属凤毛麟角，即便有一二家努力提倡，然亦未作至妙境。何言之，我国索引作法知者尚鲜，而杂志每卷页数多不连贯，至于卷满，想撕去广告加上总目等件而洽为一本书之形式者，尚无一种也。

(5) 广告——广告为增加杂志经济补助之来源，但对于此项分配应有充分研究。我国杂志之登广告，似为补白，更有加于正义当中者，未免喧宾夺主。盖广告为临时之宣传，并无永存之价值，编者似宜将广告与正文分立篇页，按期登载，如一塌糊涂，堆积一处，只求收入丰富，而忽该志之正文，编者之咎大矣。

(6) 卷期之大小——卷之大小，吾国编者向不注意。即如《国闻周报》年出五十期，共为一卷，《东方杂志》年出念四期，共为一卷，其余将卷之用意完全失去，尚不如用年字比较洽当。盖卷者乃数量之限制也，所以加此限制为便利计耳。设每年出五十期之杂志，而只有一总目等件，试问如何订法，若分订成册，而图书馆适将有索引一册备出，其余各册用之即不便矣。关于此项，望编辑先生注意改良，乃鄙人敢代读者所要请者也。

(7) 排字——排字应有一定之规，乃当然者。而本年尚有不知此理之要，而横栟、竖排、反排、正排，任意而排者。以至同一卷之杂志反不能汇订，此乃最不合编辑之道，但较从先已减少许多，此可乐观者矣。

(8) 封面——关于封面似乎均已注意，名人题签，美术彩画，花红柳绿，颇极一时之盛，然亦有忽略其要旨者，盖封面之不可缺者为卷数、期数及年限，有全然未标出者，有过美，标而不明者，倘于美中而不失清楚实用，则尽善矣。

(丙) 印刷及邮寄

印刷方面进步特速，如色版及字体均有进益。即装潢亦有用心改良者。《如艺园印》之打眼装，《新宇宙》之序列装，咸属独创一格，不落旧臼，美而适用。惟邮寄一道尚无讲求者，即以包裹而言，大部皆为卷包，接到此类邮件，拆启颇费手续，商务印书馆于包上打眼两行，意为至善，但其难开也如故。且有杂志，因卷之过久，形体已伤，陈列颇碍观瞻。常观西国杂志，其邮寄甚为尽心，如包上附硬纸一条，一牵而包自开，又封套另加硬纸以护杂志之健康，均足效法。吾之为此言，并非崇拜西欧，取人之长以补己短，岂不合理乎？

总结（附民国二十年新出之杂志表）

以上关于本年杂志营业之情形、内容之趋向，以及其他优劣之点，谨就管见所及，粗枝大叶，草就斯篇。然以时间及能力之关系，于中国西文杂志未曾道及只字，颇以为憾。至于文中谬误之处，卑陋若予，更难幸免。倘蒙宏达进而教之，则幸甚矣。后列本年（计自民国廿年一月至十二月）我国新出之杂志，志名各依大类分排，然此不过择其要者，故为数颇少。明知挂一漏万之讥，在所难免，惟意在抛砖引玉，故敢冒昧公布。设有人因而补充，以成巨观，则所祝祷者也。

a. 图书馆学

《山东省立图书馆季刊》、《中国图书馆声》

b. 介绍与批评

《读者月刊》、《读书杂志》、《中国新书月报》、《书报评论》

c. 时事与评论

《时事分类编月刊》、《新时代》、《国民周刊》、《国民评论》、《一线杂志》、《两周评论》、《现代论衡》、《实现周报》、《流水月刊》、《剪报》

d. 社会

《新社会半月刊》、《新型社会》、《新社会杂志》、《社会与教育》、《社会杂志》、《合作月刊》、《问题月刊》、《进展》、《线路》、《综合》、《平等》

e. 政治

《清华政治学报》、《复旦政治学报》、《光明之路》、《法商季刊》、《中国杂志》、《新北方月刊》、《新亚细亚月刊》、《新陕西月刊》

f. 国际情形

《俄罗斯研究》、《循环周报》

g. 教育

《燕京教育季刊》、《教育与社会》、《学校评论》、《师范生》、《学友》

h. 儿童

《小学生》、《现代儿童》、《少年时代》

i. 体育

《体育周报》、《体育新声》、《儿童生活》

j. 商业与交通

《商业月刊》、《航业月刊》

k. 科学

《优生》、《同济医学季刊》、《唯生医学》、《新电业》、《水利》、《扬子江水道季刊》、《江苏农矿》、《中华摄影杂志》

l. 新文艺杂志

《青年界》、《时代前杂志》、《创作月刊》、《新时代半月刊》、《青春月刊》、《真美善季刊》、《红叶月刊》、《当代文艺》、《絮茜月刊》

m. 国学

《师大国学丛刊》、《清华中国文学会月刊》

n. 宗教

《佛学评论》

o. 小品

《艺园》、《希望》

二十年终脱稿于齐大图书馆。

（载《图书馆学季刊》1931年第5卷第3—4期）

民众读物的地方性

容

中国民众大部分生长在老死不相往来的农业社会，他的生活和经验的范围是很小的。取材离开他的生活和经验略远的读物，他便绝对不能了解。我幼时读国语课本《采菱歌》说："菱塘浅，坐小盆，哥哥弟弟采盈盆。"河北大部的生民既不知菱是什么，所见的盆也只有洗脸的磁盆、铜盆、铁盆，盛食物的洗衣服的瓦盆、木盆、石盆，既不能坐，更不能行在水里，所以简直无从想像。今年春间在白洋淀，见着长圆形的大木盆。人蹲在里面，用小桨划水，在莲塘里行动如飞，近来，在大明湖里见追着画舫卖莲花的童子更多坐这种盆。当年所学的一首《采菱歌》算是明白了。我常想北方武侠小说里讲飞檐走壁，生长在长江一带，住惯了竹楼茅舍的人，一定觉得太于怪诞，久养育在重泥叠瓦下的北方人，听南方人说狂风，动辄"屋瓦皆飞"，也必觉着不近情理。所以编民众读物的必须知道读者的生活和经验，注意他们的特殊习俗和景物，不然必至有时自己以为取材和文体都很通俗化了，而在读者仍然是难于了解。

（载《山东民众教育月刊》1931年第2卷第1期）

怎样改善中国的民众读物

梁容若

（一）民众读物的势力

什么是最有力量的教育工具呢？中国多数人从那里得到他的知识、他的信仰、他的处世方法、他的人生观呢？不是政府的公报告白，不是学校的上课讲书，不是平津沪汉的有名报纸，不是一切公开或秘密的党派社团的宣传，更不是自命为大众文学，而实际只有中等丘九能看的新兴作家的杰制。这些都是中国少数士大夫阶级的特有读物，和多数的民众毫不相干，毫不发生影响。

在溥浩然先生的书橱，发现了《西太后艳史》、《打登州鼓词》，乃至某主席某将军小姐的闺房里，某教授某银行老板公子的提包里，乃至南京国民政府的传达处，广州国民政府的守卫室、轮船里、火车上、旅店中、住家里无处不有他们的踪迹。三家村的茶馆饭铺、大商埠的商店工场、极高明的大学校研究院、最卑污的烟馆赌窟妓寮，无处不有它的读者。从十几岁的店员工徒，到白发盈颠的老经理、老私塾先生，都在工余课暇，瞪大了眼睛，读字迹模糊有光纸所印的小书，牺牲了中午的休息，牺牲了夜晚的睡眠，牺牲了星期的休假，乃至忘记了正当的工作，受经理主人的责备。为了什么？为了替孟姜女伤心，为了考究刘公子到底如何下落，为了要知道登州何时打下，为了要明白樊梨花有多大本领，为了研究五女怎样兴唐……从这些小书里，他们知道，他所住的县分外还有"浙江绍兴府"，大清朝以外，还有"正德皇爷坐龙廷"，刮地皮发财的县长局长之外，还有"青天大老爷"，他们相信"善恶到头必有报"、"才子佳人终聚头"，他们相信"运去防风杀命，时来信石活人"，他们相信"黑狗告状，白雀鸣冤"，他们讴歌舍身救主的忠仆，他们赞叹割肉疗亲的孝子。总而言之，一切天下国家的说明、历史地理的常识、法律道德的信条，以及处世的哲学、应事的方法，都要从这些小册子里得到。这种民众读物是真正支配中国多数人思想行为的权威者。在过去有最广泛最伟大的社会势力，在现在继续保持广泛伟大的势力，数量和读者都逐日增加。按照自然趋势，最近的将来，识字的人数增多，它的势力将更为发达。

（二）旧有民众读物的内包

民众读物的势力既如是之大，我们要进一步问，所谓民众读物包含些什么东西？有多少数量，这是颇不容易答复的问题，因为这些因时因地、旋生旋灭的作品，从来不为文人学士所注意，没有人肯把它作总合研究，更没有人把它看作艺文的一部而加以著录。著作的人、出版的年代、出版地方，有时也全无可考求。但略一收集，必当发现它的可惊数量。在南京，状元镜书店是总批发所，夫子庙、唱经楼、大中桥……一带小书铺里到处都是。在北平则宾宴华楼、第一楼、劝业场、青云阁、东安市场、前门大街、天桥所摆的书摊也充满这种书。在济南则趵突泉商埠及西门大街上摆摊的，也多半是卖这种书。赵光涛君曾经在南京大批收集，按照木刻单张、石印小本、石印大本分类，目录抄满两页（注一）。然而比起民众读物的总量，那不过沧海之一粟。我们试就济南趵突泉某书铺所卖上海大成书局（开设上海新北门民立路潘家桥口）所出的鼓词影词而论，已经有下列的名目。

大成书局鼓词影词书籍目录

大字足本十粒金丹鼓词	十二本	绘图征东鼓词	六本
绘图大八义鼓词	八本	绘图反唐鼓词	四本
绘图小八义鼓词	十二本	绘图红旗沟鼓词	六本
绘图千里驹鼓词	四本	绘图双镳记鼓词	六本
绘图刘公案鼓词	四本	绘图黄河万仙阵鼓词	四本
绘图全孟州鼓词	十本	绘图卖油郎鼓词	四本
绘图大破孟州鼓词	六本	绘图五女兴唐鼓词	四本
绘图混元钵鼓词	四本	绘图头打天门阵鼓词	四本
绘图绿牡丹鼓词	六本	绘图二打天门阵鼓词	四本
绘图二度梅鼓词	四本	绘图金陵府归西宁合剑鼓词	八本
绘图白玉楼鼓词	二本	绘图三省庄鼓词初二三集	各四本
绘图太原府鼓词	四本	新编影词二十一种	八本
绘图巧连珠鼓词	四本	绘图杨文广征南鼓词	四本
绘图丝绒记鼓词	四本	绘图鹦哥记鼓词	四本
绘图三国志鼓词	八本	绘图三全镇鼓词	四本
绘图林香保鼓词	四本	绘图三元传鼓词	四本
绘图大西唐鼓词	四本	绘图肉邱坟鼓词	四本
绘图满汉斗鼓词	二本	绘图回龙传鼓词	四本

绘图秦英征西鼓词	四本	金镯玉环记鼓词	四本
绘图红灯记鼓词	四本	绘图打登州鼓词	四本
绘图纷妆楼鼓词	六本	绘图双龙传鼓词	四本
呼打擂双鞭记鼓词	四本	五峰会影词	六本
绘图回杯记鼓词	六本	青云剑影词	八本
绘图济公传鼓词	六本	渔家乐琼林宴合刻	四本
绘图紫金镯鼓词	六本	混元钵影词	四本
灵飞镜影词	四本	新编影词念四种	四本
新编白玉楼炎天雪合刻	四本	新编影词三十二种	八本
分龙会影词	四本	新编影词四十八种	八本
新编飞虎梦影词	四本	小西凉影词	四本
二度梅影词	四本	泥马渡江影词	六本
新编兴龙传影词	四本	江东影词	六本
绘图白绫词鼓词	四本	仙桃会影词	六本
绘图彩球记鼓词	四本	金顶山影词	十二本
绘图梁祝姻缘鼓词	四本	直奉二次大战记鼓词	四本
新编珍珠塔影词	八本	直奉血战记鼓词	四本

再看其露布的新编鼓词，则又有以下的种类：

新编楚霸王逼死乌江鼓词	新编双锁山鼓词
新编章不平鼓词	新编曹操逼宫鼓词
新编全德报鼓词	新编刀劈三关鼓词
新编景阳冈武松打虎鼓词	新编韩信十大奇功鼓词
新编刘备卖草鞋鼓词	新编猪八戒招亲鼓词
新编杨三姐鼓词二集	新编王伯党招亲鼓词
新编明清八义鼓词	新编王华买父鼓词
新编八仙过海鼓词	新编杨三姐鼓词初集
新编新汉演义鼓词初集	新编九里山十面埋伏鼓词
新编新汉演义鼓词二集	新编哈尔滨逆伦案鼓词
新编王会川跑关东鼓词	新编五元哭坟鼓词

新编狄仁杰赶考鼓词
新编佛门点元鼓词
新编路遥知马力鼓词
新编刘永福打台湾鼓词
新编海瑞打严嵩鼓词
新编因果美报鼓词
新编刘备招亲鼓词
新编败子回头鼓词
新编卧龙冈三请诸葛亮鼓词
新编双红灯记鼓词初集
新编关公卖豆腐鼓词
新编双红灯记鼓词二集
新编张飞卖肉鼓词
新编电光目玉蛱蝶鼓词
新编唐僧取经鼓词
新编秦琼发配男起解鼓词

此外写着上海锦章图书局印的有十八九种，上海章福记书局印的又有十几种。其余写着公平书局、茂记书庄、铸记书局、广益书局、尚古山房、求石斋、校经山房、昌文书局印的自三四种至七八种不等。不记印刷书店名目的还有许多。这只是就趵突泉一个贩卖书铺所有并且限于鼓词，已经有如此的数量。再把通行的小说、唱本、戏曲，也列在内，通广州、昆明、成都、南京、上海、西安、北平、沈阳……的所有算算，怕不难编一本一百页的目录，和四库所收的书比比种类。如详细调查统计印刷的书店、售卖的小书贾、编辑书画的著作者，以及每年的销行量，也必有可观的数字。

（三）旧民众读物的检查

旧民众读物势力及数量都说过了。现在再总合分析它的编制人、文体、思想、插画、印刷、读者，以及其对于民众教育的功罪。

1. 编制者。无论过去或现在编民众读物的，多半是失意的文士。他们读了些圣经贤传，看了些唱本小说，文章写得半通不通，世事也只有一知半解，没有其他的职业可作，便和书贾勾结起来编印小书。他们唯一的动机是在牟利，唯一的希望是在多销，所作书对于社会发生什么影响，是在所不问的。他们和编性史一类的书的目的是一样的。他们自己也以为编这种书是不名誉的事，所以一百本里没有一本是有作者姓名的，就有姓名，也是假的。其中偶然也有文学士为发抒自己的愤懑志愿，或为一时的游戏而作的书，但这种数量极少，并且多成为较高等的读物，如《三侠五义》、《老残游记》、《水浒传》等，还不能算是最通俗的读物。

2. 文体。编民众读物的目的既然不在博能文之名，而在收多销之效，所以从来都是用白话。并且因为供给歌唱弹说之故，多半是叶韵的小调，或半韵半散的鼓词。篇幅在唱本多在五千字上下，鼓词因为分回，情节较复杂，然亦少有超过五万字的，大约分订四本，每本约一万字，几乎成了惯例。为适地方需要，多参加方言土语，或完全用方言编制。至于偶然混入古典僻字，则因为编者曾读古书，结习未除，有时并白话文也还未能文从字顺，因为作者多是“读书半生不能青一襟”的怀才不遇之士。

3. 思想。民众读物所表现的思想，自然代表编者的思想，编者既然是陶冶在中国封建社会宗法社会下的人物，而其本身的聪明才智又属于二三流以下，只能接受旧社会僵石化的信条道德、生活意识，不能有较高的修养和认识，所以民众读物的思想也就不堪问了。举其重要的题材：

A. 提倡阶级道德，宣扬主奴、君臣、夫妇的隶属关系，赞美愚忠愚孝、节义，如《劝孤孀》唱本、《千里车》鼓词等。

B. 鼓吹命定论。使人认“王侯有种，将相天生”，好人不如好命，如《李陵碑》、《生贵子》等唱本，《狄仁杰赶考》等鼓词。

C. 传荒诞离奇的迷信，如《八仙过海》鼓词，《黄犬告状》、《老鼠告状》等唱本。

D. 描写男女不正当的调情淫奔，其结果则才子佳人多半成双，不才子不佳人等则多半失败，而受社会制裁。

E. 出于完全迎合社会浅薄心理的滑稽描写、黑幕描写、肉欲描写，如《乡下人》、《泗州调》、《杨三姐鼓词》、《俏尼僧》之类。

以上五种题材以 E 种最多，D 种、C 种次之，因为最容易打动读者，达到多销的目的。

4. 插画。民众读物的插画也多和他的内容相应，离奇怪诞，雷同抄袭。低阶的滑稽趣味、浓厚的色泽刺激，尤为新出的这种小书的特色。画虽不好，印刷也坏，但稍大的本子几乎没有没有插画的，大约把画画和编制看作同样的重要。

5. 印刷。这些作品因为要适应读者的购买力，又要多赚钱，所以印刷极坏，铅字要用五号或六号字密排，石印则写成蝇头细字，用最坏的有光纸刷印，墨色极淡，校对也不注意，错字别字乃至短页错行，都是常见的事。用极易断的线装订成七十二开的小本，外加一个薄薄的封套就算完了。

6. 读者。这类书的读者还可以大别为三级：第一级识字最多，多是上私塾多年的童生和高级小学以上毕业程度的国民，其职业多为店员、小学教员、各机关书记、乡村的知识分子……读物以《三国演义》、《今古奇观》、《七侠五义》等为代表。第二级识字较少，大约相当于初级小学程度，职业多为军营马弁、班长、大城市警察、各机关学校号房、工场工头、高等工人、商店小店员、农村小商等，读物以《小八义》鼓词、《包公案》、《杨家将》等为代表。第三级则相当仅识"平民千字课"之程度，其职业多为老兵士、各机关学校普通工友、一部机器工人、小有产之农村住民，只能读《四季相思》、《十二月花名》、《走雪山》等唱本。

7. 对于民众教育的影响。知道这些读物的编者、文体、思想、插画、印刷，就可以推断它们对于民众教育所发生的影响了。这些读物都是民众文学之一种方式。民众文学的教育价值据斯奈登（Snedden）之说以为：一、在休闲和娱乐；二、在精神的陶冶。它们的确尽了一部分娱乐和消闲的功用，但关于精神的陶冶呢，则亦有以下的效果：

A. 延长封建道德的余焰，崇拜英雄看重隶属关系，不认识民族国家，造成与民主政体相违背的意识。帝王思想的未能绝迹，军队之易归私有，这种读物负有一部分责任。

B. 宣布迷信种子，使社会拒绝科学思想的接受，义和团、红枪会，以及一切秘密神怪结社，都是迷信思想陶冶而表现出的行动。

C. 引起不正当的政治斗争思想，以强盗为"替天行道"，以劫掠为"安分守己的买卖"（《水浒传》张横语）。大碗酒大块肉，分秤称金银，论套穿衣服，成为一部分社会憧憬的生活，使随时随处有出现梁山泊的可能。

D. 造成荒谬的理想人格，美人必多愁多病，才子必酸腐不堪，聪明则狡狯万状，勇武则无法无天，使全社会不能有一正当模范的人格观念。

E. 宣扬早已不适用的法律知识（如七出之条等）。以淫猥的描写紊乱社会的风纪，促成少年早熟，败坏民族的健康。

F. 民众因多读支离不通的文字，脱误不贯的书籍，自己习非成是，不复能学会通畅明白的应用文学（注二）。

G. 细字如蚁，有光纸反光，读者又多在昏夜荧荧灯光下，损害眼的健康。

以上七种都是旧有民众读物所给与民众教育根本的创伤，所以它的读者和数量虽一天天的增加，而从教育的观点看，则反有洪水滔天、流毒无穷之感。民众教育是在猛力进行，《千字课》也到处有人诵习，然而学完《千字课》再看些什么呢？假使《千字课》只是作看《俏尼僧》、《二姑娘倒贴》等小调的过渡物，更何必我们去费力推行呢？

（四）改造民众读物的途径

从民众教育成为一种潮流以来，改造民众读物已成为一种有力的呼声。十七年四月瞿菊农先生主张为北平民众改编新剧本（注三）。是年全国第一次教育会议，王祝辰君提议申请国内的学术界全体动员编审民众补助课本，议决“由大学院调查民众读物，予以审查，分别奖励或取缔”。十七年十一月江苏省立民众教育馆推广部有编辑民众读物的计划（注四），天游君有民众读物与民众教育之作（注五），孙绮明君也有编辑民众读物的设计（注六），乃至中央教育部社会司列民众读物之审查与搜集为施政方针之一，然截至现在止，仍然是空言多于事实。除了平民教育促进会编了一些流传不广的小册儿以外，各地所出的民众读物实在寥寥可数。有的虽名为民众读物，而实际去民众甚远，有也等于无（如以《扇子赋》之类编入《民众报》中）。新兴的民众期刊中，求一种能像北平的《群强报》一样流行的，亦不可得，且定价昂贵，完全不顾及民众的经济力。二十年九月教育部社会司工作报告有云：

本部为调查及编制民众教育刊物目录，及为研究民众教育者介绍参考材料起见，于本年四月着手编制民十六以来之民教刊物，由本部备案，书店目录、民众教育机关及团体刊物中，搜集有关民众教育之著述，计共得刊物九百余种，为民教总论、民校课本、民教读物、宣传刊物、定期刊物等门类，现已编制完成，正在整理中。此外本部鉴于通俗小说，深入人心，影响社会甚大，本部拟将流行之一切民众读物，均加研究。自十九年十二月始着手研究连环图画，搜集共九十九部，二千二百九十一册，共六万八千七百三十余图，约一千〇〇四万七千六百余字，时经六阅月。分析审查之结果：觉该书颇有优点，如以字说图，以图记字，便于记忆，成本不多，定价低廉，易于普及等；但其劣点亦甚多，如宣传迷信，及利用民众弱点，措词立意，颇有未妥。将来拟进一步加以改良，收其优点，去其劣点（注七）。

从此种报告中可知社教司之工作仍止于调查研究。其研究调查亦止限于极小范围，积极的改造计划还谈不到；更不必说实际的编制了。

我以为欲迅速改善中国的民众读物，可采以下的方法：

1. 由教育部负责全国，教育厅负责全省民众读物（包含小说、弹词、剧本、唱本、通俗画、通俗刊物、报纸……）之收集，组织大规模之编审委员会，仿清乾隆时开四库馆之办法，集中人材，限一年审查完竣，其可以改造者删定由公家付印，其违背时代潮流、伤风败俗、文字不通之多数作品，除留一部于各种图书馆备查外，其流传各地者，一律下令收没摧烧之。

2. 上海及各地编印民众读物之书店，应令改印他种书籍。调查登记编辑人员，由教育部特设训练学校，施以特殊训练后，酌令在编审委员会服务。

3. 新民众读物之编制由教育部及各省特设之编审委员会负责，并可以重金征求稿件。印刷销售由公家负责。改良纸张字体，仍以廉价卖出，完全以教育为目的，打消营利主义。不收邮费，使乡村农民与都市人士有同等得书的便利。

4. 非经部省编审委员会审定之民众读物，禁止刊行。

5. 仿照苏俄农民新闻之例，发展各地民众定期刊物，以揭示民众疾苦及对政治意见为重要任务（注八）。

我以为创造新的读物和取缔旧的读物应同时并进。唱本小说和衣食房屋不同，不是刻不能离，必须有了新的才可以放弃旧的。所以先行摧烧，再来创作，并不算虐政。何况现在本已有了些新的读物，只以迎合社会浅薄心理之旧作品，充斥各地，所以难于流行。假如任其自然，则恶读物驱逐良读物，无论如何编印，民众读物必无改善之望。《性史》的销路较任何著作为多，看者亦不必限为道德卑下之人，可知群众之选择，至为盲目，理性为恶魔之物欲所湮没，至为常见。烧书是否为恶事，要看所烧的是什么东西而定。

至于编定新的读物，使如何有改进社会的意义，如何适应民众的需要，如何灌注近代科学的精神，如何纠正中国人迷信的观念，如何针对读者程度分阶，如何熔铸地方材料及方言，如何保持旧读物的对读者的魔力，如何确定基本字的研究，如何采用注音符号，如何规定插画铅字印刷及排版格式，如何使定价与民众经济力相合，如何能普遍运销于各地……经纬万端，都有待于分别专门的研讨，不是这篇短文所能说完的了。

（注一）参照赵光涛君《民众教育与民众文学》，刊《江苏民众教育月刊》第一卷第十期、十一期及第二卷第一期。

（注二）在本馆发行处时常看见“写信不为别事，只因……”絮聒的订报信，这是民众读物所教的应用文。昨听工友唱《捉放曹》，陈宫一起定场白云：“头戴乌纱奉孝先，思想开国万民欢。家严有语呼兄弟，德配汪洋水底天。”大约没有人会懂得这种驴唇不对马嘴的诗是说的什么。实则旧剧及小说鼓词中类此者甚多。许多民众越看书越不通，大半是这种原因。

（注三）见瞿菊农著《平民教育与平民文学》，商务出版。

（注四）见《江苏民众教育月刊》第一卷第一期。

（注五）见《民众与教育》（江苏省立教育学院出版）第一卷第一期。

（注六）见河南教育厅所编《民众教育辑要》第一集。

（注七）见二十年十月《中央日报》。

（注八）苏俄农民新闻发达极速，销售多者至一百万份。详见美国威尔避逊著《苏俄的新学校》第五章。

一九三一，十一月十五，于济南。

（载《山东民众教育月刊》1931年第2卷第4期）

读儿童读物

王达夫

假使我对我的一年级学生张敏宝说："敏宝，快把你手中的糖丢了，那种糖吃了有害呵！"你想，这结果怎样？

假使我拿着一包上等糖果向他说："敏宝，吃这包糖吧，这比你吃着的好得多呵！"你想，这结果又将怎样？

现在一般从事儿童教育的先生们，若能背出几多篇童话、故事给孩子听，该是何等漂亮。如果自己更能写出几篇童话、故事，那他或她当然是更加荣耀了。可是这些东西，将在儿童的心灵中生出怎样的影响来呢？啊！一样是带着甜味的糖吧！

孩子们不能够辨认糖果的优劣。同样，他们对自己的读物，也只有糊涂的吸取。你当然不愿让自己的孩子吃下有害身体的食品，但你能不注意你的孩子的灵魂的营养么？

我们固然不能闭着眼睛，说中国出版界还没有儿童读物，但我们又怎能昧着良心，说这些读物是属于儿童的呢？试随便取一本儿童读物翻开来，马上就可以看到许多"国王"呵，"公主"呵，"女妖"呵，"老人"呵等等古已有之的典型人物，以及坏人逞毒，好人雪仇等等善有善报、恶有恶报的信条。那些热心的儿童作家，尽管把旧小说中的呓语，穿上一套西装，便算是最新的创作。尽管把宗教式的信条，旧社会中的情绪，尽量地向那些纯洁的儿童的脑中灌输，便算是成就了陶冶儿童的大功。我敬佩这些儿童作家们的前无古人后无来者的勇敢精神，我又不禁伤心我们的儿童快被这些作家们杀尽了！

不错的，儿童生活自有其独立价值，不必用成人的意识来把儿童模铸。但人的生活是连续的，谁能把人生划成两个境界，说，这是儿童时代的，那是成人时代的呢？儿童也是社会的成员。社会所加予成人的一切痛苦，儿童也无从逃避。如果我们还有良心，就该把现实生活解剖在儿童面前，让儿童去理解。不应该在陷坑面上掩上一层黄土，引诱一群群的孩子们跌落进去。

热心的儿童作家们说：“我们是懂得社会进化的道理的。个体进化恰似人类全体的进化。从婴儿到成人，与人类由野蛮时代、原始时代，进化到文明时代的程序一样。儿童的心思动作就是野蛮人的心思动作，所以含有神异色彩的儿童文学，是儿童所需要的。”然则你们何以不更彻底地主张给儿童披树皮，叫儿童吃生肉呢？

热心的儿童作家们又说：“我们说儿童需要含有神异色彩的读物，并非武断，因为这可从我们自己的经验推得的。”够了，先生们！你们的时代，只成功了你们这些糊涂虫。你们忍心使全中国现在和未来的儿童都糊涂虫化吗？如果你们不能创造一个美丽的天国给儿童居住，还是请勿站在你们的天国里说神话吧！

这里我须声明：上面的说话，并非想在形式上反对含有神异色彩的儿童读物，我所指摘的是不以实生活作根据的无聊作品。我以为在今日，只有热情充满了作品内容的儿童文学，才是东方拖鼻涕的孩子们唯一的补品。

记得去年十一月里讲世界大战的时候，我想寻一篇故事来说出大战的残酷。找遍了许多儿童读物，竟无这类材料。当时我很怀疑，难道儿童不应知道这类事情么？后来我终于冒失地编了一个谎，叙说一个德国伤军在战后坐在他被炮火打死的爱儿的坟前，追思战争给予他的痛苦。因为我不是儿童文学家，懂不得什么规律，所以只粗率地说出了帝国主义战争的罪恶，并且暗示了战祸重来的危险。结果呢，还好。并不像一些唯美的儿童作家们所担心的那样厉害。只看孩子们遏止不住的热泪，便可知儿童所需要的正是这类反映实际生活的文学。

我们空言叫儿童不要吃劣品糖果是不容易，我们空言叫儿童不读无聊的作品也是无效的。看吧！莫索里尼能把意大利的儿童法西斯化，苏联的教育家也把俄国儿童的心理改造了。我们也要撕毁一切无聊的儿童读物，按照时代的需要去努力创造。但我们所创造的，必须是与现代社会的生活相联的。

一九三一、五、九，于重庆四明小学校。

（载《社会与教育》1931年第2卷第3期）

读儿童读物

张若英

儿童为社会之一员，是组织社会所必具的分子，未来社会的改造、学术的发明、文化的承续和发展，儿童都负了很大的责任；所以我们必须明白了儿童的特性，给予精神上的补剂，使他们得到健全的发展，讲到儿童的特性，至少我们可看到下面几点：（1）活动性。（2）求知性。（3）模仿心。（4）好奇心。（5）意志薄弱。自然，我们认识了儿童的特性后，我们为要启发儿童的思想，引起儿童的情感，增加儿童的知识，提高儿童的生活，必须有了一些适当的儿童读物，去满足他们的需要和要求，在这里，我想谈谈关于儿童读物的问题。

一、儿童读物的分类

儿童读物，范围很广，凡是儿童书籍儿童参考书，一切供给儿童应用的书籍，不论是图书、诗歌、童话、故事……都是，现在暂且依他们的性质，分类如下：

（1）儿歌

（2）童谣

（3）民歌

（4）笑话

（5）童话

（6）神话

（7）神仙故事

（8）故事

（9）自然故事

（10）诗

（11）谜语

（12）谚语

（13）寓言

（14）歌剧

（15）剧本

（16）小说

（17）传说

（18）论记

（见《教育杂志》二十一卷十二号王人路的《儿童读物的分种与选择》）

以上我们是就儿童读物的种类来分，分成了十八种，再，我们如就它的形式和本质来讲，又可分为下列二大类：

甲. 纯粹文艺的

1. 韵文的

2. 散文的

乙. 文学化的科学（在形式上也有韵文的和散文的）

1. 关于自然的

2. 关于卫生常识的

3. 关于社会的

总之，儿童读物的分种，虽然是纷纭复杂，但是我们应该知道，凡是一种儿童读物，都要合到儿童化和文学化的几个条件，因为儿童不比成人，他们的意志是异常的薄弱，我们必须掀动了他们的感情，利用他们的好奇心，使他们从读物的内容中，找到了浓厚的兴趣和热烈的感情。

二、目前一般儿童读物的缺点

近来我国的教育，总算进入一个新的阶段，一切新的教育思潮教育方法，都随了新时代的到临，引起了一般人的注意和研究。在新的教育思潮中，“儿童本位的教育”，近日正在高唱入云，居然在儿童本位教育的口号下，关于儿童生活的各方面，都引起了一般教育者深切的注意，结果，儿童读物，也应运的出了许多，在量的方面讲，我们不能说它少，比之教育发达的欧美及日本诸先进的国家，固然是尚有逊色，但是比之数年前的本国教育界的情状，的确不能不说是有了进步，一面我们从儿童读物质的方面考察一下，我们犹有美中不足之感，现在我且举几个大的缺点如下：（1）不根据儿童固有经验。（2）专从成人着眼，不合儿童心理。（3）词句太复杂，不合儿童口吻。（4）多生字，少变化，无兴趣。（5）太抽象，无动作可表现。

上面讲到目前一般儿童读物的缺点，我觉得最值得注意的是一般儿童读物的反心理的取材。本来我们从儿童心理上，知道七岁至八岁的儿童是社交公开时期，这时期的儿童，比较欢迎讲到人我关系的读物；九岁至十一岁为个性发展的时期，有独立自尊的气概，其读物以英雄故事为主；十三岁至十五岁为人生活动的时期，关于公众道德、地理、历史、游记之类的书籍，最喜欢阅读。儿童心理发展的历程，既然分成了以上几个显著的阶段，自然，一班儿童读物的编者，应该适应儿童心理发展的过程，供给每个阶段的适当的读物。

三、优良的儿童读物应该怎样编辑

的确，要编一种优良的儿童读物，并不是一件简单易办的事，至少我们对于儿童心理有了相当的了解，并且应该具备了艺术的手腕，写出美妙动人的文字，有了审美的情绪，描成了美丽生动的插图，这样才能打动了儿童的心灵，引起了他们的热情，使他们从读物中得到了趣味和安慰，这里，我只想提出几个要点，给诸位儿童读物的编辑先生和小学教师们参考一下：

至少我以为一种优良的儿童读物，应该注意到下面几点。

在内容方面讲：（1）要根据儿童固有的经验。（2）要适应儿童心理。（3）要适合儿童程度。（4）要具体的而非抽象的。

从形式上讲，（1）文字组织要简单，要明显，要简短。（2）要注意词句反复，少生字，多变化。（3）要有适当的篇幅。（4）要有适当的字体。（5）要有丰美的插画。（6）要有良好的纸张。

说来话长，已是偌大的一篇，在此我想告一个结束，末了，我愿一般儿童读物的编辑先生、小学教师以及一切爱护儿童的人们，为了儿童的幸福，编一些以儿童为本位的儿童读物出来。

（载《浙江小学教育》1931 年第 1 卷第 7 期）

介绍儿童读物

尚仲衣　徐锡龄

国际教育局是一个具有国际性质的教育组织，在日内瓦成立，以搜集材料、调查事实、交换经验为主要的活动。一九二九年间，该会曾在日内瓦开一国际儿童读物展览，并出版有 *Children's Books and International Goodwill* 一书，中载各国的流行儿童读物的书单，凡二十五国，惟未及于中国的儿童读物。一九三〇年秋，该局举行国际儿童读物调查，曾致函中国，附有九个问题，征求本所答案。将原题及答案在本刊发表（编者志）。

（一）那些是贵国的主要儿童读物？

下列几种书为中国主要儿童读物中的一部份：《水浒》、《三国》、《红楼梦》、《封神》、《说岳》、《聊斋》、《西游记》。

（二）（甲）贵国儿童读物中，何种最足以表见贵国的生活？那些书是由何书局出版？价目若干？每书适宜于何种年龄的儿童？适宜于何种性别？

中国的民间故事或最足以表见中国的生活。把那些故事写下来，只是最近的事——一九二一年以后。但是在这短少时间中，倘依复版的次数来算，它们却已大受男女儿童及成人的欢迎。下面是已经写成的民间故事的名称。除了最后一种外都是由林兰女士写的，由北新书局出版(上海福州路)。有符号的几种，算是最好。各书后都附有定价和最适宜读的年龄。各书都是两性俱适宜的。

书名	价目（元为单位）	年龄
《朱元璋的故事》	四〇	一〇
《八仙的故事》	四〇	一〇
《书生的故事》	四〇	一三
《金田鸡》	三〇	一〇
《瓜王》	四〇	一二
《鬼的故事》	三〇	一一
《换心后》	三〇	一三
《巧舌妇》	四〇	一五
《徐文长的故事》	一四〇	一二
《渔夫的故事》	三〇	一一
《三兄弟》	三〇	一二
《民间传说》	四〇	一三
《鸟的故事》	三〇	一二
《鬼哥哥》	三〇	一三
《呆女婿》	四〇	一三
《民间趣事三本》	四〇（每本计）	一五
《民间故事丛刊》	〇八（每本计）	一二

（上海河南路中华书局出版）

（乙）上面的答案，有何种的根据？

上面答案系根据调查及答题者个人意见拟成。

（三）增进国际友谊的儿童读物，贵国现有那种？

按照我们所知，专为增进国际友谊而写的读物是没有的。但我们相信：凡描写一国真况的读物，即令人对那国得有同情的了解，而这种的了解即直接足令人对那国发生好感。这样或者就是增进儿童间国际友谊的唯一方法。这样说来，上面举出的书都是合这样用的。

（四）（甲）何种儿童读物，最足以表见贵国生活？

答案已见前。

（乙）图画故事，贵国现有那几种？

图画故事现有下面几种：

《儿童画报》（商务书馆出版）

《家庭教育画报》（商务书馆出版）

《儿童故事画》（中华书局出版）

《图画故事》（商务书馆出版）

（五）贵国有无由儿童自己作成的读物？那种读物适合于何种的年龄？适合于何种的性别？

中国儿童自己作成的读物，有《儿童创作集》一种，系属期刊性质。现已出版的有二十册，每册约有二十页，十二岁儿童最合读，两性都适宜（集中有创作的故事、歌曲，及神话等）。

（载《兴华》1931年第28卷第12期）

儿童读物选材的矛盾

中华儿童教育社：本届在上海召集年议会，对于儿童读物，有人主张打倒鸟言兽语神怪的材料。诚然，这是教育界最矛盾的现象。儿童读物，注重“兴趣”，当然不能以格致诚正、修齐治平作教材，但除此严气正性的讲话，尽有许多有趣味的故事，关于名人的历史、地方的习俗……本可取之不尽，用之不竭。不谓自从欧美文化输入以来，关于儿童读物，有一部分神话的材料（《伊朔预言》等），又有袭用诗人理想的地方，将鸟兽草木，都作为人类的朋友，固然有趣，但同时在儿童脑际，留有一种不良的印象。神怪涉于迷信固不必说，就是鸟兽草木讲话，亦大非儿童社会里面，所应提倡。《石头记》上形容贾宝玉的憨态，说他看见石头向石头说话，看见树木向树木说话，他既向木石说话，他必是以为木石可以和人说话。贾宝玉固然不是中现代读物的流毒，然而究属神经受病的表现。我们对于天真纯洁的儿童，不能启发他的天才，反诱导神经病理，这是何等的误谬呢。

况吾国小说，有惯讲鸟兽草木成妖的（《泉柳子》类），成人读了，还有时中魔，专向古寺深山，寻找妖怪的踪迹，这原是迷信之一。教材中所用鸟兽言语，虽不必说明是妖，但活灵活现，实足以诱起儿童的妖怪思想，望教育界注意，凡儿童读物，有关于此类教材，应加以严重取缔。

（载《兴华周报》1931 年第 28 卷第 15 期）

童话与儿童读物

儿童文艺研究社

吴研因与尚仲衣二先生在童话与儿童读物之论战中，发挥了许多发人深省的议论，各有各的见地，我们观战的人也得了不少益处。我们现在想提出一个新的观点来，希望诸位先生指正，不敢说是挑战，只是一种诚恳的请教。

我们想从一个小孩子的生活之观点来估计童话与儿童读物的价值与地位。一个身体好的孩子必是沉醉在活动中。天才亮，妈妈还在做梦，他是已经醒了。他便要掀妈妈的眼皮，捏妈妈的鼻子，把妈妈闹醒才肯罢休。他不肯穿衣服，因为穿衣服在身上不自由。妈妈讲个故事给他听，他便忘了穿衣之苦，不知不觉的被妈妈穿好了。妈妈为他穿袜子，他便硬要妈妈吃他的脚。鞋子上了脚，他便开门向外跑，他要捉鸡儿出巢。他要抱着猫儿亲热。如果狗来欺负猫，他便要打报不平，拿根棍子打强者。小肚子饿了，要到厨房里去找妈妈要吃。妈妈正在烧火。烧火倒比吃饭好玩。他自然也要烧烧看。他要问为什么木柴烧得着，铁钳烧不着？吃着第一口饭，他要问肚子为什么会饿的？肚里有条好吃虫。肚里有虫，我怕，好吃虫是什么样子的？他要问到妈妈回答不出才算事。妈妈派他上街买东西，他是顶喜欢了。爸爸这只表好奇怪：没有嘴，会说话，他忍不住要拆开来看。厨里有糖吃，可惜上了锁；有什么法子可以开啊？妈妈下园种菜，他也要种几棵。他要和妈妈比一比看看那个种的长得好。妈妈要他念书，可是在他念书的时候只要听见“阿二捉了一条蛇来了”，无论是那个孩儿都要把书本抛开，跑去看蛇。蛇好奇怪！为什么没有脚会走路？蛇看够了，大家捉迷羊，赛竹马。也会搬石头造房子。到末了，有时因为一点小问题打起架来，胜的奏凯旋，败的哭回家。他恨那一个孩子，如果他会写几个字，便要在这孩子的门口写一个五车东。晚上，他那里肯睡？他会问妈妈说，我是那儿来的？爸爸嘴上有胡子，您为什么没有呢？妈妈被这些问题所困，只好说个故事，唱个催眠歌，引他进入睡乡。

这是一个小孩子的生活之小影。他一天从醒到睡都是在动，几乎是没有一刻儿停。他的眼、他的耳、他的嘴、他的手、他的脚，联合或轮流的在执行他那小头脑的差遣。有人说，他是好玩——一天玩到晚。我们说他是在做工——广义的做工。他所做的工是一些小生产、小实验、小建设、小创造、小奋斗。他是个小工人、小农民、小科学家、小革命党。他的规模虽小，但是千真万真的工作，不像我们平常所想的那样虚假。小孩子的虚假的玩儿艺都是成人造成的。

所以小孩子所需要的文字是小生产的指导，小实验的指导、小建设的指导、小创造的指导、小奋斗的指导。他有小怀疑，便须有小解决。他有小烦恼，便须有小安慰。这些可以概括的取一个名字叫做儿童用书。书是小工人做工的工具，它是拿来用的，不是拿来读的。

退一步说，儿童用书中有一部分是读的，那顶多也只有儿童文艺一种。可是儿童文艺中之诗歌，大部分应该是小工人做工时之工乐，一小部分才是安慰小烦恼之作品。小孩子无论做什么事，嘴里总是唱的不歇，我们正好拿有意义的诗歌来代替那无意义之瞎哼。所以儿童诗歌大部分该是儿童之工乐。

尚先生答复吴先生的一段话里提及法布耳（Fabre）的著作。据我看来，法布耳最有精彩之著作是儿童用的书，不是儿童读的书，例如他的《化学奇象谈》（*Wonder Book of Chemistry*）若把它当作一本读的书看待，那就大错而特错了。那些水里生火，火中下雪，蓝花变绿，绿花变红的现象都要从做上得来，若当书读便平淡了。因此我们提出一条意见如下：

"童话只是儿童文艺中的一小部分，儿童文艺只是儿童用书的一小部分。"

童话与神话（Fairy Tales）不同，我们并不反对。照字面上说，童话是儿童欢喜听欢喜讲的话，那是再好无比了。不幸译书的先生往往翻译外国的 Fairy Tales 也用童话的名称，所以发生许多误解。当初采用童话二字之本意，原是反对神话之表示。

至于鸟言兽语，我们也不反对。鸟兽饿了叫吃，冻了叫冷，寂寞了叫朋友，何尝不会说话？只是人类太笨，听不懂罢了。鸟兽既是有生之物，根本便与人类相同，鸟孝，麒麟仁，蚕吐丝，蜂酿蜜，狗守夜，鸡司晨，蜘蛛结网，鸟之将死其鸣也哀，都是古人学鸟兽的例子。所以只问所说的好坏，不必以鸟兽而废言。

这是随感而写的几条意思，对与不对，还请研究儿童教育的同志指教。

儿童文艺研究社同人谨启　二〇、五、一四。

（载《初等教育界》1931 年第 2 卷第 3 期）

父母应注意儿童读物

征　帆

在报纸上，我们时常看见许多离奇古怪的新闻，前天说某成衣铺学徒，因为中了武侠小说迷，忽然弃家入山，寻师习武去了；昨天说某米店学徒，因为中了神怪小说迷，忽然投身荒野，求仙访道去了；今天说某学校儿童，因为中了冒险小说迷，忽然扁舟一叶，寻觅荒岛去了。试问，这一般儿童为什么竟胆敢犯大难，冒大险，耽惊受怕，忍饥耐寒，演出这许多骇人听闻的事变呢？没有别的，这完全是因为他们平素多看不健全的读物（小说、故事、童话等，图画、影片，也包括在内）的原故。大概人们心中怀抱着怎样的理想，便将表现为怎样的行为。儿童的头脑是简单的，知识是浅薄的，举动是幼稚的，他们涉世未深，不知判决是非，只要对于读物中所提到的那些事物感觉到兴味，便不管他们是实有的或虚构的，也就自然地，会去盲从了，会去尝试了，会去模仿了。儿童们若演出这些行为，我们不应该怪他们，倒应该责备他们的保护人——家庭中的父母与学校中的教师，为什么不为他们预备健全的儿童读物呢？为什么不指导他们去看那健全的读物，而避免那不健全的读物呢？试一调查我国的普通家庭，什么《封神传》啦，《济公传》啦，《三门街》啦，《杨贵妃》啦，《西游记》啦，《七侠五义》啦，《江湖奇侠传》啦，《薛仁贵征东》，《薛丁山扫西》啦……倒还能找出几部来，至于什么《小朋友》啦，《福幼报》啦，《儿童杂志》啦，《儿童世界》啦，《儿童时报》啦，《少年杂志》啦，《少年时代》啦，却找不出一本：这实在是一种极其可怜的现象！儿童们浸淫于这种环境，耳中所听见的，脑中所充满的，都是一些荒唐怪诞的概念，试问他们日后怎能不演出一些荒唐怪诞的事变呢？甚望今后当父母的人，能对此儿童读物的问题，加以严密之注意：第一，要为儿童预备健全的读物，使他们对于健全的读物能发生浓厚的兴趣；第二，要指导儿童何者为可看的读物，何者为不可看的读物，以免他们暗中摸索，误入迷途；第三，要当儿童的亲密伴侣，让他们把心中的话完全告诉你，以便随时奖掖他的正当见解，而纠正他的错误思想。果能这样做去，儿童便绝对不会当“小冒失鬼”了！当父母者其鉴诸！

（载《慈幼月刊》1931 年第 10 期）

所谓书报介绍及悬赏

刘　长

近来见到北新书局新出一种儿童刊物名曰《小学生》。每期上登载一栏《小学生的书报介绍》。计自第一期到第十期连续介绍有《孩子的心》、《寄小读者》、《金雨》、《两条腿》、《镜中世界》、《睡美人》、《儿童的智慧》、《十二姊妹》、《昆虫故事》、《波斯故事》等共十种。我们看这十种书中据他介绍上说都是好的；但是真好不好，我自己也没有看过，自然也不得而知。但这十种书确实都系北新书局出版的，所以这些书都是好的。

在这里我们可以知道，只有北新书局的书是好的。只有北新书局的书可以供全国小学生的阅读。不然，为什么给小学生谋利益的《小学生的书报介绍》不见把旁的书店的书籍介绍半种？

肯定的讲罢，所谓《小学生的书报介绍》，也就是北新书局的广告的所在；所谓给小学生谋利益是假的，给北新老板谋利益才是真的哩！

然而，虽然在每期上都登了广告大吹而特吹，但是尚恐一般小学生们买之不周，所以在《小学生》第十期上更出了一个离奇的悬赏。这悬赏征文一篇，主意是为鼓励小学生课外努力读书起见，所以限定《小学生的书报介绍》栏内所介绍的十种书规定应征作法（以下原文）：

Ⅰ. 读后意见：(写出读了以后的意见来，一种或多种)

Ⅱ. 节述大意：(把每册写成又明白又简单的大意)

Ⅲ. 比较批评：(把上述各书，加以比较及批评)

Ⅳ. 描写人物：（把书中可爱的人，或物，加以描摹）（原文应征作法抄完）

我们看了这一个离奇的悬赏及应征作法，更可以知道，这是更进一层的要使得许多小学生们一定要到北新书局买这几种书，然后才可以应征。自然此间，北新要能多赚许多钱；多销许多货。

现在我们知道了所谓《小学生的书报介绍》及“悬赏”的任务。

（载《书报评论》1931 年第 1 卷第 5 期）

小书摊上的画册子

文　水

有时走在街上。使我不得不想到艺术的伟大。在一个小书摊前，一个四五岁的小孩子，一个四五十岁的老工人，都津津有味地在那里看图画书，什么《三国演义》啦，《武十回》啦，笑容满面地，悠然神往，谁说教育不易灌输呢，在这悠然神往的欣赏里，还不是寻求教育的现象。

从实利方面说来，长头发、大领结的艺术家似乎没甚出息，所以从前的老古董，往往视为“雕龙小技，不足道也”，然而他们的笔底却能产生这样动人的艺术。

不过这些粗劣的画本，往往是一般艺术家所看不起的，那末，你们对于这般幼稚的孩子、工人们贡献些什么呢？

(载《青年友》1931年第11卷第4期)

又一个鸟言兽语读物之拥护者

据六月十一日《申报》载有陈鹤琴氏讨论儿童读物之文学，其原文云：“鸟言兽语的读物”究竟应当不应当打破，这是要看以下两个问题如何的解决：

(一) 这种读物小孩子喜欢听，喜欢看，喜欢讲么？(二) 这类读物小孩子听了看了讲了，究竟受有什么影响？

若是小孩子不喜欢这种读物，我们当然不应该给他。否则我们要看这种读物究竟对于他有没有坏的影响。若是小孩子喜欢而受到的影响却很坏，这种读物当然不适用。我们晓得有许多东西小孩子喜欢的而未必对他有好处。所以要断定鸟言兽语的读物究竟有没有价值，只要看以上两点就可以决定的。

照我个人的经验看来，鸟言兽语的读物，年幼的小孩子——尤其是在七岁以内的小孩子——是最喜欢听最喜欢看的。至于害处呢，我实在看不出什么。不过究竟这种读物是否儿童所需要的，让我约略的说一说：

小孩子在一岁以外的时候，对于各种事物，发生许多动作，许多兴趣，我们成人看起来，恐怕要觉得很希奇，其实从小孩子眼光里，是一件很平常的事，不信，请看下面的几桩事实：

（一）骑马。我的小孩子一鸣，在一岁半的时期，对于无论什么可骑的东西，如桌腿椅背、棒头等，都拿来当马骑。不但如此，有时他一听见别人说“马”这个字的声音，或“骑马”两个字的声音，就立刻把身子上下跳动，作骑马的样子，并且嘴里喊着 a—a—a 的声音。

这种“棒头当马骑”的情形，在各国小孩子生活中实是一桩很平常的事，这种很平常很普遍的儿童生活，我们成人应否让儿童享受呢？关于这种生活的读物故事，我们成人不应当让儿童看，让儿童听，让儿童讲吗？

但是我们又要仔细想一想：这种“棒头当马骑”，不是比鸟言兽语还要神怪，还要不近情理吗？

（二）洋娃娃。一个一岁多点而尚未能讲话的小孩子，就能抱另一个洋娃娃，用手拍拍他，嘴里还发出一种 a—a 的声音，表示同他讲话的意思，等到再大一些——三岁——他就能同洋娃娃谈话，好像做双簧的样子。

他真的相信洋娃娃是真的小孩子吗？不！如他当洋娃娃是真的。那就有一种神经病了！试问那一国的儿童不论是野蛮的，是开化的，是古代的，是现今的，不玩这洋娃娃呢？而当洋娃娃是真的小孩子，那恐怕是绝无仅有的事吧！

（三）滑稽图——下面两张图画，那一个小孩子看见不喜欢呢？关于这种图画的读物，那一个小孩子不喜欢看呢？但是他们相信猪真的会跳舞吗？水果真的像人吗？绝对不会的。那末，为什么我们成人不准他们享受这种好玩的东西呢？

（四）滑稽电影。（甲）昨天我带了我的五个小孩子（从一岁半到十岁）去看电影，第一张片子就是“felix”（黑猫）。那时全场的小孩子一看见“felix”出现，就大声鼓掌，高兴非常，这个滑稽故事，在《中国大陆报》上常常登载的。这只黑猫，不但会讲话，而且所作的事情，往往出乎情理反自然，而人力所不能做的。

但是小孩相信黑猫真的有这样能力吗？他们绝对不相信的，但是看到的时候，他们表示十二分的快乐。看了之后，他们并没有回家去把自己家的猫，也当作“felix”一般看待。

（乙）记得上星期也看到一张滑稽副片，很可以做我们的参考，这张片子叫做“动物音乐会”。开会之前，有许多动物穿了衣服，戴了眼镜，坐了各种交通器具，来赴这盛大的音乐会，有的坐了飞艇，轧……轧……的从天上飞下来，有的坐了汽车，呜……呜……的从桥上开下来，有的坐了火车，共……共……的从远处冲过来，有的坐了马车，得……得……的从街上跑过来，形形色色，非常热闹。

开会的时候，节目颇觉有趣，忽有三四青蛙姑娘拉着手，张着口，跳舞唱歌，忽而有五六位老鼠小姐，翘着尾，抬着头大唱特唱，唱得非常出色。忽而有一位白猫先生，挂着身子，吊了尾巴，两手弹琴，两只眼睛，忽大忽小，神气十足。那时黄狗、雄鸡、乌鸦……有的敲铜鼓；有的拉凡亚铃，叫的叫，跳的跳，各献各的本领，忽而这样，忽而那样，约有十分钟的功夫，这张片子演了之后，全场不期然而然的鼓掌起来。像这种“动物音乐会”纯粹是一种鸟言兽语的物语，而这种物语，不但小孩子喜欢，就是成人也非常欢迎。

（五）实在的阅读经验。鸟言兽语的读物，在欧美非常风行，我不知道那欧美的小孩看了听了这种读物，究竟受到什么坏的影响。我现在且把我自己所得到经验来说一说。我的几个小孩子，对于鸟言兽语的读物，可以说是都很欢喜的，不但一种很普通的鸟言兽语的读物，就是很神怪的一种材料如《西游记——二郎神捉拿孙猴子》，《封神榜》等……也都是非常喜欢听，喜欢看。

（六）我有时讲了之后，或者他们自己看了之后我就问他们这种事情是真的吗？是真有孙猴子吗？他真能一个筋斗翻十万八千里路吗？他们都回答说："没有的！不会的！"有时候甚至于回答说："这是故事，讲讲的！"

这种看来，这些认为消遣的儿童读物，于年幼的小孩子实在没有什么妨碍。

总结起来，小孩尤其在七八岁以内的，对于鸟言兽语的读物，是很喜欢听，喜欢看，喜欢表演的，这种读物，究竟有多少害处呢？可以说是很少很少，他看的时候，只觉得他们好玩而并不是真的相信的。

至于这种鸟言兽语的读物，常常讲给小孩子听，或给小孩子看，当然有种危险，这种危险与平常小孩子所需要的东西是一样的。犹如"吃奶"，我们都晓得奶是很好的营养料，小孩子非它不能生存的，不过到了一岁半以后，那他还是吃奶，而不吃旁的东西，他虽然不至于有什么危险，但是要受损失的。我们应当慢慢儿给他吃些别的东西，鸟言兽语的读物与吃奶是有些仿佛的。年幼的小孩子很喜欢听鸟言兽语的故事，恐怕在那时候只有讲那些故事给他听，好像一岁时小孩子只有奶是他唯一的营养料，到了大了以后，奶应当少吃而鸟言兽语的读物也应当少讲，多给他看些旁的读物。我绝对不能说奶是坏的东西，不能给他吃的。

最后我要慎重申明的。鸟言兽语的读物，自有它的相当地位，相当价值，我们是没有权利去剥夺儿童所需要的东西的，好像我们剥夺小孩子吃奶的那一种权利。

不过小孩子到了大的时候，我们应当供给他看别种材料。犹如奶吃了，再给他吃别的营养料一样。

现在我国成年的儿童读物，还是那种鸟言兽语以及各种神怪的故事，好像成年的小孩子，还是要一天到晚吃奶的样子，请教小孩子怎样会强健呢？我们应当竭力地多编各种科学故事，来丰富他的经验，来引起他的兴趣。这大概也与成年儿童的饮食，是同出一辙，同一情理吧！

还要附带声明的，就是现在书坊上所出的各种神怪小说、武侠小说实在是不合儿童心理，而且含有一种诲淫的意味，甚至出售荒诞不经的读物，如各种鬼的故事等。这种故事最好不要给小孩子看。

（载《教育杂志》1931年第23卷第8期）

国化教科书问题

蔡元培

“国化教科书”五个字的意思，就是想把我国各学校（偏重高中以上）所应用的各项教科书——社会科学的或自然科学的——除外国文而外，都应当使之中国化。再明白点讲，就是除开外国文学一项，其余各种科学，都应该采用中国文做的教本。在此处，为欲使一般教育者易于明了我的论点起见，“国化教科书”这个名词，可以英文 Nationalized text-book 两个字来做他的说明。

现在我国学校，自高中以上，率多采用外国文本子，尤其是自然科学，如数理化动植矿等科，多用原文教学。这固然是我们文化落伍的国家，想得到现代知识所用的苦法子，但吾人终须认为，这是不得已的过渡办法。倘若将这种不良状况长时间的展延下去，则吾国学子所受的损失，将不可言喻，实为一件至可悯痛的事。

按多用外国文教本的不利之点，大约有下列数项：

（一）糜费时间与脑力。吾人之所以要阅读外籍的目的，原欲通晓其文字所代表的知识。全文字本身，不过是一种工具而已。今欲具备此项工具，动辄耗费青年们五六年的光阴，最活泼时期的脑力，方得入于知识之门，其为最不经济的办法，是人人所知道的。

（二）与国情不适合。教科书中应该多举实例以证学理。外国人所著所用的教科书中举出的例子，当然是多取材于其本国的（尤其是社会科学的书）。用这种书教中国学生，学习时既不免有隔膜惝恍的弊病，将来出而应世，亦不能充分应用。况彼此学制年级，既属参差，教材的数量亦自不能强同。

（三）足为普及教育的障碍。外国文的教科书，必须对于外国文有相当准备的学生，始能了解。而准备这工具，须费偌大的力气，脑力、时间、经济三者，都非寒酸子弟所易办到。结果初中毕业而能够升学的学生，寥寥可数。实与吾国所最需要的普及教育以重大的打击。

上面所述，已将外国文教本不利便之处，加以概略的说明了。现在吾国对于这种畸形的现象，岂可不急速设法补救。两年前政府毅然取消小学校的英文课程，也是这个用意。

自然，在此时来谈国化教科书，有许多困难。或者还有人以为此时谈这个问题，稍嫌太早。但我以为此刻吾人亟应有此警觉，而积极的准备起来。如各科专门名词之划一的规定，外国书籍之多量的迻译，以及各项必需的教科书之编辑，均是应当加速进行的。务使高中以上各学校，除外国文学课程外，无论那一种学科，都有中文本子，足供教员、学生们研究参考之用，不致动辄乞灵于外籍；更使学生得移其耗费在工具上的脑力、时间与经济，直接探入学术的宝库。

“国化教科书”的责任，当然不是少数人或少数文化机关所能够担负的。凡努力于文化事业的，如教育家、著作家和出版家，均应分担一些责任。大东书局素著声誉于国内，现正致力于教科书及高中以上学生的读物，其将大有贡献于教育界，当可预卜。兹值新屋落成，自必更有一番新计划。所以我特提出这个“国化教科书”的问题，来做他开幕的一个纪念。尚望国内教育家和出版界，一致向着这个目标进行，则中国青年幸甚！中国文化前途幸甚！

（载《大东书局十五周年纪念册》1931 年）

教科书在教育上的地位

郑宗海

要明了教科书在教育上的地位，我们可以先审察书在教育上的地位。自从有了文字，人类的思想和经验方得到明确的纪载和保存。惟其能够保存，于是别的人或后之人才能充分利用其经验，才能反覆体验其内容（英文所谓 Study，此非口耳相传所可能的）。或者说，文字的兴起便是学校肇兴之一重要原因。起初文字载于竹帛，因有简册，什袭而藏，视同珍品。自从有了纸笔，有了印刷，因物质的制驭日精，而文化之流传也愈广了。

至于教科书是怎样呢？作者今且试下一定义，便是："教科书是辅助教学的一种教具，所有材料的选择、组织，和行文的体裁，一应以此为准。"

到了这里，我们才可以讨论教科书在教育上的地位。

（一）教科书是最重要的教具　事实和理论都昭告我们以教科书在教育上所占地位的重要。先就事实而论，一般人说起"教育"，说起学校，便要联想到书本。义务教育能免了学费之后，顾到儿童家庭的第二个经济问题，便是纸笔及教科书的供给问题。"书本教育"，虽然是为世间诟病，但书籍毕竟是扩展见闻增进知识最重要的法门。

就理论而言，所谓学习，本是"受教者"取资于教材——即人类社会固有的有效的经验——以造成自己知能及态度之谓。教科书立在学习历程的中间，做学习的重要媒介，其地位与教师等。所以如学者已具有动机则得一佳书固好，无书亦可自通。教科书之佳者，于供给环境之外，且亦指导反应。书也可以引人入胜，换言之，如体裁适当，可以使本乏学习动机的人，也引起其动机。

（二）教科书是运行学习材料的汇集所　教科书把一科目或其他适当单位的学习材料，按照程度之所需，总汇起来以求为教育上的便利。经此搜求和编制，不宜再有重大的阙漏。教学的人，可以安心使用它。如不为时间所许，不能旁搜博采，亦可探骊得珠，识得斯科之大体。其程度高深的，并可备以后的参考。例如以前的《百家姓》、《千字文》以及《幼学》一类的书，都是我国数百年来极流行的初等教科书。这些书的作者，把他们视为民众所需要的应世知识，汇集成书，以俾童蒙的诵习，这是一个显著的例。又如耶芳斯的《名学肄言》，虽是区区小册，但因材料选得很精，所以到现在还是一本基本重要的教科手册，其他西洋之专科及大学有名教科书，不论是在医农工商法政或纯粹科学，均可见到本段说法的意思。

惟其是教科书，所以教科书的作者，不能专事发挥一家的学说，但成一家之言。即使要伸张己见，也当敷陈他人的见解，然后以客观的态度，加以批驳，要不能抹杀一切。国中近来颇有数种中等学校的教科书，正犯此病。教者不知教科书应有的职能，遽加采用，甚非所宜。教科书的作者，非不可保存其个性，但自有其相当的限制。尤不当排除一切异己的学说而不顾。

（三）教科书是设施课程一个实际的努力　国家规定之课程，必借教科书之实际势力而后能施行。其本无严密之规定者，则编制教科书者之如何选择，尤为重要。我上言教科书对于应行学习之材料，其见解不止一端者——确已完全失去信仰者除外——皆宜为相当之叙述。但对于项目，则却不能不先为严峻之甄别。此种甄别以及分量支配先后排列之当否，皆属极为重要。国家所定课程标准，容有缺漏疏略之处，则应由教科书注意补救。所以教科书编制人，在教育上，实握有重要的枢机。

（四）教科书为指导学习的工具　抑教科书之体用，固不仅在敷陈事实与原则而已。尤当依照学习的心理，为合理的组织（先自心理的以至论理的），运生动之笔法，引起动机，维持兴味。并为辅助记忆起见，有前后的联络，作适宜的温习，或并有以启发其思想而助进其研究。仅仅阅读，自不足以言已尽教科书之妙用。我们应以教科书为工作的向导。良好的教科书，确已能替代教师做他所应做的一部分工作。它不但是供给环境，并且也指导着反应。

（五）教科书为辅助教师的良友　我上面已经说过：教科书是教材与学生间的媒介。教师本也是这样的一种媒介。他们在教育上的地位正相同。他们对于学生，同是在供给环境和指导反应。我上面并已说过：教科书可以代教师做许多事，我们可以说，理想的教科书，运用教育学术上的最高最精的贡献于某科的学术，以便利于学者之学习。教者得到一种良好教科书，正如得到一种良好的利器，可以省却不知多少的心思与时间，而得有精力以谋因时因地或对个别的适应。一般教科书，对于环境的供给，本所优为（这所说的环境，也不一定是学习的环境，而只是学习的材料，或学习环境的一部分）。而对于反应的指导，则常付阙如。以为教科书，只在敷陈学习的材料，这诚是大大的错误！凡教科书编辑人——果有相当学术造诣者——须知编辑时能多加一分工夫，即是为教员多省一分气力，间接即是为学者多造一份幸福。而发行人亦当设法有以助成之。凡出版界以及一切文化社会，应深切明了，教科书编辑人不啻教师的教师，其权威远驾一切督学官之上，则应如何优其酬给，诱致才学并茂之教育家，以从事于此。使万千教员，都得到一副极精美的教学利器。则造福邦家，曷其有极！

现在，教员因不满意于教科书之故，起而自编讲义。或者以为凡教科书总难适于一时一地之用，遂以为一切教材绝非临时编制不可。以为大学中学而不自编讲义，必乏学识者也。小学校而不自编讲义，是必落伍者也。但中小学教员，一日间教课上之负担，已颇艰巨，今欲以教授余暇，尽搜集编制之能事，实戛乎其难。此中非不有例外，要不能视为经常之事。况就小学生而论，对于随时颁发的“教材”，整理保存，已属不易，舍现成的利器而勿用，似非经常的办法。果此种利器有未尽美善处，其救济之法，似在唤起教育界同人之注意，以祈其改良。徒以自编“讲义”相炫耀，末流只是拉扯抄袭，此种风气，殊无足取。

“教科书”与“教师”效用之比较　教科书与教师既同是学者与教材间的媒介，但二者固有不同处。他能为面貌上的表情，并且有身体四肢的动作。因此他比较教科书，容易有声有色。特别对于不能用书的人，如低年级儿童等，这样的媒介是必需的。虽然世上不少专从书本以成学的，但大多数人是常愿得有人以指导之，督促之。又教员是活的，因此可以随时适应。对于指导反应，教员的地位，确比教科书为胜。因为疾徐先后等事，他可以量为变通而制驭之。比较教科书印刷好了的，自然活动得多了。

但书本也自然有它的长处。它的选择和组织，比较说话，往往是谨严很多。又因为是印刷好了的，迹象常常留存着，所以学习的人可以循诵研究，随时阅览。况且教育的一个最重要目的，是在使受教的人，渐渐可以“离师辅而独立”。为扩充经验自求多智起见，用书的习惯，自宜及早养成。即此一端，已足见教科书在教育上位置的重要。我们可以说：教科书——或书——之为一种教育的媒介，是永久的，是与生俱存的，不比教师只是占我们一生中的一片段罢了。

用书是一种自学的方式。看书的时候，可以中途暂时停顿下来，体验或批评所阅过的材料，然后再行向前阅览。不比听讲只能一路听下去。听的时候，不能仔细思索。至于教师用到其他方法的时候——除非是设计法一类的——即使他是存心要引起自动，这根牵线的一头，总留住在教员的手中。由此我们可以说道尔顿制里，各个人各自阅书一部分的工作，或许是一种很自动的办法。我们也可以说大学里——现在，也有中学里乃至小学里——研究一个问题，自由阅览以及指定阅览的教法，可算是最富有自动意义的教法。

于此，我们可以试一比较欧美方法的不同。在欧洲——尤其是在大陆——一般教授的方式是演讲。德、法的小学里，各人都办有笔记簿，或者于教员一段演讲之后，便练习复述以资强记。至于美国小学，一年级起便开始用书了。教科书之使用，以美国为最普遍。公立图书馆之事业，亦以美国为最发展。此中消息，至可寻味。有人以为照德、法的办法，知识的获得，可较透澈或牢固；照美国的办法，则自动的能力较易发达。但美国人之用教科书，一般却又凝滞着了教科书。他们传统的教法，便是“指定阅读—答问”（Assignment—Recitation）的那个形式，而且“recitation”云云，本意只是“背诵”。现在虽不“背诵”全文，一般教法——尤其是在一般中学——教员的问，学生的答，其对象往往只在事实的记忆而不在思想的启发。如此用法，也似未尽教科书之妙用呢！

有人说德、法的教员，待遇既优，整备亦足，知识技能均较丰厚，所以他们可以离开了教科书而自己教授。至于能力较差的教员，便非有良好的教科书不可。衡以吾国一般小学教员之程度，则良好教科书之供给固为必要。即能力优长之教师，果能得一种优良的教科书，既有辙轨之可寻，亦自省力不少。况如德国小学，虽少用教科书，但坊间出售之教授案甚多。说者谓德国小学教学之能有相当的成绩，此亦为其一因。此须教授方案与教授书，依教科书之广义的解释，亦可包括在内。

教科书之职能　明了教科书的地位与教师相若，则其职能应有以下诸端：（一）引起学习动机，并保持学习的兴味，（二）选择与敷陈事实或知识（并示采求该门知识的重要源泉），有时须加以说明，务期学者得到正确清楚的观念。其各部所占篇幅之大小，应以其重要的程度为主要标准。（三）次第先后，先抽象而后具体；组织材料，先心理的而入于论理的。凡纲目间，前后间，以及各科间之比较连贯等，均当顾到，以成一整个的系统。（四）辅助对于知能的握住，及试为具体事例上之应用。（五）激发思想，以深其探讨，对此五种的职能如能有相当的满足，那末教科书在教育上实际的地位也必增高了。

教科书的进化及其趋向　从《百家姓》、《三字经》、《千字文》，经过《读书乐》、《澄忠学堂字课图说》以至于现在比较更儿童化的教科书，吾国小学教科书的演进，盖致近年而益骤。西洋则自胸前佩挂之“明角书”（Hornbook）起，直至现在种种之“工作书”（Workbook），其中变迁演进之迹，大可供人之寻绎。质言之，不外于“供给环境”及“指导反应”二事上——尤其于后者——加多功夫；故其观点也渐趋于采取学习者之态度了。

教科书之使用　教科书在教育上的地位，既极为重要，它可以代教师做了不少的事。但教科书无论编制得如何精密，仍看教者之如何利用。他仍应视学生情形，按照教育上需要，量为补充删节。又先后次第，有时亦宜有所变动。假如教者不知所以利用，致使教科书不能充分表现其功能，这不是教科书之咎，而是教师不善用教科书之咎。吾国教师与教科书编辑人，并当注意：他们的任务，不仅在介绍知识，而尤贵在指导学习。教者当搜求慎择，研究而善用教科书，以便利学者的学习，教科书是教学上最重要的利器。既有利器，还当善事，然后工作的效能，乃可得而见焉。

结论　总之，教科书在教育上，为受教者与教材间的重要媒介，其地位与教师等。以教科书与教师相较，其本身自有其优长之点，亦自有其短绌之处。只以现在印刷机件与材料发明之日进，所以一部教科书的编辑人，不难化身千万个，同时教授于千万个的教室。而且教科书影响教学之实际，故又不啻为教师的教师。因之好则如天使散花，芳馨四播；劣则如谬种流传，滋蔓何极！教科书实握教育实际之重要枢纽，无俟赘言。只是教科书无论如何精良，既经印刷而入于学生之手，终不免是“刻板的”，而又待于人智的活用。所以社会经验与未成熟者间之两种重要媒介——教师与教科书——务当运其远识，相资以为用，则于教学之效能，增益必为不少矣。

（载《中华教育界》1931 年第 19 卷第 4 期）

怎样使教科书适应儿童和社会的需要

朱文叔

友人唐谷君说："我们总希望将来能做到凡是社会所需要的、学生所能学习的至少精粹的教材，即是教科书里所选的教材。"不错，这是我们编教科书的人所一致希望的事。

但是，说说容易做做难，在教育的科学的研究还没有发达，各种调查和统计都尚未精密完备，一切都没有客观的标准的今日的中国，究竟什么东西是儿童所需要的，什么东西是社会所需要的，恐怕大部分还只能凭主观的臆断，由编辑者随便决定吧。譬如说，没有完善的字汇，国语教科书的选字，便没有根本办法，只能随编随用，至于所用的字是否适应儿童和社会的需要，却无从稽核。在各种植物的分布极限线没有调查清楚、确实划定以前，那么在编自然教科书的时候，便不容易估定教材的普遍性如何。在中国的童谣、儿歌、民歌等，没有音乐专家加以详细分析研究之前，那么音乐教科书选择教材时，究竟怎样的曲谱才适合于中国儿童的口味，也是漫无标准可寻。再举一个很小的例子吧：当铺，大家都知道不过是旧式商店的一种，但在我们这里，当铺却似农民银行的替身，担负着调剂农民经济的重要任务。在江南、浙西一带，每县往往有几个大镇，这几个大镇，便是附近四乡的中心。一个大镇上，总有一二家当铺，附近四乡的农民要是养蚕没有本钱，或是种田没有本钱，大都跑到镇上当铺里去设法。今年我县（浙江桐乡）石湾、濮院二镇，都受湖匪洗劫，镇上当铺都关门大吉，这竟影响到全镇的市面，使全镇商业萧条，因为镇上没有了当铺，附近四乡的农民都往别处跑了。现在的中国还是农业社会，和农民经济有这样密切关系的当铺，似乎社会教科书里应得讲起吧——这或许是地方教材，但至少在江南浙西一带的社会教科书里，该加入“当铺”一课。又如打会，也是我国原有的经济互助的绝好办法，差不多在我们这里，个个人生活经验上都得碰到打会这件事，但是我们的社会教科书里并没有讲到什么打会。这种社会上极重要的机关和极通行的事情，在社会教科书里竟找不到，这便是由于我们忘记了客观的事实的缘故。在我国的新教育史上，当初我们的学制是抄袭别国的，课程也是模仿别国的，根本不是依我们自己的需要定的，相沿下来，我们的教科书也颇有跟着别国亦步亦趋的偏向，但是客观的事实，可是“中国的”而不是别国的，这其间便发生了把新理想抹煞旧事实的流弊，使我们的教科书和我们的儿童与社会之间发生了若干不相吻合的裂痕；我们只知道有新式的农民银行，不知道有旧式的当铺；只知道提倡时髦的合作，而忘记了旧有的打会，也便是这个缘故。

所以要使教科书适应儿童和社会的需要，第一要有客观的标准，第二不要忘记了客观的事实。这是我们编教科书的人所首当注意的。

我们都知道，向来在教育上，有儿童本位和教材本位，个性本位和社会经验本位说的冲突。因为各种教材，社会所需要的，未必为儿童现在所需要；儿童所需要的，也许很缺乏社会的价值，于是两者之间便发生了争执。主张硬教育的人，以为各种教材，是人类经验的结晶，社会生活的要件。儿童是缺乏经验的未成熟者，我们为使儿童将来适于社会生活计，必须拿这些教材来训练儿童，强迫儿童接受。主张软教育的人，以为儿童虽是缺乏经验的未成熟者，但儿童时代本身自有其价值，教育的基础，当置于儿童现在的兴味、儿童现在的经验、儿童现在的生活之上，各种教材，不过用来助长儿童的发达，其价值当以能否满足儿童现在的需要为断。这两派的主张是都有理由的，偏重社会经验，不顾儿童天性，结果是教材和儿童不生关系，我们所给与儿童的，只是些成人所能了解的抽象的东西。单单迎合儿童心理，不顾社会需要，结果每每使儿童的发达，停止在低下的平面。我们不该偏重其一，应该调剂两者；换一句话说，我们的问题，是在怎样沟通儿童和教材。

我想，我们编教科书的人，在编某科教科书的时候，第一要明了所以设置本科的社会目的，就是要研究本科所要传递的是那些社会经验，要分析本科包含着那些具有社会价值的至少精粹的教材。第二要明了所以设置本科的儿童目的，就是要研究儿童由本科的学习，可以获得那些制驭事物的方法。儿童的经验和本能，怎样才可以由本科的学习，逐渐变化发展，过渡到更成熟更进步的境界。第三更要研究这些具有社会价值的至少精粹的教材，要用怎样的形式表现出来，要怎样排列，要怎样组织，儿童才能够学习。换一句话说，就是要研究这些代表社会经验的教材，必如何而后能对于儿童现在的生活有适当的刺激，以引起其适当的反应。这一步的研究，目的就在沟通儿童与教材，是最重要的一步。

总之，怎样调剂儿童的需要和社会的需要，赋与这两者以一种谐和的有机的关系，使相辅为用而不相冲突，这是我们编辑教科书的人第二应当注意的事。

教科书编辑者的责任，是在把教材介绍给儿童。这介绍的事情可不容易做，我们必须有介绍的艺术，才能沟通儿童与教材，才能使教科书适应儿童的需要。这介绍的艺术。最重要的有三点：

第一是教材的化装。优伶演剧，先要化装，把自己的本来面目，变换做剧中人的面目。我们编教科书，也应得仿照这个办法，把代表人类经验的教材，施以化装，使由抽象而变为具体，由论理的而变为心理的，使儿童不看见他的严正的本来面目，而乐于亲近他。譬如说，算术中严正的符号和算式，幼年儿童最怕看见，我们编小学第一年的算术教科书，便该从算术游戏入手，不要开门见山，开始就把符号和算式介绍给他们。国语中的语法，也是严正而枯燥的东西，我们便借有趣味的演讲语或对话，把各种语法暗暗包含在内，在不知不觉之间介绍给儿童。纲目式的地理教科书中，往往列举一大串地名和一大串物产名，在儿童看来，这是多累赘，多讨厌，要是我们用儿童的眼光，做一篇少年游记，把地理的知识介绍给儿童，儿童便欢迎了。教材的化装，换一句话说，就是教材的心理化。惟有教材心理化了，才能变将来的需要为儿童现在的需要；才能引起儿童适当的反应，使儿童有自发的学习动机，亲自来参与教材；才能使教材成为儿童精神生活的一部，帮助他生长发展。总之，惟有教材心理化了，教科书才能适应儿童的需要。

第二是竭力减少教材的文字障。名伶演剧，往往能够把极复杂高深的思想，用很平易的话说出来。名伶之所以能够博得观众欢迎，就在他说话的能够深入浅出。教科书的编辑者，也得有这艺术，文字的表现要用深入浅出的方法。我们知道，同一思想，同一实质，可以用好几种说法表出他来，所以我们在写教材的时候，要常用“换一个说法，”这样说儿童不懂，换一个说法；再不懂，再换一个说法。如果不然，那么实质的困难上面再加上文字的困难，儿童便不容易学习了。

第三是要多留儿童想像思考的余地。名伶演剧，往往话不说完，使观众听了之后，自己去回味。教科书的编辑者，也得有这艺术。教科书固然不应该简略得像一种纲目，但把教材组织得太严密，发挥得太尽致，一点不留儿童自己想像思考的余地，也是错的。好的教科书，应该毫不参加编者个人的成见和批评，听儿童们自己去想像思考。这样，才能使儿童对于教材下一番身亲体会的功夫，才能使教材对于儿童呈现其助长心智的功用。

十多年前，我曾为《教育潮》做过一篇《今后小学校教授上的重要问题》，在文中“教科改造问题”一段里说：“小学校的教科，要是生活本位的。但是现在小学校的各教科，是学科本位的，不是生活本位的。这种学科本位的教科，虽然不能说他完全和实际生活没有关系，终不免和实际生活有许多隔膜，有许多不切实的材料。……小学校的教科，虽是要合于科学的真理，却是他的性质，和科学大有不同。科学是分析的、特殊的专门知识的一个系统；小学校的教科，是总合的、普遍的适切于实际生活的知识的一个团体。学科本位的教科，因为组织的基础在科学上，所以不免要收罗多少过于分析的、不甚普遍的、不适切实际生活的材料。”这一段的结论，是主张把学科本位的教科，改为生活本位的教科。这虽然是十多年前的旧话，但在现在，也还不失其为一个问题。我们都知道，儿童的生活是整个的、总合的、联贯一致的；现在我们小学校的课程，却还是支离的、分析的、类别门分的，还是不免上述的弊病，不能十分适应儿童的生活。为补救这个弊病起见，我想教科书的编辑，第一要注重联络。此所谓联络，不是支支节节的联络，是整个的联络。办法是把小学校各科的教科书，不要我编国语，你编社会，他编自然，不相问闻，分别进行。要整个的同时的由许分人共同计划，共同编辑，务使合之为一大单元，分之则仍能各自独立。惟有这样澈底的各科联络，教科书才能适应儿童的需要。但因各学校采用教科书，往往国语用甲局的，算数用乙局的，社会、自然又用丙局的，所以这样的编制，在事实上或许有窒碍难行之处。做事情原不能一蹴而几，要一步一步做去，我想现在不妨先在小范围内试行这种办法，把性质最相近的几个科目的教科书照这样编编看。

教科书是学习的工具，他的最大功用，在谋儿童学习的经济。从这一方面说，我们要使教科书适应儿童的需要，必须具备下列诸条件：

（一）要能够引导学习。这在高小以上的教科书，可以在每一个单元或适当的段落之前，附列若干根据学生旧经验引到学习新材料的问题。在小学低年级，那只有利用生动有意思的插图，来引动儿童学习的思路。

（二）要能够帮助记忆整理思想。这在较高年级的教科书里，可以附列种种表解、图解；在每一个适当的段落之后，可以附一总结或总复习；中学以上，更可用眉标、方体字，及划线等方法，以为学习之助。

（三）要能够引起新问题。这不但在每课或每章之后随便附几个问题就可以算数；最好课文本身就包含着许多问题，最好使课文本身成为研究的出发点，可以由此引起更多的新问题。我们知道教育就是经验的继续不断的传递和改造，所以好的教科书，必须对于旧经验和新动境的连结这一点，有细密的设计和巧妙的安排。

（四）要能够注意儿童容易错误和学习上有特别困难之点。例如国语中儿童容易误写的字，容易误用的类似的词，出现次数都应得比较多些。算术中儿童容易弄错的方法和算式，要多做些练习问题。

总结以上的话，我们要使教科书适应儿童的需要，第一要有介绍教材给儿童的艺术，第二要各科有整个的联络，第三要能谋儿童学习的经济。

说到社会需要，问题便要复杂多了。因为中国地方太大，在种种方面，各地需要都不一致，加以各地教育程度，又是高高低低，非常参差不齐，所以适应甲地需要的教科书，未必适合于乙地，适应乙地需要的教科书，又未必适合于丙地。我们要编一套通行全国的教科书，实在是难之又难。

先说气候和时令关系。因为各地气候和时令不同，教科书的选材和排列，都发生问题。例如广东罕见冰雪，所以“跑冰”、“堆雪罗汉”等极有兴趣的国语教材，在广东的儿童读起来，便觉莫名其妙。又如梅雨的现象，在北方不很显著，所以在地理科、自然科中讲 Monsoon 和农事的种种关系，在北方孩子读起来，也不大觉得亲切有味。又因气候不同，各地生物的分布既不一致，就是同一生物的发育，也有迟早的分别。例如芸苔，在我们这里是很普通的植物，但在山东以北就不容易看到；在我们这里，梅花是早春开的，而岭上梅花，十月就开。为了这一层，我们编自然教科书在选材和排列的时候，不知要费去多少斟酌的功夫。

在时令关系中，还有一个学校的始业问题。现在，照国家法令，小学应一律秋季始业。但“一年之计始于春”这句古训，还深入于一般的人心。社会习惯，父母送子女就学，往往在岁首而不在初秋，所以事实上春季始业的学校反比秋季始业的多——其实，为儿童学力着想，春季始业和秋季始业，在理论上也应该并行。何则？依法令，儿童满六岁为学龄开始期；但儿童出生月日，各不相同，出生于十月者，学年开始时，彼以未满六岁，不得入学，势必等到明年秋季始业时再行就学，硬要他牺牲差不多一年的工夫等着，不但不经济，而且不合理。要是春秋季始业并行，则儿童既有牺牲，也不致这样的大——这就使教科书发生问题了。在理，教科书中的教材，应当按照时令排列，但因事实上小学校春秋季始业并行的缘故，教材的排列依春季始业也不行，依秋季始业也不行，于是在最近一般的教科书中，似乎有故意要把时令关系隐没的倾向；教科书的编辑者，也在苦心孤诣，把和时令有关的教材，竭力避免。这在算术、音乐等教科书中，或许还做得到；社会教科书因为有纪念节日的关系，已经不容易做到，而尤其为难的是自然教科书。办学的人，在这一点也很感到困难。新近有从汉口来的参观者某君，曾对我说，他们的学校是春秋季始业并行的，但因现在的教科书只有一套，他们没有法子，逢到按照时令编制的教科书，秋季始业的一班学生固然依原有册数次第使用；春季始业的一班学生，只有用不得已的变通办法，先用第二册，后用第一册，先用第四册，后用第三册。我想，教科书中要把时令关系隐没，就令做得到，究竟不是根本办法。社会上既有春秋季始业并行的事实，为适应社会需要计，教科书也应编春季始业和秋季始业的两套。

末了，还有一个最重大的问题，就是在现在的中国，通都大邑和穷乡僻壤的社会需要，迥不相同，我们的教科书，究竟应该以适应都市的需要为主，还是以适应乡村的需要为主呢？近来我们的初等教育，似乎颇有进步：教学方法由启发式而自学辅导法，而设计教学法与道尔顿制，最近更有文纳特卡制的介绍进来；学级编制也自固定的年级编制而能力分团，而活动分团，最近更有合作分团法的试行。但是我们要知道，这些改革，只有在人才经济两俱比较充足的极少数的通都大邑的小学校里才能做到。大多数乡村的小学校，每年的经费只有几百甚至只有几十，教师只有一个，学生只有寥寥十余人，班次只有一级，设备更一点也没有，这样的学校，无怪老不进步：外边通行启发式了，他们还是注入式的演讲；外边通行自学辅导法了，他们还是注入式的演讲；外边试行设计教学法和道尔顿制了，他们还是注入式的演讲。他们真如《桃花源记》所说："不知有汉，无论魏晋！"外边的新花样尽管变，他们只是老法、老法、老法到底！有人说，这是师资缺乏的缘故，将来乡村师范广设以后，这种现象自可减少。但是我以为人才不过是第二问题，第一还是经济问题，还是钱的问题！试请一个办学著有成绩的都市小学的校长，到乡村去跳独角戏，办这样的一个小学校，他要教算数没有计数器；要教自然没有仪器标本；要自己动手做呢，又没有工具；碰到疑难，更没处找参考书；恐怕他也只有束手无策，一筹莫展。所以，我们很希望教育部编订中小学设备标准时，先要定一个学校经费的最低限度，就是要规定办一个中学至少须有多少经费，办一个小学至少须有多少经费。校长办学，也要以经费为本位，两百块钱的学校是一种办法，五百块钱的学校是一种办法，一千块钱的学校又是一种办法。这样才能在行政设施上分别得出轻重缓急来。省督学、县督学出去视察学校，更须以经费为标准，两百块钱的学校是一种看法，五百块钱的学校是一种看法，一千块钱的学校又是一种看法。这样，批评才能公允，指导才能切实。而我们的教科书呢？究竟怎样办呢？我再问一句：究竟应该以适应比较富裕的都市的需要为主，还是应该以适应贫乏的乡村的需要为主呢？

阿提时（E.M.Otis）氏曾定有选择教科书的六项标准，第一项是“要看这教科书是否适合地方情形”；这一项下，又分六目，如左：

（一）要看适合本地方视导的情形与否；

（二）要看适合本地方各种教科教学的方法与否；

（三）要看适合本地方男女儿童的需要和能力与否；

（四）要看适合本地方男女学校的班次情形与否；

（五）要看适合本地方学校的设备与否；

（六）要看适合本地方学校的学期与否。

单就（二）、（四）、（五）三个条件说，我们要使教科书适应教育程度万有不齐的各地的需要，恐怕非编几十套几百套不可。这在事实上当然做不到。那么怎样办呢？我以为，就中国目前大多数地方的经济能力说，教育上一般的标准应得先放低，要先放低了，然后才能提高；再就中国的立国根本说，农业究竟还是我们的主要产业，农民究竟要占着我国总人口的百分之八十以上，说一句良心话，我们能替最大多数的农民的子弟多出一分力，精神上便可以多得一点慰安。但是，在别一方面，我们又希望我国一般文化的水准提高，希望我国的教育在最近的将来有长足的进步。所以，我的主张是：为适应社会需要计，小学教科书应得编两套，一套供给都市使用，一套供给乡村使用。又照实际情形，现在一般乡村因为经济能力不够，少有办高小的，所以小学高级用的教科书，不妨仍旧出一套。再和上节所说并计，小学教科书应出四套：一套是春季始业乡村用的，一套是秋季始业乡村用的，一套是春季始业城市用的，一套是秋季始业城市用的。

上文所说，或许有许多迁就事实的地方。我也知道，欲谋改革，欲求进步，不该处处迁就事实；但是忘了事实，或者不愿意正眼向事实看一看，也是不应该的。

（载《中华教育界》1931 年第 19 卷第 4 期）

从教科书的编纂说到教科书的使用

金兆梓

▲教科书是什么

▲教科书在我国教育上的地位

▲教科书的解剖

▲教科书应该怎样的编纂

▲教科书应该怎样的使用

教科书是供给学校教师，用以对于学校学生施行教学的一种工具，也可说是教师用以训练儿童，教他们使用来求学的一种工具。这话想是无人否认的，但就这一个定义讲，也有广义狭义之分。就广义的教科书讲，凡是可以供给教师用来教学生学习或诵读的书，都可算是教科书，例如，从前私塾里塾师训蒙用的《三字经》、《百家姓》、《千字文》以至稍长的学生所读的“四书五经”、《古文观止》、《东莱博议》等等都曾负过教科书的使命；便是现在学校中也常有用《莎氏乐府本事》、《威克斐牧师传》、《鲁滨孙漂流记》等来教授学生学习英文，用《孟子》、《左传》等来教授学生学习国文的。这一类的书，除了《三字经》、《千字文》在从前专用以启蒙，确系教科书的性质外，其余都不是专供学生用的书。就狭义的教科书讲，必须要特为按着学校学生的程度，循序编次，专供给学校辅助教师施行教学用的书，才算是教科书。十余年前美国对于教科书的正确意义，曾有一次很热闹的辩论。此事系起于海关的征收关税。因为美国一九一三年所颁布的海关税则，曾规定：凡教科书均得免税进口，不在此特定范围内的书籍概征从价税百分之十五。当时有一种书叫 Everyman's Library 的进口，海关方面认为非教科书，须照税则征税；商人方面以为此书是供学校中教学用的书，要求免税，一时大起争执，结果决定为非教科书。这种争执，就起于广义狭义之分。我在本文中所要讨论的，是属于狭义的教科书。

教科书既是专供学校教学用的书，在学校教育上当然是一种重要的工具，但是各国情形也有不同，例如美国，学校中采用教科书做教学工具的风气很普遍；英国就不然。在一九一三年九月十三日美国出版的*Ourlook*杂志中，曾载有英人Chas.H.Thurber所撰的《论教科书》一文中说：

“美国学校中的教学法，和英国学校大不相同。美国学校的教学是集中于教科书的。就这教科书在教学上占有这样重要地位的一点论，其使英人惊异可谓无与比伦。……”在我国学校中，教科书在教学上所占的地位，大概和美国一样——现在全国各学校中不采用教科书做教学工具的，可以说是绝无仅有。虽也有些学校由教员自编讲义教授学生的，至少都在高级中学以上才有这种情形，初级中学便很少，在小学里恐怕更难得看见了。就是有也是就坊间所有的教科书中撷英取华，间参以自编教材教授的，要说绝对不用，可说是没有这样一个学校。在规模较大、设备较完备的学校里，虽不专靠教科书做教学工具，但教科书在各种教学工具中仍占有较重要的地位。至于大多数的学校，尤其是乡村小学，教科书恐怕可算是惟一的工具。就这种情形看，已可想见教科书在我国学校教育上所占的地位，是如何重要了。

教科书在我国学校教育上既占了这样重要的地位，而学校教育又是我国全般教育的中心，教育又是人类全部生活的总锁钥。这小小几片纸几个字的教科书竟要负着这样的大使命，看看似乎滑稽，但不能不说是事实。所以我们对于这个事实问题又何能不费点神去探讨其利弊呢？

就弊害一方面讲，有几点可以说：

（一）以小小的一本教科书，要去负全部人类生活总锁钥的大使命，它实在负不起，所以对于种种重要问题，自然要不完不备。就是说到的问题，也不免简而又简，略而又略。正惟其不完备，而又简略，对于一切重要问题自不免有认识其偏面甚且因而错认的弊病。

（二）因教科书的编制，固定呆板，容易使教师，受教科书的拘束。

（三）倘遇到教科书的编纂者的个性过强时，教科书的暗示性必因而过强，易使学生跟着编者跑，不能发展自己的个性。

就有利的一方面讲，也有几点可说：

（一）教科书的编制，是循序渐进的，使学生可以本着逐渐进展的能力，做逐步的探求工作，不致有生吞活剥的流弊。

（二）教科书的编制是多方联络的，使学生可以左右逢源，得到应付整个生活的能力。

（三）使全国学生有一定的程序可循，不致有程度悬殊因而落伍的流弊。

（四）使学生不必专靠着一个教师，有了教科书就随处可以就学，不致因离开了教师便不能衔接或竟因而失学的流弊。

教科书的地位既重要，影响自然大，因而所有的利弊当然不止此。上面所说的，自然只就我一时想到讲一讲，至于我所听到国人对于负有这样大使命的教科书的批评，大抵不出两派：在父兄方面，或是没有教学经验的所谓学者方面，常有一种“教科书过于浅薄无聊，无裨于教学”的呼声；在亲身教学工作的教员方面，又常有嫌“编者不顾学生程度，失之艰深”的论调。这两者似乎矛盾，其实前者就从上面我所说弊的方面第一条而来，后者就由编者要想免解此弊而来的，都是教科书本身上的问题。我以为这种矛盾还可以避免；尤其要请那鄙弃教科书为浅薄无聊的父兄学者们仔细想一想，这原是教儿童求知的一种工具，而不是全部知识的供给，便可恍然了。我觉得还有一种矛盾，我们不能不想避免的，便是教科书这样的重大问题，一面尽管有人批评指摘，却很少有人出来做过具体的全盘的研究，使小小的教科书如何而能不致辜负他绝大的使命。我现在要为全国儿童请命，请国内教育家对于这个重大问题注意一下。我这里姑且把我个人由平日滥竽教席，瞎诌教科书的一点浅薄的经验和直觉拉杂写出，算来了个抛砖引玉的勾当。

在像我国这种用教科书做教学中心工具的教育之下，教科书的重要不下于学校教师，而且于教师尤有极密切的关系。就教科书的本身讲，重要问题在如何编纂，才能有裨于教学，适合于学生程度；就教科书和教师的关系讲，重要问题是在如何使用，才有裨于对学生所施行的教学。所以教科书的编纂和教科书的使用在教学上犹如车之两轮，缺了一个，车便失其效用。那么我们要研究教科书这个问题，第一先当研究他的编纂和使用。不过要研究一件事物，必须先明白所研究的对象，因此我们要研究教科书的编纂和使用，又必先要明白教科书是甚么。现在我就顺着这次序分别来谈一谈。

一、教科书实质的解剖

我们要明白一件事物，第一步必先将这件事物解剖开来看一个究竟；而初步解剖的程序必先施行横断纵剖的两法，然后可以条分缕析，以求其究竟。现在我们既要从事教科书的研究，第一步必须先将教科书的本身解剖一下看——就横断面看，也可说是就实质上看，可分为三大种：

（甲）教科书有应注重技能的修养的，例如国语、算术和工作等；

（乙）教科书有应注重知识的灌输的，例如党义、自然科学和社会科学等；

（丙）教科书有应注重身心的陶冶的，例如体育、游戏、音乐、美术等。

就纵剖面看，也可说就程度上看，或是就我国所颁的学制上看，可大分为小学和中学——小学更可分为前期小学、后期小学，中学更可分为初级中学、高级中学。横断面所示的，是本节所讨论的；纵剖面所示的，留待下节教科书的编纂中再讲。

上面所述就横断面看的科别，当然系就我国现行学制中的科目开列，和教科书不能无出入。这是因为教科书的教学，系以文字的教学为中心，而上列的科目中，如工作、体育、音乐、游戏等绝不是文字教学所能为力的，而亦没有用文字教学的必要。学校中对于这些科目虽也有用教科书教授的，但是这一类的教科书大多不过提示教材的大纲，和教材先后的排列，以为教师的补助，对于学生的关系比较的少。这里为节省篇幅起见，姑且从略，特将非用文字教学不可的各项科目的教科书所应注意的作用，综合纵横两方面来谈一谈。

（一）国语　人类生活所以能高出一切动物，全在意思的沟通和经验的保存，而意思的沟通和经验的保存所必备的工具，便是语言和文字。国语的意义就是在某一人类集团中所用以沟通意思、保存经验的语言文字。就我国讲，就是我国人向来所使用的语言文字。就这一点，国语科的特殊性质，是营“人的生活”的基本的工具，人类生活的一举一动，都离不了语言文字，就工具的性质一点讲，对于国语一科，自然不仅认识所能了事，尤其要注重在能使用。不过语言文字虽是一物，而因人类使用这种工具的机关有不同，其发生的程序有先后，自然是先有语言而后有文字。既然如此，所以教学的程序，当然也应从语言的训练，引上文字训练的途径。语言是出于口，入于耳，因其组成的要素是过而不留的声音，所以仅能负沟通的任务，其组织宜简单；文字是出于口，入于耳，其组成的要素，是能长留的形像，组织上尽可复杂变化，所以不但能负沟通意思的任务，并且能负保留经验的任务，更能使意思能得有更明白正确的沟通，经验得有堆积发展的保留。而且不仅负有沟通、保留的任务，更因其组织的可以复杂变化，还可负有帮助人类作进一步研究的任务。所以国语的教学，由语言引入文字以后，更应由文字的训练尽量究其复杂变化的运用，去促进语言的进展，补助语言的不及，而作一切保存经验、发展新知、陶冶身心、增进生活能力的基本工具的基本。

（二）算术　算术是语言文字中一种较特殊的运用，因其有较特殊的性质而另成一种学科的工具。他的特殊的运用，就在数的计算。这种运用有时非普通语言文字所能为力的，所以能补助普通语言文字所不及。那末这种学科，实在是次于语言文字而为一切保存经验、发展新知、陶冶身心、增进生活能力的基本工具的基本，应和语言文字相辅而行，然后一切基本学科才有办法。算术既也是一切的基本工具的基本，自然也和国语一样，不仅以认识何谓算术为能了事，更当求其能使用。至于人类对于计数的经验和常识，虽比语言后发展，和文字的发展却相差不多，而且也可说和文字同出于语言，不过另加以生活上数的需要罢了。所以算术的教学，于文字符号之外，尤当特殊根据生活上的数的问题，然后引入数的原理及其进一步的运用。

（三）社会科学　社会科学是由人类营社会生活的体验中，体验出来的一种知识，所以这种知识是前人用语言文字保留下来的累积的经验。教学的任务，在就学生已有的经验和领会的能力，用语言文字做工具，逐渐示以前人留下的经验宝库，并指导其适应由发展而成现今的社会的活动方针。

（四）自然科学　自然科学是由人类利用自然营求生活的体验中，体验出来的一种知识，也是前人用语言文字将那累积而得的经验给后人留下的宝库。教学的任务要就学生耳目所能及的观察力和领会力，用语言文字做工具，逐渐指示其观察的方法和途径，使能利用自然来营现今的生活。以上所述，后两者是为营求生活而需要的基本知识，前两者是为求得这些基本知识所需要的基本工具。但是人类不是单有为生活而活动的本能，还有为娱乐而活动的本能。不但如此，为生活而活动，是因为不活动便不能生活，是由外铄我的；为娱乐而活动，是无所为的——不娱乐未必不能生存，所以这种活动，是发于兴趣的，是发于内心的。这只消看儿童的喜欢游戏，正因为他无衣食之忧，自然而然的，毫无所为的，发生出来的一种活动的兴趣。所以教育者对于学生施行教学时，须要利用此点，对于基本工具的修养，基本知识的灌输，都要用兴趣去鼓动；又惟恐儿童因为受基本工具、基本知识的教学而减少兴趣，更用美术去培养视官的兴趣，用音乐去培养听官的兴趣，用体育游戏锻炼活泼身心，使学生认求学为乐事，才能不致感觉生活为无味，而对于工具的训练、知识的接受生厌倦之心。所以上述（丙）种各科目，可说是学生向学的动力。照这样说，上述（甲）（乙）（丙）三类的科目，（甲）类犹之机器，（丙）类犹之原动力，（乙）类是原料，有了这样三个条件，才能将一个不成熟的学生使他成熟。各种教科书便可说是将这三者装置妥帖，使他们衔接沟通起来而发生教学效力的一套机件，也可说是装置的工具。

二、教科书的编纂

晓得了教科书是甚么，并且晓得了他的作用，“怎样编纂教科书”的一个问题，便可根据他的纵剖面所示学生的程度来说一说。

教科书编纂方面，最重要的，便是如何可以由浅入深，由简入繁，由具体到抽象，由常识而到研究的一种循序渐进的安排。能有这种安排，教科书才能尽他工具的使命。从纵剖面看，或者说就程度上看，教科书应用的重要似与程度为反比例，就是说，程度愈高，教科书应用的重要性愈减。因为程度愈高了，学生的经验知识愈丰富，领会力愈强，自动研究、自动学习的习惯和兴趣也愈成熟，那么借重教科书帮助的需要自然愈减少。但是所谓重要性愈减少，并不是说程度高的教科书分量可以减少，编制可以轻率的意思，不过说所谓原动力的（丙）种的性质，也可说对于顾虑学生身心发展的注意，可以逐渐减少罢了，可不是说可以不要；至于所谓机器的（甲）种，却越要加复杂，所谓材料的（乙）种也越要加丰富。这也可以说学问的意味渐重，准备教师使用上便利的意味渐少。简单言之，工具的意味渐少了。教科书的作用，上面已说过，原是教学上的一种工具，所以说是程度愈高，教科书的重要性愈减。我们明了这一点，便可以明白小学教科书、中学教科书应如何分别的编纂。

讲到编纂，便有六种步骤须得注意，便是（一）教材的选择。（二）教材的排列。（三）教材的支配。（四）文字的斟酌。（五）图表的利用。（六）学习辅导的设计。现在即依此六种步骤顺次述于后。

（一）教材的选择　上述的（甲）、（乙）、（丙）三种科目，当然各有各的特殊性质，所以我们选择教材，便当以各科的特殊性质为标准，例如语言文字一科的教材，即须以字的认识、句的组织、文章的构成，以及文法、修辞学、文字学等为中心教材，而以文字所写的内容为副标准，即以字句等论，字必须以现在应用很广的字为标准，句法必以全国行通的句法为标准；凡是已废弃的字，艰涩不适用的句法，都不是好教材。便是其他各科亦复如是——和现实生活没有甚么大关系的教材都不是好教材。

至就现实生活讲，教材和环境，当然有关系。例如日和雪，原是自然的现象，而且是不能说不是普遍的现象，但是“蜀犬吠日”，越人不知雪，那么在蜀——自然是韩愈所见的蜀地，日便和现实生活，没有多大的关系；在越地——自然是现在的粤，雪和现实生活也没有多大的关系了。不过这一点不是教科书的本身问题，我们姑且将他留待教科书的使用里去讲。

除上述合于现实生活外，却还要加上一个年龄的标准，这里所要讲的教材的选择标准，因为这两者合而为一的结果，便是我上文所谓程度的差别，也就是纵剖面的区分。所以教材选择的标准虽不一其说，神而明之的运用，是教科书使用的问题，至就教科书的编纂上讲，只能以年龄——也便是程度——为惟一的标准。现在即本此分述如下。

（1）小学前期　这时的学生，是初入学的儿童，年龄大约从六七岁到十或十一岁，经验、知识都不多，领会力、思考力很薄弱，记忆力甚强，惟偏于具体的事物，很活泼而易生厌倦，好游戏而不乐枯坐，富于好奇心，而勇于试验。所以这时候教材最重要的标准，便是：

（子）要儿童的经验中所有或又由其固有经验引入的教材；

（丑）即使不是他经验中所有，也要他的领会力所能及的；

（寅）要一目了然，不必多加思考的；

（卯）要富于趣味，合于儿童的活泼而好游戏的心性的；

（辰）要容易触动其好奇心而又不烦言而解的。

（2）小学后期　这时候的学生，年龄大约在十一二岁到十三四岁，经验知识和领会力都较前期增进，想像由虚诞进于真实，渐能识别目的与方法，而为制驭行为的工具。活泼好游戏的心性视前期更增加，好奇心和试验的勇气因经验的增进为略减。所以这时期的教材标准为：

（子）关于灌输知识修养技能的教材可以较前期加多；

（丑）可授以需要略加思考的教材，以训练其理解力；

（寅）仍要富于趣味，不过要从趣味引入理解的性质。

（3）中学初级　这时候的学生，年龄大约从十三四岁到十六七岁，正在青春前期，身心两面并时发展，而且是突进的发展，犹之春天草木的怒生，不择地而萌芽。经验知识虽还不甚充分，理解力已视前大增，且喜自由思考，自由动作。已感觉有求得知识技能的必要，活泼的心性虽照旧，已从游戏的需求而变为生活的需求，富于爱美性而强于感情。这时候的教材标准为：

（子）关于修养技能、灌输知识的教材不但视前要增多，而且要授以系统的整个的知识，养成其秩序的理解力；

（丑）要为当世所公认而确定的事实，而且要易于实现的，使知所学习的都是人生必要的知识和技能，不是凭虚蹈空的；

（寅）趣味虽仍须顾到，但各科都要还他各科的本来面目，趣味的鼓舞，让之上述（丙）种各科去培养；

（卯）培养趣味感情和爱美的材料，也务必要合理化。使之无过不及的流弊。

（4）中学高级 这一期正是青春后期，身心发展已很旺盛，因中学初级理解力的培养和人事的涉历、理智、意志和感情并强；不但富于理解力，而且富有研究性。这一期的教材，须以富于研究性的为主——无论为技能方面、知识方面、欣赏方面，都要鼓舞他们的研究性，使他们全部趣味都引入研究的途径上，无论将来或从事事业，或从事学术，都不可为前人的经验所束缚，以期增进人类生活的经验。

（二）教材的排列 教材的排列，最初只知由单纯而进于复杂，由容易而进于繁难，由近而推之于远，由经验而进于合理。我以为这是按着程序的渐进，选择教材的问题，而不是我这里所谓教材的排列。后来又有所谓单行法、并行法之分，有直进法、周期法之分，也有心理的排列和论理的排列之分。所谓单行法，系先授一种科目，一种授完之后，再授他种——照这样一种一种的授完。所谓并行法，是同时教授多种科目，依次教完。这种办法也不是我这里所谓的排列法，而且现世学校除专门学校的教科，比较的近于单行法外，大概是没有不用并行法的。现在姑且不去讲他，只取后两种来讲一讲。

（1）直进法与周期法 将各种教材，按照他们本身的系统，从头至尾，很详尽的顺序教完，这叫直进法。将各种教材，先作一次极简单的编制，定于一定期内授完，然后从头再来，作比较详一点的编制，依次再授——如是者作几次的周而复始的教授，这叫周期法。直进法虽以较有系统，而且可以节省时间，但是使学生无复习的机会，未免有囫囵吞枣的流弊，而且初入学的儿童，即授以很详尽的材料，断非其领受力所能及，其结果必至于一无所得。周期法虽似乎重复而费时间，但可以按照儿童程度编制，逐渐由浅入深，由简入繁，不致有扞格不入之虞。而且还可以将同样的材料给儿童有多次的复习，非但使儿童对于这种材料的印象较深，更可使儿童时时得有由已知引入未知的乐趣。不过这是就领受力薄弱的儿童的说法，若是领受力较强的青年，用周期法非但易使学生厌倦，而且到那时教材的量要大增，亦非时间上所能许可。

（2）心理的排列与论理的排列　心理的排列，是将教材完全依照学生的经验和兴趣而定的排列法。论理的排列法，是完全依照学科本身的系统而定的排列法。换言之，心理排列法，是以儿童心理为中心的排列法。论理的排列法是以教材为中心的排列法。所以心理的排列法，是按着儿童在发展中心理的程序而排列。论理的排列法，是按着前人所已构成的该学科的体系而排列，也就是按着成人已成熟的心理而排列。因此心理的排列，所以引起学业趣味，宜于初入学的儿童。论理的排列，所以引起学科系统的整个的认识，宜于青春期的少年。

从上面（1）、（2）两段所讲的看来，我们对于教材的排列，可得下面所述一个假定：

“小学初期，应完全用周期法为经，心理的排列为纬，去排列教材；

小学后期和前期同，惟宜参用问题中心法，以渐养成儿童系统的观念；

中学初级应用直进法，论理的排列，惟仍宜参用心理的排列；

中学高级，完全用直进法和论理的排列。”

此外关于教材的排列，还有一事须注意的，便是谋各科教材的联络：在小学中用周期的心理的排列时，最容易的联络方法，便是按着时令以自然为主，将各科中有关于同一自然物的教材都同时分别编入各科的教科书中。例如我国人的习惯，在冬天必须衣棉取暖，那么编制秋季始业的教科书中，便可于第一册之末提出棉衣和棉花的讨论，以期合于儿童固有的经验，同时国语中也便可以令儿童认识“棉”字、“袄”字、“暖”字、“寒”字，或“冷”字等的认识；算术中便可就棉花的捆数，或是当时购买棉花所用的价值来作计算的练习；社会中便可将古人怎样裸体，怎样以木叶蔽体，怎样生活取暖，怎样发明衣裳等故事提出来，和自然科相联络，使学生得有这些教材上亲切的联络观念，对于学业觉有左右逢源之乐。至于中学以上用直进的论理的排列，自然没有这种便利，那就可将各科本身原有的相互间的关系在教科书中设计提出相联络。例如历史便是叙述全部人类社会生活演进的过程的一科，自然和一切学科都不能无关系，即就历史本身讲，本国史和外国史虽分开讲，其中相关联之处，自然很多很多，编制时，对于此等相关联之处，自应注意排入。其他各科相联络的性质和方法还很多，排列教材时随时注意，自可尽其妙用。要晓得各种学科原只是由人类生活整个经验中分析得来，要求其联络不是一件很自然的事吗？不是一件很重要的工作吗？

（三）教材的支配　教科书编纂的目的，原是供给学校教学用的。学校中各科的教学，现在都用时间来做施行教学的学位——小学中大都用节，每节大都是三十分钟。中学以上大都用钟点，所以教科书的编纂，就应适应了学校中这种支配来支配。例如小学国语头两年的每周的教学单位，按照国民政府教育部所颁布的暂行课程标准，为三百三十分，计十一节，除其中二节为讲话外，用教科书的，每周九节。又按教育部新修正的学历，每学期修学日数为一百四十六日，除去各种纪念假日及考试，计约十八周，一百六十二节。编教科书时，须将一学期的教材按照所开节数支配——假定三节授一课时，便须估计三节中所能教授的分量支配；若定四节授一课，便须估计四节中所能教授的分量支配；更将那学期所要授的教材，按照本学期的周数节数设计分配了。又如中学初级以钟点为单位的，照部颁暂行课程标准，应有几学分，便须按照这几学分所占的时数去支配。例如初中历史，每一学年四学分，即每一学期二学分，也即每周二小时计，共十二学分。按照新修正学历，中学每年修业日数为二百八十五日，除去纪念假日及考试大约三十六周，七十二小时。编教科书时，便须将一学年应授毕的教材，分成七十二个段落编纂，每小时自成一段落，才可没有过多授不完，过少不够讲的毛病。其他科目的教科书中教材的支配，也都要有这样的标准才好。

（四）文字的斟酌　编纂教科书最重要的工具，自然是文字，所以文字的斟酌，也是教科书的编纂上所不可忽略的一个步骤。要讲到文字的斟酌，第一便须顾到学生对于文字的程度。文字的本身原是从语言出来，所以愈近于语言的文字，儿童愈容易懂容易用。现在教育部对于各级学校所用的教科书，限制初中以下只许用语体文，禁止用文言文，也就是这个道理。但即是语体文中，也大有程度上的差异，这差异点所在便是语法。语法上发展的次第，名词最早，动词次之，形容词又次之，至于介词联词等虚字的发生要在最后，人类语言的发展如此，儿童语言的发展亦如此。所以小儿呀呀学语的时候，他们语中只有名词，语言也无所谓组织，一句话只是一个字。譬如要吃饭，只说“饭”一个字来代表“要吃饭”的一个意义；进一步也只是用“吃饭”两个字来代表。这样直到入学的年龄，语法还不曾发展完备，这时大约于名词、动词之外，形容词如“大”、“小”、“好”、“不好”等习用的字，以及“要”、“不要”等习用的助词等已经有，联词的“和”字等很少的已有几个；至于语法也还是很简单很简单。所以小学前期的文字，字要熟习，语法要简单，由此慢慢加以整齐，到了小学前期的后二年才可以稍用略为复杂的长句。但是有一点须注意，即略为复杂的语句，也只能用在国语的教科书中，教他们练习练习，至于其他的教科书中还是该比较的简单。到了小学后期，又可加复杂，但还必须用嘴里常说的语法，不可拿严格的语法去编纂。到了中学初级，就要用严格的语法了，但也还要纯语体。不过这时候的国语教科书，却要授以明白如话的文言文了。高中以上便可用参杂文言的语体文，或竟用文言文都无不可。

至于教科书所用的文字的风格，除开初入学的儿童，限于他们的经验外，程度无论高下，也有几个必须的条件：

（1）要鲜明生动，有如图画；

（2）要音节谐和，便于诵读；

（3）要富于暗示性；

（4）要能吸引学生的注意；

（5）要要言不烦，不要用不相干的话来分散学生的注意力；

（6）要浅显而又亲切，犹如和学生对谈一样；

（7）每课或每一段落中，主意所在，必须于适当的地位用加重的语句交代清楚学生一个真切的印象；

（8）每课或每一段落中所有教材间的关系，必须于衔接处用加重的语气，使他关系分明。

此外编纂小学开始一二年的教科书，更须注意生字的支配，而尤须注重生字的复习。国语的教科书固应如此，其他各科的教科书实在也应顾及。就生字的支配讲，须先选取儿童易认易懂的字，按儿童的领受力去排列和支配，实是教材的选择，排列和支配的问题；就生字的复习讲，又是教材排列的问题；但是这种种步骤的运用，仍须要用文字，而且选择好了，排列好了，支配好了，原只是一个一个的字，至多是一句一句的话，若没有文学的技术，给他们联缀成一种有意义有趣味的课文，仍不成其为教科书。所以就编纂的工作讲，这还是文字斟酌上的问题为重。不过说斟酌的文字时，不可不顾及这两点罢了。

（五）图表的利用　图和表在现在教科书中的地位，仅次于文字，在小学初年的教科书中，或且可说更比文字还要重要。原来教科书中的采用插图实始于奥人卡孟纽氏（Comenius），他在所著的 *Diductica Nagna* 一书中，力主教科书插入图画，以便和课本相互参证，使儿童易于明了书中内容，现在教科书中用插图，即受他这主张的影响。其实插图之于教科书，作用还不止仅和课文相参证，我的意思，在小学前期，尤其开始一二年的教科书中，还要比课文看得重。因为（1）在这时候对于灌输知识的各科，最好要用直观教学，不过直观教学所需设备的实物太多，不容易办到，要弥补这缺憾，自然非图画不可；（2）儿童喜看图画本胜于识字，令其看图画可以引起他们对于学业的兴趣；（3）尤其初入学的儿童，识字不多，所以第一、二册社会自然教材，单用文字教授，他们不易有明确的印象，非用图画，简直不易有教学的效率，所以应当全用图画编纂，至少也以图画为主，文字为辅。至于小学后期以上，插图的作用，便只是和课文相参证罢了。

至于附表的利用，是要将授过的教材，提纲挈要，作成附表，（1）以使学生对于教材可以一览无余；（2）使学生藉此将教材做一整个的整理，又得　整个的观念；（3）可以使学生明了已讲完和未讲过的事实间的关系，引起未授教材的学习动机。

（六）学习辅导的设计　教科书之所以为教科书，和他种书籍不同的地方，最重要的，便是在如何帮助学生学习。学生学习的目的，是对于教材的了解、记忆和应用。那么教科书的作用，必须要能帮助学生怎样去了解，怎样去记忆和怎样去应用所学习的教材，才算能尽其任务；尤其重要的是应用。怎样叫做应用呢？我的意思可以分做两层讲：（1）怎样的将所得的知识，用之于实际的人生。怎样的由已知以求其未知。换言之，前者是实验，后者是思考。仅仅能了解，能记忆，所得的知识是静止的，是死的；必能应用，所得的知识才活动，才会进展，才算是活的，以上（一）、（二）、（三）、（四）、（五）各科所讲的，都只辅助学生容易了解，容易记忆，这固然是教科书必须具备的条件，但是教科书以外的补充读物又何尝不要具备呢？所以一种真正好的教科书，于上述的各条件以外，还更需要一个如何能帮助学生怎样去应用教材的条件；也可说是如何使学生将已得的知识，即前人的经验变成自己的经验，并且要由已得的知识进求未得的知识发明与创造。自然，在求学的时代，不是可以发明创造的时候，但这种习惯，这种能力，原要在这时候养成的——这种习惯，这种能力，便是所谓思考力。这里所要讲的，便是将这个最后的，最重要的条件如何设计安排在教科书里去。这种设计，可分两步述于后方：

（子）发问　普通发问的方式，约可分为四种：

（1）简单的发问　只将关于教材中的某事物的名称、性质、原因、结果等等提出来发问，其作用只是使学生对于教材得有明确的认识。例如“何谓化学变化？”“水化为气是一种怎样的变化？”等自然问题。

（2）分析综合的问题　将教材中讲过的事实设了问题，使学生自己去分析去综合，养成他们对于所学的知识分析综合的能力。例如“物质的变化有几种”、“试举其变化的不同”、“铁加热到很高度怎样”、“铜怎样”、“锡怎样”、“铅怎样”以及“金属是否都可以镕化”等理科问题。

（3）启蒙的问题　由已知的事实去推问未知，以养成学生思考研究的习惯和能力。例如“凡金属既都可以镕化，金怎样呢”、“银怎样呢”、“铅怎样呢”等问题。

（4）试验的问题　将学生未习过的教材，或又由已知推未知的，或不能推知的，杂设问题，教学生解答，以试验学生的推想力。而且还可以因此引起学生学习的兴味与需求。例如只讲过铜、铁等会镕化的现象，设问“铜、铁、锡、铅等金属既都可以镕化，锡铅混合的镴怎样呢”、“金怎样呢”、“银怎样呢”或“铜、铁等金属何以会镕化呢？”“镕化了性质变不变呢？”“镕化了有什么用呢？”等问题。

就应用上讲，自然是启发的试验的来得重要，但没有（1）、（2）等式发问，教材的认识没有明确，也是无从加思考的。至于就程度上的安排，小学前期，只能作辅助学生明了记忆的工作；小学后期，亦只能用在课文前设简单试验问题来引起学习的兴味。例如“你们已经知道布可以做衣料，布以外还有甚么可做衣料的呢？”等问题。中学以上，可以于课文后杂设各式的问题，以整理其知识，启蒙其研究心——中学初级注重整理，高级注重研究。总之发问时所应注意的有几点：（1）发问须明确，不要游移而不易捉摸；（2）须根据学生固有经验，以渐发展其思考力和研究力；（3）处理答案时，须使学生共同讨论，并须训练其答语，使有秩序有系统。

（丑）作业　将书中教材，叫学生自己去整理或实验，使他们对于所得的知识，得有明确的认识和实际的应用，并且可以由已知推及未知。其种类可分三种：

（1）教式中作业　例如手工的工作、图画的描写、音乐的歌唱，不必说，此外如查阅字典的指导、地图的描绘、表式的填写、语法的练习（如课文有“火可以煮食物，可以发光亮，使夜里不黑暗，可以发热，使冬天不冷”等句法，便可用水可以……可以……可以……句式叫学生仿造句子。外国语的翻译练习以及物理、化学、动植物解剖等实验都是。

（2）课外作业　例如学校园的园艺练习、动植物的饲养、学生自治会、学校银行、学生卫生局、公安局、消费合作社等的组织。

（3）校外作业　例如修学旅行、采集标本、实地参观等。以上三项中（2）、（3）两项，教科书中虽不能不有所指示，却不是教科书的任务，这里可以不讲。（1）项是教科书中很重要的编制，当就学生能力所及，妥为安排在课文前后或竟在课文之中。大约小学前期只能由教师去活用；后期可以有模仿图画，填写表格式语法等较现成的作业；中学以上要自行绘图，自行制表，以及理科的解剖和实验都应斟酌程度编入——初级重在整理，高级重在研究。

三、教科书的使用

教科书，原是供给学校教师用以教学的工具。就“工具”一名的意义讲，固须制造得精良，尤须使用得得法，才能发生或增加教学的效率。所以教科书的使用问题，在教学上讲，实在比教科书编纂的问题，还要直接。不过本文论点的中心，是从教科书的编纂说到教科书的使用，所有说到使用的问题，都是从编纂的问题发生，或者可说是弥补编纂问题的缺憾的。所以关于一般的教科书使用问题，都不入本文的范围。那么所谓的教科书编纂上所当弥补的缺憾是些甚么呢？就我们编纂时所感觉到的，除了上文所曾提出过的如（1）过于简略，不完备，（2）易使教师受拘束，（3）编纂者个性过强，（4）不能应付不同环境的四点外，还有（1）各科联络，有时为编纂上所不易照顾得周到，（2）各地儿童程度的不齐一，（3）儿童的境遇不齐一，（4）语言不曾统一等四个问题，计共八点。这八个缺憾，有的是由于教科书的编者，有的是由于教科书的本身，有的是由于使用教科书的儿童。要弥补这些缺憾，是全赖施行教学的教师训练儿童使用时的运用得宜了。现就从教科的编纂到教科书的使用一点，将其使用时所需的注意，或可说是如何弥补缺憾的活用法，分别略述于后：

就教科书编者身上发生的缺憾一，就是编者个性过强。这当然是应由编者编纂时自行设法弥补，但个性过强的人，往往流露于不自觉，教师发见有这种缺憾时，亦宜随时修正，提出来说明其所以然，使儿童不致有盲从的流弊。

就教科书本身发生的缺憾有四：

（1）过于简略不完全　这一点教师可另用补充读物弥补之。

（2）易使教师受拘束　这一点是教师本身自可摆脱了，充分地去活用，同时须认明教科书只是一种工具，是一种供给儿童用以求学的工具，如何使用的得法，是要教师去训练，果然不称手时，尽可斧削修正了使他称手。

（3）不能应付不同环境　这就是指上文所举“蜀犬吠日”、“越人不知雪”等地理背景讲。此外如南人食米、北人食麦等习惯不同，火车、轮船、汽车、电灯、自来水等。都市中的儿童和乡村中的儿童的见闻不同，都是教科书中对于这些自然的或人为的现象，当然不能不讲，可是就儿童心理讲，就由经验引入认识的原则讲，都不适合，这真是可谓无可避免的缺憾了。这种教材，教师若认为不适宜，宜充分用乡土教材来代替。

（4）各科教材不能充分联络　各科教材都各有本身应授的重要事实，而重要事实却又未必都能和他科联络，编纂时，势不能削足适履的一味顾联络而不顾本身。教师遇有这种情形时，若认为教科书中教材有可以删去的，即可以和各科能联络的教材来代替。若教科书中教材无可删去，便可另用补充教材来求联络。

由使用教科书的儿童发生的缺憾有二：

（1）儿童的程度不一致　这不是指儿童赋禀的高下讲，乃是指他们所受的教育讲。此种事实上的差异，最显而易见的，便是幼稚园的不普遍。岂但不普遍，在全国中有幼稚园的地方，可算得居绝少数。所以现在我们要编纂教科书，小学前期一开始一二年的课本只能将使用该课本的儿童，当做不曾进过幼稚园看待。但是这种书若拿来给进过幼稚园的儿童用，恐不免要减少他们的兴趣。教师若遇这种情形时，又须要活用才好。

（2）儿童的境遇不一致　这是指儿童家境讲。因为儿童家境不同，便要影响到他们后来求学的机会——家境好的儿童，可以由小学而中学而大学的循序渐进，家境不好的儿童，或修业至小学前期而止，或到小学后期而止，或到中学初级而止。循序渐进地升学的儿童和辍学中止的儿童，其所需要的技能知识总不免有不同。要想这样兼筹并顾，恐怕不是全靠教科书所能胜任的了，这非请学校的教师随儿童的所需而补充不为功。

至于国语不统一的问题，那更不是教科书的编纂和使用的问题，实是教育行政上的一个重要问题。教科书一般的使用方法，那又是教学方法上的问题：都不在本文讨论范围之内。

（载《中华教育界》1931 年第 19 卷第 4 期）

教学做合一下之教科书

何日平

教学做合一是生活教育之方法之理论；这理论同时叙述生活教育之现象与过程。所以要想讨论这个理论对于教科书之要求，先须说明什么是生活教育，什么是教学做合一。

（一）什么是生活教育。生活教育是以生活为中心之教育。它不是要求教育与生活联络，一提到联络便含有彼此相处的意思。倘使我们主张教育与生活联络，便不啻承认教育与生活是两个个体，好像一个是张三，一个是李四，平日不相识，现在要互递名片结为朋友。联络的本意原想使教育与生活发生更密切的关系，不知道一把它们看作两个个体，便使它们格外疏远了。生活与教育是一个东西，不是两个东西。在生活教育的观点看来，它们是一个现象的两个名称，好比一个人的小名与学名。先生用学名喊他，妈妈用小名喊他，毕竟他是他，不是她。生活即教育，是生活便是教育，不是生活便不是教育。分开来说，过什么生活便是受什么教育：过康健的生活便是受康健的教育；过科学的生活便是受科学的教育；过劳动的生活便是受劳动的教育；过艺术的生活便是受艺术的教育；过社会革命的生活便是受社会革命的教育。从此类推，我们可以说：好生活是好教育；坏生活是坏教育；高尚的生活是高尚的教育；下流的生活是下流的教育；合理的生活是合理的教育；不合理的生活是不合理的教育；有目的的生活是有目的的教育；无目的的生活是无目的的教育。反过来说，平日过的是少爷小姐的生活，便念尽了汗牛充栋的劳动书，也不算是劳动教育。平日过的是奴隶牛马的生活，便把《民权初步》念得透熟，熟得倒过来背，也算不了民权教育。没有生活做中心的教育是死教育，没有生活做中心的学校是死学校，没有生活做中心的书本是死书本。在死教育、死学校、死书本里鬼混的人是死人——先生是先死，学生是学死！先死与学死所造成的国是死国，所造成的世界是死世界。

（二）什么是教学做合一。教学做合一是生活现象之说明，即是教育现象之说明。在生活里，对事说是做，对己之长进说是学，对人之影响说是教。教学做只是一种生活之三方面，而不是三个各不相谋的过程。同时，教学做合一是生活法，也就是教育法。它的涵义是：教的方法根据学的方法，学的方法根据做的方法。事怎样做便怎样学，怎样学便怎样教。教与学都以做为中心。在做上教的是先生，在做上学的是学生。在这个定义下，先生与学生失去了通常的严格的区别，在做上相教相学倒成了人生普遍的现象。做既成了教学之中心，便有特殊说明之必要。我们怕人用"做"当招牌而安于盲行盲动，所以下了一个定义："做"是在劳力上劳心。因此，"做"含有下列三种特征。

（一）行动；

（二）思想；

（三）新价值之产生。

一面行，一面想，必然产生新价值。鲁滨孙在失望之岛上缺少一个放水的小缸。一天烧饭，他看见一块泥土被火烧得像石头样的硬。他想，一块碎土既有如此变化，那么用这土造成一个东西，或者也能如此变化。他要试试看。他动手用这土造成三个小缸的样子，架起火来把它们烧得通红，渐渐地冷下去，便成了三只坚固而不漏水的小缸。这里有行动，有思想，有新价值之产生——泥土变成水缸。这是做。这是教学做合一之做。

做是发明，是创造，是实验，是建设，是生产，是破坏，是奋斗，是探寻出路。

是活人必定做。活一天，做一天；活到老，做到老。如果我们承认小孩子也是活人，便须让他们做。小孩子的做是小发明、小创造、小实验、小建设、小生产、小破坏、小奋斗，探寻小出路。小孩子的做是小做，不是"假做"。"假做"不是生活教育所能允许的。

我也不是主张狭义的"做"，抹煞一切文艺。迎春姊妹和宝玉在荇叶渚上了船，跟着贾母的撑向花溆去玩。宝玉说："这些破荷叶可恨！怎么还不叫人来拔去？……"黛玉说："我最不喜欢李义山的诗，只喜欢他这一句：'留得残荷听雨声。'偏你们又不留着残荷了。"宝玉说：

“果然好句！以后咱们别叫拔去了。”这里也有行动，有思想，有新价值之产生——破荷叶变成天然的乐器！领悟得这一点，才不至于误会教学做合一之根本意义。

既是这样，那么我们可以说：不做无学；不做无教；不能引导人做之教育，是假教育；不能引导人做之学校，是假学校；不能引导人做之书本，是假书本。在假教育、假学校、假书本里自骗、骗人的人，是假人——先生是假先生，学生是假学生。假先生和假学生所造成的国是假国，所造成的世界是假世界。

生活教育与教学做合一对于书之根本态度。生活教育指示我们说：过什么生活用什么书。教学做合一指示我们说：做什么事用什么书。这两句话只是一句话的两样说法。我们对于书的根本态度是：书是一种工具，一种生活的工具，一种“做”的工具。工具是给人用的；书也是给人用的。我们对一本书的见面问是：您有什么用处？（当然是广义的用处。）为读书而读书，为讲书而讲书，为听书而听书，为看书而看书，再不应该夺取我们宝贵的光阴。用书必有目的。遇到一本书我们必须问：您能帮助我把这件事做得好些吗？您能帮助我过一过更丰富的生活吗？我们用书，有时要读，有时要讲，有时要听，有时要看；但是读、讲、听、看都有一贯的目的，这目的便是它们对于“用”的贡献。在《诗的学校》里有一首诗描写我们对于书的总态度：

“用书如用刀，不快便须磨。呆磨不切菜，何以见婆婆？”①

中国教科书之总批评。我们试把光绪年间出版的教科书和现在出版的教科书比较一下，可以看出一件惊人的事实，这事实便是三十年来，中国的教科书在枝节上虽有好些进步，但是在根本上是一点儿变化也没有。三十年前中国的教科书是以文字做中心，到现在，中国的教科书还是以文字做中心。进步的地方：从前是一个一个字的认，现在是一句一句的认；从前是用文言文，现在是小学用白话文，中学参用白话文与文言文；从前所写的文字是依着忠君、尊孔、尚公、尚武、尚实的宗旨，现在所写的文字是依着三民主义的宗旨。但是教科书的根本意义毫未改

---

① 见小朋友书店出版之《师范生》第二期。——作者注

变，现在和从前一样，教科书是认字的书，读文的书罢了。从农业文明渡到工业文明最重要的智识技能，无过于自然科学。没有真正可以驾驭自然势力的科学，则农业文明必然破产，工业文明建不起来，那是多么危险的事啊！但是把通行的小学常识与初中自然教科书拿来审查一番，您立刻发现它们只是科学的识字书，只是科学的论文书。这些书使您觉得读到胡子白也不能叫您得着丝毫驾驭自然的力量。这些教科书不教您在利用自然上认识自然。它们不教您试验，不教您创造。它们只能把您造成一个自然科学的书呆子。国民党以党义治国；党义，从国民党的观点看来，又是何等重大的一门功课呀！固然，党军既到南京之后，没有一家书店不赶着编辑党义教科书。党政府看了这些教科书也以为教育从此可以党化，小孩子个个都可以成为三民主义的信徒了。但是把这些书仔细看一看，不由您又要惊讶了，您立刻发现它们只是党义识字书，只是党义论文书。它们教您识民权的字，不教您拿民权；教您读民生的书，不教您干民生的事。在这些书里您又可以看出编辑人引您开倒车，开到义和团时代以前。他们不教小朋友在家里、校里、村里、市里去干一点小建设、小生产以立建国之基础，却教小孩子去治国平天下，这不是像从前蒙童馆里的冬烘先生拿《大学》、《中庸》，把小朋友当小鸭子硬填吗？照这样干法，我可以断定，小孩子决不会成为三民主义有力量的信徒，至多，他们可以成为三民主义的书呆子。

中国的教科书虽然以文字做中心，但是所用的文字不是第一流的文字。山德孙先生在昂多学校里就不用教科书。他批评英国的教科书为最坏的书。中国初中以下的教科书不比英国的好。我读了中国出版的教科书之后，我的感想和山德孙先生差不多。我不能恭维中国初中以下的教科书是小孩子值得读的书。在我的《中国自然科学教科书之解剖》一篇论文中，我将毫不避讳的罗列各家教科书之病菌，放在显微镜下请大家自己去看。我现在只想举一个普通的例子来做个证明。诸位读了下面三节教科书作何感想？

甲家书馆："大狗叫，小狗跳。叫一叫，跳两跳。"

乙家书馆："小小猫，快快跑。小小猫，快快跑。"

丙家书馆："小小猫，小小猫。快快跑，快快跑。"

若不是因为每个小学生必得有一本教科书，每本教科书必得有书馆编好由教育部审定，谁愿意买这种有字有音而没有意义的东西呀？请诸位再看刘姥姥赴贾母宴会，在席上低着头引得大家哄堂大笑的几句话：

“老刘老刘，食量大如牛，吃个老母猪，不抬头。”

这样现成的好文学在以文字为中心的教科书中竟找不着一个地位，而“大狗叫，小狗跳”的无意义的文字，居然几百万部的推销出去，所以中国教科书虽以文字为中心，却没有把最好的文字收进去。这是编书人之过，不是文字中心之过。

中国的教科书，不但用不好的文字做中心，并且用零碎的文字做中心，每课教几个字，传授一点零碎的知识。学生读了一课，便以为完了，再也没有进一步追求之引导。我们读《水浒》、《红楼梦》、《鲁滨孙漂流记》一类小说的时候，读了第一节便想读第二节，甚至于从早晨读到夜晚，从夜晚读到天亮，要把它一口气读完了才觉得痛快。中国的教科书是以零碎文字做中心，没有这种力量。有人说，中国文人是蛀书虫。可是教科书连培养蛀书虫的力量也没有。蛀书虫为什么蛀书？因为书中有好吃的东西，使它吃了又要吃。吃教科书如同吃蜡，吃了一回，再不想吃第二回，连蛀书虫也养不成！可是，这也是编书人不会运用文字之过，不是文字中心之过。

文字中心之过在以文字当教育，以为文字之外别无教育。以文字做中心之教科书，实便于先生讲解，学生静听。于是讲书、听书、读书便等于正式教育而占领了几乎全部之时间。它使人坐而言，不使人起而行。教育好比是菜蔬，文字好比是纤维，生活好比是各种维他命(Vitamin)。以文字为中心而忽略生活的教科书，好比是有纤维而无维他命之菜蔬，吃了不能滋养体力。中国的教科书，是没有维他命的书。它是上海上等白米，吃了叫人害脚气病，寸步难行。它是中国小孩子的手铐，害得他们双手无能。它是死的、假的、静止的，它没有生命的力量。它是创造、建设、生产的最大的障碍物。它叫中国站在那儿望着农业文明破产而跳不到工业文明的对岸去。请看中国火车行了几十年而第一个火车头今年才造起来，这是中国科学八股无能之铁证！而这位制造中国第一个火车头之工程师，十分九没有吃过上海白米式的科学教科书。或者也吃过，后来又吃了些糠秕，才把脚气病医好，造了这部特别难产的火车头。以文字做中心的教科书，在二十世纪里是产生不出力量，最多，如果用好的文字好好的编，也不过能够产生一些小小书呆子，小小蛀书虫。

假使再来一个秦始皇，把一切的教科书烧掉，世界上会失去什么？

大书呆子没有书教，小书呆子没有书读，书呆头儿出个条子："本校找不到教科书，暂时停课。"

于是，有的出去漂洋游历，也许会成达尔文；有的在火车上去卖报做化学实验，也许会成爱迪生；有的带着小朋友们上山游玩，也许会成柯斯忒；有的回去放牛、砍柴、捞鱼、种田、缫丝，多赚几口饭儿吃。少几个吃饭不做事的书呆子，多几个生产者、建设者、创造者、发明者，大概是这位秦始皇第二的贡献吧。

生活教育与教学做合一之总要求。我们要活的书，不要死的书；要真的书，不要假的书；要动的书，不要死的书；要用的书，不要读的书。总起来说，我们要以生活为中心的教学做指导，不要以文字为中心的教科书。我要声明在先，我并不拘于文字之改变。倘使真的拿生活为中心，使文字退到工具的地位，从死的、假的、静的、读的，一变而为活的、真的、动的、用的，那末就称它为教科书，我也不反对。倘使名字改为生活用书或教学做指导，还是以文字为中心，便利先生讲解，学生静听，而不引人去做，我也不能赞成。但是，如果能够做到名实相符，那就格外的好了。

生活用书或教学做指导，是怎样编法呢？最先须将一个现代社会的生活或该有力量，一样一样的列举，归类组成一个整个的生活系统，即组成一个用书系统。例如：

要培养的生活力	要用的书
一、防备霍乱	一、防备霍乱指导
二、防备伤寒	二、防备伤寒指导
三、防备天花	三、防备天花指导
四、防备感冒	四、防备感冒指导
五、防备肺痨	五、防备肺痨指导

六、防备梅毒	六、防备梅毒指导
七、打篮球	七、打篮球指导
八、踢球	八、踢球指导
九、选择食物	九、选择食物指导
一十、选择衣料	一十、选择衣料指导
一一、种菜	一一、种菜指导
一二、种麦	一二、种麦指导
一三、种树	一三、种树指导
一四、养蚕	一四、养蚕指导
一五、养鸡	一五、养鸡指导
一六、养鱼	一六、养鱼指导
一七、养鸟	一七、养鸟指导
一八、纺纱	一八、纺纱指导
一九、织布	一九、织布指导
二十、扫地	二十、扫地指导
二一、调换新鲜空气	二一、调换新鲜空气指导
二二、用风车水	二二、用风车水指导
二三、制造抽气唧筒	二三、制造抽气唧筒指导
二四、制造气压表	二四、制造气压表指导
二五、用空气压力钻钢	二五、用空气压力钻钢指导
二六、用氮气做肥料	二六、用氮气做肥料指导
二七、用太阳光烧饭	二七、用太阳光烧饭指导
二八、用太阳光杀菌	二八、用太阳光杀菌指导
二九、用太阳光照相	二九、用太阳光照相指导
三十、用水推磨	三十、用水推磨指导
三一、用水发电	三一、用水发电指导
三二、用水化铁	三二、用水化铁指导
三三、用磁石发电	三三、用磁石发电指导
三四、造罗盘	三四、造罗盘指导
三五、用电磁举铜铁	三五、用电磁举铜铁指导

三六、用煤黑油取颜料	三六、用煤黑油取颜料指导
三七、造汽车	三七、造汽车指导
三八、造蒸汽机	三八、造蒸汽机指导
三九、用电发光	三九、用电发光指导
四十、用电推车	四十、用电推车指导
四一、用电谈话	四一、用电谈话指导
四二、用电相见	四二、用电相见指导
四三、用泥造磁器	四三、用泥造磁器指导
四四、造屋	四四、造屋指导
四五、造桥	四五、造桥指导
四六、造船	四六、造船指导
四七、造纸	四七、造纸指导
四八、造飞机	四八、造飞机指导
四九、用显微镜看细菌	四九、用显微镜看细菌指导
五十、用望远镜看天象	五十、用望远镜看天象指导
五一、编剧	五一、编剧指导
五二、演戏	五二、演戏指导
五三、布景	五三、布景指导
五四、唱歌	五四、唱歌指导
五五、画水彩画	五五、画水彩画指导
五六、画油画	五六、画油画指导
五七、写诗文	五七、写诗文指导
五八、雕刻	五八、雕刻指导
五九、弹琴	五九、弹琴指导
六十、说话	六十、说话指导
六一、恋爱	六一、恋爱指导
六二、治家	六二、治家指导
六三、生育	六三、生育指导
六四、限制教育	六四、限制教育指导
六五、团体自治	六五、团何自治指导

六六、掌民权	六六、掌民权指导
六七、师生创校	六七、师生创校指导
六八、创造富的社会	六八、创造富的社会指导
六九、人类互助	六九、人类互助指导
七十、创造五生世界	七十、创造五生世界指导

以上七十种生活力和教学做指导，不过是我个人随手所举的例子。把它们归起类来：一至十属于康健生活；十一至二十属于劳动生活；二十一至五十属于科学生活；五十一至六十属于艺术生活；六十一至七十属于社会改造生活。我想这些例子不过是全部生活力之少数，内中之概括的还应该细分，如养鱼便可分为养金鱼、养青鱼、制造相生水族池等等，统统算起来重要的总在三千种以上。我们姑且可以普通的说，我们有三千种生活力要培养，即有三千种教学做指导要编辑。这些生活力，有些是很小的小孩子便应当有，有些是很成熟的人才可以得，有些是学了就可以变换，有些是要继续①不断的干，有些是一人能做，有些非多人合作不办，有些是现代人共同所需，有些是各有所好，听人选择。专家依性质、学力把他们一一编起来，并编一些建在具体经验上面融合贯通的理论，便造成整个的用书的系统，帮助着实现那丰富的现代生活。我们还要随着学术进步，继续修改扩充，使用书继长增高的进步，帮助着生活继长增高的向前向上进。

照这样看来，教学做合一的理论不是不要书，它要用的书的数目之大，比现在的教科书要多得多。它只是不要纯粹以文字做中心的教科书，因为这些书是木头刀切不下菜来。过什么生活用什么书。做什么事用什么书。不用书，即用书而用得不够，用得不当，都非教学做合一的理论所允许的。

教学做指导编得对不对，好不好，可以下列三种标准判断它：

（一）看它有没有引导人动作的力量，看它有没有引导人干了一个动作又要干一个动作的力量。中国人的手中了旧文化的毒是已经瘫了，

---

① 五生世界即少生、好生、贵生、厚生、共生之世界，我有专篇叙述建立五生世界之理论，不久在《师范生》上发表。——作者注

看它能否给他打一针，使一双废手变成一双开天辟地的手。我们要看它能否把双料少爷的长指甲剪掉，能否把双料小姐的手镯戒指脱掉，能否把活活泼泼的小孩们的传统的几十斤重的手铐卸掉，使八万万只无能的手都变成万能的手。

（二）看它有没有引导人思想的力量，看它有没有引导人想了又想的力量。中国文人的头脑做了几千年的字纸篓，中国男人女人的头脑做了几千年的真空管。我们现在要请大家的头脑出来做双手的司令官，我们要头脑出来监工。我们不但是要做，并且要做得好。如何可以做得好，做得比昨天好，这是头脑的天职。我们遇了一本书便要问它，是否给人的头脑全权指导一切要做的事。

（三）看它有没有引导人产生新价值的力量，看它有没有引导人产生新益求、新价值的力量。我在《乡村教师》上曾经写过十几首诗，描写一位乡村教师的生活，内中有一首是：

“人生两个宝：双手与大脑。宁做鲁滨孙，单刀辟荒岛。”

中国教育之通病是教用脑的人不用手，不教用手的人用脑，所以一无所能。中国教育革命的对策是使手脑联盟，结果是手与脑的力量都可以大到不可思议。手脑联盟，则污秽的垃圾可以用来点灯烧饭，窒人的氮气可以用做养人的肥田粉，煤黑油里可以取出几千种的颜料，一粒种子可以长成几百粒谷，无饭大家饿的穷国可以变成有饭大家吃的富社会。只要头脑子命令双手拿起锄头、锯子、玻璃管、电动机去生产、建设、试验、创造，自然是别有天地了。

生活用书的体裁内容也不可一律，大致说起来，我有下列的建议：

（一）做的目标。

（二）做的材料。

（三）做的方法。

（四）做的工具。

（五）做的理论。

（六）从做这事引导人想到做那事。

（七）如做的事与时令有关便要有做的时令。

（八）如做的事与经济有头便要有做的预算。

（九）如做的事须有途径之指示便要有做的图。

（十）如做的事须多人合作便要有做的人的组织。

（十一）如做的事须多方参考便要有做的参考书籍。

（十二）如做的事与别的事有多方的关系便要有做的种种关系上的说明。

（十三）在做上学的人可引导他记载做的过程、做的结果、做上发生的问题与心得。

（十四）在做上教的人可引导他指示进行考核成绩。

这十四条不是像从前五段教授样要人家刻印板的遵守的。如果您能把它们一齐打破，天衣无缝的写成一本可用的书也未为不可，或者竟是更为可贵。《鲁滨孙漂流记》是一部小说，也是一部探险与开创的教学做指导。歌德失恋，写《少年维特之烦恼》，创造一个维特去替死，那末，歌德的恋爱史与《少年维特之烦恼》当作一部恋爱指导用也很合宜。同样，《水浒》是一部打抱不平之指导。自然科学教学做指导，能写到法布尔的几部顶好著作那样好，减少一些闲话，增加一点小孩子自己做的机会也就很好了。最要紧的是著书人独出心裁，若求一律，反而呆板了。

初进学校的学生，要他自用教学做指导，当然是不可能。但是他虽然认不得字，话语听得懂，先生不能教他吗？年长的同学不能助他吗？初年的学生，多数的生活力不能从文字上去取得。若受文字的限制，生活便枯燥无味。故初年书的教学做指导，除说话（即国语）一门外，都可编为先生用书，先生在做上教时所用的书，那末，这个困难便没有了。即就说话一门说，也不必太拘于生字之多少，只要是小孩子爱说的话，便多几个字也不要紧。若是头一课只限于四五个字，编不成好听的话，那末，比十几个字还难认。认字与写字也不必同时兼顾，若认的字一定要写，那末，又只好限于几个字，而流于枯燥了。

我想要使这个用书的计画实现，必须有下列六种条件：

（一）各门专家中须有几位去接近小孩子，或竟毅然去当几年中小学教员，一面实验，一面编辑几部教学做指导。

（二）现在接近小孩子的中小学教师，须有许多位，各人开始研究一门科学，待研究有得，可以编辑几部教学做指导。

（三）现在教科书的编辑者有志编辑生活用书，如缺少某种准备、专科学术或儿童经验，亦宜设法补足，然后动手编辑。

（四）现在商务印书馆、中华书局、世界书局每年大部份收入是从小朋友那里来的，应该多下点本钱，搜罗各国儿童、成人用书（不是教科书）和工具，聘请上列三种人才，为小朋友多编几部可用的好书。

（五）教育行政当局，从中央以下直到校长，该给教员们以试验，或选择书本之自由。现在行政方面之趋势是太一律，太呆板，若不改弦更张，实无创造之可能。

（六）全民族对于中国现代的无能的教育，该有觉悟，对于教学做合一之理论，该使之普遍实现，若再因循苟且，则可以救国之教育，将变成亡国之催命符，到了那时，虽悔也来不及了。如果大家从此下一个决心，在头脑指挥之下，把双手从长袖里伸出来，左手拿着科学，右手开着机器生产、建设、创造，必定能开辟出一个新天地来。荣枯安危存亡之故，只在念头之一转和双手之一动，用不着到远处去求啊！

（载《中华教育界》1931 年第 19 卷第 4 期）

教科书和教材自编的问题

黄玉笙

不论是成本的教科书，或是由教者自编的教材，我们统认作是教学的材料——即所谓教材。那么我们应当先对教材作一种研究，然后才好讨论教科书的采用问题和教材的自编问题。

一、教材的意义

什么是教材？采杜威的经验说来解释："教材是种族的经验，是人类解决问题战胜环境的最良方法。"换言之，就是种族所得最好的行为方法。

但种族累积的经验，浩如烟海，要使儿童一一学习，是势所不能，也不必要，那种经验应当采择那种经验应该淘汰，当依课程标准定取舍。所以教材是由课程产生的。课程是什么呢？他是儿童在学校活动的具体方案，也就是儿童享受圆满生活必需的历程。

我们有了课程，必须有教材，才能把儿童活动的具体方案实现，他是达到儿童享受圆满生活必要的工具。在教育历程中，原素不仅有儿童，还要有教材，二者缺其一，就没有教育的历程了。教材的价值，不在儿童记忆他的内容，是在他能帮助儿童扩展经验、组织经验、改造经验，使儿童能由他而变化其实际行为，以适应社会生活的动境。

二、教材应该怎样编制

小学校的教材，是使儿童达到享受圆满生活的工具。那末教材的选择和组织，要经过怎样的精密考虑才能不负他的使命呢？假若教材的内容没有慎审的选择和完善的组织，即课程编制得怎样的好，也难获得美满的结果；所谓“工欲善其事，必先利其器”。工具不良，纵有良匠，又何济于事呢？所以教材的革新实为小学教学上的重要问题。选择教材的第一要义，在适合教育的目的。现代的教育目的大都承认一方在使个人的生活圆满发展，一方在增进社会的效能。选择教材，必须顾及这两方面。现在把编制教材几种重要事项申述于下：

（A）教材内容的标准：

（1）是现代社会生活所必需的。

（2）是儿童现实生活所必需的。

（3）有改善经验的功用，可以增加儿童适应生活的能力的。

（4）要能发展儿童思想的。

（5）要能引起儿童建造的。

（6）要能增加儿童的研究兴趣的。

（7）要能使儿童能领会的，能享乐的。

（8）要能以儿童生活范围内的经验和动境做根据的。

(9) 要有伸缩的余地，使能适应个性的需要。

(10) 要适合儿童心理、生理的发展程序的。

(11) 要生动的，有趣味的，不违反自然现象的。

(12) 要不妨害儿童心理上、生理上的照常发展的。

(13) 要能指示进化的趋势，鼓舞儿童奋发的。

(B) 教材排列的方式。根据上列标准搜罗的材料要怎样去分配和怎样去运用，这是排列的问题。和教材的适用与否很有关系，这是值得我们注意的。排列教材要注意：

(1) 多用心理的排列。教材要用心理的排列，尤其是对于低年级的教材，更要顾到这一点，所谓心理的排列，就是根据儿童的经验去求满足其需要的排列法。那末要怎样排列呢？教材最好不分课，把同类的相关系的材料集合在一起，组成一个大单元。继续研究的单元，要和前面已研究过的单元有关系的，能联贯的。如研究以后，接着的材料是食、住。一本书里不必限定页数多少，所包括的几个单元，必需是联贯的。但高年级的儿童思想比较的发达了。遇着有些材料不得不用论理排列的。也不必强去回避。

(2) 从具体的到抽象的。具体的材料比抽象的容易明白，年级愈低的儿童，教材愈要用具体的。到高年级，才可稍稍谈到抽象的问题，否则使儿童学习不能理解的教材，非独无益，且抹杀儿童学习的兴趣。

(3) 从旧经验到新知识。教学要建筑在儿童已有的经验基础上，儿童学习的兴趣才浓，才能立即得到反应。教材排列次序，要根据儿童生活范围内的经验为原则。遇不得已，有时要用到儿童生活范围外的教材，也要设法从经验范围内的事渐渐引及。

此外如从最要到次要，从浅及深，从简单至复杂……也不可忽略。

(C) 用字问题。编教材的时候，务须注意所用的字：

(1) 要日常生活最多用的。

(2) 要多用熟字。

(3) 在一本书或一个单元内新字不可太多。

(4) 新字反复的次数愈多愈好。在同一时间内，儿童要注意教材的内容，又要认识许多新字，这不是儿童的精力所能顾及的。新字太多，儿童感觉学习困难，而感到没有兴趣，因此，也就不能发生深切的注意了。有人调查过，同样用半年的教科书里，新字发现的机会，美国的有五十三次，我国的仅有三次，可见我国的教科书生字太多，熟字太少了。这是编订教材时应当注意到的。

（D）教材的体例。教材除了语法、数学等科外，凡社会科学的教材，都要用解决问题法编订。问题法的优点：

（1）研究的目标易于明了。

（2）容易唤起儿童研究的兴趣。

（3）能够激起儿童的情绪。

（4）可以养成儿童分析、组织、判断、推理的能力。教学上最大的目的是什么？在使儿童能运用思想去适应动境，作继续不断的改造。那末，惟有问题法的教学，能帮助儿童达到这目的。

（E）教材的形式。教材形式方面的优劣——印刷清楚与否、字体的大小、行列的距离……——非仅为美观，实与儿童身心的卫生和读书的效率有密切的关系。兹列举应注意的要点于下：

（1）印刷要清楚。

（2）纸张要洁白。

（3）字体要大。

（4）每列的字，不可过多。

（5）字和字、行和行间，要有适当的距离。

（6）插图要多，物像要画得确切。

（7）标点要明。

（8）装订要牢，要美观。

三、现行教科书的缺点

关于教材的各方面，上文已大体申述过了。试考查现在坊间出版的，通行全国各地的教科书，能适合我们的标准吗？能适合实际的需要么？现在把那不适用的，亟需改革的要项，略举于左：

（1）有一部分的教材不合时代的趋势。社会的情形，人类的生活，无时无刻不在变迁推移，人群生活的方法已经改变，那末领导儿童适应动境的教材，应当也要跟着前进的。可是几年前编印的教材，沿用到现在，许多违反现实社会的思潮、事迹，仍然充塞在教科书里；需要的教材，反而缺少。

（2）缺乏弹性。

（a）不适合各地方的需要。我国的土地这般的大，各地的地文、人文的状况相差得很大，现在用一律的教科书通行全国，适用于此处的，就不能适用于彼处。用着不适合本地情况的教材，教儿童学习，是教学上最感困难的事。

（b）不能适应个性的需要。就学的儿童，良莠不齐，智愚不一，教科书的编订，大都拿常儿做标准。因此智力较高的儿童觉得教材太容易，智力在常儿以下的又感觉教材太难了。缺少活动伸缩的余地。

（3）难得洽合儿童的生活。我们承认“教育即是生活”，那末，教材要和儿童的生活打成一片，是无疑义的。儿童生活上此时需要什么，就要教他们什么，儿童对于学习有真实的动机，才觉得有兴趣，才有自发的活动。坊间出版的教科书一学期一册，课数和内容是机械的、呆板的，不能助儿童解决生活上的实际问题。例如在一个阴雨天，电光闪烁，雷声隆隆，儿童心里对于自然景象，发生了怕惧、疑惑。此时儿童在教室里学习的教材，却是“多话的乌龟”、“小花猫”一类的东西。没有需要没有动境做背景，怎么能使儿童对于学习有深切的注意呢？

（4）阻碍儿童思想的发展。教科书装订成册，每一册为儿童一学期所需学习的材料。有了这本书，儿童知道教师会依次教下去，受了这种暗示，儿童便不另想研究的问题，只要依着教科书学习，久而久之，并养成依赖的习惯，思想无从发展，好奇的研究的精神，也就无形消灭了。

（5）文字艰深，减杀儿童学习的兴趣。教科书里的文字，大都呆板乏味，少有生动的，能引起儿童兴趣的。此外各科的教科书除了国语课本外，自三年级起，大多是用类似浅近文言的语体文，在成年人视为很普通的文字，儿童看起来就觉得新字很多，文义不懂，上课时要儿童了解内容，还要认新字，释文义，好像上国语课一般，文字的组织比国语还要艰深。

（6）割裂生活，不能满足儿童的需要。儿童发生了真的学习动机，他们要求的是整个问题的解决。例如儿童发生了研究衣的动机，断非只研究衣的功用就肯罢休，凡关于衣服的发明、进化，原料的种类、来源，制造的方法，服装的种类，衣服的卫生等，都要提出来研究。这是需要大单元设计教学的教材，教科书却没有顾到这层，往往第一课是游公园，第二课是种田，第三课工厂，第四课洗浴，这种情形是常见的。

（7）不能与训育联络。小学校里有训练周的设立，是适应环境的需要才产生的。譬如在学期开始时，对于儿童须特别注意维持秩序、遵守校规，那末，这一周定为纪律周，特别注意遵守纪律的训练；逢学校成立纪念时可定为爱校周，特别注意爱护学校的活动；国庆时节即列为爱国周；夏季到了，有健康周做夏日卫生的运动……但教科书的教材是固定的，和训练中心不能联络，儿童不能拿学习得来的知识去活动，因此儿童得到的知识是死的，学习的行为成了被动的，外烁的。教学至此，师生两方都要感到痛苦，而教育的目的也不能达到。

（8）不适用于中心课程的教学。中心课程，是拿一个问题做教学的中心，在行分科制的教育制度下，至少要把各科联络起来，成为大单元的设计。可是教科书的内容是机械的，呆板的，各科的教材彼此毫没有联络。在同年级用的书第一课国语科读“爱惜光阴”，社会科研究“原始人取火”，自然科研究的是“鱼的生活”，所以教科书是施行中心课程教学的大障碍物。

以上列举的几条是教科书最显著的缺点。自新教育学说提倡大单元的设计教学法以来，坊间出版的教科书，实际上不能再采用了。许多施行新教学法的学校，不得不自编教材，以济燃眉，所以革新教材实为施行新教育的重要问题。

四、自编教材的利弊

通行的教科书既不能适应新教学法的需要，施行大单元设计教学的教师们便不得不负起编选教材的重任了。自行编选教材是拿设计单元做根据的，而设计单元是从儿童的活动及时令环境所生的需要产生的。那末，自编教材的利益，便是可免除教科书的弊害。

（A）自编教材的利益：

（1）教材和儿童的实际生活联络，可以达到教学做合一的目的，可以使儿童的学习兴趣浓厚。

（2）教材是儿童解决实际问题的工具，是儿童内心所需求的，所以儿童学习的活动是自发的。

（3）教材实际化，具体化，使儿童容易领会。

（4）富于弹性，能适应时代的趋势，地方的情形，个性的需要。

（5）各科联络一贯，使儿童得到的知识、观念和经验是整个的。

（6）教师深晓儿童的程度，教材的内容和文字组织，可免过深过浅之弊。

从另一方面观，自编教材也不无可议的地方。最大的困难是实际上一般小学教师没有充分的精神和余暇，做搜集和编订的工作，但为事实所迫，不得不匆促从事而已。因此，自编教材，就目前所见到的也就大有讨论的余地了。

（B）自编教材的缺点：

（甲）关于内容和组织方面的。

（1）教材内容没有经过精细的选择，不免糟糠和精华并举。

（2）教材的排列没有整个的计划，不免顾此失彼。

（3）新字的搜求、选择、配列以及多次的反复，大都不能顾及。

（乙）关于形式方面的：

（1）印刷不良、字画模糊、字体大小不适度、纸张不洁白，有伤儿童的视官。

（2）插画不良、物像画得不确、印刷不美观，不能引起儿童的兴趣。

（3）装订不良，容易散失。

自编教材的利益，是不用说的了，可是事实上的困难，我们也不能不顾及。假使经济不充足的学校，物质上必需的设备不完善（如丰富的参考图籍……）或教师担任的功课太多，或人才缺乏，与其炫于新教育方法的美名，粗忽从事，使教学和教学目的相离愈远，倒不如用教科书而活用之为愈。

五、怎样使用教科书

坊间出版的教科书，虽有许多缺点，但有些已经革新的，关于时代思潮和趋势，教材的组织和排列，也有不少可以适用的地方，尤其对于形式方面，比自行印刷的要好得多了。有些学校因物质、人才都感缺乏，自编教材没有把握，或因他项原因，不能不采用教科书。但教科书是机械的，要怎样的使用他，教学才不致被书本所束缚，才能适应儿童的需要。这是教学法上一个重要的问题。

使用教科书的方法，约有三种：

（1）机械的使用法。按照教材的内容次序，强儿童学习，不问教学时儿童的环境如何，心理状况如何。

（2）仍以教材为中心，不过设法使合心理的状况。教师认定凡教科书上所有的，都是儿童必需学习的，不必问儿童现在的需要怎样。但在教学时不愿强迫儿童学习，只设法使材料合于儿童的心理——把儿童固有的经验重行唤起，做新学习的基础……

（3）教学以儿童为本位，教材不过用以助儿童解决问题的资料而已。这种方法和（1）、（2）两项以教材为中心，使儿童去适合教材的不同。认儿童为教学的中心，不问教科书内容的排列次序怎样，但看儿童现在需要什么，儿童的经验怎样。然后寻求教科书里有什么教材可以满足儿童的需要，能助儿童解决问题。这种方法，儿童对于学习，是觉得有意义的，有兴趣的。

使用教科书要以第（3）项为标准，才适合儿童中心教育的原理。现在提出几条比较具体的实施方法于后：

（1）供给可刺激儿童指引儿童的情境。学校教育和校外教育不同的地方，是校外的教育发生太偶然散漫没有系统，不能应付复杂环境的需要。学校教育，对于人群生活必需的经验，儿童无需要的感觉时，教师应当造成一个适当的环境或状况，以引起他的需要，诱起他的兴趣，激起他有价值的目的，然后供给他教材，协助他解决问题，鼓励他发出自发的活动力来。

（2）在可能的范围内，尽量和各科联络。儿童发生了学习的动机，各科有联络的可能的，尽量联络；不可能的，也不必牵强。

（3）各科可同时选用两种同程度的教科书做课本，教学时尽量选择和时令、环境、儿童活动相联络的教材，去适应儿童的需要。没有动境做背景的，可不必教。

（4）补充教材。遇教科书上的教材太少，不能满足儿童的需要时，就要补充教材来救济。补充教材可分两种：

（a）现成的书籍。小学校至少要有一间儿童图书室，多搜罗儿童能读的各科的参考书籍。中年级以上的儿童，遇着需要时，可以到图书室看参考书，把研究的结果记在笔记本上。

（b）教师编的教材。学校里也要多备些教师用的各科参考书，如遇某种教材，需要补充，儿童图书室又缺乏这种读物，那末，就需要教师来协助了。把需要的教材，斟酌儿童理解的能力，编印出来。若在高年级的儿童，平日有记笔记的训练的，也可采用教师口述、儿童笔记的方法。

（5）编订教学历。我们把选为一级一学期所用的教科书聚拢起来，看看内容怎样，把各同性质或相关的教材合并在一起，成为若干大单元，再看各科可能联络的教材有多少，再按照学校生活历、节日和季候等，把各单元预定一个教学的机会和时期。这个学历不是固定的，教学时仍要视儿童的动境和需要随时变通，活动的去运用教材。不过有个学历，关于供给环境、补充教材等教学事项，教师得预先有充分的准备，不致临时匆促，以免敷衍草率，使儿童失望。

（6）临时增订的教材。这种教材多半是本地方或国家临时发生的重要事件，儿童有研究的必要的，或是学校训育上要儿童特别注意的事，那末，除把全校造成一种环境，给儿童适当的刺激外，还要把事实编成教材，给儿童做研究的资材。目前坊间出版的教科书，既不能满足我们的需要，但有许多学校仍不能不采用它，在这种情境之下，上面几条办法是我认为比较能补救使用教科书的缺点的。

六、总结

本文的目的在论述：（1）现行教科书的缺点，为实施新教育的障碍，有从速革新的必要。（2）自编教材的利弊。（3）对于不能不采用教科书的学校，提出几种救济方法。分五章叙述：首章论教材在教育上的效用。教材是种族所得最有价值的经验，儿童能由他而改变其实际行为，以适应社会生活的动境。

次章申述编订教材的要点：（A）教材是达到教育目标的工具，选择教材的标准，以不违反教育目的为原则，即一方在使个人的生活圆满发展，一方在增进社会的效能。（B）教材的排列要从心理的到论理的；从具体的到抽象的；从旧经验到新知识；从最要及次要；从简单至复杂……（C）用字：①从最需要的到次要的。②新字要多反复的机会。③教材的体例以问题法为最佳。④教材的形式也要十分注意，这是和儿童的健康、读书的效率有密切关系的。

三章叙述通行教科书的缺点：（1）有些教材不合时代的需要。（2）缺乏弹性没有伸缩活动的余地。（3）难得洽合儿童的生活。（4）阻碍儿童思想的发展。（5）文字深奥，减少学习的兴趣。（6）割裂生活，不能满足儿童的需要。（7）教学和训育没有联络。（8）为施行中心课程教学的障碍。

四章论列自编教材的利弊。自编教材的优点，在能免教科书之弊，但事实上一般小学教师没有充分的精神和时间，做搜集编订的工作，因此也有不少的缺点。假使经济人才都感缺乏的学校，自度编辑教材没有十分把握的，不如搜集许多教材活用之为愈。

末章叙述使用教科书的方法。对于采用教科书，提出几种救济办法。要认定教科书不过用以助儿童解决问题的资料，教学要以儿童为中心。（1）供给适当环境，引起儿童需要，然后才把教材供给他。（2）在可能的范围内尽量和各科联络。（3）同时采用几种同程度的教科书做课本，选儿童需要的教。（4）教材不能满足儿童的需要时，要用补充教材，补充教材的来源有二：（a）现成书籍，（b）教师编订。（5）编教学历。将教材按照学校生活历、节日、季候等预定一个教学的机会，使教师关于教学事项预先有充分的准备。（6）遇地方上或国家有重要事故发生，或学校对于全校儿童期望一种新的反应，得编临时教材。

二〇，六，一四，于上海工部局北区小学。

（载《中华教育界》1931年第19卷第4期）

教材及参考材料之缺乏

江建熙

教育问题，是极复杂而且重大，关系于一民族，或一国家之兴衰存亡，非仅一二篇文章可以讨论得完，又非仅纸上谈兵，所能做得到的。现在中国的教育，尚还幼稚，在现势之下，根本还谈不上改进，即有了一般具诚意而愿振兴教育者，想要认真办理，也先要执政者，确能认识教育，为国家根本问题负起责任，方有相当的效果，不过我们不能"因噎废食"，以为做不到，也就大家缄默，这也是欠妥的。依"国家兴亡，匹夫有责"之训，应尽个人所知，对于教育有关的各种问题，尽量的披露于报章或杂志，以求社会上的公评，如公认为可行，则政府应即采纳实行；否则，我们不妨保存着，以待将来。

现在我们仅讨论教材，及参考材料之缺乏一问题：在中国的书店里，大家公认的事实，买不出几本新而有价值的著作及译述，因之在各学校里，也见不到几本新而有价值的教本，有的差不多是过去的学说，或可以入古物陈列所的译本，而教授先生们，尚持之有味，恋恋不舍。著作要新而有价值，在现中国自然是难能，但较易的译述，仍是缺乏，其缺乏的原因，不外下列三点：

（一）各学校以英文为主要科，而轻他国文字。其理由不过以英文为较普遍差不多成为世界通用语；但我们细加思考：如果我们的国家，将准备变成商业国，则不妨采用英文为主要科；如果准备为大英帝国的殖民地，则更有采英文为主要科的必要。除此两点之外，其他则无采为主要科充分的理由。如采用英文为主要科的目的，在发展工商各业及文化等起见，则德法等文，亦应采为主要科。德国工业甚发达，法国为世界文化的中心，断不能说商业应重，而工业及文化事业等次之。中国不仅商业不发达，一切实业及文化都落人后，要振兴起来，一切都应同时举办，然则德法英等文字，又何分彼轻此重呢？因为有了轻重之分，致使一般无判别力的青年都趋于是途，而使其性情近于工学、文学，或美术学者，皆虚耗其可贵光阴于英文课程中，为补救计，我们希望各学校不应仅采英文为主要科，强迫学习，而应英法德等文同时并重，任学生依其将来所学的目的自由选修，如此，则学生不必专靠教员的几篇讲义，而自能直接参考外国书籍，或翻译以供他人研究之材料。

（二）留学归国者，都奔走于仕宦之途，或自谋生计之不暇，安能静心从事译述。中国政治不上轨道，失业游民日渐增加，尤其是留学归国者，无法安置，此等知识较高之人，所学既不能应用，生活又相逼迫，唯一出路，即仕官之途，或可侥幸于万一，因之趋于是途者最多。其余亦终日忙碌，以求生存，无暇将其所学供献于社会，或译述以资他人的参考材料，所以政府应即求安置此等游民之方，使其生活安定，而有发展其所学，及精益求精的机会，中央研究院之设立，其意即在于此。对于教书的人，应从优报酬，限制钟点，使有充分时间及精力，作进一步的追求。

（三）国家应设立各种文字编译馆，以专门从事译述。各国新而有价值的出版物，应即专责编译馆，在一定期间译述，以供献于社会，使人人得以参考或研究。此种编译馆的设立，应有地界的划分，以利进行，比方留学国外归来者，不仅聚于一地，在文化中心，及交通便利的区域，皆应设立，如南京、上海、北平，均为留学返国者会聚之地，设立于此等地方，且运输上极感便利。上海、南京通海运，北平则通西伯利亚铁道。至编译员，应由政府任用，薪俸不妨从优，工作及时间有一定限制并严禁兼职。中国之事，其大弊病，即在兼职，无论是否所学，是否所能，是否有余时及精力去应付，总欲一手揽尽。

所述各节，属于教育问题中之一小部分，个人所抱意见如斯，还希望热心教育者加以批评，俾政府有所采纳。如已举办者，应严加改革，尚未举办者，应即举办，则中国教育前途，庶几有望。

（载《中国建设》1931 年第 4 卷第 1 期）

中学数学教科书之研究

仲光然

导 言

吾国教科书，小学部份最为完善，中学部份在三十年前，采用英文本的很多。第一原因是环境的需要，第二原因是太缺乏本国善良教本。现在学术界废除外国教本的声浪很高，采取本国教本的学校也渐多，但是如果本国教本不思改善，而只有消极的抵制，则推行势必困难。所以介绍优良的教科书，和批评恶劣的教科书，实在是现在必不可少的。有了介绍与批评，可使优良者推行愈广，编者格外努力；不良者采用愈少，编者不敢尝试。优胜劣败，则教育前途，庶几有望矣。

本文的范围

本文所欲讲的，乃是将中学教科书中关于数学方面的大略研究和批评，但是以中文本为限，西文本和东文本除少数几册必需对照引用外，因篇幅关系，概从略。

吾国所用的数学教科书，从初中起到大学止，为数倒也不少，可是在民国以前所出的教科书，粗制品很多，翻译西文，往往有误译原意，或辞意不显的，翻译东文，更有误解文法，译错语尾的，所以好书很少。外加书局图利，编者贪懒，数十年间从不修改，这种教科书的年龄太大，青年读者望而却步，我们也不必研究他。所以本文采取的材料，以民国元年以后出版的为限，以前的都从略。

在民国初年出版的教科书，都是适合于旧制中学或大学用的，旧制中学方面的为数很多，大学预科用的略有几册，本科用的可以说是没有。关于旧制中学方面的教科书，对于现在新制初中程度过高，对于新制高中程度太浅，所以除了偏僻地方或几个特殊学校以外，不大通用。并且它们内容的优劣各点，和新制初中教科书大致相同，所以在本文将它附在初中教科书项下讨论。大学预科用的教科书，程度上和新制高中相同，所以就附说在高中教科书里面，而不再另立项目。归纳的结果，本篇但就初中用和高中用二项，分别研究。

初中用数学教科书

初中用数学教科书，分混合制和分科制二种：混合制是把算术、代数、几何、三角四部分不分界限，混合编制的；分科制是分别编制的。

（a）混合制的初中数学教科书

混合编制的数学教科书，以 Bieslich（布利）氏三册为最早。这三册书的程度，教初中学生当然太多（教旧制中学亦嫌多），而对于高中学生则又不足。其他各书局编有三四种初中用混合编制的，在当时试用了几年，大概是因为人材难得的关系（教混合制的教师须算术、代数、几何、三角都能教才行，不幸吾国的中等教育界此类人材不多），或许习惯难改的缘故，试验下来的结果，非常不良。虽然德国数学大家（实在是世界的数学大家）Klein 氏竭力主张混合教授，吾人亦思竭力用混合教授，但因力不从心，总觉得不大相宜；所以本篇对于混合制的教科书，亦不加讨论，以节篇幅。

（b）分科制的初中数学教科书

分科制的数学教科书，分成算术、代数、平面几何、平面三角四部分。今分述如下：

（1）算术

算术教科书在初中教科书中最称丰富，现在坊间所通行者，有八九种（旧制的很多，有数十种）。兹就其中尚须改善或错误者详论于下：

算术一科，在普通教育中的最大目的，在于习熟普通生活所需要的计算。关于理论部分，因为初中学生年龄太幼，讲解困难（竟可称不能)，只有删去。所以最大公约数求法的证明（转展相除方法的证明)，及整数性质的复杂部分，一则宜乎放在初等代数，一则竟可放在高等数学的整数论里面。现在通行的算术书中，尚有详细讨论 7 的因数的检验法，及 13、19 等的因数的检验法（2、3 等因数的检验法因为很便利，应用很大，故很需要)。而所用的检验法，比实际的除算更费时间；且法则太繁，不易记忆，真没有编入初中教科书的必要。大概因为编者是位学术研究家，所以在不知不觉之中，拿这种材料编进去，真所谓事倍功半，很不上算哩！

这一点是教科书上一个通病：就是纯粹的研究家（或大学教授)，没有初中的教授经验而编初中教科书，理论的错误，固然可以减少，而因不懂学生的困难点的所在，却增加了选材不适当的毛病，以致常使教者学者受到很大的苦痛，这一点是值得大家注意的。

和以上的情形相反者，往往有因编者的程度太低，自己的学识和学生在同一水平线上，因此理论错误，贻害尤大。

外国度量衡的材料，不宜太多。除了英国制因为不易废除，所以不得不编入外，其他各国的度量衡，完全可以不编入。因为世界愈不文明，度量衡制愈不统一。所以五十年前的教科书，关于度量衡的材料很多。现在何必仍旧如此之多？况且吾国度量衡制，已采取万国公制，所以本国从前的旧制，亦应割去，只须以万国公制为主，英国制为辅已足。大约二三十年后，再将英制略去，那么可使学生节省许多无益的时间，效率自大。

因为算术最大目的在实用（往往有人说初中毕业生毫无用途，这都是因为初中教材不适当的缘故，终日孜孜于鸡兔同笼等难题，自然无裨实用了)。所以诸等数、百分法、利息等部分，应多设习题。关于这点，有许多编者以为太机械，太无兴趣，实属错误。又在初中学生一方面，还须养成耐得住繁难的习惯，所以繁的问题不宜太少。又不整齐的问题，亦宜多设。现行的教科书中，往往有题式很繁的问题，计算的结果都很简单，非等于 1 即等于其他的正整数。学生养成习惯之后，凡遇繁问题，都希望得很简单的结果。试思实际生活上的计算，那里有恰好如此整齐。所以在初中的时候，须先训练多做不恰为整齐的问题，练习四舍五入，养成习惯。而普通的算术教科书，对于此点多不大注意。

心算在教育上有很大的价值。在初中时期练习心算，最为适当。惟不宜矫枉过正。往往有夸言外国有什么天才数学者，心算能到十数位的乘法。虽有这种天才，而非普通人都能学。况且学会这种很繁的心算，也没有多大用处。还有速算，可以练习思想的敏捷，实际应用亦很大，亦宜多加注重。往往珠算书内注意速算，而笔算并不提及，大概也是研究家编书的流弊。

经度和时间大可不必列入。因为美国幅员辽阔和吾国相仿，所以美国教科书从前有这个需要，后来规定了标准时，遂将这部份材料割去。我国初中生学年龄较幼，讲解困难，而现行教科书对于经差时差，仍有说明过详者，甚为不合。此项教材，与其放在算术教科书中，毋宁放在地理教科书中。

开平方和开立方方法的理由，似乎放在代数中说明为便。且有人极端主张开平方和开立方在算术中竟可割去。我意以为开平方可以放在算术中教授，开立方可以割去。现在我国的算术教科书，都有开平方和开立方，这也是值得讨论的一个问题。

新学制初中教授算术的时间，不到一年，比较旧制中学的算时间为短，所以四百页以上的材料不易教毕，大约最多三百页方始合用。

现在通行的算术教科书，虽然内容的错误，较其他的各科为少，但是仍旧有名数和名数相乘，数和量混为一谈，比和比值不分清楚等的谬误点。此等误点，虽和计算没有关系，和实用也没有关系，而初学者受了先入为主的误解，以后对于高深数学的学习便有根本概念不明了的弊病，改正时又须费一番功夫。故教初学者，不可不留意也。

（2）代数

代数的目的：第一是说明算术里面的理论，第二在拿算术里面的事实普遍化，第三在奠定高等数学的基础。同时在算术解答应用问题觉得困难时，用代数来解，可以使之容易。所以代数的材料，当然有一部分也和日常生活相接触的。

既然代数的第一目的是说明算术里面的理论，那么开方和求最大公约数等方法的说明，就要编入代数。但是因为这种说明，比较不大容易

(实在是很容易)，所以有几种教科书内，竟不说明。有几种教科书虽出名手，而说明得不清楚。两秦氏编民国新教科书的说明方法，足使初学者明了，只须再加一句B、C之公因式，完全和A、C之公因式相同，更觉明了矣。

第二目的是拿算术里面的事实普遍化（其实数学全体都是这种精神）。所以算术里面的问题，式样相同的问题，每问题必须从头至尾解一次的，在代数学里，就可以统括起来，造成一个公式，关于这一类的问题，不必另起炉灶，只须拿已知数向公式里一代，机械的一算，就可算出得数。例如在算术里的和差问题，已知两数的和及差，求两数。在代数里，只须将和及差的已知数代入公式：和加差用2除之即得大数，和减差用2除之即得小数，多么便利。不只此一端，其他莫不皆然。但是许多著者，偏偏拿这个精神抹杀。例如在算术中的最大公约数，到代数里就改成最高公因数，最小公倍数也改成最低公倍数。“最高”两字的理由，据说是次数最高，那么指数最大也是很合理，何必一定改成“最高”，以致和算术歧出，失了普遍性，这可见精神上不承认普遍性的重要。现在限于篇幅，也不再多说（吾终觉得吾国没有一册专门讨论中等数学的杂志，真是憾事）。最高公因数和最低公倍数，听说是从Charles Smith（查理·斯密）的代数书内发现的，这一本代数书的缺点，真是有“一部二十四史，从何处说起”的感想（日本藤泽利喜太郎博士有长篇指摘此书的缺点，一读之下，知此书之不可用矣）。因为这一部书在外貌上是很适用，在精神上真是错误到了极点。往往我国学者，以为Cambridge大学教授所编的，不会错误。就拿这册书作为自己求学的基础，因为有了这样的错误的基础，所以编出来的书籍，就根本不能好了。

第三目的因为是高等数学的基本，所以除理论当然不能错误外，即规约亦须清楚。初等代数里有许多规约，很是重要，兹分述于下：

（甲）平方根号的规约：平常说4的平方根是正负2，共有二个，当然是不差的。但是$\sqrt{4}$所表的，乃是正2，并非负2。这是数学者相互间的一种规约，并不是理论。因为这个规约，所以解无理方程式的理论，畅通无阻，见吴在渊编的现代初中教科书《代数》下册，自一百四十三页至一百四十六页（虽和吾的意见稍有出入）。有许多教科书和教者，不肯直截爽快的说明，真是一件最可憾的事情。说得最痛快的话，见日本藤泽博士编《初等代数》及《续初等代数》（《续初等代数》有译本，系研究初等代数所不可不读者）。

（乙）分数方程式解法的规约：分数方程式的规约：是将方程式的各项，都迁在一边，然后整理计算，化成一个分数式。既约之后，使分子等于零，求 x 的值。但是因为手续太繁，所以想出了一个简便的方法：先将分母的最小公倍数乘两边，去了分母之后，化成整方程式。然后求 x 的值。所以第二个方法，乃是简便法，并非正当的基本方法，况且曾经拿含未知数的代数式乘过，所以解出来的根，当然要代入原方程式内检验，倘检验的时候，有异状发现（使分母等于零），那么理应照正式规约解过，以判其对否。因为既然简便解法出了毛病，当然简便解法只好废弃不用，仍旧用正规的解法才对，这是毫不生疑问的。而有许多教科书，偏将简便解法不说明是简便解法，所以一有疑问，就无法解说。还有几种，二法并列，并不说明，使学者无所适从，他的弊也和上述差不多。

以上所说的二条规约，正和算术开始时候先乘除而后加减的规约相同。试想因规约不清楚，而使学者苦闷，其损失真可谓冤枉极矣！大概初等代数，因为材料容易，所以理论的错误究属很少，而规约的不清楚，则常常有之。是编者之所宜注意者也。

关于算术代数之应用问题，虽是假设，也不可离日用太远。又有翻译外国书而忘将外国单位改正者，尤觉不大相宜。譬如在某教科书上的一个应用题中，有“甲每两价 18 分，乙每两价 14 分”的话，大概应该改成“甲每两价一角八分，乙每两价一角四分”罢。

其他关于代数上改善点甚多，拉杂条举于下：

（一）物理化学等题的插入：物理化学应用题插入代数里面，最不相宜。因为在物理化学里很简易的问题，初中一二年级的学生，因为没有物理和化学的知识，所以完全莫名其妙。虽然硬教方法，硬记公式，勉强算出，学者但觉其苦，根本对于理化知识毫无获得。到将来学到物理化学的时候，再教他们算，便轻而易举，可以解答。那么理化和代数的联络，仍旧可以实现，以其事倍功半，毋宁事半而功倍啊。

（二）几何计算题之插入：混合制虽因种种关系而失败，但是适当的混合和呼应，经 Klein 氏和 Perry 氏等的提倡，经多数教育家的研究，认为很有益处。但是在我国现行的几种代数教科书内插入几何材料，吾以为极不相宜。因为先教代数，后教几何，虽然不是天经地义，而在事实上，大多数的学校，都是几何在代数之后；所以几何书里插入代数材料，教者读者都不觉得痛苦，而有温故知新之乐。反之在代数书里插入几何题，是不大好的一件事情。甚有在代数里面，特设一章几何的大意，讲又讲得不透彻，所费的时间又很多，学生很不容易了解。有时学生对于教员信仰的，那么生生地吞下去，只觉有些不舒服罢了，倘然对于教师不信仰的，那么教员就因此成了牺牲品（吾曾经遇到一位先生，因为所教的代数课本中几何题目太多，本人对于几何不大熟，因之受了不少的痛苦）。

（三）graph（图解）材料的分量：经 Klein 教授提倡在初等数学里而插入函数观念之后，在民国元年以后的教科书里，就有这个色彩。函数是易教的，graph 就不容易教（graph 初在日本通行的时候，藤泽博士曾经说过，欲理解甚为困难云云。初亦不信，因为我教 graph 是在高等代数的书中，学生不曾感受到多少困难。这一次在上海中学暑期学校，却在初中教科书内教了，真感觉到许多困难）。因为不容易教，所以材料的选择，格外要留意些。假使材料太多，就有下面的二个缺点：第一个缺点，就是几何名词太多，几何定理用得太多，学者增加苦痛，上面已经详说过了。第二个缺点，因为材料要多，势必拿圆锥曲线、移轴等解析几何的材料都拉进去（现在坊间已有几种犯这个毛病）。因为这样一来，就生出教者难教，学者难学的毛病（曾记得有一次教高中三年级的学生，因为微积分和解析几何并不教，在微积分里面，先遇到移轴，感觉到不少困难。后来教到解析几何，方始明了。高中三年生尚且如此，初中学生的不易懂，可想而知的了）。所以 graph 材料的多少，是很值得注意的一个问题。

（四）繁复计算的练习：对数计算的重要，也许研究纯粹数学的人是不感到的，所以有几种代数教科书内的对数材料，取得太少了。试想将来学商的、学工程的、学物理的、学天文的，那一个不和对数发生密切的关系，那一个不遭遇繁复的计算呢？那么在初中时代这一部分的训练，当然不可忽略。写到这里，我忽然想起了一个希望：希望编数学教科书的学者，对于和数学有密切关系的学科（工程物理、天文等），应当有相当的认识。不然因为自己专门研究数学，所以虽则编初中程度的数学教科书，不知不觉离去了浅近部分，踏进了理论的部分去了。往往有许多教科书，拿文字方程式的根，详细讨论，极限理论的说明，努力详说。试想初中二年的小学生（年龄不过十五六岁），如何可以理解？即使有一部分天才学生，可以领悟，人部分的学生，都莫名其妙，已经和普通教育的宗旨不合了。

（五）注意：初等代数学的教科书，往往开始的时候，暧昧不明，后来从暧昧不明的地方，生出讨论，而所讨论的又是错误的。例如一个分数式，他在开始的时候，并未说明分母不可为零（因为用零作分母是无意义），已经一次错误的了。到后来，又说分母为零的时候，应该变成无穷大，这是第二次错误，因为分母为无穷小的时候，分数式方为无穷大，分母为零，仍旧还是无意义之故。又如说明二次方程式 $ax^2+bx+c=0$，忘将 a 不等于零说出（因为二次方程式的 a、b、c 中，a 不能为零，倘为零，不成其为二次方程式，而为一次方程式矣）。直到根解出之后，反而再来讨论 a 为零时则怎样，要晓得 a 无论如何不能为零。只有为无穷小时，x 才有意思，假使为零，则变为一次方程式矣。此等地方，不注意者很多，惟有吴在渊先生编代数学，无此毛病，读者不可不知也。

（3）平面几何

平面几何在初中课程里面，所负的重大使命：第一是养成空间观念，第二是求些几何计算的实用知识，第三是训练头脑。

一般的教科书，对于第一个使命，当然总能达到。而对于第二个使命，在民国初年和以前的教科书，就不能达到。这是因为太看重第三个使命而生的恶果罢？照道理虽在民国初年，早已有 Perry 氏的提倡（Perry 氏为英国人，是工程学者，他对于旧来的几何教法，深致不满，因为旧来的方法，太注重论理的严密，所以 Perry 氏提倡用实际的图形来教授，尊重直观，世称 Perry movement）。而吾国的教科书，尚有在比例部分表现他的 Euolid 理论色彩。在圆部里还要证明某点在圆外，则某点和圆心的距离比半径大；某点在圆内，则比半径小。完全不顾直观，而对于论理的严密，倒丝毫不肯放松。我记得在中学时代学几何，在天气很热的时候，恰好学到比例这一编，先生在讲台上讲：

如此二量为 A、B，彼二量为 P、Q，任取整数 m、n，若 mA<=>nB，而 mP<=>Q，则 A：B 等于 P：Q 云云。

在当时的我们全级同学，当然莫名其妙；在现在也未必能断定当时的先生能名其妙。因为教科书上如此说法，先生不得不如此教学生，虽不懂亦不得不如此听。现在想想看，真是一件很滑稽的事情。现在的几何学，虽然找不到这种老式的教本，但固执而不肯变通的先生们，还是常常要带出这种古典的色彩来，使青年学生们受无谓的烦恼。

要充分完成这第二个使命，当然须将关于日用上的几何计算题多插一些。同时上面已经讨论过，要带些混合色彩，切不可拿物理化学混合到算术代数里，又切不可拿几何材料混合到代数里面去，而在几何书里面，却大可将代数计算插进去，收一举两得之效。中华书局编平面几何教本，后面有许多计算题，日本林鹤一编的几何三角，时时和代数学呼应，真是见解独到之处。

谁也知道初等几何顶难了解的，是轨迹的说明。吾尝细查轨迹难了解的原因，调查数十种教科书中说明的方法，才知道轨迹之所以不易使人了解，编书的人也要负一部分责任。虽然轨迹自身本来是很不容易的，但是各教科书的说明也太坏了。大概都拿轨迹的理论，说得太呆板，太形式，所以学生依样画葫芦，有时竟画不像，有时虽然画得像，大概对于内容仍旧是莫名其妙。十个人学几何，大概可以说十个人都没有懂得轨迹的内容。普通的教科书，对于轨迹的定义，都说得不透彻，所以证法当然更莫名其妙了。吾意以为倘使轨迹的定义说得清楚，定义的内容再详细解说一下，那么轨迹问题也不见得真真难懂。今将二种教科书内说明轨迹的方法，列举于下：

定义：点依法而动，动而留其迹，可范之以轨，则其迹所成之线，称为某点之轨迹。

说明：可范以轨者，谓其点所在之迹，处处与某事件适合也。

证法：凡证明某线为适合某事件之轨迹，必依据二定理如次。

a. 某线上之点，皆适合于某事件。

b. 适合于某事件之点，皆在此某线上。

（a）不适合于某事件之点，不在某线上。

（b）不在某线上之点，不适合于某事件。

依次二者，任便证明，殆无不可。

以上的一种说明方法，大概可算最坏的了。第一段定义不好到极点，倒好像解说国文。第二段说明也不好，等于没有说明。第三段和第一、二段没有联络，何以如此证法，即算殆无不可？所以我说这个方法是最坏的了。今再举一种教科书的说明方法如下：

定义：一点依一定的几何条件而移动时，所经的路，称为这点的轨迹。

说明：可知在图形内的各点，都适合于已设条件上，此外更无别个图形的各点，足以适合这种条件时，这图形才可称为那点的轨迹。

证法：依前定义，要证一个图形是适于某种条件的点的轨迹，应证明：

（1）在图形内的各点，均适合于所设条件。

（2）不在图形内的各点，均不适合于所适条件。

这一种的说明方法，比较前一种好得多了，不过在定义里面，拿运动的观念导入，是不满意的地方。因为在初等几何的轨迹，大多数没有运动观念的缘故，在说明里面，下面这一段和定义太不呼应，证法的第二段亦然。总之这一种说明法，错误是没有，不过初学者仍旧没有彻底懂得轨迹的内容。证明的二段，虽然依样葫芦似的画了，他仍旧没有知道何以要有这两步手续的必要，结果对于轨迹仍旧莫名其妙。

假使拿轨迹的说明，改成下面的式样，也许对于初学者，有一些贡献罢：

定义：在平面上，或在空间，适合于某条件之点，倘多至无限，此全部无限多之点，形成一个图形，这个图形，称为适合于某条件之点之轨迹。

这个定义的优点，一是没有动的观念，二是特别表明全部。全部的意思，就是不多不少，或称应有尽有，或称为不脱落、不过多。倘然要拿不脱落、不过多的事实说明，那么加下面的说明：

说明：适合于条件之点，皆在这个图形上（不脱落，或称完备性）。

在图形上之点，必适合于条件（不过多，或称纯粹性）。

轨迹的意义，既然明了，又同时必须有完备性和纯粹性。那么轨迹问题当然需二段证明。因为要确定他是否完备，所以必须证明：

（a）适合于条件之点，必在这个图形上。

再要确定他的纯粹性，所以必须证明：

（b）在图形上各点，必适合于条件。

一般教科书对于轨迹的说明，太不明了，太形式化了，结果使人不知道轨迹究竟是什么东西。所以有一次在某学校内遇见一位几何教师，竟说轨迹只须证上半段已足（就是这适合于条件之点，必在这图形）。后来经过多数学生的质难，方始觉悟。可见轨迹的误解，不仅是学生，这是教科书的编著者，应当格外注意的。不但对于轨迹的说明应该如此，对于其他各部份都应该说得明了透澈，不使有误解发生。

初中的几何时间约一年余，所以材料不宜太多，很难的题目（如九点圆等），真不宜加入，以其增加难题，毋宁增加一些定理的研究（如逆定理、对定理等）、证问题的方法（如解析法、转换法等）比较有用许多。不但在几何一科应该如此，初中各科：如代数、三角等，都应该材料简洁，难题不必太多，只要够用就算。说明务必明了透澈。有几册旧式的几何书，拿圆锥曲线都拉进去，或者包含不少的轨迹难题，都是不大相宜。

（4）平面三角

平面三角的最大目的：（一）是把在代数、几何里，所学的材料，使他们结合起来，使它们更加实用一些。如应用到简单地面的测量、高度的测量等，又应用到物理学斜面的理论、屈折率等是。（二）在学三角时候的学生，年龄稍大，数学的知识相当有一些，函数和极限的观念，在这时引入，较为适当。所以 sinx、cosx 等函数的变化及图解，tan90°等之极限值等的说明，都可详细讨论。（三）普通学生，对于数的演算，都嫌烦恼；表的应用，都嫌无味。但是将来学应用科学的时候，却非此不可。所以宜在这时候，课以三角函数真数表和对数表的应用，养成计算繁杂数字和用表的习惯。

普通的教科书，对于第一个目的，都能满足。对于第二第三，往往失于检点，不能满足我们的欲望。大多数的教科书，拿 sinx、cosx 等三角函数，当作定数看待，讨论他们相互间的关系，而不讨论他们的变化。所以学生只知道好像一个代数式，毫不得到函数的概念。这一点是应当改善的。还有拿 tan90°等于无穷大，含糊说过，使学生的程度降低。同时学高等数学时，受这个先入为主的恶影响，拿无谓的恒等式，证得很多，重要核心部，反而不大讲究，殊属失当之至。

其他对于三角教科书的改善点，吾觉得没有多少，大致都能满意。

现在有一班学者，主张将三角一学程从初中课程中删去，移入高中；吾想不大妥当的。三角对于几何，可收补充之用，代替几何的应用题；恒等式的证明，唤起从前代数内因子分解法的注意。又初中物理内斜面的理论，虽然勉强可以避去三角函数，而在屈折率的地方，则非用三角函数不可。那么如何可以移入高中课程中呢？这也许是数学者对于其他有关系各科学缺乏常识所致罢？

高中用数学教科书

高中用数学教科书，因为课程标准到现在才决定，所以教材的多寡，当然大多数不大适合标准，不在批评之列。只能将质的方面，加以研究和批评罢了。

高中用的数学教科书，有几何、三角、高等代数、解析几何、微积分五种。兹分述于下：

(1) 几何附立体几何

高中用几何，和初中用几何的不同点，是材料虽不多，而能将较高深的部分，详细说明。所以在浅易的部分只须大略说过，而在较深的部分，宜特加注意。倘若拿旧制中学时代较详细的几何书，改头换面，作为高中的用途，那么必定觉得不适宜。因为浅易的部分重复太多，页数也太多的缘故。

现在出版的高中用几何学，实在太少了（有几册拿近世几何的材料，都编进去，殊嫌太深）。所以也无从比较研究。中华书局版高级几何学，为斯界名手胡、吴两先生所编，其中有否定理、倒定理、倒否定理之研究，点对称、线对称、射影等材料。定理证法，如穷举证法、同一证法等，都完备。后半部为普通的立体材料，虽然照现在所规定的时间，不易教了。要不失为一善本也。

高中用立体几何的单行本很少，且多陈腐不堪。胡、吴编的高级几何学内的立体材料，约近百页，不失为立体几何之善本。

（2）三角

高中三角，仍旧是平三角，他的目的，是继续初中三角之后，研究较高深的部分。如反三角函数、三角方程式的普遍解、对数表的制法等，都应该详细讨论。现在高中三角教科书之出版者，也不过一二种，新的我所见的只有一册，说明未见清楚周到，且印刷错误殊甚，尤感不便，吾甚望笃学之士，有以补此缺憾也。

（3）高等代数

高中程度的高等代数，是继续初等代数奠定分析的基□，兼备将来学物理、工程等之用。所以一方须严格复习，基本运算，一方面又须多学新材料、新方法，按步而进。但照吾国的现状，原本多用 Hawkes 的本子，而不用 Fine 的本子，可知一般人都弃难就易，舍去基本而重应用。现在吾国的需要，究应取何种态度，非吾辈浅学所能判断，留待硕学者的决定。现在已出版的教科书，也不过一二种，因为内容不大适宜，所以采用者很少。

（4）解析几何

高中用解析几何的目的，完全是解析几何的初步，备将来学高深的解析几何和微积分之用。其次的目的，则示初学者：以座标方法解几何难题，或用代数方法论几何性质的巧妙，其兴味和用方程式解四则难题，有异曲同工之妙。所以高尚艰深的材料，如二次方程式的一般讨论、极和极线等，都不必插入。现在所通行的解析几何教科书（也不过一二种）材料多寡适宜，且轻重不分，对于初步的符号部分，每多忽略。要知道初等解析几何，机械式的部分很多，学者不难了解。所最难了解者，厥惟和符号相关的部分。例如直线和某点的距离：某点和原点同在直线的一旁，则为正；分在两旁，则为负。内分点，二份的比为正，外分点为负等，都是应该说明清楚，讨论详尽。其他如图形和方程式的相互关系，在开始的时候，必须用从前初等几何的方法说明。图形上各点的座标，必适合于方程式。同时方程式的根的座标，必在图形上。总之在上半部须详，在下半部可略。但现在的教科书，反其道而行之，上半部基础部分说得不很详细精密，致初学者解析几何的根据，不能确立。而下半部反编了许多高等平面曲线，如摆线、螺线等，实在不大适宜。

（5）微积分

微积分的目的：是高等数学的入门，其副目的，则如微系数可以和高等代数内方程式论呼应，微系数的应用，可以和解析几何的求切线方程式相对照。所以高中课程中现在作为选修科。

现在出版的微积分教科书，适合于高中用的，以吾所知，似乎只有一种。因为微积分很难学，往往学过了之后，问他微积分是什么，竟有瞠目而不能答的。而对于初步的微积分书更不容易编，日本数学专家秋山武太郎氏，编有《微积分学易解》一册，他认为编法浅显，阅而不懂者，除非牛马云云。吾尝译而授高中学生，果收事半功倍之效，欲思修正付梓，惜因忙而未果。

后　记

余草本文，适在炎夏，脑筋昏沉，时虞错误，手头参考书籍又不多，几不敢动笔。因友人之敦促，不得已勉力从事。但是批评材料太多，恐有不当，必遭反驳，又思中辍者屡次。惟念我国出版界，太少批评文字，以致进步迟迟，自吾抛砖引玉，或许促起海内学者的注意。只须吾用客观的批评，不杂爱憎，虽有误谬，或蒙见谅。故敢发表，海内硕学幸赐教焉！

（载《中华教育界》1931 年第 19 卷第 4 期）

关于小学教科书的几点小小意见

俞子夷

教科书和非教科书有什么区别？这是一个不容易回答的问题。通俗些说，凡是供学校里学生在上课时用的，可以叫做教科书，不是专为学生编的，便不是教科书。这样区别，也有好多不妥当的地方。譬如学生用的地图、字典，我们至今依旧叫做地图、字典，并不再附加教科书的名称而作“……地图教科书”、“……字典教科书”。

我还记得，在我们幼时，起初读中国老法书时，完全没有教科书这个名称的。《大学》、《中庸》、《论语》、《孟子》等等，不必说，这等本来不是为学生编的，当然不会有教科书字样。就是当时通行的训蒙用书，像《三字经》、《千字文》、《诗品》、《幼学》……一类的东西也完全没有教科书的名称。

到了变法维新时代，首先有教科书形式的，大约是《蒙学课本》、《笔算数学》、《代数备旨》、《格致启蒙》（?）等外国教科书的译本。但是当时书名中仍然没有教科书的字样标出，也没有什么学年学期等注明。就是到了清末，上海各大书局竞编教科书的时代，书名也还有“……读本”、“……课本”，并不完全像现在的一样。所以现在的教科书，可以说是二十多年中的产物。

要是我的记忆还可靠的话，我觉得学生用书，有内容较多的，渐渐变为内容少的，由程度不一定的，渐渐变为程度有一定的。譬如拿《蒙学课本》来和现在的国语教科书比，《蒙学课本》究竟从什么程度用起？每一课用多少时间？到什么程度为止？都没有明确的规定。所以三本《蒙学课本》，用三年也好，用年半也好，即使在一年里读完也没有人说你不好，或者还要说这位教员特别的认真努力。现在的国语教科书却只有这薄薄的几张，一定只有多少课，每课的字数也有相当的限度。这是不是因为书局里印刷成本的缘故，还是因为顾全学生能力的缘故，我却无从揣测。

我曾经看见过某小学一年级的教员，很热心很努力的教，到了五月上旬，已经把第二册国语教科书教完，并且学生个个读得烂熟，我还看见他们全班学生，把一本教科书，从头到末，一起读、讲、背，完全没有错误，二十分钟已经了结。我那时很为这教员担忧，到七月上旬放暑假，还有两个月的功夫，不知用什么材料来应付！

更有喜欢研究教学方法的教员，他们事前预计，每一课书，一定要化一百五十分钟或一百八十分钟的时间；经过动机、目的、大意、生字欣赏、练习、深究、段落应用等等手续。在大意时也不过讲讲，到欣赏时还不过讲讲，深究时仍旧不过讲讲，讲来讲去，讲得较聪明些的学生，至少有三分之一的时间，等于空坐了旁听。

在文言文的时代，说话和文章差得很远，一课书要弄得澈底明白，的确要经过三反四复的研究，较长时间的练习。所以当时道地的小学里，每星期至多能教三课。文言文须慢不可。如此慢，还不过是中等生以上才能明白。能力差些的学生，还要在课外特别的补习。

自从改了白话文，教科书的内容没有加多，教学的方法没有改变，仍然把从前处置艰深的文言文的方法来处理极容易的白话文，不免把学生的光阴空费了呢。有人告诉我外国的小学生，每学期讲十多本儿童文学书的，算是慢的。那末，为什么我们一定要限止我们的小朋友，在他们能力所及的范围里，不许他们向前呢？

在文言文时代，教科书完全受了文字文章的阻碍，小学生苦于来不及。在白话文时代，教科书死守了成规，小学生苦于要前进而不得。过犹不及，一样的错误了。有人说内容加多了，成本要增加，学生的负担也因此加多。在穷得没有办法的父母，的确，常常不能使子女吃饱，是事实。把小孩子饿得面黄肌瘦，饿出病来，慈善家不是要发一发慈悲心的吗？小朋友挨着精神上的饿，我们如何救济他们？

我说这也不难。编书人和印刷所合作起来，大家牺牲些，或者可以得到一个办法。书局里的编辑先生是很清苦的生活，决不可以再揩他们的油。小学教师中有空闲并且有兴味的。作为业余的工作，有空时才编，不限时期，随编随试，不售稿，和书局订租版权的方法，那末书局的成本，至少可以减轻稿费。版税不要过多，那末书局的定价也可以较低。这样，或者可以得到一种比现在内容加倍的教科书，而书价不过加半。若是销路广，版税再减少，请印刷家再发些慈悲，各股东少分一些红利，或者可以做到内容加倍而书费不必加多的地步，也难说。

有人说，现在教科书的内容虽然不很丰富，教科书以外还有好多儿童参考的图书和读物，尽可以作为补充。我说，很对很对！我还有一个比例：譬如吃饭的时候不使孩子吃饱，另外再常常用小吃点心来补充，恐怕总不如吃饭时使孩子吃饱的来得好罢。所谓补充读物，原来是在某一个过渡时代里的临时急救方法。现在我觉得补充读物的内容要比教科书好得多。教科书尽可不用，补充读物却不可不看。已经到了这等情形，何勿干脆些，取销了教科书和补充读物的界限！

严密些说，教科书并不是真正内容贫乏，实在是内容太紧缩了。无论那一科目的教科书，总要得到一个具体而微的格局，才可以免去挂一漏万的顾虑。所以小学教科书便成功了中学教科书的缩本。譬如小学自然研究教科书，一定要把中学里关于动物的、植物的、矿物的、生理的、化学的、物理的，一起缩在薄薄的八本或十二本小册子中。缩到无可缩时，只剩了几句科学上的术语和解释罢了。所以有人说，教科书是没有皮肉的骸骨，教科书是缩本小字典。

小孩子的经验浅，所以教小孩子要从具体的经验入手。那末小学教科书，应当注重在具体经验方面了。现行教科书恰巧和这意思相反。记具体经验要文字多，文章长，因此课文增加，书本变厚了。拿皮肉来比具体经验，那末，现行教科书只是除去皮肉的骸骨，那里还有具体经验！若是写了具体经验，现在一学期用的一薄本，不过能写一二件事实而已。

不多空谈罢。请看："从此其他各国，都纷纷要求通商，并援例取得各种特权。"这一句，试问是不是可以写三五十面的一小本中国外交失败史！再请看："产米的地方，以长江流域为中心，产额占世界第一位。"这一句，至少要用二三千字的具体事实来作证明。请再看："俄国本是极端的君主专制政体，日俄战后，虽然改做君主立宪，不过徒有其名。"若要得这一句话的具体事实，恐怕也非一二千字能写得完的。

还有呢！"我们中华民族，有四五千年的历史，向来是统一的国家。”这一句若不是放在小学生学完全部中国史后，怎样可以使他们明白！现在却放在三年级里。除鹦鹉般不求甚解的强记外，还有什么别的方法！又如“花的颜色，红黄紫白都有；形状，管、瓣、针、丝皆备”。又是一个笼统的写法，要补充具体经验起来，又可以写好多行。教科书的囫囵吞枣，差不多成功了一定的方式。囫囵吞枣，所以孩子们食而不化了。

在教学方法上稍肯用心研究的教员，常常感到现今教科书的不适用，因此有人主张不用教科书，而代以各种相当的儿童丛书或补充读物。这的确是一个进步的好倾向。不过在死用教科书的大多数小学里，却始终不想用记载具体经验的书本，还是在那里囫囵吞枣的教。我于是想到：愈是只会死用教科书的，教科书愈应编得好，编得适合小孩子的用。所以我有一个极浅近的谬见，希望教科书的内容很丰富，多具体经验的记载。就是说把现在各种儿童丛书或补充读物中的材料也编入教科书中去。

严密划分程度，一一标明在书面上，看来似乎是一件很精确的办法。事实却未必尽然。即以读本而论，同在一班里，学生能力程度各各不一。并且无论如何，万难使之划一。万一在三年级里有若干能力较差的孩子，只适宜读和平常二年级下学期程度仿佛的书，明明有可以给他们读的东西，也因为封面上标明了二年级下学期等字样而不便应用。这是好多教员常常感到的困难。

在个性差别没有被人注意的时代，先产生班级教学的制度，跟着便产生了班级教学中应用的同一的教科书。近年来班级教学的缺点，因个性差别的发现而显露了。改革的方案如分团制、导尔登制、文纳特卡制等等，也渐渐的盛行了。然而班级教学用的教科书却依然存在，封面的学年学期却依然印着。要是个性差别是我们承认的事实，那末封面上的学年学期，非立即取消不可。采分学年学期，是和个性差别不能并立的。

现在通行的，只有小学教科书是分课的，中学以上便分章节。段落分明，可以使用书者阅读起来便利，这是很要紧的。小学教科书的分课，实在不及分章节来得更加段落分明。这是就大体说的。若要为学习时谋便利，根本上分科编辑便有问题。科目的分别，在研究高等学术时是需要的。若在小学里，分了科往往把一件有关系的事实分载在不同的教科书里，儿童学习时深感不便。某次参观高年级生学习地理，教科书中有二三句话是涉及诸仙镇的。教员向［问］学生历史科中有无学到岳飞。学生都说学才到周朝咧。可见分科的教科书，很难收彼此联络的利益。近人有主张教科书不必分科，也不应杂货店式的包罗一切，宜切切实实拿一件重大的事物做一个单位，譬如欧洲大战编一册，鸦片战争编一册，电灯编一册，照相编一册等类。如此一来，仿佛就是现行的儿童图书之类，采作正式教科书了。相关的事统体编在一起，当然不再有联络与不联络等问题发生了。

联络的问题，可以用上述小本式的方法来解决，但是衔接问题却又要发生困难。恐怕顶注重前后衔接的，要推算术。我想凡是类于算术而重在练习的，宜按照练习的难易，细分步骤，编成练习材料。这是一类。前后关系并没有重大关系的，像社会方面、自然方面等，仍可如前节所述方法编成一件重要事务一本的小册。这又是一类。阅读材料，也有重在练习的，可依照算术练习一类编。也有重在欣赏的，宜如成人阅读的文学小说等，每本自成一个单位，就是以一则故事编成一本。这一类的补充读物现在已经出版了不少。只须把补充等被人视若不关重要的名称删去，采作正式读本便可以了。

以上几点是很浅近的，希望有志研究教科书的同好细细讨论！

（载《中华教育界》1931 年第 19 卷第 4 期）

小学教科书的改善及其障碍

韦息予

自从设计教学法、道尔顿制等新教育方法传入以来，教科书在教育上似乎已经成为赘疣了，尤其是小学教科书在初等教育方面。凡在初等教育界负有时誉的专家，大都主张不用教科书。对于现行小学教科书的不满，更是一致的论调。各地实验小学校以及著名优良小学，也都不用坊本教科书，而改用自编教材。即教育部新颁的小学课程标准，亦指定一部分学科以不用教科书为原则。在这样的情势之下，如果昌言教科书尚不可废，很容易被人指为自甘落伍，或认为有所为而发的主张了。

但是可不可与能不能未可并为一谈，可不可是就理论方面的，能不能是就事实方面说的。小学校各科的教学以不用教科书为原则，在理论上固属不可反对，但就一般的事实看来，目前实在还不能完全办到。我为此言，有两个重要的根据。其一，国内经营出版业的大公司如商务、中华、世界各家，都还以印行教科书为主要业务。即新兴的开明、北新、大东等数家也很想染指于此。这种现象就可以证明：不用教科书的理论虽已成熟，但国内大多数学校的教学状况还没有达到不用教科书的程度，教科书还能风行一时，所以教科书的营业深为经营出版业者所注意。

其二，教育部在所颁的课程标准中，虽明白指示社会、自然等科以不用教科书为原则，但一方面对于坊间出版的社会科、自然科、常识科的教科书尚未终止审定。这可见教育当局亦尚默认这几种教科书没有达到废止的时期，即并不强制全国各小学教学社会、自然等科不用教科书。平心而论，如果教育部对于这几种教科书终止审定了，大多数学校亦必采用这种未经审定的教科书的，如果教育部竟强制全国各小学教学社会、自然等科不用教科书，结果非但不足以促进这几科教学方法的改进，而且适得其反。

事实上，教科书既尚不能完全废止，并且还很风行，那末，教科书问题当然仍有讨论的价值，至少如何改善教科书，不失为一个目前切要的讨论问题吧。本文请即以小学教科书的改善问题作讨论范围。

现行小学教科书的最大缺点是枯燥，这是尽人皆知。所以改善方法当然避免枯燥为第一要义。要避免枯燥，首当探知所以枯燥的症结所在。鄙见所及，有下列三端：

一、内容不充实　小学教科书向例各种都是每册供一学期之用。每册面数，国语、算术较多，一、二年用的约四五十面，三、四年用的约七八十面，五、六年用的至多不过一百面，社会、自然等较少，初级不过四十面左右，高级不过六七十面左右。国语教科书包含语料和阅读材料，算术教科书中有说明、有举例、有习题，试问四五十面至一百面的篇幅，如何能使内容充实？所以国语教科书只有精读材料，不足以供训练增进读书速率之用，算术教科书中的习题往往不够用，也不足以供充分练习计算能力之用，社会、自然等科的教学时间虽比国语、算术少些，但仅有四十面至六七十面的篇幅，要供给一学期的教材，终觉不够。所以现行社会，自然常识等教科书内容，非失之浅薄，即失之空洞，万不足以启发社会的、自然的基本知识之用。

二、文字太艰深少趣　小学教科书的文字，差不多是另成一种体裁的。他的特点，是要在寥寥数百字以至数十字中，把一大宗教材赅括无遗，所以以简练为上品，力求简练，就不容易浅近，趣味也很难顾到了。要三者兼备，谈何容易。况现行小学教科书的编纂，大都是短时期内赶成的，文字上的琢磨功夫自难周到，语病且不免，简明生动当然谈不到了。其结果除国语教科书外，大都弄成了一种呆板模棱的表解式文字，非经教师讲授，儿童很难了解。

三、插图嫌简陋　教科书的插图，其重要实等于文字。如果插图优良，并可以补文字的不足。但现行小学教科书的插图实在太不高明，与日本西洋的儿童用书中所有插图相比，优劣悬殊。这种情形的造成，一半由于绘图人材的缺乏，一半由于印行教科书者，不甚注意插图，所定酬金过低，所以难得满意的成绩。现行教科书的插图多由编书人规定图意，使绘画人按着作图。绘画人对于儿童教育和编书人的意志，不免有所隔膜，这也是插图不能令人满意的一种原因。

除这三项之外，现行小学教科书的选材、排列和其他编纂方法，尚多可商之处。但是如果这三项能设法改善，都还容易纠正，否则总不免受其牵制。所以我特地指出这三项，认为现行小学教科书重要的通病。然而这种通病并非由我发见的，早已有人明白指出，即印行教科书者和受雇而从事教科书之编纂者亦所深悉。那末，症结所在既为共见共闻的事实，对症发药的改善方法当不难求得，为什么足以令人满意的革新的教材书竟不易出现呢？这原来因为有事实上不易打破的障碍梗阻在那里的缘故。

所谓事实上不易打破的障碍有二：一个是经济的障碍，一个是文字的障碍。

经济的障碍是什么一回事呢？这也是一种显明的事实。试问现在的小学生有无不出钱而得教科书的可能？谁都知道这是不可能的。小学生不需出钱购买教科书，那末为小学生保护人的经济负担上着想，教科书的定价便不宜过高，愈低廉愈好。小学教科书的定价不宜过高，这个事实便是小学教科书改善前途最大的障碍。因为要使小学教科书的内容充实，文字浅近而有趣味，扩充篇幅便是不①必要的办法，要使文字和插图优美，便不得不增多稿费，这样就必然要加重成本。成本加重之后，定价决难十分低廉了。反之，要使小学教科书的定价不增高，便不能加重成本，在不加重成本的条件之下，便不能扩充篇幅和增多稿费，那末一切改善计划都无法实现了。有人以为这只要出版公司的经理们，能顾全教育而牺牲些营业上的利益就是得了，这确是一种合理的要求，但决难得满意的结果。我以为我们希望出版公司经理们牺牲些利润，是消极的，还不如希望一般小学生保护人的购买力加强，倒是积极的。然而也是一种不易达到目的的奢望，唉！中国的事，往往在穷字上头碰壁，不图小学教科书的改善也是如此，可发一叹！

文字的障碍又怎样呢？原来我国文字实在不堪作新教育的工具的；形体既难于辨认，又没有确定的文法。用这种文字来编著小学教科书，当然难得良好的成绩了。要知道现行小学教科书内容不充实、文字太艰深而少兴趣的原因，一半由于篇幅的限制，一半也由于文字的不良。进一步讲，篇幅扩充后，内容固是充实了，文字也许浅近一些，有兴趣一些了。但因分量加多，对于儿童的阅读能力是否相宜，还是问题。试看已出版各种小学生的课外读物，文字都不见得比教科书浅近易学，可为明证。所以中国文字如果不经一番革新，小学教科书的改善，终恐不易获得切实的效果。

这两种障碍的解除，事情很不简易，非短时间可以望其实现。所以小学教科书的根本改善，暂时还谈不到。但是因陋就简，决非求进步者

① “不”，疑为衍字。

应持的态度。目前我们在可能的范围内，仍应进求相当的改善。

相当的改善方法，针对着上述三项的症结说来，约有下列各端：

一、要在不增加面数的条件之下充实内容，只有用较小的字体。诚然有易伤儿童目力的顾虑，但只要印工精良，笔墨清楚，和读书时注意卫生方法，大致可以不生重大问题的。惟第一、二学年用的，仍以维持现状为宜。

二、教授书易名指导书或教学法，改为教师和儿童共用的。文字力求浅近，并多列补充教材和参考资料。

三、另编与教科书相辅而行的自习书或补助读本。

四、课文每段宜加小标题，对于专门名词和难解字句用较小字体作注解，以求减少儿童阅读上的困难。

五、另编小学生用的词典，对于注音和注解务求浅近易学，检查法宜力求简便。

六、插图充量采用照片。

七、另编与教科书相辅而行的精美画集。

至于教材选取、排列和其他编纂方法上的改善，多不受上述两种障碍的牵制，自可充量采用。此项改善方法，本志本期各篇论述已多，本文毋庸多赘。

末了，我对于与小学教科书有深切关系的教育部编审处和出版公司有一点意见陈述：

教科书向例须送经教育部审定。这种办法自有政治上的需要，可毋庸议。但就事实上观察，对于教科书的改善与进步，却有不良的影响。教育部编审处收到送审的教科书，只要内容没有重大误谬，照例予以审定。即经审定，出版公司就煌煌将教育部审定五字为标榜，作营业上的鼓吹了。因为这审定的手续于营业有重大关系，所以大规模经营教科书的出版公司惟恐不得审定而非常注意，以求达此目的。除此以外，则任何有价值之改善方法，往往漠不关心。优良教科书的不易产生，这未始不是一大原因。所以我以为教育部对于有重大误谬的教科书，当然严行取缔。对于仅可准许发行，并无特出的优点者，似可不必特定一种手续，以免被利用为营业上的鼓吹，而妨碍教科书的改善与进步。否则宜严定审定标准，须有特出之优点，方准审定；此外只给予许可发行的执照，以示区别。

出版公司既以印行教科书为营务，对于教科书的改善便负有相当的责任。在消极方面，万不宜因营业竞争之故，不择手段，以致直接或间接的妨碍教科书的改善与进步，而日隳其商业道德。出版公司如有意于促进教科书的改善，请注意于下列各项建议：

一、特出定期刊物，或在已有的教育刊物中特立一栏为讨论所出各种教科书的机关，悬奖征求用书者的意见。用书者如有所询问宜详为置答。

二、特课实验学校或特约著名学校，实地试验所出各种教科书，如发见不适宜之点，应立即改正。倘能在印行之前先行试验尤为妥善。

三、对于聘任或特约编纂教科书者，宜在相当期内派赴各地考察教育状况，随地征询各地教育界对于所出各种教科书的意见。

（载《中华教育界》1931 年第 19 卷第 4 期）

乡村小学的教科书问题

张兆林

近三十年来，国内教育界对于小学教科书的努力的结果，教科书已经渐渐为社会所欢迎。在许多城市社会里，竟有以孩子读第几册教科书，来做测量儿童知识程度高低的量尺，小学教师，也大都肯精益求精的摘用教科书、自编教科书，这都是中国小学教育界的好现象。但是这是片面的好现象，是只限于城市的好现象。因为大多数的乡村或边远的城市对于教科书正在反对、怀疑时代。此中原因，半由乡村社会和教师的浅陋，半由许多教科书太不适合于乡村。本篇凭着著者经验，与国内关心此道者作初度的讨论。

乡村社会对教科书的态度

这是民国十八年八月里的事。首都近郊万寿庵小学为着招生问题，邀集当地人民开了一次谈话会（读者注意，乡村小学招生是一个大难关，新创办的乡村小学，尤其难以招生）。到会者对于该小学采用教科书表示极不满意，且肯定的说，如若仍用教科书，决不送子弟入学校，只好另行开设私塾。结果，该小学校长坚持用教科书，于是学生数极少极少，同时当地绅士，在附近开办私塾一所，学生数比较多些。

从十五年以后，著者常常有机会去参观江浙豫闽等省乡村小学，有时看到的小学确已闻名全国，他们对于教科书似乎煞费苦心。有许多名闻全国的乡村小学，备着两套书，一套是教科书，为着参观人来时教孩子朗读用的。我还记得有一次，陪着国内最有名的教育界泰斗某氏去参观首都附近某著名乡村小学，这位校长开了一个欢迎会，会中有一节是国语朗读，很博得某氏的赞许。但是这所小学我比较是熟悉的，略知它的实际情形，他们是有两套书的，一套是新时代或新学制的教科书，一套是文言教科书或《三字经》、《千字文》之类。又据那位校长说，不是这样做，实在不能“内外兼顾”。

“内外兼顾”真是办乡村小学者特有的苦衷。老实说，年来教育界竞谈如何改良教科书的内容与形式，在乡村里还以为一切教科书都是洋书。读洋书是农人所不需要的。许多乡村小学所以不能开办，或不能发展，“反对洋书”也是一个重大的原因。

为什么乡村社会反对及教科书呢？难道中国农民真能欣赏古书，批评教科书吗？这里有三个原因：

（1）村学究在乡村还有信仰（村学究为什么能得社会信仰是另一问题，请勿误会），村学究坚持他的《三字经》之流的读书法，于是尽力宣传教科书是洋书，是要不得的洋书。

（2）在中国乡村现状之下，一切事几乎完全是土豪们包办的（直接包办或间接指挥）。他们为着特种关系（如利用村学究，谨奉绅士们的命令等），有时为着他自己从前是读古书出身，于是坚持反对教科书的议论。

（3）乡村小学不能采取教科书的最大阻力，是一知半解的绅士们。他们有的是科举出身，正在梦想清帝复位，有的因为送子女进学校，毕业以后，不能尽合他的希望，于是极力说学校的不好，其中除痛斥体操、唱歌外，对于教科书，就以为是邪说。他们在乡村里的影响，真是一言九鼎。

能够送子女进学校的村民，比较是小康之家，他们希望子女的前途可以显祖耀宗，他们的目光以为他年子女能达到某绅士的地步就算心满意足。于是请教于缙绅先生、村学究。众人们听了乡村缙绅之言，于是也就反对学校用教科书。其实教科书的内容，他也完全不知道，古书的精妙也完全不知道。不过子女是他的私有物，他不赞成子女读教科书，子女也就不会有机会读教科书。

乡村小学教师对教科书的态度

一个入世未深的乡村小学教师，当他还不能运用两套书的伎俩的时候，对于教科书问题，往往感着异常痛苦。社会是威逼着他不许用教科书，官厅是屡次在公文上催促着用某某教科书，报纸广告是吸引他用某某教科书，讨论教育的论文或学者常常指示他应该怎样运用教科书，这时候的痛苦，实在不亚于青年女子遇着土匪。结果怎样？除非弃职而遁，不然只好顺从校董或校长指定的方法，或用两套书，或强迫儿童读《三字经》、《千字文》一类书。

受着经济支配的青年，虽然在初任教职时富有初生之犊的勇气，但是经过几时，锋棱磨光，于是一变当初的抱负，对于儿童用书就发生下述的几种态度：

（1）当然的。儿童应该读书是当然的，读书应该从方块的单字开始是当然的，读古文书是当然的，至于教科书，只要社会不反对，也未始不可以用。不过一切书本都以熟读为原则。

（2）服从法令。官厅法令必须服从，于是设法疏通当地社会，采取教育部审定的教科书。但是在书中遇到困难，也就生吞活剥的教下去。例如南方教霜雪，他自己也不曾看到过，但是书中有了这样一课不得不教，只好依字来教。笔算在社会上没有像心算、珠算来得重要，不过他的老师以及教科书都是笔算，他也就牺牲社会的需要而采用算术教科书，并且当演算的时候，特别注重于公式的抄写，而舍弃算得快、算得准确、能够应用三个标准。又如国语教科书的材料，实在太少，他也感觉到，于是转到深究的一道去，一课短短的课文，拉长到四五次还教不了，于是滥调的朗读，无意义的背诵，有时还加些莫明其妙的表演，都照着教授书刻板地做出来。

（3）设法补充。有许多教师实在感觉到教科书的缺点，他们很想找些补充材料。于是什么《古文观止》、《纲鉴易知录》、《千字文》等都引用进去。还有的教师自己喜欢看小说，于是也暗示儿童看小说，如《封神榜》、《七侠五义》、《白蛇传》、《三国志演义》也都作为儿童的课外读物。更有许多教师就借着补充之名，顺着社会的古文要求，于是有字课一科。

以上三种教师虽然有五十步百步之差，不过他们都承认儿童进学校是读书，是为着父母等人而读书，为着他求职业而读书。他对于儿童天天生活其中的大自然，以及一切日用品是不会顾到的。记得有一次，我与几位乡村教师谈废去自然教科书问题，他们主张不能废除，因为自然教科书中许多原则原子学说是神学的根基，非常重要的。后来我说出抽象的原则原子学说，儿童不会领会的，在日常生活中求得的原则原子学说儿童才能领会得过来，他们才点首默许。从这些地方我们可以推想到有一部分乡村教师确是有些迷信教科书。为什么这样迷信呢？这是刻板式的师范教育的结果（此中因果参看《师范生》第1卷第1期《中国师范教育的前因后果》一文，要补救此弊，参看同刊《师范生》《第一变变个孙行者》一文）。

乡村小学要不要教科书?

“乡村小学要用教科书的”，这句话可以很肯定的回答。理由是极简单的：

一、儿童进学校，免不了要用书。照现在的儿童读物，教科书比较有组织有系统，并且每本的价钱也比较来得便宜。

二、废去书本，活用书籍，那是我们理想中的方法。倘若骤然采用此法，不但社会上反对更烈，就是教师们也不见得能做得好。所以不如采用教科书来做一个过渡。

不过所谓用教科书，不是像目前的采用，而是有条件的采用，更进一步说，也就是过渡时代的权宜办法。所以下述数条是必需做到的，并且不能漏去一条。

（一）废去一部分的教科书。乡村小学生购买教科书，大都不是逐科都买，通常只买国语一本、自然一本、社会一本、算术一本、三民一本，共五本，有时自然、社会合为常识一本（初级小学大都如是，高级亦有买历史、地理等教科书的）。其他如形艺、工艺、音乐等教科书大都只有教师备一册，儿童平时不过间接照着书去做。至于高级小学有时还加上英语、商业等书，但是乡村高级小学为数极少极少，并且英语等大都因当地情形偶而采用，所以在实际上所占的地位极微极微。

以上这几本书，实在有大部分不值得买，列举如下：

（1）自然教科书。乡村环境是获得自然常识最好的场所，比任何自然用书都来得好。各书坊出版的自然教科书，不但南北难以采用（例如自然教科内有雪霜等，闽粤诸省万难采用，而南方所有的特产如荔子、波罗等反而不采入。自然教科书到了东三省也有同样的困难），即使同在上海或中国中部（因为编自然教科书的先生，大都凭着上海或中国中部的经验而编，如某书馆的《自然研究》不是全国极风行吗？那部书是某附属小学的教师，凭着南京与苏州两处经验而编的）。而城乡之差也极大，例如自然物的植物，乡村中的野生植物，固然大多数不是住在城市的编辑先生所能见得到，即以农产品而论，每种农产品的下种、生长、收获以及栽培的方法，也决不是书本上能说得清楚。这是自然教科书只能作为参考书的理由之一。

为着有了自然教科书，为着师范学校也是用着自然教科书来解释自然科学的原则原子。于是对于日常用品，日常做事中含有的科学原理，都不去顾到，结果，小学中学都毕业了，对于桌子为什么要四条腿，为什么下雪温和、化雪冷等问题，都回答不出。至于烧锅的火门怎样，以及怎样放柴，怎样引火等实际工作，不但不会做，即使做了，也不知应用科学原理去改进。这些现象，实在难怪学生，因为他在平时，书上读不到也就学不到，而编辑者又以种种限制，决不能把这些日常生活的事多多搜纳进去。这样自然教科书，对于人生实在欠缺太多，实在只可作为参考书。

城市小学毕业生大多数还可升学，在现代中学招考方法制度之下，小学生不得不努力于书本知识，作升学预备。在乡村小学，毕业生大多数不升学，且大多数学生到中年级就中辍，那末我们对于这些只有短时期受学校教育机会的儿童，似乎不应该再用不完全、不切实的自然教科书来贻误他们。所以我敢极肯定的说一句："自然教科书在乡村小学里只有参考的地位。"

（2）社会教科书。在同一国境之内，城市社会与乡村社会的一切，虽然有许多不同，但是它的差度，没有像两者的自然界来得大，所以有人主张社会课本可以全国统一。但是现有的社会教科书至少有三种缺点：

甲、所有材料既不适于城市又不切于乡村，只是一种空泛的超然的话。例如城市中的马路不是大家以为是虎口吗？那末，这本教科书倘若为着城市孩子用的，对于马路上的一切，必须讨论。又如我国乡村的会集，春秋都是，每年定期举行，四乡人民都到来，互相买卖，货物以农作用具和家具为多。这是极重要的事情，倘若社会教科书为着乡村用的，就应该讨论此事。试问现状如何？

乙、偏重形式训练，忽略实际事情。例如民权初步是人民必需有的能力，所以小学社会科的教科书也大都采入。但是民权初步的一切条规在乎实地做，所以学校的组织、集会，都应该照着它来做，那末才能收实效，不然，在教科书上开会议，或者背熟条文，实际应用起来，一些也没有用的。

丙、不适合于现代人生，传统观念还是极深。例如小学历史的材料应该是与现代人生最有关系的事实，但是，现有小学历史教科书依然是私家帝王的兴亡家谱。如闽粤两省应该注重于侨居史事，然而历史教科书上竟忽略这样过去的历史，与现代的民生有关系的事实。又如地理，大家都承认应该由近及远，或与历史联起来，但是在一个地方编辑的地理教科书，要通行全国，不如从何处起头，于是只好凌空说起，抄着从前二十二行省、一千八百县的老方法来凑数。而全国最注目的商埠，于人生最有利益的物产的出产地，竟与普通省县并列，甚至不列。

总之，小学社会科的材料，决不是徒然传述已有的事实，必须与目前社会发生关系。所以照现有的社会教科书既不城市，又非乡村，似乎也只能作为参考书用。

（3）算术教科书。关于算术一科争论极多，所以先将我对于本科的主张说出一二，然后来讨论乡村小学要不要用算术教科书。

“算术的目标只有迅速、准确、应用三个，决没有训练思想等不相干的用意。中国小学算术应该低年级重心算，中年级重珠算，高年级如系升学则重笔算。算术的学习，最需要是有意义的集中注意的练习，并且练习次数要多。”这是我于小学算术科的主张。因此我对于乡村小学采取算术教科书的态度如下：

甲、低年级做算术游戏，练习脱口而出的速算，不必采用算术教科书。

乙、中年级多做珠算，材料就取日常生活的计算，也不必采取算术教科书，更不要斤斤于抄写算术公式与答案。

丙、高年级分两组，如系升学的，那末在初中招考方法未改变以前，小学只好去迎合它，所以多做笔算。好在此时儿童已有心算与珠算的相当能力，变换到笔算是极容易的。他若有一部分儿童预计能进入大公司或国外去的，那末也不妨多做笔算。其余儿童再加练珠算，以达纯熟之境，同时不妨旁及笔算（但是非必需）。所以高级有一部分学生采用教科书，有一部分，不必采用教科书。至于怎样编辑小学算术教科书？现行高小算术课本是否合用？那些问题当然是值得继续研究的。不过算术材料不会像自然、社会等俯拾即是的现成具备，所以不如暂时采用现成的教科书。

（4）其他。其他教科书如形艺、工艺、音乐、卫生等在实际上是不很买的，所以只要照现状做去，不必多增乡村家长的负担。

（二）增加国语教科书。我不是特别欣赏现行的国语教科书，也决不是以为只增加国语教科书就算达到乡村小学用书的目的。这也不过是过渡办法的一种。现在列举采用这个办法的理由如下：

（1）现行国语教科书每课材料太少，三天读一课，实在不能满足儿童的欲望。新出版的国语教科书，对于材料方面都倾向于加多加重，就是为着这个理由。所以在儿童方面多用国语书，不致有多大困难。

（2）为着已经废去社会、自然、笔算各本教科书，所以多买国语教科书，在家长的教育费负担上，比现在不致于会有多大增加。

（3）儿童读书，倘若只是逐字死读，最好的成绩不过养成一个迂夫子、书呆子，所以我们应该要养成儿童有“做什么事，用什么书”的能力。但是在乡村小学里，经费如此有限，那里能一时就办到这样。倘若多买了国语教科书，有时可以做到“做事用书”的地步。所以多买国语教科书，不是强迫儿童多读书，而是多找“用书”的机会。

（4）现行各种国语教科书，除各书局为着新课程而编的一套还未完全看过外，以前各套，我都看过，有的也用过，觉得其中确有很好的材料，但是也有极不合理的材料，几乎各套都是瑕瑜并见。选择采用是教师的责任。不过有时在乡村里因为印刷等不方便，也就只好作罢。现在既然多买了几本，于选用上可以便利得许多。

现在比较通行的小学教科书只有四个书局——中华、商务、世界、民智——其余有的是专为某种小学用的，例如基督教小学就有特殊书局出版小学教科书。乡村小学学生可以同时购买同样程度国语教科书三本，教师可以相机活用。

结 论

“用书问题，不过是人生问题的一个，不应该占着人生教育的全部分。教科书问题，又不过是用书问题的一个偏举问题。小学里最少限度也要做到儿童会用书，不应拘守着强迫儿童读教科书。”这三句话似乎不致于有大误。从这样看来，本篇前段所提出的各种办法，实在是过渡时代的办法，应该立即要做到，更进而废去一切教科书，利用社会的刊物如日报、传单、儿童刊物等作为用书的材料。

我国乡村小学的用书的演进是照着下表走的：

第一期　读《千字文》一类的书，反对教科书。

第二期　拘守法规，刻板的读教科书，即自然等科教科书也是逐课读得会背诵。

第三期　废去一部分教科书，活用国语教科书。

第四期　活用社会上刊物，“达到做什么事，用什么书”的境地。

诸位读者，你自己主持的小学或你所熟悉的小学，对于“用书”问题已经走到第几期了？

附言

本篇提议的各种方法，著者已经着手进行试验。从二十年秋季开始在闽南有四十余所乡村小学可以试行，这些学校都是集美学校的补助小学。在今年校长会议时，著者提出《试用国语教科书》、《废去低年级中年级自然社会教科书》、《改变小学算术方法》三案完全通过，并议定进行方法，约定试行期为一年。预料二十一年暑假以后必定可以一年来试行结果与全国乡教同志见面。

（载《中华教育界》1931 年第 19 卷第 4 期）

如何使用小学国语教科书和补充读物

曹　刍

一、儿童从国语文中得些什么？

儿童阅读的需要和成年人没有什么分别，都在经验新感觉，不同的地方仅在成熟的程度。但文学和普通读物在社会生活上究竟有什么功用？它们应当有什么功用？明了以后，儿童从国语文中得些什么，也就明了了。

1. 文学阅读和普通通阅读可宽广一个人观察的范围

一个人从阅读中，可以知道各地方现在的和过去的各项事件，可以知道，在他自己国度内或世界各地上人类的各种组织，可以知道各种环境中各种人物，也可以知道各种社会的阶级和各种人类的组合及其活动与环境的关系，也能知道人类的天性和其无穷的各项工作方法。在读物中有他人所观察的报告，读者可以将隐微的，稍纵即逝的，辽远的，玄奥的各项事体，呈现在他的眼前。总之，他人能见的能用文字报告的，读者都可以见到。如此，阅读可消除读者狭隘环境的限制，使他的视线凌于世界之上，并洞见其奥藏。可使他出于狭小的境地，入于海阔天空的世界。文学可算是一个魔术的窗子，可以叫人看到世界最远一端的各种情景。不论男女，应当充分应用它作生活的工具。但这须是呈现一种真实的不曲解而不违背自然的观察。尤应展示能造成世界的事情，但须按照事情的价值和意义来认识它们。

2. 阅读能宽广读者在人事上参与的范围

如一个人读唐代的一个生动有味的故事，他会感得当时的生活经验的真实感觉。在印度生活的叙述文中，读者短时间可经验印度的生活。因此，叙述文如能充分地再造人类经验，那么阅读可使人想像地参加任何辽远地方任何往古的人类经验。

故阅读能使人生活在广大的世界里。现代人所创造的巨大而希求幸福的制度，如扼他们的观察和经验，仅限制在眼前的物质及社会环境里，决不会发展出来的。如他们不再有远大的观察和经验，也不会再有发展。不但如此，如他们不继续扩展其经验，就是现状也不能保持。

3. 阅读可宽广人的思想范围

人所观察的和参与的范围愈广，他的思想材料的数量愈大，思想的基础愈宽。一个人应这样地预备去了解和参与人类生活思想和各种环境下所表示的各种智慧活动，阅读可以给人各地方、各个时代、各种环境中，人类生活活动和事项较多的普通思想。如此，读者可超脱他眼前环境狭隘的思想，而进于广大无边的各种纷异思想的境域。

4. 阅读可提高一个人的思想

在事体的性质中，可关系到少数的大思想家，但是任何人可读此少数大思想家的著作。任何人可以同样思及此等伟大思想，这当然要靠他们天禀的能力。无论如何，一个人可以超拔其本来思想的平面。如没有此种影响，他们不会达到思想最高的平面。

5. 阅读可使一个人和敏视者同视，敏感者同感

人类似乎都希望过超乎为现实平庸的眼光智慧及意志所决定的生活，但事实上只能有普通现实的作为。人类引领着将来的本性是很强的，所以一个人自然地要辨明那些广大的观察和了解的实际。于是读者就很强烈的希望，有敏于观察及敏感的人那样观察和感觉，但是如何能有呢？阅读敏于观察及敏感的人事后的记叙，就可得到。

6. 阅读唤起人类的趣味

现世界日趋于复杂，一个人的接触及互相依赖的地方，也有多量扩展，因此就要多知道些事体，在多量事体中感得趣味。要有事物的经验，尤其是有趣的经验，所以这是唤起人对于事物的兴趣的方法。阅读如为实现这种需要，就须供给可观察的可参与的经验。

7. 阅读丰厚人的生活

阅读可在各种有效方法中指出功用，但主要的地方，就是一个人阅读，是生活的一种情趣。生活是活动，而阅读就是活动的情趣。一个人当阅读时，除非为读时的快乐，阅读很少是常态的。在人的常态生活里，凡报纸、杂志、历史、文学，都不能有过分的研究，也不是贮备着为适应将来的需要的，只不过用为经验的工具。那种生动而常态的经验如有适当的比例，那么阅读的正当结果就完成了。

成人阅读和儿童阅读在根本没有什么分别，同是要经历新感觉，城市的儿童为自然界的美丽和希奇所陶醉，而乡村儿童就醉梦着大城市的

繁华。地域时间限制他们不能经历，那只有读物可以满足这种需要了。

儿童要经历新感觉，直接的观察假想的参与，其为用不仅是说使他们得着暂时愉快，乃是直接发展他个人，间接提高文化的一种方法。美国前哈佛大学校长爱立阿说："儿童时期所有学校一切的训练，应该养成有趣味的及进步的阅读的嗜好，因为这能继续影响及指导他们出校后的智识生活。"此种嗜好如经学校训练，不论有没有系统，都是初等教育的主要目的，如果不孜孜注意于此方面，教育都算是失败。由阅读而练习而想象，由求知冲动指导他鼓舞他，都可教儿童继续他自己的教育于离校之后。如果不能把这种印象深植在他的心中，那么他于过去、现在以及将来丰厚知识，难有逢源之乐。徒然生活稀薄而空泛的精神空气中，将来老大伤悲，不言可喻。

"我们也看见现在许多成人的生活，好像在真空中一样。他们除肉体生活外，所晓得的事体太少，就是供给他们的精神生活，他们也难以接受。由是可以晓得文字阅读的重要了。所以小学中每天有十五分钟良好书籍的阅读，可以供给任何人真正人类的生活，提高大多数民众的程度，平民主义也才可以实现。"

二、国语文材料如何选择才合儿童需要？

希望儿童从阅读中得些什么，上节已说明了。儿童如何能得到，那就全靠教材和方法了。方法比较单简。教材选择适当与否，合不合读者的需要，问题实在比较重大些。解决这问题惟一的标准就是读者儿童对于合口味的书，自然看得不忍释手，不合口味的如果没有力量去强迫，他当然是弃而不顾的。这种说法似乎太偏重儿童了。社会需要儿童有什么成就，才能符合现代社会的理想，这也是问题中一个要素，不可不参加进来讨论的。

（一）现在坊间的国语教科书合儿童需要吗？

这个问题本可以做一个试验的研究，不可以来空论的。但就前一节七个功用论，我要对现在的国语教科书说几句话。现在的国语教科书有几个特点：

（1）难易进程当然按照内容的难易排列。但最显明的是以字数多寡排列。最近作者在劳动大学教书，曾嘱读我的课的龙在天君，做了三部国语教科书（商务、中华、世界可以代表的教科书）的统计。龙君就此做了一篇论文。统计的事实有：自初级一册至高级四册课文自数字十余字起至千余字止。

（2）课数不多，最多为五十余课，最少二十余课。

（3）全册字数自数白字至一万余字，故定价不高。

（4）生字反覆的次数不多。俞子夷氏就做过一个统计。中国小学国语教科书十二册的生字反复只四次多，美国小学英语教科书生字反复次数有二十余次之多。

就上面几个简单事实，可以假定下面几个断论：

（1）因为内容分量不能供给儿童宽广的观察，参与人生经验的机会。

（2）因为每课的篇幅短，不能有多量的变模的情节，叙述或描写的事体不能十分具体，因此儿童阅读的兴趣不易满足。

（3）因为每课的篇幅短，不得不用机械的反覆练习方法，使儿童读了再读。在教室上教师不厌求详的讲解或讨论，使儿童厌倦敷衍。因为儿童阅读主要的目的在经验人生，至生字的认识，句法的辨别，内容的探讨，不过是经验人生的一种帮助。如果材料完全能由儿童阅读得到材料的整个经验，一切讲解讨论却嫌多事。当然有些材料讲解讨论，是不可废除的。

（4）认识生字，或辨列句法最好的方法是在阅读上多有反覆的机会。从生字或句法多方应用上，得到认识。如反覆次数太少，势必至于或生字难句用机械的反覆练习以获得了。这里面儿童得不到新感觉，只不过为负某一种责任（对教师对成绩等）而从事这种作业，颇难维持作业时的兴趣，但是这种假定的断论有人会提出疑问的：

（1）教科书内容如加厚，成本太贵卖价必高。中国一般人民消费力薄弱，销路上不免有影响。这种说法在做生意的立场上讲，当然是对的，不过也不全对。中国人消费力诚然薄弱，但是国语教科书内容加一倍多卖一毛钱，加两倍多卖两毛钱，不见得是怎么大的担任。骨子里的困难，是各书局在竞争的局势下，大家不敢提高书价，只得去减轻成本，所以只有缩小内容的一法了。从教育效果立场上讲，这是因噎废食，无聊的思想罢了。主持教育行政的官厅，如也这样为书局打算，真不知是所司何事了。

（2）儿童能力薄弱，内容丰富了难以学习。这种说法似乎是有教育的根据。其实也是当然的话。内容丰富或内容艰深是两件事，不可混为一谈。作者在广州中山大学附属小学曾经做了一个儿童阅书的试验，期间一年，在中山大学所出版《教育研究》第二十五期上有一篇《测验儿童阅读的能力报告》。所用的材料是：①《伊索先生》（见郑振铎的《天饿》），②《铜墨》（见世界书局的《儿童文艺》丛书），③《小哥儿俩》（见《新月》月刊），④《猫》（见郑振铎的《家庭故事》），⑤《皇帝的新衣》，（见《教育杂志》）。试验的班级是三年到六年。这种材料对六年级当然是平淡无奇，对三年级却不能说不深。但其结果三年级中材生，在这五种材料中每分钟读一九四字（六年级中材生每分钟读三七八字）。这是速度，至于了解程度：（即真速度）三年级每分钟四九字，六年级二八一字。我们就以了解程度的字数算，三年级读法课三十分钟一节，非一千四五百字，六年级非六七千字，不能叫他们读得有兴趣。短短的篇幅，如何能适合需要呢？

（3）就是适合儿童程度的长篇幅材料，也难以教学。因为教科书上材料是精读的材料，不是略读的材料。这是教法的问题。我们如果照现在所用的方法：1. 概览，2. 检生字，3. 试读，4. 试讲，5. 练习读，6. 练习讲，7. 深究内容，8. 深究形式，9. 整理，10. 应用。当然一篇长文都照这种程序来做，费的时太多了，不过我们要知道这种程度对不对。就算对，不是每篇材料都要如此？我的答案在以下有详细说明，此处不占篇幅了，至于精读略读的分别，应当在材料的性质上去分别，不当在篇幅长短上去分别。何以呢？我们要牢牢的记着：读一篇文章是在经验！字句的认识，不过是帮助经验罢了。一篇文章不限个个生字都在读时够能认识、记忆、应用，句子也是如此。精读材料不过内容精辟完整，代表一种人生不可少的经验。略读的材料或是补充读物不过把这一种不可少的经验展开，多方证明，使读者能触类旁通罢了。至于字句的认识、记忆、应用究竟在何时教，此点前面已经说过了。多反覆多有接触机会，否则也非内容丰厚篇幅长的材料不可，不能达到这种功用。不过篇幅长不是生字多，最好是生字不多，篇幅能长，而所表现的情节多变化，那是理想的材料。

（4）精读文是一种范文，是便于儿童作文模仿的范本。所以须适合儿童能力，篇幅不可太长。有这种主张的人，根本不知道阅读的作用。儿童从读的文章模仿些什么，是偶然的结果，不可以此为惟一的目的。果如此，阅读的作用不免小而又小了。前面七条功用可以回答这种疑问，不再说了。就退一步说吗，儿童作文的能力薄弱，一般人都以为儿童所作篇幅不能长，这是想当然的事，也是不良教法的效果。果真教师善于指导，不限定其作文时间，使儿童作其所愿作之文，长短是不能限制他的。中山大学附小有一次旅行漱珠冈，有一个五年级的学生就做了一篇四五千字的游记，这种例子恐怕很多吧。

总而言之，现在的国语教科书不能适应儿童阅读需要，书局方面为营业计不愿改良。教育行政机关审查的人或是基于成见，或是基于惯例，不求改良。甚而对于一两部异样的教科书，以为奇怪，以为不合时宜，大批而特批，认为不对。教师们受了旧教法的影响，只知例故的去教，儿童不高兴，用赏罚成绩来逼迫他们去读，他们不愿读的材料，久了以后也成习惯，也知道怎样去敷衍教师，另外求他们的满足。于是街头巷尾那些小书摊字，就大做其生意。一两个铜板就可租三五册书去读。内容的好坏无人审查，读的方法无人指导。学校阅读教育无功，而教育上的牺牲是如何的大啊！

至于补充读物如何呢？儿童基于好阅读的天性，学校里如有补充读物，没有儿童不喜欢去读的。坊间所出版的儿童补充读物，合不合儿童需要，没有做过精细研究不敢乱读。但现在这些书，是供不应求的时候。只要有，儿童都要读。我们不论到那个小学校去参观，只要那个学校有补充读物，无一不是碎烂的。儿童好比快上山的蚕子，一见桑叶就要吃的。作者在中山大学附小的时候，最感痛苦的就是这一件事。一学期都要买七八百元儿童读的书，所有广州书店卖的儿童读物，我们并不要开单去买，只通知他们有了就送来。可是常常有先生来对我说：“曹先生，图书馆里和学级上的书橱里的书，儿童都读过了，你设法再买些来罢。”小朋友们也时常来说：“曹先生我们没有书读了，你再买些来罢。”我却无法应付。买图书的钱，多多的存在学校里，却买不到书。供不应求的时候，那里还能远去做选择鉴别的工作。奇怪，儿童何以喜欢阅读补充读物，不喜欢去读教科书呢？惟一的原因他们可以各适其性，尽量读个畅快。不受篇幅的限制，不听先生噜苏的讲解，不要作敷衍的讨论，其实那些补充读物好的固有，不好的也非常之多哩。开明出版的《爱的教育》一书，四年级以上儿童差不多都把它当着圣经，人手一编了。更奇怪那些大书坊左一套右一套的大出其儿童不喜欢读的教科书，却不努力迎合儿童读者的心理，来做此一笔大生意，既可以賸钱，也有以供献于教育事业的事！

（二）选择阅读材料的假定标准。

（1）现代人要有周察世界的现在和以往的情事，更甚于从前了，对于人及人事要有智慧才干去认识和显活的兴趣去欣赏，且对于社团、人、国家及制度要有同情的和文雅的态度。

（2）达到上述的结果，有效的方法最好是对于各地人及事物有同情的直接接触；但有种种限制，叫他不可能。

（3）凡是直接接触不可能的人事，而现世界及一切过去的各事又要应用，那么只有用间接的方法了。因此阅读，遂见其重要。

（4）阅读可以间接晓得他方的，不能接触的及过去的各事。因为阅读材料都是再造的人类经验，可以叫人假想的参与各地方、各时代的人类种种活动。

（5）阅读材料如果是选来为观察用的，范围愈广愈复杂愈好。如用来叫人假想参与的，范围之广阔与复杂，须有相当限度。

（6）普通教育关于事物表现部分，其例重点应就事物的重要或价值有所比例。

（7）读物应忠实的，映照现在所表现的功用。

（8）间接观察的情景应使所得的印象，如同直接观察的一样。如有一些曲解式假冒，都不能符合这种目的。

(9) 一篇文字是有一个语言的窗户，由此可看到人生的舞台，看客愈少注意窗户的自身，愈能达到观察的目的。

(10) 读物上所供给的再造的人生经验，应流露出生活上各种色彩、气度、美丽和刺激。应流露出生活上各种暗淡、荒凉和丑恶；应流露出各种人类情感的情调。凡此如果有一些缺陷就不是生活，就不是真实的人类经验的再造，就不是一个间接观察假想参与适合的工具。

(11) 读物，是用来经验的。就教育说，凡事再没有比经验自身那样生动了。

(12) 一篇选文在选文中须表现或应该表现出整个情景。解释是比较的不必要。否则就不能符合其目的，或为一篇未成熟之文。

(13) 为普通人的文学，不是因技术和形式来研究的，是用它来经验的。著作家却非致力于技术与形式不可。

(14) 为教育用到文字大部分经验是在平常状态中，丰富地愉快地读。

(15) 大多数普通读者要了解，文学能由用它的方法中学得。初学的人除由应用它而学得外，是不必晓得任何技巧的，因此用有效的明敏观察。任何观察的工具和媒介，俱应如此，尤以文学为甚。

(16) 文学家不管是为职业或消遣必须精熟知道工具的自身。他必须明了文学的技巧，熟练其应用，注意自己作品或他人作品中技巧事项，对于体裁的兴味、缺点的觉知、优点的欣赏等等。凡此为他职业的目的都有需要。但是他的需要，不是一般读者的需要。

(17) 普通读者愈少注意于技巧，愈能完成其生活上之想像。

(18) 文学及普通读物上所表现的人物，应随个人的成熟而有不同。开始时读物所表现的应简单些、原始些、具体些。等一个人渐渐成熟，就逐渐增加得复杂些、隐微些、概括些。

(19) 在读物中完全了解它的细微的地方并不必要，因此可使经验有所生长和延展。

(20) 读者并不必要了解一切历史的、玄学的、科学的掌故。因读所以为经验的；一个人从事其日常经验，也没有周知一切的意思。有些事他要详细知道，有些事要极端注意，但有些事则可忽略。我们当使读者在这一方面如平常的生活的一切经验一样。

（21）要晓得历史的、玄学的、工程和科学的及其他掌故，主要在是等科目方面丰厚的去读，或在他种经验中得来。在类书、词书上检查这些掌故，不过稍明此等掌故在文中的关系，聊以调剂教法呆板罢了。

（22）文学的形式，体裁和技巧的演进，对于不做文学作家的人，没有多大意义和价值。

（23）文学作家的传记也没有比事物发明的传记来得有意义和有价值，阅读时不可占过分的时间。

（24）文学作品的背境，不过在获得作品的思想或借以表现的偶然的价值。作者当写一作品时，并不希望这背境要给人研究的。他只希望作品自身的整个情景得以表现。

（25）表现幻想与现实无关，不负责任，如梦一样的文学，有适宜分量或许是适宜的。不过梦幻要认它为梦幻，不可使影响人醒时的概念。

（26）如认定艺术家能创造一个美的、有趣或是有价值的理想世界，比现实世界好，那就错了。梦幻，在现在之旁，是无价值的。

（27）韵文文学无疑的是能适用的——音节、曲调，和和谐表现情绪而产生想象。凡此能引动人，和音乐有同样价值。这是任何伟大文学上，应有之一部分。

（28）文学艺术所构制的在满足种族的情调。种族的自然兴趣是家庭，目前的社交团体，和环境中具体事物的简单活动。

（29）文学表现事物势力和关系，如为高超概括和非人事的，少能引起人们的自然兴趣。

（30）文学艺术的理论为人类简单甚至原始心理所形成。

（31）文学家和赏鉴家常常有进于夸张的说文学的价值惟一的在满足人类原始的情调。

（32）儿童为符合他的能力，在一部分阅读中，要观察概括及非人事的事物。

（33）照上项的文学研究，必须读者已有多量的文学阅读及经验以后，始可从事。且须在常态及实际中研究。

（34）阅读习惯在各种情况及各种方法中形成，使能有用于将来。

（35）自修的家庭读物如有价值，又非学校各科所能包括的，如其价值少能高于学校读物，应加承认并给予其成绩。

（36）大多数阅读应是默读，个别的，且须有相当速度。

（37）语言的自然形式本是用耳不是用目的，但为求充分效果起见，有些文学须耳目并用的。

（38）兴起人道态度、欣赏、兴趣、雄心、理想、同情、忠诚等技巧，须有适宜朗读分量，尤以所有品格和社会有地位的有技巧的人朗读更能增加所读之情节，这是可能的。如儿童以为自己朗读可以助长其感情，这或许也是可能的。

（39）因文学之被选择所以流通经验。至于作品是那一国文字，作者是那一国人，是没有分别的。所以翻译文学要自由的应用。

（40）大多数文学的内容和表现是人的，是社会的。但关于社会部分，最好分入社会科中去学习。

（41）表现自然的文学和普通读物，最好分入自然科中去学习。

（42）一个人经验的具体标准，不论直接接触得来或是间接观察得来，都是一个人概念的基础。除去那梦幻的或韵文的形式外，为形成概念的目的，经验是供给具体材料的。

（43）文学教师应该自省，他是一个人类天性，人类心理，人类势力、影响和关系的教师。此等事文学上都有具体表现。文学的选择是否对于此事有良好的表现，这是他的责任，且此等事都用来形成概念的。

上面四十三条，是由波必特课程编造法文学与读法章中节译而来，用来做选材和使用所选之材料的参考。由此可了解现在小学中所用之材料和方法之不当了。

三、从使用上所见的材料分类

运用材料必先辨别材料的性质和读者的能力和需要。如是，儿童、材料及方法三者是分析不开的。我们由文学和读法的功用上及选材的标准上，可以晓得阅读方法的侧重点在默读；朗读虽重要，但所占的地位不多。我们要明了阅读材料的分类，当先明阅读的作用。

1. 默读的价值。中国从前的阅读，大多数是朗读的。现在小学校内还是多用此种方法。不但国语教学如此，其他科学的教科书也用朗读。其间浪费颇多，兹分数项说明：

（1）默读训练是生活上最有效的训练。我们每天行路所行的文学，不论书写的或是印刷的，实在很多。如街名、街招、安全标语、广告、文告等。如走进一游戏场，取得一入座券，一张节目单。其中有表演的详情，或剧情的大意，或新节目的预告，或本地商店的广告等，都须阅读。每天的报纸，各种用品包裹上、瓶罐上粘的用法说明，账单、发票、来往书信等。一人一日的生活，费在阅读上的时间颇多。不得不求有效的经济的阅读。

（2）读者如以为凡是所见的文字必高声朗诵才可寻得字句间的意义，那么精力必有多的消耗。照匡恙（Quautz）在五十个大学生中求得朗读、默读速度之差别。朗读时每秒由二·六字至三·九字，默读时每秒由三·五字至八·八字。许野（Huey）求得二十个成人默读平均速度每秒五·六字，最快每秒九字，最缓二·五字。朗读平均每秒三·五字，最快每秒四·七字，最缓二·二字。胡毅氏在芝加哥大学五十个中国学生朗读小说，平均每秒三·七字，默读则每秒五·五字。读古文，朗读每秒三·七字，默读每秒四·三字。读古文，朗读每秒平均二·九字，默读每秒三·四字。由上诸种试验，一致之结果默读速于朗读。其原因，朗读的读者（包括语言中一切之运动）不与默读中包含的眼动保持同等速度，且默读中眼动的休止少于朗读。默读可减少目力和声音的紧张，可以想见。

（3）默读可帮助了解。默读不但速度快，在了解上也较好。因注意集中字形，及意义的解释。朗读则须注意呼吸和音调。凡是易读的材料，如用较快的快率，反可帮助了解。因阅读范围的单位增大，组织材料的能力随之而增，其了解自然容易。

（4）有择别的可能。读者在默读中可选择对彼最有趣味的部分，咀嚼此等部分，因此激起他的思想，可以发展个性和默读能力。

（5）可发展各个人的阅读速度。朗读速率的差异少于默读的差异。

在默读中读者速度各个不同，其差异甚大。所以默读比之朗读，有发展个性及个人速度较大的机会。

（6）默读中所受的训练在他科目中亦属必要。儿童在地理、历史、算数中的失败，往往由于不能了解所读材料的意义。久受朗读训练的儿童，往往难以了解问题的情景，因他对于地理、历史问题的解答的材料，不能有选择组织及应用的能力，仅能正确记忆书中的文字。所以在中高年级必须多与时间，使由默读注意正确解释材料的意义。

2. 朗读的价值。朗读的惟一价值，在将美好的经验，用技巧的方法传达出来，使听者感得愉快，与所读的内容的情绪共鸣，可算是一种艺术的方法。分析起来有：

（1）一个人当默读时常有的心情或观念，预意将阅读所得分享给人。要实现这种观念，惟有依赖良好的朗读。

（2）有许多材料如诗歌、美的描写文、抒情的小品，每因为低吟朗诵，格外能得充分的欣赏。诗歌的音节，美的描写文的选词以及作者文体的风格，如用人类的声音加以解释，最能使人愉快。

（3）不熟悉及困难之字，每因听得比看见来得更容易固定。那么开始阅读，应多注意于朗读，到中高年级则宜多偏重默读。

（4）人类的声音是生活最有效的工具。可惜社会上只有少数人能有效的使用这种工具。良好的语言、清晰的发音，和音调的抑扬为一切生活中的资产。训练人，使人有此等资产，则有赖于朗读。

由朗读、默读的价值，我们可以分出何种材料宜朗读，何种宜默读了。

1. 默读材料　凡是一切文字，不论印刷的或是书写的，都是默读材料。就是专为朗读用的材料，在朗读前亦必先行阅读。至于为求得人事经验，了解事实，获得知识的材料，都宜默读。条举出来有下列许多：

a. 一切朗读材料，先使经验其内容。

b. 各种人、各种人性及人性的变异的叙述。

c. 各种形式、各地方人类事业和活动的叙述。

d. 人类制度和组织的叙述。

e. 人类地理的历史和风俗、态度、习惯、好尚等叙述。

f. 动植物的生理，物理、化学、天文的现象，关于人事的。

g. 一切数量事实。

h. 一切声音、音乐、色彩、形像等事实。

i. 人类的创造与发明。

j. 组成世界各种自然形态，如山岭、江湖、海洋、城市、乡村等。

k. 神话、传闻、物语、谜语，可以激发人类想象等类材料。

此等材料多半引起人的认识觉知，当中虽有情绪的表现参夹其间，但不是完全为情绪的目的，所以应完全用默读方法应用它。

2. 朗读材料　用作朗读材料的大致为诉诸情感的。读出来使人感得愉快、欢乐、奋兴、愤怒、忧思、悲伤等感。分述如下：

a. 歌咏的材料。如诗歌童谣、有韵节的谜语，须有适宜的曲调，如唱歌一样读出来。

b. 对话的材料。如戏剧中的对白，读出时抑扬顿挫合乎人类自然的腔调，但须和颜面表情、姿态表情相一致。人物个性、时代、习俗、动作都须确合身分。

c. 美的描写或叙述的故事材料。如戏剧中独白，或是描状景物，或是描状人的性格、动物的活动，其表情处要和对话的材料一样。

d. 证明论点或支柱论点的材料。此类材料或为事实，或为知识。读出来虽不必如 c、b 两项那样表情；但须有势力，须就其重要处，有侧重的语势，使听者感动，或引起听者的活动或改变听者观念。演说、辩论都应有这样的艺术化的语言。教师应该就希望养成儿童何种成就，适宜选述上的材料，并用适当的方法。

平常学校实施国语教学选材分类大致分为三种：

a. 基本的或精读的材料。普通以国语教科书为代表，所用的方法大都为朗读，这是不对的。应用的方法不对，可参看作者第二十五期《教育研究》上《默读教学法》及本志二十卷第四期《朗读教学法》两文。至于选材方面的不对现在要加说明。基本材料或精读材料，不可以教学方法来分，要以内容范围和质地来分。我以为精读材料要完全能表现第一项七个功用。当然七个功用范围非常广漠，精读材料只能是一种代表的性质。因为如此，所有的文章须是杰作，须是成熟的作品，不是像现在的教科书随便编辑的。选材时应先就国内文学家或儿童文学家精致作品中去选择，其次就翻译作品中去选择。如仍然觉得对于内容范围（即符合国语科的目标）不能完备，须专聘有文学素养，懂得儿童心理的人去制作，求其完备，才可求得国语文学教学的较大效果。

至于内容范围如何规定哩，国内尚少这样的研究。兹将作者所假拟的小学儿童精读文内容范围列举如下：

（一）引起儿童兴感者：

1. 忠诚类。对人、对事、对机关、对组织。

2. 慈爱类。父母及祖父母之慈爱。

3. 友爱类。兄弟姐妹间、友朋间、同学间等。

4. 博爱类。对一切物、对一切人。

5. 勇敢类。侠义、服务、求学等。

6. 冒险类。创造、进取等。

7. 牺牲类。为事、为他人、为团体、为组织等。

8. 公正类。对事、对人。

（二）激发儿童机智者：

1. 处理事务之机智。

2. 应付新奇事项之机智。

3. 应付危险环境之机智。

4. 应付一切人物之机智。

5. 谜语类。

6. 不属以上各项之巧思。

（三）使儿童经验美的一片段：

1. 最精采的事。

2. 最美的景物。

3. 最纯洁的情感。

（四）清晰儿童思想：

1. 说明事物忠实而有系统。

2. 设理正确而透辟。

（五）实用文：

1. 最合社会功用者。

（六）儿童精读文应用之文体：

1. 神话。2. 物语。3. 儿歌童谣。4. 故事。5. 童话。6. 对话。7. 戏剧。8. 诗歌。9. 小说。10. 纪事文。11. 游记。12. 传记。13. 说明文。14. 议论文。15. 应用文（书信、契约、广告、宣言、告示……）。

（七）儿童精读文形式方面之标准：

1. 语法合儿童口吻。

2. 所用文字多反覆。

3. 表示之内容多转变。

4. 修辞多具体，易引起其想像。

5. 所用字汇，社会上最有功用者。

6. 多用社会最有功用而又为儿童易于了解之成语。

7. 全篇结构，有完密之线索。

8. 段落分明，标点清晰。

b. 补充读物或略读材料。普通学校用此等材料，大率任儿童阅览，并无成业考查。朗读、默读听儿童自由。故毫无所谓选材。但将此等读物按儿童能力或年级加以排列，已经是优良学校所做的事了。其实补充读物的使用，用意在根据精读的代表作，广为经验及从多量阅读中养成阅读习惯。其间有须默读的，也有用来作朗读的。就作者的意见，内容范围完全要根据精读的范围作扩充的收集。文字须容易，叫读者不感许多的困难。当然文章愈成熟愈好。教师使儿童读此等材料，有指导，有考查。

c. 泛览的材料。一切生活上适用的材料或是图书馆家庭间陈列的书报杂志，供儿童随机阅读的。这或不待教师激励，儿童本其个性和好尚，随意浏览。当然教师不能指导和考查，也无从去指导和考查。但应布置此等材料的环境，相机引起其阅读动机，和相机给与此等阅读的广大应用的机会，也是教师应有责任的一部分。

四、教师指导儿童阅读对于儿童应用之成业应该时常检查

教师负指导儿童阅读的责任，他的心里须有一个儿童成业的标准，时时自检。可以晓得他的责任已尽到什么程度，同时要使儿童明了其自己成业的情形，离应达的标准相差好远，这样更可鼓励他自己再努力去阅读，这才是正确的方法。下面述标准和各年级的应有成业：

甲、阅读的普通目标：

1. 养成阅读的需要和爱好。

2. 发展正确获得思想的能力，须有相当容易和相当速度。

3. 发展控制阅读技巧的能力。

4. 求儿童阅读速度，达最大限度。

5. 帮助儿童利用有效的阅读工具。

6. 发展儿童有良好默读的力量。

7. 发展儿童能用朗读使别人愉快的能力。

8. 养成儿童有藏书的需要。

9. 鼓励儿童使能欣赏优良文学。

乙、小学各年级组织成了解习惯技巧等目标：

一年级

1. 欣赏：

a. 阅读需要。b. 阅读爱好。

2. 习惯与技巧：

a. 朗读前必先默读。b. 读时避去以手指指字。c. 避去头动。d. 默读时须无一切朗读的表示，首先要避去唇动。e. 用正确的眼动。f. 晓得怎样应付新字和难字。如：由上下文知道字的意义，由偏旁或谐声认识文字，以及怎样去询问教师。g. 读去回答一个询问的材料。h. 避免一字一读的朗读。i. 读音要正确，声调要有抑扬。j. 执书正确，并能爱护书。k. 立的姿势要正确。

二、三年级

1. 欣赏：

a. 阅读的需要。b. 阅读的爱好。c. 欣赏一节中的趣味。d. 欣赏美的描写。

2. 习惯与技巧：

a. 增加眼一扫射所认识的材料数量。b. 任何朗读之前先行默读。c. 消除一切不必要的习惯，如不良的头动、眼动、唇动等。d. 根据教师发问，希望获得固定的智识的阅读，渐渐增范围和难度。e. 能判断所获得比较重要的观念。f. 组织获得的知识和观念的连续的关系。g. 能检查目录。h. 确定阅读正确的姿势。i. 执书正确，并爱护书。j. 在朗读中继续用短句读出的习惯，避去一字一读的坏习惯。k. 读音清晰，声调正确。l. 加强认识新字的习惯，如：由上下文晓得意义，利用偏旁的旧经验，利用谐声的旧经验，检查字典（三年级适用），及询问教师。

四、五、六年级

1. 欣赏：

a. 阅读的需要和爱好。b. 欣赏文中的情趣。c. 欣赏美的描写及用字选择。d. 欣赏某人物、某情节、某事变的价值。e. 选择报章杂志及书籍中有价值的材料并能报告。f. 有藏书的需要。g. 建立正当生活的理想。

2. 习惯和技巧：

a. 消除不必要的阅读习惯，如不良的头动、眼动、唇动。b. 有效的利用目录或一篇文章或全书的标题。c. 经验的及有效的利用字典辞书及卡片目录（六年级适用）。d. 眼一扫射增加认识量。e. 阅读能达最高的速度。f. 读时心中存有固定的日的。g. 读时须判断及组织所得来的观念。

至于检查方法可分默读和朗读两方面：

1. 默读检查方法　这种检查的方法很多，除一切标准测验及有计划的测验外，现在择有效的和儿童感有兴趣，教师对个别或小组儿童随时可用的方法。按低、中、高年级各介绍数种如下：

a. 低年级

（1）指使动作。叫儿童证明下列的短故事。

例：我是美生的小花猫，我头上有蓝带子，蓝带子打了一个结，请你替我画一个像吧！

又例：

牛奶姑娘，她对小孩子们是很好的。她使他们健康，你用黄、白两个颜色去涂她。如若你一天饮一次牛乳，就在她的下面画一个×。

此处画一牛奶瓶，下面有两脚，表示牛奶姑娘。

（2）照图画拼故事。将图画故事每一幅画，每一句子分别剪下，检查儿童是不是了解故事的意义，可用下面三种方法：

甲、将图画照原来次序排好，使儿童照图画次序排句子的次序。

乙、和甲项相反，就句子的次序排列图画次序。

丙、图画句子都扰乱，使儿童将两样排列成有意义的次序。

（3）绘画或剪贴证明故事。在小册上写好或是印好短故事，叫儿童从旧读本、儿童画报、日报，及其他有插画的广告中，剪下适当的插图来证明这个故事，如没有这种材料，由儿童自行绘画亦可。

（4）拼韵语和诗歌。任何适合儿童程度的韵语或诗歌是儿童所熟知的，可一行一行的剪下，放在一个信封内，叫儿童排列成次序。初对照原作做，过后可由儿童记起来，拼成次序。

b. 中年级

低年级各种方法，可继续在中年级应用。但内容和动作须复杂且须较难。此外有：

（1）制小册子。常使儿童带来所剪下或自绘的各种图画，表明家庭中种种活动。如："今天是星期一，我们在星期一洗衣裳……"一类，可连续成一小册。

（2）填充演成故事。订一小册子，黏上或写生［上］适宜的句子。由此演成故事。如一半年给了我们——空白的地方或画或写都可。由此连续写或画。

（3）表演准备。儿童决定表演某故事，将故事中所需要表演人物，及人物的装束、场所布景等加以决定，准备布置或制作。

（4）复述。儿童读一课后择最有趣味的一节向全班复述。

（5）解答问题。某教师写某选文或各书中几个问题在黑板上，儿童阅读后即预备回答。

c. 高年级

中年级各种方法，高年级可继续应用。

（1）决定朗读材料。儿童在补充读物及其他读物中决定故事或各章中某节最有趣味，以便向全班朗读。

（2）准备对人诘难的问题。儿童就某故事的要点，拟出几个问题，以备向同学诘难。但这故事须是同学已经读过的。

（3）选择。使儿童选择一课中或一书中最令人发笑、最美丽、最能兴奋人的部分，或选出故事最好的对白等。

（4）研究书中人物个性。儿童读一选文后，决定人物属何性质并引其他参考材料，证明他所想的是对的。

（5）作纲要，作关系表、人物表等。作此算是读书报告。

（6）摘录。儿童将文中最好的接续词、好谦虚语、佳词美句、最有思想的段落等。

上面所述的方法和分的段落，都是假定的几个代表例子。实际使用的时候，要活用要补充。至于检查读者眼动是否正当，是否避去一切无用的动作，如头动、唇动、执书的姿势，是否确当等等，要教师时刻留心注意。至于具体方法限于篇幅，将来再另文说明罢。

2. 朗读检查方法　检查朗读的方法在本志二十卷第四期《朗读教学法》一篇的里面有十四种询问方法。及年级都可用来做考查读的。除此以外，平常可利用下列各种机会：

a. 表演。凡是简单的对白，以至于复杂的戏剧，都可检查各个人的朗读的能力。

b. 说故事或讲演。教室内或全校内不论有无形式，都可达此功用。

c. 报告或介绍所读的书或文章。向小组，向本班或向他班。

d. 各种堂课的讨论。这不限定国语文学科的堂课，其他一切科目的讨论，都要叫儿童注意他的说话。教师也可从这些方面考查其他。

e. 辩论的形式。或是正式的辩论会，或是有组织的辩论，却不限定求得胜负的，俱可检查出他们的能力。但此只可适用于高年级。

f. 日常的交际语。师生间、同学间，或儿童与社会人士间一切的机会，俱可明了儿童语言发表的能力。

朗读是一种艺术，最高的成就要借人类的声音使听众和文中所表现一切情感共鸣。文中思想的了解应在默读中考查。朗读所考查的在感动听众的技巧和能力。但这也分两途：一是自然语式，最高的成就须和戏剧中对白一样。二是韵语，最高的成就须和音乐中所表现的一样。当然难期望小学儿童们在小学毕业就有最高的成就，但不可不使此两途有逐渐发展的可能。语言的成就固须靠着训练，但天性的势力也极大。所以不必希望任何人都有常态的发展。天生有缺陷的人，不可因此种成绩不良，即与以不利的处分，如留级、降班之类。一般教师不明了此点，往往使儿童因朗读的失败受了处分，致其他学习也连带退步的。

这篇文章牵涉国语教学的问题方面很多，但简单说出几个使用国语教科书和补充读物的方法，不免令人摸不着头脑，不得连类说及，用来互为证明。有许多见解或是作者从经验中得来的，并不是客观的标准，读者有什么批评是很欢迎的。

作者附志　　二十年六月于上海。

（载《中华教育界》1931年第19卷第4期）

小学教科书的封面和插图

吕伯攸

不必说，在一本教科书上，负有最重大的使命的，当然是课文。但是，除了课文，其他的种种，对于学生——尤其是小学的儿童，未始不会给与一些影响罢！因此，我觉得，教科书的编辑者，在精心编撰课文之余，似乎还应该注意到课文以外的一切事情。

因为，教育的本旨，并不仅仅在灌注知识，同时更要研究到如何方能适应儿童的生活；所以，一本教科书的材料，虽然采选得十分精当，用字造句，斟酌得非常完密，但是在儿童的使用上说起来，未必即可算是一本良好的教科书。譬如：如所用纸张的脆薄，略一翻阅，便致碎裂，怎能保持儿童爱护用具的信心？或者，油墨恶劣，触手即被沾污，怎能引起儿童的美感？这样看来，一本教科书的完成，从封面到封底那一处可以忽略过去？现在，且把课文以外比较重要的部分——封面和插图，提出来说一说：

ㄅ、封面——一本书籍的有封面，大概包含下面的几种作用，就是：(一）保护书页；(二）表显书名；(三）装饰外观。从第一种作用说起来，显然是为了书页的容易损坏，何况，小学教科书又是儿童们每天所不能离开的东西。他们时时刻刻的抚摩翻阅，而且对于处理用品的能力和经验，又不如成人精细，因此，我们常常在儿童们的小书包里所看到的，至少书本的封面是卷边缺角的。封面既先损坏，那么，书页失其保护，逐渐跟着损坏，也是意料中的事了。为了这一点，我们要改良封面，第一便应注意到做封面的材料。做封面的材料，要怎样才对呢？我以为如果用纸，当选择愈坚韧厚实的愈妙。理由是：坚韧的纸张，不容易撕碎，厚实的，就不容易卷边；试看，我们小时候读过的《二十世纪新读本》等英文教科书，就因为都是用的硬封面——即所谓洋装书——所以直到现在，同时使用的那些教科书，早已是尸骨无存了，惟有那些舶来货，却还是好好地保存在书箱里边。虽然，小学教科书为要适应一般家庭的购买力起见，未必能照外国书籍全用硬封面，就是近来有人主张用粗劣的布来代替封面纸，也恐怕难以办到。但至少应该将现在所用的封面纸，两张或三张裱成一张，裁成封面。而且，三面切边的地方，要比里面的书页，放宽两三分，以便让它充分地尽了保护书页之责（要使书页不致卷边缺角，最好把上下两个书角连封面一齐切成半圆形）。

至于讲到第二个作用，现在教育部既有必须刊载的字样规定——一是某种学校用书；二是教科书的名称；三是册数；四是编者和校者的名字；五是印行的书局名称——似乎只要照着办理，用不着我们再来讨论了。不过，现在所出版的教科书，就因为有了这个规定，有时排字的行数复杂些，就把全个封面，好像摆满了蚂蚁阵，美观不美观的问题且不说，实在，使人一眼望过去，很难认清是一本甚么教科书。于是，第二个作用，几乎也要失却功效了。我们要补救这缺憾，一面又要遵从教育部的训令，今后小学教科书封面上的排字问题，应怎样处置？应怎样将书名特别的表显出来呢？这倒并不是难事，依我的意见，只消将一、三、四、五各项，用比较现在更小些的铅字，而将第二项的书名，用较大的美术体字写就，制成一方美丽的锌版来刊排。并且，书名必须排列在全封面最重要的部位，而其余的四项，就是分散在书边或书角上，亦无不可（第一要避免太单调，或不能集中）。这样，那书名自然会像鹤立鸡群一般，很明白地显露出来，使人可以一目了然了。

讲到第三种作用，决不是一张单色的纸张所能了事的。的确，我们要装饰一本书本，使它增加些美丽，除了图画，谁也不能负起这个重大的责任来。可是，我国从数十年前，开始编印小学教科书以来，永没有看到过一本用图画来装饰封面的正式教科书过。这缘由，大概是因为一向认定教科书是庄严的东西，要是封面上印了图画，便有些近于儿戏，怎能和别种书籍分别呢！所以，它的面目，应该要表示出神圣不可侵犯的样子才是。其实，我们小时候在家塾中所读的《千家诗》、《神童诗》等等，早已有在封面上印一幅粗劣的木版图，如状元及第、魁星等等的。只是这种过时的教科书中的优点，后来不知怎样竟被大家遗忘了。最近虽有主张用图画来装饰教科书的封面的，但是，我所见到的大多数都是图意粗劣，设色沉闷，无论如何也引不起儿童的美感和兴趣来。而且，我们要知道，教科书的采用封面，果然是如上面所说，目的在装饰外观，同时，却还应得附带一个要求，就是：必要将本书的特性表现出来，否则，国语教科书的封面上画一群读书（?）的儿童，工作或算术教科书上，也画一群读书（?）的儿童，试问：这种封面，对于书本的内容，又会发生些甚么关系呢？（我以为工作教科书的封面上，与其画一群读书或阅读的儿童，不如画一群正在使用工具的儿童，算术教科书的封面上，与其画读书或阅读的儿童，不如把一群儿童正在演算的样子画出来。）倒不如让儿童们随意找几张五彩画片来黏贴上去好得多了。

总之，封面如要适应第三个作用，封面用纸或封面画，绝对要避去黯淡、沉闷、儿童所不欢喜的颜色，而代以鲜明灿烂，为个个儿童所爱好的三原色——红、黄、蓝，或两原色的混合色——橙、绿、紫。而且，所作图稿，是要能表现本书的特性的。

最后，还有一件事要注意，就是儿童在初学书法的时候，每喜将自己的名字写在封面上，他们的字体，既没有结构，东倒西歪，涂鸦满幅，无论怎样好的封面，也一定会给他们涂得很不雅观了。这一点，我们也应该在封面设计的时候顾到；最好，在封底上预先留出一个给他们写名字的地位，让他们自己可以填写。

现在，把我所假定的封面，举一个例在下面：

这张封面上所有的图画，像日、月、花、树、河流、山峰、鸟兽等等，全是表示自然界的一切现象的，用来装饰自然教科书，可说是非常适合，要是将它装饰到他种教科书上去，便有些牛头不对马嘴。印刷时，可用浅红或浅绿色的纸，印上深红或深绿的图画；再在图画上印一套黑色的字，似乎总要比较美观些。

攵、插图——封面所用的图画，和书中的插图不同，因为，插图的作用是在表现出文字的内部的情绪和精神，也就是用图画来表现书中的文字所已经表白的一部分意思，或补充文字所表白不出的部分的。在教科书中，因为儿童欣赏插图的兴趣，比较欣赏文字的兴趣来得深切，他们常常为了一幅插图的不合口味，联带地竟为减少了学习文字的兴趣，所以，插图可说是小学教科书的生命，实在比课文还要重要些。不但小学教科书的编辑者要致全力于这种工作上，就是一般小学教师们也应该随时加以研究，从旁督促编辑者，使他们得有改进的机会。

1. 儿童欢喜怎样的插图。这问题如果率直的回答起来，当然是要有色彩的。可是，在这不能全用彩色来印行教科书的环境里，我们只能缩小范围，就现在所通行的单色插图来谈一谈。——关于这问题，我先后在各处村乡或城市的小学里，教过五六年的书，于数百儿童中，作过许多次的测验，最后，便归纳出下面的几个条件来：

A. 儿童所欢喜的插图，是要比较单纯的；

B. 儿童所欢喜的插图，是要近于儿童的自由画的；

C. 儿童所欢喜的插图，不是呆滞死板的。

推想条 A 的原因，大概儿童的注意力比较成人薄弱，所以，如果有一幅画得非常复杂的图画，在成人看起来，以为是画得精细极了，的确可算是一幅佳作。但是，在儿童的眼光中，却只觉得模糊的一大堆，永远捉不到它的中心所在。而且，有些插图，常常把不必注意的部分，也一概详详细细地画了出来，或者竟把附属物画得比主要物详细，即使儿童看得很明白的，但在教学时，必至引起许多无谓的讨论，结果，就把注意力分散了。从这两点看来，我们可以决定，教科书的插图，只要把主要点画出来就行了，却不必注意到背景或不重要的部分去。譬如，上面所示的“ㄅ”例，儿童一看就知道是猎人打兔图，决不会生旁的疑问的；再看题材和“ㄅ”例一样的“ㄆ”例，背景是画得详细极了，而那只兔子却只有这么一点点，儿童欣赏这幅插图时，也许因为找不到这只兔子，还以为这幅插图所表现的主体物，一定是大树或高山呢！

ㄅ

ㄆ

现在再就 B 条来看！儿童们不是常常拿了粉笔头或煤块等类在墙

壁或地上绘画他们的自由画吗？只要是留心观察过这种自由画的人，总可以说得出他们的作品的大概形状来吧！在我们成人，以为这种自由画是不正确的，是没有价值的，其实，在儿童们的意识中，却只需要这么的图画就满足了。譬如：他们所画的老人，胡须一部分是一定要一根一根的画得很详细的。又如画一个普通的人物，形体无论画得怎样的小，他们宁可把别的部分忽略了去，而所有衣上的纽扣，却完全要把它描绘出来。因为儿童的图画，自有儿童的注意点，自有儿童的兴味，每每在成人意识中视为很轻微的部分，他们却视为十分重要。我们在作插图的时候，要是一意孤行，照着画普通画一般画法，而不拿他们的自由画来参考一下，怎么能得到儿童们的同情呢？在这里，我愿绘教科书插图的先生们，在落笔的时候，应当费几分钟的思考，确定那教科书的对象是怎么样的人。

说到C条，似乎是最不容易的事，实在的，绘图者即使有了灵敏的头脑，要是不肯尽心的研究，依旧是达不到这个目的的。所以大多数的插图，都是千篇一律，人云亦云的东西，甚至，有些插图，可以用之于甲书，又可移置于乙书，对于课文，可说是发生不出甚么关系来。那么，何必一定要做几块锌版来充数呢？——说到这里，也许有人要问：到底要怎样的插图，才不算呆滞死板？对于这问题，我可以借用 Book of Knowledge 书中的一幅插图来做例：（如"冖"图）

冖

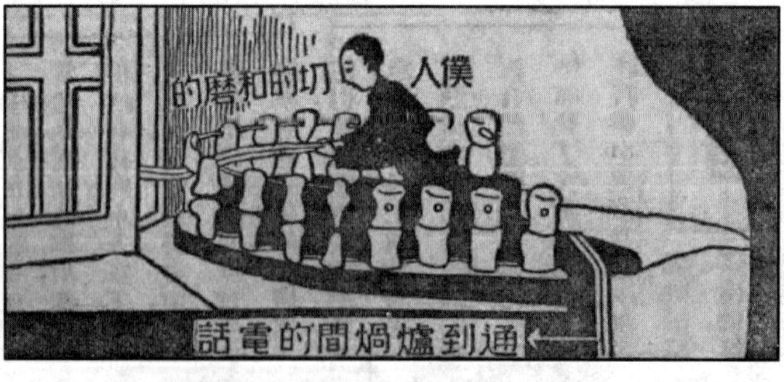

这是该书《及克的房屋》一篇中的插图，它所表现的，是牙齿咀嚼食物的情形。它把牙齿当做切断食物和磨碎食物的机械，舌头当做一个

管理的仆人，神经当做通到炉锅间里的电话线，而所谓炉锅，却指的是消化食物的胃。这幅插图，设想是多么巧妙，儿童们要是听了干燥无味的生理讲演，再拿这幅插图来对照一下，应当可以感到怎样的趣味呢！

2. 文学的教科书和科学的教科书插图应有区别。文学教科书的插图，目的只在供给儿童们美的欣赏；科学教科书的插图，目的却注重在明了实物。目的既不同，作图的趋向也应该分别清楚。简括的说起来，就是文学的插图，可以不必依着真实的事物来构图，有时即使画到真实的事物，也可使用艺术的手腕来加以·种变化。譬如下面的“匚”例，是一首吟咏时辰钟的诗歌的插图，钟上画一个小人在打铃，一个小人在拨动长短针，而且钟上计数的字，也只有一个影子罢了。照真实的物理说起来，钟上长短针的转动，铃的打击，当然是机械的作用，谁也不相信有甚么小人在工作；但是，在文学的教科书中，并不要详细研究钟的原理，所以，这么用神话化的一描写，更能引起儿童对于文学的兴趣来。至于科学的教科书，如自然课本中讲到钟的时候，那自然应当很正确地照“万”例描画了。又如“勹”例，是文学教科书中《国旗自述》一课的插图，因为要图绘这张旗正在飘动的样子，那青天白日的图案，当然不能照着政府所颁布的式样和尺寸，很正确地画出来了，而且也不必正确地画出来。可是，在社会课本中讲国旗的课文中，要是需要一幅插图，那就非得正正确确一丝不苟地画出来，像“𠫓”例一般不可了。

ㄉ

ㄪ

ㄈ

ㄊ

3. 插图的地位。插图的地位，不是几行文字所能说得明白的，这是全要看课文内容如何，然后随机应变，才能安置妥贴。现在有些教科书中，不论内容怎样，好歹总来一个占全页二分之一的方块，这对于教科书的形式，不知要减少多少美观。这里，我且把各种地位，归纳成如下面的几个方式：

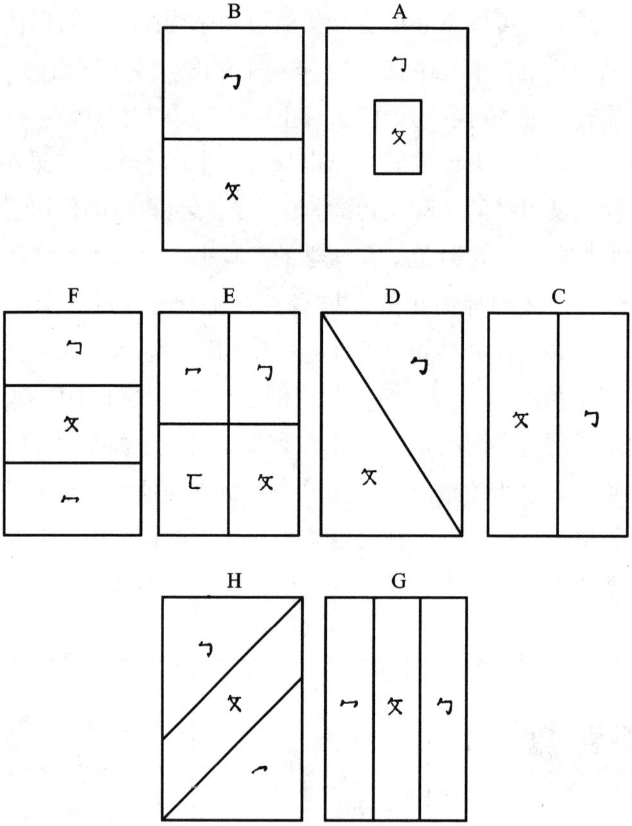

不过，这几个方式，也只是略示地位而已，决不是依照了这几个方式，就可随意用来画成插图；譬如：我们要画一幅猫追老鼠，狗追猫，人追狗的插图。无论依照 A 式或 B 式……地位似乎都嫌太少，那自然应该用 H 式“ㄆ”的地位最为适宜。又如画一幅小孩布着梯子要跑到月亮里去的插图，如果用 A、B、D……各式，也似乎都嫌不够高，遇到这种情形的时候，只有采用 C 式“ㄅ”或“ㄆ”的地位了。

末了，还应得郑重声明一句：在各种方式中，划分地位的线，在插图上尽可不必画出来；而且，每个地位，也不是固定不可变动的，例如：我们要在 A 式“ㄆ”的地位画一只六角形的挂钟的时候，尽可把那方形改成为六角形。

4. 插图的排列法。每一页书上，插图的地位是布置好了，还应该注意到插图的排列，对于课文或别一页插图的关系。记得，从前我曾替某书做过一篇故事，大意是：“有一个魔王请客，每人给一个长约一丈的汤匙，要他们用了这个汤匙舀汤喝。但是，一方面却又附带了一个条件，就是：使用汤匙时，必须执住汤匙柄的末端；要是不能遵照这个方法办理的，便须处以死刑。大家都因为这匙柄太长了，无论如何也不能把舀来的汤送到嘴里去，正在发愁。忽然有两个聪明人，竟想出了一个补救的办法来了；原来他们却好坐在对面，因此，各人执住了匙柄的末端，舀好了汤，互相送给对面的人喝，……这难题便立刻解决了。”（原文约二千字，占该书四五面）

照这篇文字看起来，关键就在末了的几句话，把这动作绘一幅插图来表现，当然可以帮助文字的不足；不过，这幅插图应该排列在甚么地方，却非加以研究不可了。后来，这书出版的时候，或许是因为排版地位的关系，竟将这图排在叙述补救办法以前，这样一来，使一般阅读者先看到了插图，早已明白了其中的用意，更何必再多费时间，去读下面的文字，就是读下去，也一点没有兴趣了。虽然这本书并不是教科书，可是，平常的书要这样教科书又何尝不应当这样呢！

排列上还有必须注意的地方，如“ㄋ”例，两页书上的两个插图，大小式样是差不多的，只是各图各自表现着一种意思，绝对不是两个半面拼合成的；现在照这样一称排列，就很容易使人发生误会，以为是两个连在一起的。而且，儿童在欣赏上一面的插图时，往往会连带地看到下一面的插图上去，教学时的注意力，就此也要分散了。所以教科书上，要是遇到这种情形的时候，似乎还是设法照“ㄌ”例排列，来得妥当。

ㄋ

ㄉ

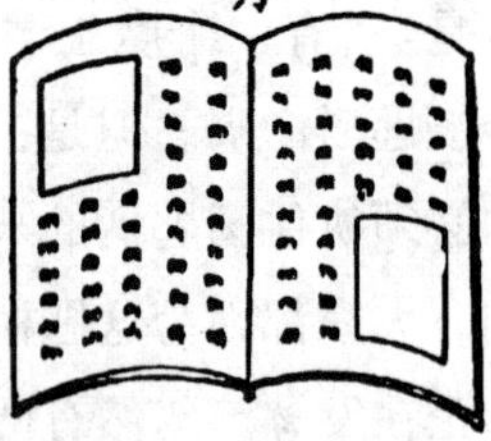

有时遇到插图上必须加标题的，倘使照“ㄍ”例一般排列，结果会使阅读课文时，接着连带地读下去，等到发觉错误，重行再读，不至引起阅读者的反感。这一点，在排列插图的当儿，也要注意，应该把这行标题移到插图下方去才行。

ㄍ

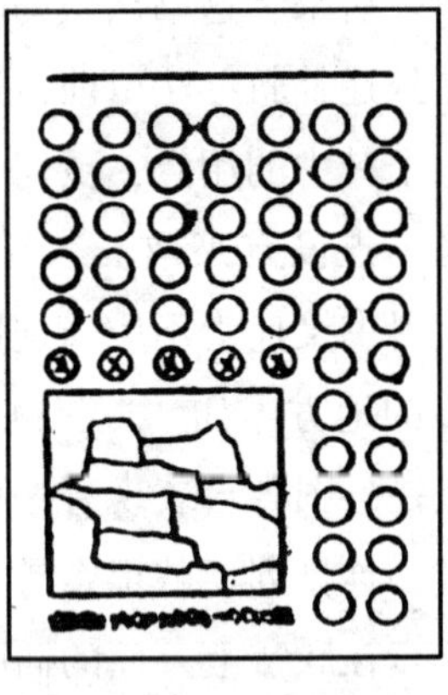

一幅插图要是靠着书页边上排列的，常常还会发生一种小小的毛病，如上面说过的“ㄋ”例的上一面，把那猫的脸儿朝着了书缝，使它永远这样要碰壁一般，这只猫即使画得很活泼，也一定要失去了生气了。

又如“丂”例，一页书上的课文和插图，是各占一半排列的，但是那一个地位应该画狗的图，那一个地位应该画猫的图呢？要是狗字的下方画狗，猫字的上方画猫，那么，有人要是将它横着看过去，就不对了。否则，反过来画，直看的时候又不对了，所以，这种排列法，是根本不能成立的。

丂

5. 编辑者和绘画者必须互相了解。教科书的课文和插图，最好自然是能出于一个人的手笔；事实上如其办不到，至低的限度，也应该编辑者和绘图者能互相了解；换一句话说，就是编辑者必须懂得构图的常识。绘图者必须研究每课课文的内容；一定要这样互相合作，才不致失却了插图的价值。否则，如下面的“兀”例，编辑者的原意，是要用插图来表示 7 的数字的，只因他根本不懂得构图的方法，所以就谬然拟定用七只关在笼子里的蚱蜢来表示，当即交给绘画者照意思去描绘，结果绘图者也不把课文瞧一瞧，只照着编辑者的意思，画了如“兀”例一般的图送还他。

兀

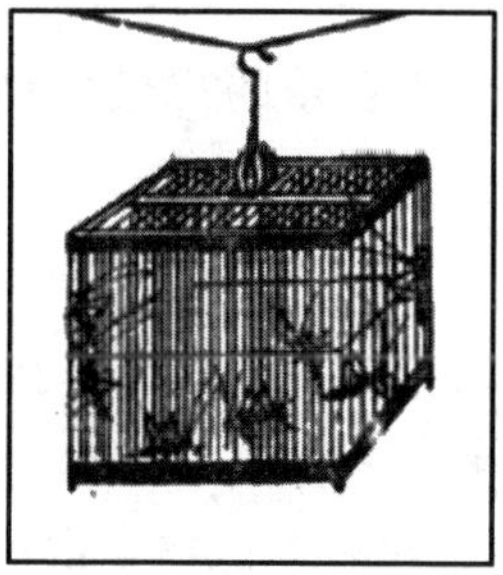

其实，照常理说起来，笼子里面关了七只蚱蜢，它们一定很杂乱地在四处停着，决不会这样整齐，大家共同停在一方面的。在这幅图中，我们能够看到的蚱蜢，果然是七只，安知那一方面，没有蚱蜢停着呢！像这种事实，很多很多，一时也不能尽量叙述出来；至于这种错误的造成，当然要归罪于编辑者和绘图者的两方面。

这篇文字，预定的标题是《小学教科书形式上的种种》，为了个人的繁忙和教育界的篇幅，就在这里带住了吧！要是时间允许我的话，以后当再讨论。

（载《中华教育界》1931 年第 19 卷第 4 期）

从小学音乐说到音乐教科书

朱稣典

一、小学音乐科的地位

艺术中最一般的、最纯粹的、最深刻的，要推音乐了。无论古今中外，音乐常被认为有重要的价值。现略举先觉者的论述，书籍的记载，以见一般。

《乐记》“乐者，通伦理者也。”“乐行而伦清，耳目聪明，血气和平，移风易俗，天下皆宁。”《礼记》“作乐崇德”、“审乐以知政”、“乐至则无怨”、“君子之听音，非听其铿锵而已也。”《孝经》“移风易俗莫善于乐。”柏拉图说：“音乐的规模变动了，国家的基础也变动了。”拿破仑说：“书籍虽能传授知识，于人的感情所生的感化力，不若世俗的唱歌。”

以上各家，虽国界和时代的不同，而关于推崇音乐的地位，阐明音乐的真义，却是完全一致的。

音乐的教育地位：从美育的立场说，可以养成向上的趣味，和高洁、纯美、率直的感情。从德育的立场说，可以陶冶品性，鼓舞国民的元气，振作刚健中正的风尚，造成完美崇高的人格。从群育的立场说，可以养成协和团结的精神、民族的思想、规律的训练。从体育的立场说，可以磨练听觉和发声机关，整理呼吸作用，使肺腑的运动顺当，血液的循环旺盛，锻炼强健的身体。从智育的立场说，除传授自身的知识外，可以辅助其他各科达到教育的理想。

音乐被采用于我国小学课程中，历史已有三十多年，从趋势看来，音乐的地位，在小学教育中，已日益巩固，就作业时间的分数，照课程暂行标准的规定，每周多至一百二十分，至少亦有九十分。

二、小学音乐科的现况

音乐科在小学教育的地位，既这般的重要，每周作业的时间，亦已多至全课程九种科目总数的九分之一。但在一般的小学中，实际上能够得到音乐教育的效果的，不但十分微薄，甚至反有害于儿童的身心。研究他的原因，总不外下列三大端：

甲、学校当局，不能理解音乐教育的真义，看作无足轻重的学科。

乙、在音乐课的时间中，只练习唱歌，而忽略音乐上的各种练习，和最重要的音乐精神和情感。

丙、教材的选择，不以儿童为本位。

轻视音乐的结果，所以有些学校或把音乐科的时间减少，改授他课，或以各科联络的美名，任意用不适于音乐，毫无艺术意味的题材，硬作歌词，随便配成曲谱，做儿童的正式教材。各科的教材，互相联络固然是一种很有意义的教学方法，但这种隶属式的联络，东一首西一首的完全不顾音乐教学一定的进程，差不多竟把音乐隶属于各科，而埋没了音乐固有的价值。

音乐的范围，非常广大，应从欣赏、练习、研究三方面来陶冶儿童的情操，以唱歌和乐器的演习，从技术方面养成体验音乐的基础。以欣赏韵律运动，来培养音乐的感性。再以研究和创作，增进自己表演的道路。所以唱歌不过是音乐中的一分科。现在把机械式的唱歌看作全部的音乐，忽略音乐的精神，和各方面的活动，那末对于音乐的趣味和效力，自然减少了。

把音乐认作机械式的唱歌，加之不注意歌曲材料的选择，如有些学校的选用委靡粗俗的歌词，艳荡浮薄的曲调，作为天机活泼的儿童的音乐教材，或选艰深冗长的流行歌曲，使年龄幼小的儿童正式歌唱。有用同一教材，通用于各年级，有用某种长歌，敷衍了几学期。这样的选材，这样的教学，完全不以儿童为本位，与其说是在教学音乐，毋宁说是在预备开会时，博取他人的掌声。有时虽可因此受到一点虚荣，但在儿童的身心上，受害很大。

要补救上述的种种缺憾，小学音乐科似非采用适当合理的教科书不可。再看一看英美德日等国，莫不有完成的音乐课本，以供小学音乐科的应用；如：

美国的（1）*Universal School Music Series* Ⅰ. Ⅱ. Ⅲ. （2）*Laural Songs Unchanged Voice Students Edition*（3）*The Progressive Music Series* Ⅰ. Ⅱ. Ⅲ. Ⅳ. （4）*The Assembly Song Book* Ⅰ. Ⅱ. （5）*Negro minstrel melodies*。

英国的（1）*Novellos Music Primers and EDucational Series*（2）*The National Song Book*（3）*Operettas for School*（4）*Elementary Music Manual*（5）*Novellos School Song*

德国的 *Reineck Kinderlieder* Ⅰ. Ⅱ. Ⅲ.

日本的《文部省寻常小学唱歌》一、二、三、四、五、六；《文部省小学唱歌集》一、二、三。

这些教科书，都由本国的专家编成，或由政府规定，使全国小学采用的。

三、小学音乐科需要怎样的教科书

小学音乐教科书的重要，已如上节所述，现在要研究到需要怎样的教科书。对于这个问题，虽很复杂，我们可以把材料和编制二方面简单地归纳为下列几个原则：

甲、一般的原则

1. 音乐教科书，除乐曲和歌词外，最好包含欣赏、练习、研究三方面的教材。

2. 能参酌儿童心意发达的情态的——就是所取的教材，必须适合儿童的知识、观念、记忆、想象、情意等发达的程度，能使儿童理解，能使儿童得到深刻的观念的。

3. 能考虑到儿童身体发达的程度的——教材必须适合儿童的听觉（欣赏力的关系）、视觉（读谱力的关系）、发声机关（音域，音程等的关系）、肺腑及呼吸器官（长短、快慢、强弱等的关系）等的发育。

4. 能接近儿童生活的——教材必须从儿童的生活经验及环境出发，能得儿童的趣味的，并和他种教科有相当的联络的。

5. 能造成自学的态度和创作的能力的。

6. 能合于课程标准所规定的各项，而不背近代教育的思潮，世界音乐教育的现况的。

乙、乐曲的原则

1. 表示乐曲情趣的曲想，要取愉快、活泼、优美、勇敢、庄严而有相当变化的。

2. 音阶宜用合于儿童兴味的长音阶，高年级间或取用一二种短音阶。

3. 拍子宜多用 2/4 、4/4 、6/8 等，调子以 C、G、F 等为主。

4. 音程和音域，要用儿童能力所能及的。

5. 速度过快或过慢的乐曲，不宜选用。

6. 形式不宜过于长大，最宜用十六小节到三十二小节的长短。

7. 欣赏用的乐曲可不受上列诸项的限制。

丙、歌词的原则

1. 歌题须简单明了，能总括歌词的内容，而合于儿童兴趣的。

2. 采用的题材，能多种多样而不偏于一方面的，且合于季节的。

3. 歌词的程度，大体要照同年级的国语读本。——但有少数例外，如团体在仪式时同唱的歌曲。

4. 歌词要儿童文学化，有艺术意味的，能发扬民族精神的。能与人格上以善的影响的。——不取训话式的、功利性的，或过于悲哀和滑稽的。

5. 歌词的程度内容情绪等，能和乐曲完全一致的。——歌词与乐曲的程度，相差太远，不能发挥他的真价值。内容和情绪尤须一致，绝对不可以活泼的歌词，配以庄严的曲调。勇敢的歌词，配以静穆的曲调。

丁、排列的原则

1. 能顾虑到儿童发达的阶段，从简易到复杂，从浅近到高深，从具体到抽象，从心理的排列到论理的排列，从儿童兴味的中心，到学习的中心。

2. 教材的排列，有严密的系统，能循序渐进的。——前后有联络性，不顾此失彼的，前后有演进性，不千篇一律。

3. 教材的分量在精而不在多的。教材取得太多，看起来果然非常丰富，但在同一教学时间，教材多了，——尤其是歌曲，必至于粗略过去，不能引起真正的感情，反致减少音乐的价值，不如精选教材多加练习，指导充分的发想，养成审美的独唱和合唱的态度。

以上所举的原则，不论那一学年用的音乐教科书，都应该这样的。以下再略说一说各学年的特种情形，以作选用教科书的参考。

甲、低年组——第一二学年的听唱教学

幼年儿童听觉的发达，要比视觉敏锐得多，所以课程标准上规定小学初级第一学年的唱歌，采用听唱法教学，初级二三学年才由听唱转入视唱法教学。有些人说："小学一二年唱歌，采用听唱法，是无须课本的。"对于这个问题，似乎很有讨论的必要。用正式五线谱的教科书，果然不适用于小学一年级。不过所谓听唱，也有二种方法：一种是单式听唱法，为最原始最自然的方法，教师唱一句，儿童模仿一句。完全用口授的。还有一种，是复式听唱法，除使儿童用听觉外更参用视觉，把歌词的字句，用最简单的一望而知的记号，来分别声音的高低长短，使儿童用听觉来辅助视觉。这种方法，亦很可采用。因为听唱法，并非要和盲人学唱歌一样的闭着眼睛"瞎唱"，只要不强使他看复杂的五线谱就是了。若一二年级完全采不用看的听唱，和二三年级由听唱转入视唱的规定，亦有不合。即转入的时期，本定二三两年，现在把二年级归入完全听唱，到三年级如何转法？非但在衔接上为难，且养成不看谱唱的习惯，已有完全二年之久，到了三年级用书的时候，要儿童认谱，一定引不起他们的注意了——儿童以为“我们不看谱，也能唱的，现在何必去看谱”。所以低年级的教科书，最好采用复式听唱法的编制，书上不印曲谱，只印歌词，加印各种合于歌意的图画，这样非但可以固定题材，并可备不认识字的儿童，看看图画，增加唱歌的趣味。

乙、中年组——第三四学年的视唱教学

照课程标准第二、第三两学年，是由听唱转入视唱的时期，第四学年是注重视唱的时期；所以第三学年，应该紧接第二学年，同为转入视唱的教学。第四学年再比第三学年注重视唱。所以这一期的教科书，应多用具体的图表，渐次儿童认识谱表、音符、休止符等，开始练习阶名的唱法。一面因学习时间和连接的关系，不得不将歌曲的程度，略微放低一些，以便练习认谱。最好把五线谱线间的距离，特别放开，各种符号的形状，特别放大，以合于儿童的视察力，再渐次减至普通的阔狭和大小。未曾研究过的记号，最好逐次应用出来，这样可集中儿童的注意。又宜因时授以写谱的方法，练习写谱，以补助认识的能力。

丙、高年组——第五六学年的视唱教学

这一时期，是尽量用视唱法教学了。教科书上，对于乐谱的组织和认识，亦可单独教学了。最好用圆周的排列法，各册书中都有《乐谱的认识》一篇，由简而繁，由浅而深，以便儿童的复习和熟练。并可随时加入各种的基本练习，及音乐常识等，以便研究练习。

四、音乐教科书的用法

有了适当合理的教科书，是不是就可以依着他一面一面的教学下去？教学下去，就有价值么？这亦决不是如此的。教科书仍旧是死的，非借教师依儿童的理智能力和生活环境作为中心，相当活用不可！

音乐本是一种时间的艺术，写在乐谱上的音乐，已经是失了精神和情感的躯壳了，所以这种情感和精神，必须由教师的力量，才能传达于儿童的。他如教材的次序上，当然因时季的关系，要变更先后，需要上当然可以随时加入关于仪式集会等的歌曲。欣赏材料、音乐故事、乐器练习、表情演习等，不能固定于教科书中，均须由教师考察儿童的程度和好尚，在相当时间中，为适宜的演奏、讲述和指导。

五、结 论

我国音乐教育的进展，远不及他种学科，这是无可否认的事实。推究他所以不发达的原因，当然非常复杂。其中最大的原因，是在没有明了音乐的地位，没有认识音乐教育的真价值。以致把小学音乐科，看作无足轻重的学科，只在技能的唱歌方面练习一下，就算完事。第二个原因，是没有良好的教材，可以应用。音乐的书籍，现在虽有几种出版。但对于小学音乐用的教科书，最近还没有看见所谓教育部的审定本。——只禁止恶劣的教材，没有代替品仍是没用的。——结果，由各校随意选授，有的取用成人的教材，来教小学，以为高雅。有的完全受各科的支配，以为连络。有的采用俗曲艳词，以为趋时。以致舍本求末，顾此失彼。第三个原因，是应该归咎于我们从事音乐教育者的缺少努力。自己能坐着奏琴，儿童能开口唱歌，就以为已尽音乐教学的能事了！对于教材的选择，昨日狂热于古诗歌，今日陶醉于新俗谣，毫无定见。对于教学的方法，重视了技术的传授，轻视方法理论的研究。或者重视方法理论，而忽略了技术的修养。对于音乐的感情表现、精神修养、人格陶冶，更无暇去顾及。

现在再把怎样可以发展小学音乐教育，归纳起来做本文的结论：

（一）要明了音乐教育的地位和价值。

（二）要有适用的教科书或教材。

（三）要在教学的方法上加以努力。

二十年六月一日脱稿。

（载《中华教育界》1931 年第 19 卷第 4 期）

读小学地理教科书感想

赓　夔

近正从事国难临时教材之编制，取小学校高级用地理教科书数种以为参考。其结果，乃不能不失望于其意外之疏忽，而知过往编制教科书之最大弊病，盖在于博而不精，且罕有注意之重心也。

愚所资以参考之地理教科书凡三种（均为最近小学校通用之本），其中记述及于日本者，除《新中华地理课本》材料较多且较有力量外，此外两种，仅各有一课，以教学之时间计，殆至多可供四小时之用。且其材料，尤觉过于简略。以日本与我国之关系论，似不能不使我人有疏忽之憾也。

我人于此时，似颇有一种急切之需要，即以过往小学地理教科书之编制，大都采用游记性质，仅记述其地位之何在；景物之何若，略而不详，博而不精，徒使小学生觉其纷烦杂乱，而不甚明了其重要性之如何。故今后之教科书（不独地理教科书为然），以愚意而言，似应改变其体裁，使有一种民族主义之重心，而令小学生集中其注意之力量与爱国之观念。

尝闻日本教科书中，对于我国地理之研究，益重于其本国。他山之石，我人即以此为攻错何如？

（载《教育周报》1931 年第 127 期）

幼稚园要不要有教科书

张宗麟 梁士杰

一、幼稚园的整个材料是什么?

我们希望幼稚生脱离书本的教育，而接受以人类全部生活为对象的教育，我们又希望幼稚生脱离狭窄的教室教育，而接受满足生活需要的教育，把幼稚生整个的生活算做是幼稚教育的范围，其力量总比较大。把社会与自然的一切东西吸收在狭小的书本上，总是容易弄假。其实，人类的行为、人我的交接，都有教育的力量。所谓过着好的生活就是得着好的教育，过着不好的生活，就是得着不好的教育。所以教育的总目标就是要用优良的生活去替代不好的生活，要用优良的教育去替代不好的教育。

书本教育是传统文化的工具，自有他的相当地位。可是在幼稚园的整个材料上，占着什么地位，却有些问题。因为幼稚园最重要的工作，是不是符号知识的传授?幼稚生能否了解符号知识?是否需要符号知识?是否有比符号知识更重要的东西?据儿童学研究的结果，幼稚生时代能了解一部分符号知识，不过不是他所最需要的。幼稚生时代，顶紧要的教育是身体和心理的养护与许多日常生活习惯的养成。六岁以前的儿童，他的性格的特点、身体的健康、生活的习惯、人格的要素，在那时已经养成。这些性格与习惯，虽然有许多是可以改变的，但是有的已稳定他的趋向了。近代心理学家已承认儿童期前几年的经验，所成立的各种习惯，可以做他一生品性当中所决定的要素。我们成人的判断与态度，不知不觉的，都受了五岁以前所养成的习惯的深切影响。所以幼稚园的整个材料，是养护与许多日常生活习惯的养成，并不在符号知识的传授。

二、教科书的意义是什么?

生活教育要不要用教科书?生活教育是以教科书为一种工具，过着什么生活，就需要什么书，并不把书来死读的;因为世上尚有教科书所不能登载的世界，这世界是需要我们的手足身心去探讨的。至于教科书的意义大概有下列几种:

1. 为要统一教育目标，所以有统一的教科书——欧战前的德意志，为要称霸欧洲，所以把教科书上的材料都溶化着他们的教育目标。他们以为不统一教科书，是不能训练个个人都到战线上去的。日本是个岛国，内地求生活不易，所以训练向外侵略的强悍国民。因为要达到这个教育目标，所以亦统一教科书。

2. 教科书是为着教师的便利而产生的——教师，一天劳务到晚，一年忙到头，当然是没功夫去编他的教科书的，就是编亦编得没有专家的那末精髓。假使编得好，也没有多大的经济去印刷的。因此不得不靠赖书局所编印的教科书。

3. 教科书是为着系统学习的便利而产生的——没有教科书给儿童，他就觉得没有学习的系统，而成绩的考查亦觉涣散，这是做教师的常感到的缺点。所以需要有教科书。

4. 为着迎合社会一般人士的心理——社会上一般人士一送儿童入学，就急切盼望他“能读”、“能写”、“能算”。书读得多，就以为教师贤能，书读得少，就以为教师贪懒。因此大家也就拼命的在符号上用功夫，以博得社会人士的欢心。最后教科书还有一个特点，就是教科书必用符号，如文字、图画、数字等。这些符号可以说是教科书的工具了。

就以上所说的，我们就可以默察教科书的“功”、“能”到底怎样?为着上列理由而产生的教科书，是否适合于幼稚园?是一个很大的疑问。但是儿童教育的对象是儿童，我们所为的亦是儿童，那末我们要不要用教科书，总须以儿童要不要教科书为前提。

三、中国幼稚园用教科书吗?

我国幼稚园教科书的变迁史，没有小学教科书变动的利害。我们要讨论幼稚园要不要用教科书，当然先要知道历史，兹分三段落来叙述。

1. 二十五年前的蒙养园教科书——当时的蒙养园，刚从私塾里蜕变而来的，是收受六岁以上的儿童，所编的《蒙学读本》，亦就有如《千字文》的体式。意思深邃，语句生涩，一切材料多数是教儿童做人道德。其行文多为文言的。强迫语言尚未流利的儿童，学习艰深的文句，结果还是与读“赵钱孙李”差不多（这种读本已经绝版，但是在旧书摊上还找得到）。

2. 二十年前的幼稚读本——二十年前的幼稚读本，确已较有进步，如纸张加厚、装订耐用等，可是内容多为单字的，助语的画图，亦尚板滞，仍是脱不了“天、地、人”的圈套（这种教科书现在还流行，是戊申年初版的识字等读本，读者还能买得到）。

3. 近年来的幼稚读物——这几年来有许多人以为幼稚园可以教识字，所以幼稚读物就再风行起来。现行的幼稚读物，确有他的优点：(1) 比较知道用句子，语气较适合儿童口吻，有些材料可供表演；(2) 比较有活动的图画，图画亦画的大些。所可惜的，就是仍打不破“视儿童为具体而微的成人”的观念，与不尊重儿童有整个人格，更不知整个生活是什么；有时还有些违反学习心理的原则。例如要知道单字是最难认识的，完全的句子意思完整，意义明晰，才比较容易读等（上列事项，因限于本特刊编辑条例，不便列举，著者当另文详细讨论，特此声明）。

四、幼稚园用得着教科书吗?

教师应该尊重小孩子的，就不该把小孩子当做小大人；一切教育材料倘若是儿童生活的，就是儿童教育。我们要从书本教育的木架上，成人的残酷里，把儿童解放出来，把他放在广阔的、自由的大自然界里生活着。所以我们以为幼稚园最好的两部知识库就是“大自然”与“当地社会”。

1. 大自然是不是知识库？前面说过幼稚园最重要的是身体和心理的养护与许多日常生活习惯的养成。大自然就是给儿童以健康的机会，给儿童以学习的材料。自然界有秀丽的山川、碧绿的翠林、冉冉的野花、啾啾的好鸟，更有雄伟的太阳、可人的清风、说不尽的美景、学不尽的万物；可以怡旷人们的神情，可以治疗人们的孱弱。一切景物，都可以使儿童自身体验过，尚不致于像教室中的书本教育的容易弄假。卢梭重真智，重由感官与心身所得到的实际的体验。卢梭说：“书本有碍于科学的；以著者的理论为满足，视实际的研究为烦苦，须知道读书过多，反足以增加虚伪与无知……又书本实足以使人们忘却真世界的卷册”。大自然真的是儿童的好教材呀！

2. 本地社会所发生的事项是不是获得知识的机会？儿童很缺乏时间知觉、空间知觉的，所以教儿童做买卖，不如带他去看人家做买卖。或是实地在做买卖；教儿童作文，不如教他报告本地方所发生的事项，或讲故事，推而至于欲儿童有良好的生活习惯，亦可由人我间的相互关系，而为他的学习机会，本地方所发生的事项，是儿童耳朵听得到，眼睛看得到，足跑得到的事项。所以是儿童获得知识的机会；如下雪教雪，有龙眼果教龙眼果。

因为有上面的两部知识库，所以我们不赞成幼稚园以教科书为各科的中心。我们的理由：

（一）教科书没有裨益于儿童的养护及日常生活习惯的。幼稚园教科书里虽是编着许多做人道德及应遵守的生活习惯，其实这些直接的教训，不但是儿童做不到，就是大人亦做不到。结果，养护自养护，教科书自教科书。

（二）儿童对于符号知识可用机械的记诵，很难用理解的领略。儿童对于新事物学习的效率，必须估计这件事物与他的经验是否有关系。儿童的初步学习，必须完全适合他当时的需要，然后才能养成正当的学习态度。机械的记诵，不是儿童所需要，更不是学习的正确态度。我们宁可迟几时学，不可贪早学而学成不正当的态度。为着这个理由，所以我们实在以为幼稚园用不得教科书。

但是为着特种的关系，幼稚园或者有编印读物（注意：不是教科书）的必要，可是最少也须注意下列的几件事。

（甲）内容方面 幼稚园用书本，决不是为着符号的强记，是要多供给儿童以欣赏的资料的。例如儿童喜欢看图画、画图画、听故事等。所以不应当以书本当做神秘的事体，应当是一部儿童最爱看的图画。内容应注意：

（1）是整个的活动——断片的事迹、静止的人物画、说理的文字，不是儿童所看得懂的，亦不是儿童所欢迎的，一篇东西必须有连续的事迹有声有色的活动着。

（2）有趣的故事——儿童虽然不能看故事书，可是能看故事画，而且是很喜欢看的。

（3）是描写儿童生活的——儿童生活怎样，自己一点不知道，一经人家道出，他却感觉着非常有趣的。

（4）一切描写都是人化的——儿童对于人物的界限不很清楚，也不必分清楚，所以猫、狗、鸟、鱼的讲话是不足怪的。用儿童的语气来解释真理，才能把一切真理送给儿童。所以我们可以介绍科学给儿童，但是必须经过儿童化的科学，才可以介绍。

儿童读物的内容，虽如上所述，但最好是儿童自己编自己订的。怎样编呢？就是儿童讲，教师写（此法可以参考小朋友书店出版《幼稚教育论文集》陈鹤琴、张宗麟合著《读法篇》）。

（乙）形式方面 下面几点或可说是比较的重要些：

（1）质料——最好用布做的，最少亦须用八十磅图画纸或牛皮纸，因为儿童的筋肉运动不能自如，注意不专，不能细心爱护一切用品，若用平常纸张印刷，多不耐用。

（2）装订——幼稚生用书是要给他以一种欣赏的材料，所以用象形的形式装订的比较有趣，例如：鹅妈妈的故事，可以教儿童把书订成鹅的形状。倘能利用活页的亦佳，唯教师须特别留心，以免散失。

（3）字体——最好用楷书，大小与头号铅字相仿佛。

（4）印刷——要多用彩色（但彩色不能杂乱），倘能半图半字，字中有图，图中插字，在印刷上字图都用彩色，那末更好。

（丙）用法 有了书，又不应该老守着旧圈套的用法，应注意的有二：

（1）活用的——应该用书本来适应儿童，不应该强迫儿童去适应书本，所以书本是要活用的；务使儿童对于书本可以得到相当快乐，不要使儿童感到书本是痛苦的。

（2）多本的不是一本的——给幼稚生用的书，要预备多本的；这本书看完了，再去看别一本的，这样流动的看，才比较有趣。

我们虽是希望幼稚园用书，不要蹈着小学教科书的后尘，应该“别开生面”的，真是为着儿童的生活而编订的。但是我们总承认人类的全部生活，都含有教育价值，不要把儿童教育视为强记符号的教育。因为强迫六岁以下的儿童，读他们不喜欢读的书，认识他们不容易认识的符号，犹如强迫处女与一个不相识的男人接吻，这是最不聪明的事哩！

写于集美幼稚师范。

（载《中华教育界》1931年第19卷第4期）

低级国语教科书要怎样编的？

陈鹤琴

国语教科书在小学里可算是最重要的教科书。但是我们中国，坊间所出的各种小学国语教科书——尤其是低级国语教科书——大概是太旧，不适于现代的儿童与现代的教育。

低级国语教科书实在是难编得很。编教科书的人必须明了儿童生活、儿童心理，又必须明了教育原理，还要能长于儿童文学。

平常编教科书的人都说他所编的是根据儿童心理，儿童生活的。考其实际，他所编的正与儿童心理相反。从前 Pesstalozzi 也犯这种毛病。他说他要把教科书“心理化”（Psychologizing），他主张教材的编制须由浅入深，由简而繁。所以那时候教起英文来是先把单音拼着，然后再教拼字；如 Ba，Bi，Bo，Da，De，Di 等等无意义的拼音。我们中国二十年前读英文的也曾经采用过（英语初阶）。但这种方法照现在的心理学家看起来正是违反儿童心理。没有一个小孩子在家庭自然的环境里学英文是这样学的。这种方法是注重字形，而忽略字意的一种方法。现今我国的国语教科书仍不能免去这种违反儿童心理的弊病。

低级国语教科书究竟应当怎样编的？我以为最重要的莫过于“兴趣”。有了兴趣，各种问题，就容易解决。但是怎样一种教科书才能引起儿童的兴趣。这个问题，当然是很难解答。现在约略说明如下：

（一）关于内容方面：

要小孩子能够做的书有好几种：有看的书，有听的书，有读的书，有做的书。其中做的书当然比其他三种来得有趣。普通国语教科书可说是给儿童听的，给儿童读的，给儿童看的，不是给儿童做的。所以儿童对于这种教科书就没有多大兴趣。试问怎样叫“做”的教科书呢？现在可以把“做”分作几方面来说：（1）小孩子可以画的。（2）小孩子可以唱的。（3）小孩子可以想的。（4）小孩子可以玩的。这四种方法都是小孩子自己愿意去做的，用这些方法编的教材，可说是活的教材，不是死的教材。用这些方法编的教材，不但可以引起儿童的兴趣，而且可以支持儿童的兴趣，兹把这四种教材分别举例如下：

（1）小孩子可以画的——图画是个个小孩子所喜欢画的；所以我们应当给他充分的机会，使他画画。下面是一张图叫小孩子画的：

（2）小孩子可以唱的——唱歌也是小孩子从小就喜欢的。一个六七个月的小孩子，就喜欢咿咿呀呀的唱，现在我们不妨利用这种心理来间接实施国语的教学。下面是一首北方的歌谣：

小老鼠（北方叫耗子）上灯台，

偷油吃，下不来；

叫妈妈（北方叫奶奶），妈妈不来，

骨落骨落滚下来。

另有诗歌（配谱）可以唱的，因限于篇幅从略。

（3）小孩子可以想的——“想”可以激起儿童的动作，有了动作，就有兴趣。不过要小孩子思想，我们必须事先假设问题，引起他们的动作。这种问题在低年级的小孩子，当然不能太难，但是也不要太易。例如：

为什么小花猫吃不到小鸟？

一天，小花猫跑到花园里去捉小鸟吃，它看见树上，有一只小鸟停在那里，就偷偷地爬了上去把它一口咬住，那只小鸟就楂楂地叫起来。

我一听见叫声，连忙跑出来，看见小花咬住一只小鸟，我就捉住小花说：“小花，小花，把小鸟放了。”小花就把小鸟放了，我跑到母亲那边说：“妈妈！小花爬到树上捉小鸟，我把小鸟放了。”

“妈妈，我不要小花再捉小鸟，我要它缚在树上缚住。”母亲说：“不要把小花缚在树上，你想想看，有没有别的法子可以使小鸟知道小花来了。”我想了一想说：“有的，有的，请你给我一个铃，我把铃缚在小花的头颈上，小鸟一听见铃响，就飞去了，小花也就不会捉住小鸟了。”母亲说：“你的法子很好，你可以做做看！”我就去做了。小花从此捉不到小鸟了。

这里面的问题是“怎样使小花猫捉不到小鸟”。课文中特地提出来把这个问题叫小孩子去想，而且小孩子居然能够想出一个解答来。这就是要小孩子思想的教材。

（4）小孩子可以玩的——“玩”是小孩子第二生命，世界上没有一个小孩子不喜欢玩的，所以我们在国语教科书中应当有充分的游戏材料，如：

点鼻子

今天先生对我们说："我们来做游戏好吗？"我们都说："好极了！好极了！"先生说："有一个游戏，是我小的时候常常玩的，这个游戏叫做：'点鼻子'。

我们的面上都有鼻子、眼睛、嘴巴、眉毛、耳朵五样东西，我问你一样东西，你要指着别样东西，说第三样东西。

比方我问：'你的耳朵在那里？'你可指着嘴巴说：'我的鼻子在这里。'我又问：'你的眼睛在那里？'你可指着鼻子说：'我的眉毛在这里。'现在你们懂了吗？"

我们说："都懂了。"

这种游戏小孩子很喜欢玩的。在普通教科书里面有许多动作字句。动作字句未必能引起儿童的兴趣，未必能引起儿童的动作。例如："小小狗，好朋友。我唱唱，他跳跳。我笑笑，他叫叫。"这里的"唱唱"、"跳跳"、"笑笑"、"叫叫"不是根据事实的。那里有一个小孩子唱唱，一只狗会跳起来。一个小孩子笑笑，一只狗会叫起来。

（二）关于文字方面：

低级国语教科书的主旨，应当是在引起儿童阅读的兴趣，不仅在灌注几个生字，但是现今国语教科书，都没有顾到这一种重要的原则。结果，小孩子不喜欢教科书。现在我先把现今国语教科书对于文字方面的弊病，胪列于后：

（1）太注重生字。

（2）字数页数太少。

（3）字句太没有意义。

（4）课文语气前后不一致。

（5）字句太单调，缺少生气。

（6）字句常常不合儿童口吻。

（7）课文长短太呆板。

（8）字句不能引起动作。

（9）字句不能刺激思想。

以上九种弊病，不是现今低级国语教科书都犯的，不过有的犯得多一些，有的犯得少一些，兹特逐条说明举例如下：

(1) 太注重生字

现今低级国语教科书，注重在灌注几个生字，所以课文中的意义，常常迁就字句。下一课的字句，一定要同上一课的字句相连。而下一课字句的意义，尽可以与下一课字句的意义漠不相关。揆诸编者心理，对于注重生字的问题，不外有几种成见：

(甲) 字数愈少，小孩子愈容易认识，愈容易记得

这种原则，有的时候是对的，有的时候是错的，要视编辑者用之得当与否。照心理的原则讲起来，有意义的字句，比没有意义的字句，容易认识，容易记得。还有意义很丰富的，比较那意义不完全的，来得有趣，而容易记得。如：

(a) 赵钱孙李。

(b) 犬马牛羊。

(c) 老鹰捉小鸡。

我们一看上面的三个例子，就知道第二句的“犬马牛羊”，比第一句的“赵钱孙李”，容易解释，第三句的“老鹰捉小鸡”，又比第二句的“犬马牛羊”，还要容易了解，容易记得。这没有什么别的缘故，就是因为第一句的四个字，是个个独立的，而对于小孩子是没有意义的。第二句的四个字是在小孩子经验内的，就容易认识。然而不相连续，小孩子还不容易记忆。第三句的五个字，是可以代表整个的意义，小孩子就容易认识，容易记忆了。所以字数的多寡没有多大关系的。

(乙) 生字一定要在课文本身内练习

生字当然要有练习，不过不一定要在课文本身内练习，像现在的低级国语教科书，一定要在课文本身内练习，所以课文中的字句，有时候意义很不自然，而且不合儿童口吻，致发生种种弊病。我以为生字的练习，最好用旁的方法去做，课文后可以多插各种有意义的练习题，或由教师用各种游戏的方法，去练习生字。

(丙) 所有生字一定要小孩子认识记得

这种见解，我以为是错的。一定要小孩子认识记得书中所有的生字，那意义就要迁就字句，而课文的长短，也就要受束缚了。其实我们

并不要求小孩子把书中的生字个个都认识，我们只要小孩子对于教科书发生兴趣，喜欢阅读，这样就是书中字数加多，也不生什么问题的。

（2）字数页数太少

照现在编辑低级国语教科书的心理说来，都以为小孩子的能力是很薄弱的，所以教科书的字数页数，就大减特减，其实我们太看轻小孩子读书的能力了。不过照现在教的方法：就是——每个字都要认识，都要会写。——以及课文编制的一种方式，那现在教科书的分量，恐怕是够了；倘使我们比较用活动的方法去教，那书中的字数，尽可以充分地增加，新近美国麦美伦图书公司出了一套（*Work-play Book*）《工作游戏读本》，著者（Gates & Huber）为美国小学第一年用的，共有四本，另加字典一本，兹将价目书名列后：

Dictionary	$0.40
Primer-Petter and Peggy	0.60
Work-Book to Petter & Peggy	0.36
First Reader-Round The Year	0.64
Work Book to Round The Year	0.36
	$2.36

First Reader-Round the Year 共有163页，字数7057，个别生字共312。这样算来，每个生字的重复次数是26弱，这一套小学一年级的书，推算起来大概在三百页左右。

回看我国的普通低级国语教科书怎样？兹把各坊间所出低级国语教科书第一册的页数、字数、生字及每字平均重复数，分别列表于后：

书局名别	页数	字数	生字	每字平均重复数
中华	48	976	197	5弱
世界	50	1294	258	5弱
民智	46	1421	187	8弱
商务	49	2242	210	10.7强
儿童	153	6896	495	13.1强

照美国新出的《工作游戏读本》的标准看起来，就是《儿童国语

教科书》在一学期用，恐怕还嫌太少！

(3) 字句太没有意义

在许多课文中，常常发生没有多大意义的字句。如：

(a) 小小狗　好朋友

我唱唱　他跳跳

我笑笑　他叫叫

(b) 来唱歌　　来唱歌

弟弟唱　　妹妹听

以上的两个例子看起来，似乎没有多大意义，而且与事实不大相合。一只狗，他那里会听见我唱就会跳，看见我笑就会叫呢？这种课文，可以说完全没有顾到意义，只顾到生字的应用。结果就是使课文弄得毫无生气。看下面的一课，似比较好得多了：

小狗小　　小狗好

看见小弟弟　　尾巴摇几摇

这一课很近乎事实，而且文字也很生动，并不呆板，使小孩子读起来，当然比上两课有趣得多。

(4) 课文语气前后不一致

我们的低级国语教科书，虽然说是一本书，其实内容太复杂。课文的语气，常常前后不一致，使小孩子读起来莫明其妙。例如：

(a) 太阳　　太阳

照满窗上

小朋友　　小朋友

快快起床

(b) 我的家　　在山脚

我的学校　　在山上

走上山去是学校

走下山来是我家

前一课，是第三者的口气，对小孩子讲的话。后一课，是小孩子自己讲的话。照小孩子看起来，就不易明了，所以非有先生事先详细讲解不可。

(5) 字句太单调，缺少生气

现在有好几种低级国语教科书，太注重儿歌。儿歌固然便于小孩子的歌唱，但是做得太呆板，或者整本的教科书都用儿歌，那小孩子读起来，未免太单调，太没有生气。例如：

你唱歌　　我踏琴
踏琴唱歌　唱歌踏琴
歌声好听　琴声好听

这首歌谣，一方面是不合事实，因为普通的一般小孩子，只会唱歌，而不会踏琴；一方面字句太单调，没有多大的意义。

(6) 字句常常不合儿童口吻

试先举一例：

(a) 地上好花开
有的黄　有的红　有的白
你来看　我来看
人人看见人人爱
小鸡小狗不爱花
别把花儿来踏坏

这虽然是一首儿歌，但是里面的话，似乎不合儿童的口吻，而"人人看见人人爱"，更不是儿童所能讲的。

(b) 哥哥　　姐姐
爸爸　　妈妈
大家爱我　　我爱大家
小鸡不爱我
我也很爱他

这里"大家爱我"、"我爱大家"，也不合儿童的口吻。

(7) 课文长短太呆板

现代低级国语教科书的编者，已经感觉到课文没有长短的变化，已经不是规定一页是一课的呆板了。从前的教科书，因为犯了这种弊病，所以课文中的意义，常有割爱的地方，而文字方面，也不免牵强凑合。例如：

太阳在空中

上有天　　下有地

青天白日满地红

这里上面一句“太阳在空中”与“上有天，下有地”，下面几句，没有说出关系来。而“青天白日满地红”这一句话也没有与上面几句说出关系来。其实编者尽可以把这几句话，说清楚些，照现在的课文看起来，小孩子一定不易懂得，非要先生详细解释，方能明白。

（8）字句不能引起动作

低级国语教科书的课文，应当是能够做的，不仅是能读的看的，这一点我已在本刊三卷九期里详细说明，现在我还有几点要补充的：就是平常课文中的字句，不能引起动作，而且有的字句看起来，好像是小孩子能够动的，实际上小孩子还是不能够动，不能够做。例如：

（a）来洗面

来洗手

这种命令式的语气，不能使小孩子去做，这种命令式的语气，是没有尊重小孩子的个性。我们再看：

（b）早起　洗面　洗手

吃早饭　吃完早饭

取出书包　　出门去

这一课的叙述，平淡乏味，确实不能引起小孩子的动作来。而文字的呆板，使小孩子看了怎样会做呢？我们试看下一课的字句：

（c）每天我早上起来，就刷牙洗脸。

我一看见妈妈，就说妈妈早！

我一看见爸爸，就说爸爸早！

我吃了早饭，就同哥哥上学去。

妈妈，再会！爸爸，再会！小妹妹，再会！

这一课与上一课的字句，意义虽相仿，而字句就来得生动，小孩子读了就有动作可以去做。这种课文就有积极的暗示，叫小孩子自动去做。在心理学上讲起来，这种课文不是“静的”（Static），是“动的”（Dynamic）。我们要晓得课文中的字句，若仅为小孩子随口念，而不能改变小孩子的观念，改变小孩子的生活，这种教科书，是与小孩子没有多大用处的。

（9）字句不能刺激思想

普通低级国语教科书的文字，是只可以让小孩子随口唱唱，而没有顾到小孩子思想的地方，这实在是一个很大的缺点，试举一例：

“妈妈，我不要小花猫再捉住小鸟，我要他缚在树上缚住。”母亲说：“不要把小花猫缚在树上，你想想看，有没有别的方法可以使小鸟知道小花猫来了。”

我想了一想说：“有的，有的，请你给我一个铃，我把铃缚在小花猫的头颈上，小鸟一听见铃响，就飞去了，小花猫就不会捉住小鸟了。”

像这种要小孩子思想的地方，给他一种很好的暗示，有些地方，应当故意在课文中假设问题，要小孩子想的，不要很明白的说出来。有些问题，要小孩子想，要小孩子解答的。

总之，现代低级国语教科书，太注重生字的灌注，所以上面所说的各种弊病，都油然而生，不过我们要免除那些弊病，只要我们把注重生字的视线，转移到意义一方面去。注重了意义，文字就有生气，就不致于单调，小孩子读起来，就有兴趣，甚至小孩子的思想，小孩子的动作，都可以得到相当的影响，这种教科书，才有编著的价值。

（载《儿童教育》1931 年第 3 卷第 9 期、第 10 期）

童话教材的商榷

魏冰心

一

小学国语应采用儿童文学，低年级的国语教材，当多供给合于儿童想像生活的童话，这是近代中外教育家所公认，早已不成问题了。

最近，湖南省政府何主席，忽有打破鸟言兽语的童话读物，采取中外先哲格言做教材的提议（见三月五日《申报》）。初等教育专家尚仲衣先生，在儿童教育社年会中，演讲《选择儿童读物标准》时，亦同情于何主席的主张。他说低年级的读物，有描写动物生活的故事，但不用鸟言兽语（见四月二十日《申报》）。何主席非教育专家，认“禽兽能作人言，尊称加诸兽类”，为“鄙俚怪诞”，自是不足怪。而初等教育专家尚先生，亦认鸟言兽语的童话为神怪读物，应在排斥之列，实足引起研究初等教育者的疑虑。首先力持异议的有吴研因先生。他在《致儿童教育社社员讨论儿童读物的一封信》中，说鸟言兽语的童话，或本含教训，或自述生活，并非都是神怪教材（见四月二十九日《申报》）。接着，尚先生又发表《再论儿童读物》一文，以为童话的价值实属可疑，只有像吉伯林的《象儿》一类，有艺术价值和游戏兴趣的第一流的童话，才可保留（见五月十日《申报》）。于是吴先生又发表《读尚仲衣君再论儿童读物乃知鸟言兽语确实不必打破》一文，他以为把尚先生举的第一流的童话《象儿》来研究，不但有鸟言兽语，并且有蛇言鳄语，更含有神怪而带着幻想性，在中国小学教科书，现尚未有人敢采用这类教材，而尚先生却主张保留，则尚先生赞成鸟言兽语的程度，实在还比我们更进一步（见五月十九日《申报》）。

我看了尚先生和吴先生的辩论，忍不住也要说几句话了。我们要研究童话教材问题，有两点要认清：第一，文学和科学不要混为一谈，现代中国出版的儿童读物，除国语读本中采用鸟言兽语的童话外，社会自然课本中，当然是叙述合于自然势力的事实，及合于社会组织、人群生活的材料，绝对没有童话。第二，低年级和高年级的国语文学，材料应该分别清楚，现代中国出版的小学国语读本，低年级的教材，除童话外，还有笑话、谜语、儿歌。高年级的教材，多采用合于现实生活的故事、传记、游记、小说、剧本等等。所以我们早已认清童话是儿童读物中的一小部分，决不会如尚先生所说把儿童读物和童话混而为一。

我是主张小学低年级的国语文学，在有条件之下，应该采用童话。理由是：“童话是幼儿精神生活上的粮食”、“幼儿阅读童话有益而无害”。现在，就这两点来讨论。

二

我们要研究童话何以是幼儿精神生活上的粮食，应先把童话的性质分析一下。

童话这个名词，是从日本来的，原意是对儿童说的话。他的性质，既不太与现实接近，也不太与神秘相触，那是一种快乐儿童的人生叙述，含有趣味而无恐怖分子的文学。若要分析他的种类，普通有下面的三项：（一）神话——是讲神的事情，他的性质是宗教的。原来初民的智识浅短，思想简单，他们看见了自然界的一切现象，变化无穷，以为冥冥之中都有神灵主宰，和人类一样能动作有生气。凭此想像而构成的故事，便是神话。（二）传说——是讲人的事情，他的性质是历史的。此类传说，大都是赞颂神通广大的英雄，做了许多平常的人不能做的冒险的故事或战争的故事。（三）物话——是讲物的事情，他的性质是文学的。此类物话，大都是把自然界的有生物或无生物人格化了，依他的形态习性演成的故事。如猪的懒惰、狐的狡猾等等。

我们为研究实际起见，根据了这个标准，去审查现代中国出版的小学国语课本，究竟采用那一类的童话最多。我翻了十多种的国语读本，我晓得所采用的童话，多数是叙述动植物生活的物话，间有一二种采用“盘古出世”、“女娲补天”和“吴刚伐桂”、“嫦娥奔月”等的神话传说，但分量极少。所以我们现在研究的中心，是物话究竟有甚么价值？小学国语读本中，是否可采用物话？

物话固然有许多迷信的、恐怖的、颓废的、幻想性的材料，但也有许多合于人类社会价值的故事，及合于自然势力的事实。我们不能笼统地说鸟言兽语的物话，都是神怪教材，应该一律打倒。试看下面举的几个例子，是否含有“眩之以幻想，惑之以非非”的危险性。

老猴子

老猴子戴了帽子，穿了衣服，走到园里，公鸡、鸭子、小鸡看见了，都说：“一个人来了！一个人来了！”老猴子听了，非常得意。

老猴子又走到街上，人们看见了，都说：“猴子来了！猴子来了！”

老猴子听了，很不快乐。

老猴子走到田里，问黄牛说：“牛公公，我已经变成了人，怎么人们仍旧叫我猴子呢？”

黄牛说：“你要变成人，先要学人做的事。现在，你只戴了帽子，穿了衣服，不会做事，怎能就算人呢？”

老鸟开学校

老鸟在树上，开了一个学校，许多小鸟，都来上学。第一课，老鸟讲早起。他说：“早早起，捉小虫，找白米，学唱歌，做游戏。”

第二课，老鸟教体操。小鸟问：“为什么要学体操？”老鸟说：“学了体操，翅膀轻，身体好。飞得快，飞得高。”

小青虫

小青虫坐在桑树的叶子上，看见一只蜜蜂飞过。他喊道：“活泼的蜜蜂先生，请你和我谈谈。”蜜蜂说：“你这丑陋的东西，谁愿和你谈话！”

小青虫听了蜜蜂的话，一声不响，低头向树下看，瞥见一朵鲜红的玫瑰花，对着他笑。小青虫说：“美丽的玫瑰姑娘，请你和我谈谈。”玫瑰花说：“你这丑陋的东西，谁愿和你谈话！”

小青虫听了玫瑰花的话，十分惭愧，便伏在叶上，不吃，不动，也不招同伴谈话。

隔了十几天，小青虫的身体变了，头上长着一对灵活的触角，背上生出两对彩色的翅膀，嘴和脚都变得很纤细。他鼓动了翅膀，飞上飞下，身体很轻便。

蜜蜂在花心里瞧见了，忙招呼道：“活泼的仙姑呀，快来、快来！我把甜的蜜，送给你。”

玫瑰花在枝头瞥见了，也招呼道：“美丽的女神呀，快来、快来！我把香的花，献给你。”

桑树的叶子说道：“蠢东西，他就是丑陋的小青虫，变成的蝴蝶啊！”

小水点

海里的小水点，要出去玩耍。他见一只沙鸥，飞过海面，便说：“鸥先生，请你带我到天空去玩罢。”沙鸥说：“你没有翅膀，怎能飞呢?”隔不多时，他见一只蟾蜍，跳到海滩，便说：“蟾老兄，请你带我到陆地去玩罢。”蟾蜍说：“你没有脚，怎能走呢?”小水点很失望，坐在海藻上哭。太阳公公说：“孩子，你不要恼，我带你去玩罢。”

太阳公公带着小水点，慢慢升上天空。遇着一个风力士，推着一部云车。云车里坐着许多小水点的同伴。太阳公公对小水点说：“你同他们一同去玩罢!”

云车行得很慢，轻轻簸动，像摇篮一般，小水点坐在里面，非常舒服。他向下四望：有高大的山峰，弯曲的江河，葱茏的树木，青黄的田亩，风景很好。到了晚上，他看见光明的月亮，闪烁的小星，都比从前大了许多。小水点玩了半天，十分倦了，就睡在云车里。

第二天早上，风力士大声呼叫，把云车推得很快。忽然一个霹雳，小水点从云车中跌了出来。他定睛一瞧，却跌在一张荷叶上面，他翻了几个筋斗，站立不住，又落在池里了。一条鲤鱼游过来，把他吸进了肚子。一会儿，鱼鳃一张，他又逃了出来。

小水点在池里住了几天，找不到回家的路，很是焦急。一天，一个女孩到池边汲水，小水点不及避让，被汲到了桶里。他想：“我的生命难保了。”不料，女孩的身体一歪，小水点跳出了桶，急忙躲到路旁的沟里。

小水点在沟里遇到了一条蚯蚓，他问道：“蚓先生，到海里去是怎样走的?”蚯蚓说：“你向东走，经过了江河，便到大海。”小水点听了蚯蚓的话，慢慢向东面走，走了几个月，才回到原来的地方。

上面举的几种物话，是用文学的描写，叙述道德的训练，或自然的现象。是利用儿童的好奇心和想象，入于科学的最便的一个桥梁。绝不含有神怪的意味及太离奇太荒唐的思想。我以为像这一类描写动植物生活及自然现象的故事，不但不应该打倒，在小学低年级的国语读本中应该尽量地采用。尚先生既然主张采用古今名人名言谠论的材料，便不应反对鸟言兽语。因为古今名人的言论中，也有许多鸟言兽语的寓言，像

“鹬蚌相争”、“狐假虎威”、“涸辙之鱼”等等。尚先生既然主张低年级的读物有描写动物生活的故事，更不应反对鸟言兽语。因为要描写动物生活的故事，必使动物人格化了，才能活泼而有生气。否则，便成为“科学故事”、“自然读物”，而非文学教材。

三

现在，我们要讨论童话何以是儿童精神生活上的粮食。

我们晓得人的生活，不但是要求知识的物质的满足，还有感情的精神的需求。所以单独有科学，绝不能满足全人的需求。宗教、哲学、美术、文学都各有他的价值，对于全人都占有相当的位置。要是一个人仅仅知有科学，便永远做现实生活的奴隶，精神上未免太苦闷了。儿童也是一个人，也有独立的生活。他在生理上虽然和成人有些不同，但他仍是完全的一个人，并不是缩小的成人，也不是成人的片断。因此，儿童的生活上，也自有物质、精神两方面的需求。不过儿童的感觉、思想、兴味等等，和成人不同，所以他们生活上的需求，也和成人不同。我们要教给儿童的东西，一方面自然要以儿童为本位，一方面也不可专重在现实生活，使儿童急急忙忙地去受科学的洗礼，而蔑视他们精神生活的价值。小学国语要采用儿童文学，低年级的文学要采用童话，为的是要满足儿童精神生活上的需求，使他们不要感到缺恨。

我们晓你一个人自孩提成长到童年，自童年成长到成人的一个长时期中，所经过的心理发达的程序，只是在全个人类所经过的野蛮时代、原始时代、开化时代、文明时代的一条长途中，反复走过一次。这个生物学家主张的“回复原理”，已有许多学者承认了。因此，儿童的心理，就是初民的心理；儿童思想发达的状况，也和初民思想发达的状况相同。初民既然把自然人格化了，构成许多荒唐的神话，儿童自然也相信草木有思想，鸟兽能说话，自然也最喜欢听那些描写动植物生活的物话。所以在低年级的文学读本中，采用童话，确实能够启发儿童想象，引起儿童的兴味，适应儿童精神生活上的需求。

儿童的想像，跟着年龄的大小而不同。婴儿多再生的想像，幼稚园和小学低年级的儿童，也多再生模仿的想像。到了七八岁以后，则为创造的想像，但为流动的、虚诞的。所以密勒氏说此时期的儿童为求知想像表演的黄金时代。自十一二岁以后，想像减少虚诞性质，由主观而渐趋于客观，由虚幻而渐趋于实际。弗特利氏曾说："教育上最危险的趋势，就是再生复述等命令的压迫，将减杀建设和创造的想像。所以对于儿童，必给以相当的机会，发展之、指导之、刺激之。在四岁到八岁的一个时期中，神话、传说、物话等，即供给儿童创造想像的材料。"因此，我们主张小学的国语读本，低年级要多供给合于想像生活的童话，高年级要多供给合于现实生活的故事、传记、小说等等。

儿童的兴趣，也是跟着年龄的大小而不同。低年级的儿童，喜听童话，高年级的儿童，喜看小说。这是因为童话小说都是情节新奇的故事，足以引起儿童的兴趣。杜威氏曾说："教育者常说，不在儿童经验范围以内的教材，都宜避去。然其经历往往与之不合。因为儿童对于日常见闻之事，往往漠不关心。而事之在其范围以外者，一经加入，便觉兴趣浓厚。"这是说新奇的刺激，容易引起兴趣。童话的内容，是以儿童固有经验的具体影像，重新组织成另一事物。例如蜻蜓和蚂蚁，是固有的经验，蜻蜓把蚂蚁带到天空，是另一事物。就是增加了新奇的刺激，所以发生兴味。我们试调查小学校的图书馆，童话、小说一类的书籍，最容易破烂，往往要修订几次，甚至破烂不堪，要重行购置。这也足以证明童话小说足以引起儿童的兴趣。作者做了十年小学教员，却没有听见低年级的儿童对于童话发生怀疑而恳切地要求"真的"故事。

数年前，美国有一个反对童话教材的白朗氏，他以为神话一类的读物，只能训练幻想，和现实生活远相隔离。将来不能凭借这种训练，使儿童了解汽车或飞机构造中的一个问题。并且现代的儿童只像古代埃及、波斯和希腊的儿童，并不像古民族的成人。因此，初民的神话，不应作儿童读物。这段意见发表后，就有拥护童话的克拉克氏，出来辩护。对于第一点，他说："白朗君显然假定一辆汽车和一架飞机的构造，比童话的创作为重要。他这个假定是很有疑问的。我们估量神话的价值，须从他对于精神上的内省的贡献而决定。谁能不相信神话所贡献于人的心的，比汽车飞机大得多呢？”对于第二点，他说：“神话之类既然是那时候的儿童的精神上的食料，自然也就是今日的儿童的精神上的食料。”看了克拉克氏说的这一段话，我更加相信童话教材是儿童精神上的粮食。

四

反对童话教材的人，以为儿童阅读了荒唐谬误的童话，有害而无益。他们的理由，可归纳成三点：（一）白费时间，和将来的实际生活毫没有关系；（二）荒谬的思想，先入为主，将来不易矫正；（三）童话不过训练幻想，有甚么价值。这些反对的论调，我们在数年前早已听见过了，而且也早已有人辩驳过了。

关于第一点，是不承认儿童有独立的生活，以为教给儿童的东西，应该要重实用。其实，教儿童不比成人，不必顾到实用不实用，应该满足儿童生活上的需要。卢梭氏曾说教育儿童不要节省时间，要糟蹋时间。试看种稻的人，越把稻子拔长起来，越是不行。应该等他慢慢地长大，才是正当的办法。教育儿童，也是如此。周作人先生曾说：“婴儿不会吃饭，只能给他乳吃，不会走路，只好抱他，这是大家都知道的。精神上的情形，也同这个一样。儿童没有一个不是拜物教的，他相信草木能思想，猫狗能说话，正是当然之事。我们要纠正他，说草木是植物，猫狗是动物，不会思想或说话，这是不但没有益处，反是有害的。因为这样使他们的生活受了伤了。即使不说儿童的权利那些话，但不自然的阻遏了儿童的想像力，也就所失很大了。”如果不承认儿童有这种想像则已，否则，我们怎可不好好地供给那些鸟言兽语的童话，使他们生活上发生快感呢？

关于第二点，是不知道儿童的生活会生长转变，以为早年所得的观念，将深深地印在脑子里。其实，儿童的脑筋感染得易，也消减得易。并且儿童的生活是逐渐生长的转变的。除了那些刺激太深的印象外，早年所得的观念，决不会永远保存在脑筋里。因此，儿童喜欢阅读童话的时候，尽管把童话供给他。过了些时，他自然不需要童话，思想也自然会改变进步的。周作人先生也曾说过："儿童相信猫狗能说话的时候，我们便同他讲猫狗说话的故事，不但要使他们喜悦，也因为知道这过程是逃不过的。然而又自然的会推移过去的，所以相当的对付了。等到儿童要知道猫狗是甚么东西的时候，我们再可以将生物学的知识供给他们。倘若不问儿童的生活转变如何，只是始终同他们讲猫狗说话的故事，那时这些荒唐乖谬的弊害才真要出来了。"所以，高年级的教材要和低年级不同。而童话教材，实为低年级儿童独有的恩物。

关于第三点，一部分的童话，虽然含有幻想性，但也无害于将来的实际生活。试看美国小学的读物，很多神话教材，我国小学的读物，神话教材却甚少。可是他们的科学智识，驾乎我们之上。这也足见阅读神话并不妨碍研究科学。并且童话中的幻想和将来的实际生活，也未始没有关系。冯飞先生曾说："人类生活，其始皆由空想而起，渐次演为事实。……童话上的这种空想，从科学上看来，非常紧要。……科学家空中飞行的试验，不过至近代始有之，而其成功，更属最近之事。而童话中飞行的空想，在三四千年以前，即已有之。不但飞行一事而已，潜水艇思想，早存在海底世界的空想中。乃至电报、无线电报、铣有强大放射能力等事，皆能在古昔童话中看出来。一见虽然荒唐无稽，而实能收意外的成果。此外尚不曾实现于现代科学的童话空想，真可断言后日必有实现机会的。"本来科学上的发明，必先有一种空想，以此空想，诉之于无数经验，才能创造事物。由此说来，童话中虽然有些许幻想性，有甚么妨碍呢？

童话既然是儿童精神生活上需要的粮食，儿童阅读了童话，又是有益而无害。况且我国的小学国语读本中，并无过于荒唐的神话，多数是采用描写动植物生活及自然现象的物话。尚先生又何必多所疑虑而定要打破鸟言兽语的童话！

（载《世界杂志》1931 年第 2 卷第 2 期）

从社会课程说到社会教科书

马精武

一、社会课程和用书问题

小学社会科的目标，依照十八年八月国民政府教育部所颁布的《小学课程暂行标准》有下面四项：

（1）启发关于社会的基本知识，引导对于人生、社会产物、文明进化、革命意义等的认识。

（2）增进对于社会文物制度的探索，思维，设计改进，参加活动等的兴趣和经验。

（3）培养改进生活，救助民生，革新经济组织等的思想和愿望。

（4）启迪尽力社会，服从公意，信赖民权，忠于团体等的精神。

（5）培植爱己爱人，参加民族运动，促进世界大同等的道德知识和志愿。

作业类别分（1）关于历史的，（2）关于地理的，（3）关于公共卫生的三项。

根据上面几项，我们可以这样说：小学社会科的主要目标，是要使儿童从个人生活逐渐走向社会生活。在这个过程中，第一步是要使儿童认识社会。社会有两方面：一方面是纵的，就是过去人类活动所累积起来的成绩总和，这便是普通所称的历史；一方面是横的，就是人类所资以活动的地盘，也可以说是活动的舞台，这便是普通所说的地理。但是社会是随了时代和环境而继续不断地变化，应该时时刻刻把握住社会变化的中心。在现代的中国，我们要特别注意的，便是目前中国社会所处的环境及其动向，现在有许多人对于社会科学一点没有常识，但是当他发表自己对于社会或时事的见解时，却“滔滔不绝，议论风生”，这不是很滑稽的一件事吗？这种怪现象的来源，我敢说完全是由于他们在小学里对于社会科没有注意的缘故。所以小学社会科所负的使命，非常重大！

关于社会教材，课程标准中曾经有这样几句话：“社会教材，最好不用干燥呆板的教科书，而以活的社会为教科书，由儿童亲身经历，亲眼观察，或亲手调查、记载、制作、发表……以期活动。”

的确，现今通行的社会教科书确是“干燥呆板”，不能使儿童发生兴趣。这种情形，不但在我国如此，就是在外国，也不能免。一九三一年六月出版的《小学教师》（*The Grade Teacher*）中有一篇《工作·学习·游戏学校》（*The Work-Study-Play School*），其中有一段指摘普通的学校道：

“在那里，教师往往想得太多，说得太多，或背得太多。这种旧式学校里的儿童活动是难得听见。就是到了现在儿童还常常坐着听讲或问答教师所指定的问题。在这种情形之下，课程变做成人所需要的目标，或者是教师以为儿童在成人生活时所必需的东西。儿童对于自己生活的观念，毫不清楚。教科书一页一页地读过去，班次一级一级地升上去。这种学校的结果，只有一个目的，就是预备升级的工作。许多活泼的孩子，特别是有创造力的孩子，因此无趣，还有什么奇怪呢？”

威廉·完特博士（Dr·William Wirt）有鉴于此，创办了一种柏拉东学校（Plato School），也叫做“工作·学习·游戏学校”，利用旧有的教室和课程，再加上各种适合儿童重要的活动。该课程就以工作、学习、游戏三者合为一目标，而建设于社会科学上面。他们的社会科不但包括史地，还包括一些社会学和经济学。他们也用教科书和参考书，不过把教科书、参考书和实际活动切实联络，而所有各种特殊的活动又都和社会科的设计联络。

柏拉东学校社会科最特别的便是以纪念日或节日做中心：

（1）十月十二日哥仑布纪念日，（2）十一月十一日休战纪念日，（3）十一月感恩节，（4）十二月耶稣圣诞节，（5）正月冬季游戏日，（6）二月廿二日华盛顿诞日，（7）三月复活节，（8）四月远东日，（9）五月乌日，（10）六月国际亲善节。

他们差不多每年都利用这许多纪念日做他们的教材，（材料从各种书籍上搜集得来）。关于教授社会科的方法，他们也有几点意见：

（1）从儿童的观察教授社会科学，以引起世界人类更好的了解。儿童天性是爱别个儿童的，在儿童的心里，对于别个儿童或别个国家，绝无敌意。

（2）以社会科为课程中心，而使学校里各种工作都和它联络。并做几个有兴趣的设计，同时避免学校内某几部分教学上的重复。

（3）对于各种纪念日或节日的真意义，使儿童了解。

（4）使儿童家长对于学校里的实际工作感到兴趣，以造成家庭和学校的切实合作。

（5）指导儿童更好地使用教科书和参考书。

（6）指导儿童研究地理上的位置、气候、土地，以及地方人民衣食住的生活状况。

（7）养成儿童世界公民的资格（World Citizenship），并提高儿童对于世界问题的兴趣。

（8）设法节省人生最重要的要素——时间。

我们看了上面这大概的叙述，便可以知道社会科的活动和儿童用书的关系，是非常密切的了。教学社会，是不是要用教科书呢？这个问题，可以有两个答案：（1）用教科书，（2）不用教科书。

主张不用教科书的人，以为社会是活的，时时刻刻在变动的，可以不必用什么教科书。主张用教科书的人，以为不用教科书，教学时没有依据，还是有书的便利。其实，在我看来，这是一个很简单的问题，如果我们把教科书当做“教学上的万灵药”看待，那还是不用教科书的好，因为教科书根本就不是什么“万灵药”！如果我们把教科书当做教学时的一种“研究大纲”看待，当做给儿童的一种“讨论结果”或“工作的出发点”看待，我想教科书是不会使我们的教学受任何的妨碍。同时，教科书的内容，也应当严加选择，这一层我们在下面还要详细地讨论。

二、一般社会教科书的缺点

上面说过，现在国内一般社会教科书确是干燥呆板，不适教学。但是除了“干燥呆板”之外，据我个人平时的教学经验说来，大概还有下面几个缺点：

(1) 不能引起儿童的问题　社会教学，应当从儿童的问题出发，这是谁也不能否认的。现在一般的社会教科书，差不多都只供给一点教材，给教师做讲解的依据。优良的教师还可以发几个问题，引起儿童的学习兴趣；至于那些能力薄弱的教师，却只能依照教科书把教材机械地灌输给儿童。教师讲完了，叫儿童把教科书读一遍就算了，这样一来，社会教科书和国语教科书有什么两样呢？

(2) 没有研究的方法指导儿童　智识的传授，在乎方法，而不在智识的本身，如果能把获得智识的方法指导儿童，使儿童自己去探讨，那么，比教了他十本二十本的教科书不强得多么？而现今一般的社会教科书，只供给材料，而不供给方法。这不能不说是一个大缺点。

(3) 各地不能活用　社会是活的，教科书是死的。社会上发生的事件，往往不能预料，也不能不分时期。社会教科书却把许多社会上的事实分编成册，甲册所有的材料，乙册便没有了。乙册所有的材料，丙册又没有。因此教学时大感不便。譬如三月廿九日是黄花冈纪念日，第三册社会教科书中有这种材料，而我现在所用的第四册中却没有，到了三月廿九日那天，我怎么办呢？教第三册吧？因了年级关系，有所不便。不教吧？又不好。这种困难，我们教社会科的小学教师是常常碰见的。

(4) 各课缺少联络　普通社会教科书各课都缺少联络，讲了传染病和消毒法之后，紧接着就是一课民权主义的革命，弄得儿童莫明其妙，为什么昨天讲传染病，今天就要讲民权主义的革命呢？他们小小的脑筋，简直变成一只字纸篓了！

(5) 理论空洞，儿童不易了解　社会问题，比了自然问题，要空洞得多，尤其是政治方面的材料。因为空洞，“民族”、“自由”、“平等”、“治外法权”这一类的名词，儿童固然不易领悟，就是教师也不易解释，徒然把一大堆的名词在嘴唇上搬来搬去，教师在这时，真是苦极了！

(6) 深浅不能合度　理论空洞，并非材料本身不好，实在是编制失当。就如“民族”、“自由”等名词，在低年级方面，只能用具体的方法说出来，最好不要提及“民族”、“自由”等字样。这样一来，儿童容易了解，教师也容易教授了。

除了这六大缺点而外，其余的缺点很多；如语句单调，文字缺少兴味，眉目不清，仅有问题而没有儿童作业事项，我们只要把现在通行的教科书约略翻一下，就可以立刻发现。

三、理想中的社会教科书

现在通行的社会教科书的缺点既如上述，那么理想中的社会教科书，在目前当然是很急需的了。什么是理想中的社会教科书呢？理想中的社会教科书有那几种特点呢？我现在把个人所想到的几点意见，分述于下，以供著作界和出版界的参考。

（1）内容新颖　社会是变动不居的，社会教材应该以最新最近的事实做根据；不但材料如此，就是对于社会的观念，也应该以最新最近的观念做根据。同样一件事实，从前的看法，可以和现在的看法完全不同。譬如“义和团事件”从前都把它当做“拳匪”看待，而现在大家知道这是我国民族反抗帝国主义的表示了。又如地理环境对于人类生活的关系，过去的社会教科书中，便不十分注意，如果我们编一部理想的社会教科书，便应该把这种材料编进去。

（2）中心联络　社会教科书每册应该联络，每册中各课也应该联络。在编辑时可以拟定一个中心，在这个中心里的材料，固然应该联络，就是这个中心和那个中心，也应该有很自然的联络，使儿童读了这课，自动地想到那课。

（3）适合儿童生活　柏拉东学校社会科教学方法中最注意的是要从儿童的观点教学社会科学（to teach the Social Science from the Children’s Point of View）我以为不但教学时应该这样，就是编辑社会教科书时也应该如此。譬如儿童在幼年时期必须养成一种清洁习惯，教科书中便可以把这些事（吐痰入盂、拾纸屑、盖马桶、洗手等）用图画表示出来，而在上面写着：“大家要当心这些事。”对于最大的事件如国庆纪念等，必须用儿童的观点编辑。

(4) 扩大儿童经验　教科书最大的功用，在能使儿童根据了这本书扩大旧有的经验。譬如儿童知道了十月十日做的事，便要使他知道辛亥革命的经过，要知道辛亥革命的经验，便须知道辛亥革命的原因。要知道辛亥革命的原因，便须知道清末的内政外交，逐渐推上去，势非要知道帝国主义侵略中国的事实不可！这么一来，儿童的经验便扩大起来了。

(5) 方法的指导　上面说普通的社会教科书，仅有材料的供给而没有方法的指导。理想的社会教科书，便应该加上研究社会方法的指导。研究社会的方法，便是普通所说的"作业"、"实行事项"或"做的事"。譬如教科书课文有"纺织工业"这一课，作业事项便可以：(a) 观察本地的纺织业（纺织工厂、纺织品商店等）。(b) 调查纺织工人的生活状况。

(6) 能够活用　社会教科书最使人们诟病的，就是不能活用。如果能把每册教科书的材料尽量扩充加多，使教者在教学时可以随时随地活用，那么教科书的缺点，可以减少一大半了。

(7) 兴趣浓厚　社会教科书虽然不能和国语教科书一样的富于文学兴趣。但是至少在语句或编制方面应该减少文字的障碍，增加浓厚的兴趣，譬如"今天国庆，我穿了新衣服去开庆祝会"语句单调，不如把国庆日儿童所做的事，分格画起来，在上面写这么一句："十月十日我们做些什么事！"这样比较地兴趣要好些。

(8) 研究时事的指导　时事教学，在社会科里占一个很重要的地位。怎样指导儿童研究时事呢？关于这个问题，普通的社会教科书都没有顾到。在理想的教科书中，我们应该对于儿童详加指导。

派勘（Samuel Chester Parker）在《小学学习心理与教学法》(*Types of Elementary Teaching and Learning*) 一书中说：

"(1) 儿童要了解现代社会生活，那几种观念是必须的，我们只要看了每周世界大事表，就可以决定。

(2) 这中间的论题最显著的是经济的、工业的、地理的，但是包括社会生活的各方面如政治、宗教、文学、游艺等。

（3）在初等学校中这许多论题都可在地理、社会生活、历史、小说、算术和应用科学中去学习。

（4）……

（5）养成儿童对于这方面的一种社会眼光的方法是引起他们本能的兴趣，把个人真实的经验讲给他们听，并刺激他们注意的反应。”（页一七三）

“时事”可以做一切问题研究的出发点，关于指导研究时事的方法，可以分成：（a）什么是时事；（b）值得注意的时事；（c）研究时事的方法三项。同时作业事项也可规定关于时事方面儿童应做的事，如：

（a）每天读报；

（b）每期研究最重要时事；

（c）和本级同学共同出版一种壁报，把时事研究的结果写出来，给其他的同学知道。

儿童如果能把这三件事做到，对于时事研究一定可以有相当的成绩了。

至于每课应该分成若干小节，每节另用小标题。印刷要精良，插图要清晰，……这些都是理想的社会教科书所必具的条件。

四、怎样使用社会教科书

我们有了社会教科书，怎样使用呢？第一，我们要好好地选择教科书。能够选得很好的教科书，教学时可以事半功倍，教师省力得多。现在把选择社会教科书的标准略加说明。

（a）选择社会教科书的标准

巴顿（William H.Burton）在《小学各科指导法》（*The Supervision of Elementary Subjects*）中曾列举选择地理教科书和补充读物的标准：

“Ⅰ. 地理的标准　（1）人类和自然环境的关系，该书注意到若何程度；（2）插画、地图、图表的性质；（3）书中事实的正确度；（4）每一问题展开时的统一、吻合、进行的程度。

Ⅱ. 心理的标准 （1）儿童能够了解的限度；（2）该种材料对于儿童鼓动的程度（The degree of Appeal）如何；（3）这学习指导的性质怎样：（a）活动的分量和种类。（b）指导事项是否正确。（c）对于中心观念是否特别注重。（d）练习事项对于儿童的兴趣和能力是否适合。（e）插画、地图、图表等的教育价值如何。（f）考查或测验的成绩如何。（g）材料的分量儿童是否需要；（4）材料是否能引起儿童进一步研究地理的兴趣；（5）材料的组织是否是论理的。

Ⅲ. 形式的标准 纸张、装订、插画、地图、印刷、式样大小、行间距离，每行长度是否适合需要，以及书本的大小儿童是否携带便利，都须顾及。”（三四三页）

巴顿所说，虽是选择地理教科书和补充读物的标准，可是选择一般的社会教科书，却也可应用这种标准。不过我在这儿要提起的，就是在现代的中国，我们教学社会学科，除了普通的目标之外，却应特别注意到我们的民族解放运动，如果某种社会教科书中能够特别顾到这一点，我们不妨尽先选择采用。

（b）使用社会教科书的方法

社会教科书选择定了，就要谈到使用的方法。

1. 不是读教科书 社会教科书和国语教科书不同，国语教科书是供给儿童阅读深究的，社会教科书却不能如此。社会教科书应该作为研究的大纲。根据这个大纲再找参考材料，做进一步的研究。譬如教科书上有一课《中国的民族成分》，它已经列举了下面这个研究大纲：

（1）什么叫做民族？

（2）民族和社会有什么关系？

（3）中国的民族名称、种类、居住、人类和生活方式的大概情形怎样？

这时教师就须根据这个大纲去翻阅关于民族主义、民族进化史、中国民族志这一类的参考书，搜集参考资料，以供给儿童对于民族问题做进一步的研究。

2. 把社会教科书当做研究、调查、记载、制作、发表等活动事项

的出发点 我们教学社会时候，除了呆板地把教材供给儿童以外，最重要的任务就是要使儿童从这教材出发而做种种社会的活动。譬如我们讲到“棉的产地”，我们便应该叫儿童调查本地或邻近地方的棉业情形和植棉农人的生活。又如研究“中国民族的成分”，我们便应叫儿童搜集关于中华民族各族生活的图画或记载，附加说明，登在自己的壁报上。但是这许多作业事项以什么为出发点呢？教师在这个时候，便可以充分利用教科书中所供给的材料了。

3. 不限册数和课数 社会是活的，社会教材也应该是活的，因此当我们在用教科书的时候，我们不应该死板板地依照各书的册数和课数。如果在某一场合，需要某一种教材，就是不在我所教的一册中，我们也可找来。或者在本册之内而尚未教到，我们不妨先教，不必依照教科书上机械的目录。

五、结 论

最后，我把上面的意见综述于下，以作结论：

小学社会课程的目标，是要使儿童对于社会获得相当的认识，做进一步参加社会活动的基础。社会是时时刻刻在变化的，因此，社会科须以活的社会为教材。现在一般的社会教科书大都干燥呆板，所以引起许多人的不满。但是我们认为这不是社会教科书本身的问题，而是社会教科书的编辑问题，同时也就是社会教科书的使用问题。我们以为如果一部社会教科书能够编得很好，而教师又能活用它，那么，社会课程可以和社会教科书打成一片，再也不会有什么“死”、“活”的问题发生了。

一九三一，六，一八。

（载《中华教育界》1931年第19卷第4期）

医校之教材问题

秦伯未

国医之立学校，所以培植人才。今后国医之发扬光大，胥赖医校之毕业诸生。故办学者责任之重大，无异执国医盛衰之总枢。

国医不振之最大症结，在学说不一致。已往者，如金元不同派，伤寒温病不同轨，无一不引人疑惑而失其信仰。今既有学校为医学教育之中心，似于学说方面，不可不有明定，以资划一，乃概观诸校，有崇新者，有守旧者，有折衷者。虽不问其旧者不免违现代之潮流，新者不免失固有之精神，折衷者更不免新旧两不彻底之诮，而其不能同一步伐，在事实上无可讳饰。然则教育部之不能立案，在表面为苛刻，为不平等待遇，在实际之无系统，不合教育原理。吾侪亦应自认自责者也。

往岁全国医药总会，有教材编辑委员会之组织。限于时间人才，无形停顿。今中央国医馆成立，倘谋根本巩固之计，敢谓医校教材之规定，实属首先之急务，否则学派之争不已，势必影响于团结。要其归，仍一盘散沙而已。

（载《现代国医》1931 年第 1 卷第 1 期）

工作课本可作读物吗

西　恬

“工作课本，可作读物吗？”这个问题，在现在的教育趋势，似乎已经不值得讨论的了。但确有许多小学，竟把工作课本和国语读本一样，只教儿童读，不叫儿童做，读完以后，就算完事。甚至负有教育责任的人，也误认了工作课本的目标，不但只认工作课本为读物，还要说什么课外读物。所以特地提出这问题来讨论一下。

一

工作课本的编制，是依照工作科的目标的。工作课本，可不可以作课外读物，要先看工作科的目标。小学课程暂行标准中规定工作科的目标是：

一、实地操作：养成劳动的身手、平等互助的精神。

二、计划创造：发展建造的思想和能力。

三、调查研究：增进评价能力，生产兴趣；并启发改良生活、改良农工业等的志愿和知识。

从这三个目标看来，很显然地明白，工作科的主旨，不是在咬文嚼字、诵读了解而已，是在于切切实实动手去做。这“做”字便是工作科全部的目标。不但工艺的重心，全视制造的作品。校事家事，趋重实际的成绩。就是农事商情，也莫不以种植操作和调查研究的结果作为成绩的标准。并且在《课程暂行标准教学方法要点》中，也很显明的说着：“本科主要的作业，是实地操作和实地调查。”“注重实地操作以养成分工和互助的精神。”“讨论研究，须和操作和调查打成一片，不要独立为一种作业，而流于空谈。”“工作法，工具使用法的指导，是必须注重的。”

这更可证明工作科是绝对不能离开实际工作的。

二

工作科的目标，既如上述，工作科的内容，当然和以求得知识为唯一要件的别种科目完全不同。所以工作课本的内容和编制的方法，也和别科的课本完全异趋。最显著的几点是：

1. 注重实际作业

2. 课文仅为作业的说明和指导

3. 讨论研究须和操作调查打成一片

因为工作科的目标，注重在实地操作实地调查和计划创造研究，所以课本的内容和编制，也随着注重于实际作业。课本中的教材，全是作业，课文不过提示工作的动机，说明工作的顺序。因此工作课本的课文，形式上也不能像别种课本的整齐。并且这种以作业为重心的课本，系统上的编排，自然也以作业程度的深浅为主，而不以课文的深浅为准。说得明显一点，课文是作业的说明，是作业的指导，是附属于作业的文字，而不能单独存在的。

工作科的目标如此，课本的内容和编制又如此，则适宜于这目标这课本的教学法，既异乎“自然”更不同于“国语”。其最重要的过程，是实行作业中所指示的工作，同时注意研究计划，以期达到改良和创造的目的。所以工作科的教学方式，是讨论与操作二种；从讨论到操作的过程。可简单分为下面的几项：

动机——研究——改良创造——计划——实地操作或实地调查——展览考察批评

过程中的任何一项，莫不以作业为中心，研究是研究作业的内容，改良创造是对作业作更进一步的探讨，计划是计划作业的进行，实地操作或实地调查是计划的实行，展览、考查、批评是对作业成绩的一个结束。这里的表面，像是在工作以外，缺了研求知识的过程，但其实关于工作科的知识，要在研究、计划、工作时随时求得，和别种知识科的科目不同，工作时要先“行”后“知”，从“行”去求“知”的。

三

有些学校，常有因为经济的太不充裕，设施的太不完备，工作科的实际工作，因之不能实行，但亦不愿缺少这一项科目，所以减去重要的实际操作部分，而仅以教学课文了事。这种拿工作课本作为读本读了，事实上虽有不得已的困难，但不免流于空谈，违背工作科的目标。在这种情形下的工作科，尽不妨将课本中的作业，相当活用一下，减除不能实行的作业，而代以适应生活环境的作业。如在乡村的，易工商为农事；城市的，易农事为工商。务以能实地操作，不背课程标准为主。

又有因工作科的暂行课程标准，实地操作的时间，并不规定在教学时间以内，如校事、家事的工作，规定在教学时间以外，农事、工艺、商情，亦有限令在家庭田园等处实习的规定。若是因这工作科的工作，有一部分是在课外的，便以为工作课本，也认为可作课外读物。这未免也是没有认识工作科的真义。一因工作课本根本不是一种读物；二因工作科的课外，原有工作，似乎可不需要其他工作课本的补助。换句话说，工作课本在课外，对操作上没有需要，对诵读上尤其没有需要，所以工作课本，可以说不能作读物，更不能作课外读物。

四

对于上面各节所述，如若有疑义，不妨把《暂行课程标准》上所规定的初级结束和高级毕业的几项最低限度，再仔细研究一下。兹不嫌繁复，将该项最低限度录在下面，再作最后的结论。

（一）初级结束的最低限度

1. 校事　能独立整理自己的用品书籍，和所管理的器具或房屋场地，而使整齐清洁。

2. 家事　能做熟本地主要食品三种（例如煮饭、下面、炒菜等）。缝成和书包程度相当的简易衣饰一件。

3. 农事　种过蔬菜两种、花卉两种而有成绩。或种过本地主要农作物四种，畜养本地普通家禽一种而有成绩。

4. 工艺　能依设计制作很简单的日用品（例如灭蝇拍、花签等）五件。

5. 商情　能估计十件习见工商品的时值而大致无误，或能解答十个关于商业的问题而大致无误。

（二）高级毕业的最低限度

1. 校事　能设计装饰一个教室而尚优美清楚。

2. 家事　能做熟本地主要食品六种，缝成和运动衣裤程度相当的衣饰一件，并能自己整理床铺，洗涤单衣。

3. 农事　种过普通蔬菜累计至六种，花卉累计至五种而有成绩。或种过本地主要农作物累计至六种，蓄养动物累计至三种而有成绩。

4. 工艺 能依图样制作普通物品十件，并解答普通的农工问题二十个而大致无误。

5. 商情 能估计二十件工商品的时价而大致无误，或能解答二十个关于商业的问题而大致无误。

从这个标准看来，就校事说，非但要能整理、设计、装饰，且要能做得整洁优美。就家事说，非但要能煮食品，缝衣饰，且更要工作熟练而有成就。就农事说，非但要能种植花卉、农作物，蓄养家禽、家畜，且要能有成绩。就工艺说，非但要知道工作的方法，且要能设计制作用品。就商情说，非但要能估计商品的时价，且要能大致无误。试问把工作课本，一字不遗地读完以后，一切作业就会做么？做尚不能，那能望他做熟？那能望他做得有成绩？这当然不能达到本科结束或毕业的最低限度，由此更可以证明：工作科是要实地操作的。工作课本不是读物，更万万不是课外读物。

二十年六月十日于上海。

（载《中华教育界》1931年第19卷第4期）